BUSINESS ADMINISTRATION CLASSICS 工商管理经典译丛 · 会计与财务系列

工商管理经典译丛
会计与财务系列

FUNDAMENTALS OF FINANCIAL MANAGEMENT

财务管理

（第12版）

尤金 · 布里格姆（Eugene F. Brigham）
乔尔 · 休斯敦（Joel F. Houston） 著
佟岩 译

中国人民大学出版社
· 北京 ·

常用符号/缩写

ACP	平均收账期
ADR	美国存托凭证
APR	年利率
A/R	应收账款
b	贝塔系数，度量资产风险
b_L	有杠杆的贝塔系数
b_U	无杠杆的贝塔系数
BEP	基本盈利能力
$BVPS$	每股净资产
$CAPM$	资本资产定价模型
CCC	现金周转期
CF	现金流量，CF_t表示第 t 期的现金流量
$CFPS$	每股现金流量
CV	变异系数
D_P	优先股股利
D_t	第 t 期的股利
DCF	现金流折现
D/E	负债权益比率
DPS	每股股利
$DRIP$	股利再投资计划
DRP	违约风险报酬
DSO	应收账款周转天数
EAR	有效年利率 $EFF\%$
$EBIT$	息税前利润；净营业利润
$EBITDA$	息税折旧摊销前利润
EPS	每股收益
EVA	经济增加值
F	（1）固定营业成本；（2）发行成本
FCF	自由现金流量
FV_N	第 N 期的终值
FVA_N	N 期年金的终值
g	利润、股利、股票价格的增长率

I	利率，也用 r 表示
I/YR	某些计算器上的利率按键
INT	利息支付额
IP	通货膨胀补偿
IPO	首次公开发行
IRR	内含报酬率
LP	流动性风险报酬
M	债券到期价值
M/B	市净率
$MIRR$	修正的内含报酬率
MRP	期限风险报酬
MVA	市场增加值
N	代表期数的计算器按键
$NOPAT$	税后净营业利润
$NOWC$	净经营性营运资本
NPV	净现值
P	（1）第 t 期的股票价格，P_0＝当前的股票价格；（2）商品单价
P_f	外国商品价格
P_h	本国商品价格
P/E	市盈率
PMT	年金的每期支付额
PPP	购买力平价
PV	现值
PVA_N	N 期年金的现值
Q	生产或销售的产品数量
Q_{BE}	盈亏平衡数量
r	（1）折现率，或资本成本，也用 I 表示；（2）调整风险后的名义必要报酬率
$\bar{r}$	历史的或实际实现的报酬率
$\hat{r}$	期望报酬率
r^*	真实无风险利率
r_d	税前债务成本
r_e	新发行普通股成本（外部权益）
r_f	外国利率
r_h	本国利率
r_i	某公司或证券的必要报酬率
r_M	“市场”或“平均”股票的回报率
r_{NOM}	名义利率，也表示为 I_{NOM}
r_p	（1）优先股成本；（2）投资组合的报酬率
r_{PER}	期间利率
r_{RF}	名义无风险利率
r_s	（1）留存收益成本；（2）普通股的必要报酬率
ρ	相关系数，使用历史数据时也可以用 R 表示

ROA	总资产收益率
ROE	净资产收益率
RP	风险溢价
RP_M	市场风险溢价
RR	留存收益率
S	（1）销售额；（2）样本的预期标准差
SML	证券市场线
$\sum$	加总符号
σ	标准差
σ^2	方差
t	期间
T	边际所得税率
TV_N	股票的节点或分界点价值
TIE	利息保障倍数
V	单位变动成本
V_B	债券价值
V_p	优先股价值
VC	总变动成本
WACC	加权平均资本成本
YTC	赎回收益率
YTM	到期收益率

译者序

《财务管理》是财务管理课程的经典教材，历经30余年的发展，不断更新和进步，始终保持着广泛的影响力。本书是最新修订的第12版，在原有理论框架的基础上结合世界环境的重大变化调整了相关内容，更加贴近现实经济生活。与同类财务管理教材相比，本书的优势体现在：

第一，主线清晰、结构合理。全书以价值为起点，从概念、影响因素到估值模型，内容的展开由浅入深。在此基础上，进一步说明了具体财务管理活动如何影响企业价值，与实务工作密切结合。

第二，资料丰富、关注前沿。书中分析了新技术、全球化等发展趋势，并提供了大量美国资本市场的翔实的数据资料。整体来看，全书既清晰直观地描述了财务管理的相关理论和数据计算过程，也介绍了相关领域的最新进展。

第三，文字生动、易于理解。财务管理课程的核心内容涉及很多理论和模型，难免让读者感到枯燥乏味，然而本书的文字叙述娓娓道来，使用个人生活、企业实务中的事例进行讲解，读来通俗易懂、生动活泼。

本书具有结构清晰、内容完整、讲解生动的特性，适合作为工商管理相关专业的本科核心课教材，这将对学生理解和掌握财务管理基础知识提供帮助。同时，本书密切联系实际，对新技术、全球化等经济趋势对财务管理带来的影响进行了深入浅出的分析，也适合作为管理类专业的硕士研究生用书。在本书的使用中，教师可以针对学生群体的需要侧重讲授不同的内容，学生也可以根据自身的时间安排和能力，在课外选择性地阅读课堂上没有讲授的部分。

由于翻译水平有限，时间仓促，书中疏漏与错误之处在所难免，敬请广大读者朋友批评指正。

佟　岩

前 言

《财务管理》第1版出版于31年前，我们当时希望给学生提供一本有趣味、易理解的入门书籍。该书出版后立即成为流行的本科财务管理教材，并从此占据领先地位。此次推出第12版的目的是更新教材和相应的教辅材料，继续保持其领先地位，并且为财务管理教材构建一套新标准。

自上一版出版以来，财务管理环境发生了重大变化。新技术和全球化的不断发展改变了实务和市场。通信和交通的不断进步使企业全球化经营越来越容易——公司可以在纽约设立总部，在印度开发产品，在中国进行制造，然后在世界各地出售。这给劳动力市场带来了重大变化，尤其是外包不断增加从而降低了成本，但这也使一些美国工人失去了工作，而其他人得到了工作。股票市场的涨跌也非常剧烈，利率降到历史最低，能源价格创了新高。公司治理和财务报告的相关法律在公司丑闻的影响下发生重大改变，同样受到重要影响的还有管理者薪酬计划。本书将从财务和企业伦理的角度分析这些问题。

我们的目标读者是初次接触财务管理课程的本科生。这些学生中的一些人会决定选择财务管理作为专业，并继续学习投资、货币、资本市场、高级公司理财等课程。另一些人会选择市场营销、管理学或其他非财务类专业。还有一些人会选择商科以外的专业，但会选修财务管理或其他商科课程来获得所需的法律、房地产等知识。

我们希望为上述所有读者服务，这是一个挑战。为此，我们应该聚焦于财务管理的核心内容（即货币的时间价值、风险分析、估值等基本内容），并从两方面阐述这些内容：（1）作为一名投资者，应如何做出恰当的投资选择；（2）作为一名公司经理，应如何使公司股票价值最大化。需要注意，投资者和管理者需要掌握相同的基本原理，所以不论学生学完本课程后选择什么工作，这些核心内容都非常重要。

2008年的金融危机

众所周知，2008年秋天，金融市场经历了一次严重危机。平均股票价格下跌了50%，数以万亿计的财富蒸发。住房建设停滞，全美房地产价格下跌20%，有些地方的跌幅甚至达到50%，更多储蓄化为乌有。很多房产主发现他们的贷款已经超过了房子的价值，随后出现违约、断供乃至房产被拍卖等情况。银行和其他债权人蒙受了巨大损失，引发了破产、重组和大规模裁员。之前市场中有很多实力雄厚、历史悠久、全球经营的独立投资银行。现在美国已经没有这样的投资银行了——像美林（Merrill Lynch）和摩根士丹利（Morgan Stanley）这样的标志性公司已经破产，它们有些被低价出售，有些不得不转为联邦政府部分持股的商业银行。

信贷市场几乎完全冻结。银行需要持有现金以应对取现，所以即使对实力雄厚的工业和零售企业，以及准备购买房产和汽车的消费者，也都不再发放贷款。这极大打击了非金融企业，导致更多企业破产和裁员。类似的情况蔓延到全球，中央银行和财政部官员都认为出现了 20 世纪 30 年代那样的大萧条。大部分发达国家随后出台了救市计划。现在我们还不知道未来如何。最大的可能性是侥幸逃过大萧条，但衰退在所难免。进一步来看，公司和个人会认识到过度使用负债是金融危机的根本原因，所以未来的债务使用规模会更小、更谨慎——至少在 2008 年的记忆淡去之前会是这样。

经济环境瞬息万变。我们可能会快速复苏，但也有可能经历持续较长时间的痛苦的衰退。我们使用网络资源逐章更新资料。当与不同章节有关的事件发生时，我们会在本书的网站给出更新后的插图或其他信息。我们认为会有很多重要的发展，所以也会相应更新。不过本书的基本内容、核心内容不会发生改变。

章节安排：关注价值

第 1 章中述及，企业财务管理的首要目标是在一些条件的约束下帮助管理者使公司价值达到最大，这些约束条件包括不能污染环境、不能非法用工等。因此，估值的概念是本书中各项问题的基础。第 1 章介绍了估值的概念，说明了估值取决于未来现金流量和风险，然后谈到了为什么价值最大化对整个社会都有利。估值的主题贯穿全书。

当然，价值不是凭空出现的——金融市场决定了股票和债券的价值，所以理解这些市场对财务从业人员来说非常关键。因此，第 2 章介绍了金融市场的主要类别，投资者过去在这些市场获得的收益，以及不同证券的风险。这一信息对财务从业人员很关键，对那些已经拥有或希望拥有金融资产的人来说也非常重要。

资产价值取决于会计报表中的利润和现金流量，所以第 3 章回顾了这些报表。之后，第 4 章介绍了如何分析和利用会计数据来度量公司过去的经营业绩并判断其未来的可能表现。

第 5 章介绍了货币的时间价值（TVM），这可能是财务管理中最基本的概念。基本估值公式根据货币时间价值的概念将现金流量、风险和利润结合在一起，这些概念贯穿所有后续章节。学生需要在学习第 5 章时投入足够的时间。

第 6 章介绍了利率，这是资产价值的重要决定因素。我们讨论了利率如何受到风险、通货膨胀、流动性、资本供求关系以及美联储（Federal Reserve）行动的影响。

对利率的阐述直接引出了第 7 章的债券和第 8 章、第 9 章的股票。我们介绍了如何使用基本 TVM 模型为股票和债券（以及所有金融资产）估值。

第 1 章至第 9 章阐述了构建价值的概念和模型，第 10 章到第 17 章则说明了管理者可以用来最大化公司价值的具体活动。

前文述及，大部分商科学生不准备选择财务管理专业，所以认为有关公司理财的内容与他们无关。事实并非如此，在后续章节中可以看到，企业的重大决策都会涉及所有部门——营销、会计、生产等部门。也就是说，资本预算作为一项财务决策，会由销售部门提供销售量、价格等数据，生产部门提供成本等数据。而且，资本预算决策会进一步影响公司规模、产品和利润，这些因素又会影响从首席执行官到收发室的所有员工。

结构变化

第 12 版有两个重要的结构性变化：

1. 我们将“金融市场和金融机构”这一章由第 5 章调到第 2 章。市场和机构与第 1 章衔接更紧密，这些资料也为后续章节提供了背景信息。

2. 我们将“货币的时间价值”这一章由第 2 章调到第 5 章。上一版中，我们先介绍了 TVM 的概念，接下来介绍了会计和金融市场，然后才应用 TVM 概念进行债券和股票估值。虽然我们希望尽早介绍 TVM 的概念，但在教学上概念之后紧随其应用会更好，所以我们做了调整。

这些调整极大地提高了本书的流畅程度——本书第 1 部分各章之间的衔接更为合理。

其他变化

我们做了很多调整，主要涉及以下方面：

1. 编辑。每次推出新版，我们都会认真编辑以使内容更加清晰，本版的编辑工作尤为出色。我们将全书内容制成电子文件，有利于调整内容以提高流畅程度。学生会发现阅读本书比以前更加容易。

2. Excel。电子表格，尤其是 Excel 在企业中越来越重要，熟悉 Excel 的学生在找工作时和未来的职业发展中都具有明显优势。我们从两方面使用 Excel。第一，我们同时用 Excel 和计算器计算所有的例题和练习题，用计算器计算一遍是为了确保题目可以用计算器得出答案，用 Excel 则是为了检查计算结果的准确性。第二，我们用 Excel 制作了大量图表，并给出了所用的 Excel 模型。学生学习时不需要掌握如何使用 Excel，但是如果他们对这个软件比较熟悉，就会知道用 Excel 可以有效解决很多财务管理中的基本问题。不熟悉 Excel 的学生会有动力去学习它。

3. 会计报表和自由现金流量。在基本财务课程的学习中，大部分学生对资产负债表和利润表很熟悉，但很多学生对现金流量表及其与自由现金流量的关系并不清楚。读者反映，在上一版中我们试图涵盖太多内容——比如介绍计算自由现金流量的不同方法——我们应该删掉部分内容，对保留下来的内容进行更细致的说明。我们同意这一观点，本版在这方面做得更好。

我们还可以列举本书的很多变化。这些内容可以让教师（特别是熟悉上一版的教师）更了解本版的变动，也可以让学生知道作者在努力改进。

总 结

财务管理是企业的基石——好的财务管理对企业乃至国家和全球的经济健康都至关重要。鉴于其重要性，应更广泛深入地了解财务管理，但知易行难。这一领域非常复杂，并随着经济条件的波动而不断变化。这些都使财务管理更加刺激且令人兴奋，同时也更加具有挑战性。我们衷心希望本书能让读者更好地理解财务系统，实现自己的挑战。

目　录

第1部分　财务管理简介

第2部分 财务管理的基础概念

第3部分 金融资产

第5部分 资本结构和股利政策

第 6 部分 营运资本管理、财务预测和国际财务管理

第 1 部分

财务管理简介

第 1 章

财务管理概述

1.1 企业组织形式

对所有的企业来说，不论规模和组织形式如何，财务管理的关键内容并无差异。不过需要注意的是，企业的组织结构确实会影响经营的某些方面。有三种常见的企业组织形式：独资企业、合伙企业和公司制企业。从公司数量来看，大约 80%的公司属于独资企业，剩余的 20%中，一半是合伙企业，一半是公司制企业。但是从销售收入来看，大约 80%来自公司制企业，13%来自独资企业，7%来自合伙企业。由于公司制企业从事绝大多数经营业务，而且大部分成功的独资企业和合伙企业也转变成公司，因此本书着重探讨公司制企业。首先，我们要了解这三种组织形式的区别。

独资企业（proprietorship）是由一个人控制的非法人企业。成为一家独资企业非常容易——只需要开始生产经营即可。独资企业有三个重要的优势：（1）成立企业非常容易且成本低；（2）受到的政府管制很少；（3）比公司制企业税负低。但是，独资企业也有三个严重的缺点：（1）独资企业的所有者对公司债务负有无限责任，这可能会导致所有者的损失超过他们对企业的投资；（2）独资企业很难筹集到大量资金；（3）独资企业的经营时间受到其创办人的寿命的限制。基于以上原因，独资的形式常常被小企业采用。虽然企业经营通常从独资开始，但当其发展过程中劣势超过优势时，就会转变成公司制。

合伙企业（partnership）是两个或两个以上决定一起经营业务的人以法律契约的形式组建的企业。与独资企业类似，合伙企业创办比较容易且成本较低，而且不用缴纳企业所得税。它们也有与独资企业相似的缺点：无限个人责任、不容易筹集资本、企业寿命有限。责任问题尤其重要。根据合伙企业法，每个合伙人都对企业债务负有责任。因此，如果任何一个合伙人无法偿还他们按合伙比例计算的负债，企业濒临破产，那么所有其他合伙人都对挽救企业负有责任。拉文索和霍瓦特（Laventhol and Horvath）会计师事务所规模很大，但由于投资者就其虚假审计报告提起诉讼而破产，该事务所的合伙人由此深刻了解到经营合伙企业的所有风险。另外一家大型会计师事务所安达信（Arthur Anderson），与拉文索和霍瓦特事务所境遇相似。由于其合伙人合作的对象包括安然、世通和其他触犯法律的客户，导致该事务所倒闭。所以，位于得克萨斯的合伙人审计的企业破产可能导致一个从没去过该企业的纽约合伙人从百万富翁变得一贫如洗。

公司制企业（corporation）是一个法人主体，它与所有者和管理者相互独立。公司制企业可以无限期经营下去，它们的所有者不用承担超过其投资的损失，而且公司制企业中所有者权益（股票）的转移比非公司制企业要容易得多。这三个因素使得公司制企业筹集生产经营所需的大量资金比较容易。因此，像惠普和微软这样的公司通常都是以独资企业或合伙企业开始经营，但在发展到某一阶段时发现转变成公司制企业更有优势。

公司制企业的最大缺点在于税收方面：公司利润通常受到双重征税——首先，公司利润在公司层面征税；然后，税后利润作为股利支付给股东时还要作为个人收入征税。但是，为帮助小企业，美国国会创造了 **S 公司**（S corporation），允许此类公司按照独资企业或合伙企业征税从而免除企业所得税。尽管 S 可以代表“小”，但实际上该命名是基于税法中对 S 公司的规定，大规模公司可以表示为 C 公司。S 公司的股东不能超过 75 人，所以只适用于非常小的私有企业。绝大多数小公司选择并且持续 S 状态，直到它们决定向公众出售股票从而使股东超过 75 人。

在选择企业的组织形式时，必须在公司制的优势和可能产生的高税负之间进行权衡。但是，除了规模非常小的企业外，下面三个原因会使企业选择公司制之后价值达到最大：

1. 有限责任减少了投资者的风险，而且在其他条件相同的情况下，企业的风险越低，价值越高。

2. 企业的价值取决于其成长机会，而成长机会取决于筹集资本的能力。由于公司比其他非法人组织更容易筹集资金，因此能更好地利用成长机会。

3. 资产的价值取决于其流动性，也就是将资产以其“公允市场价值”出售转换成现金的方便程度。由于公司中的股票投资比独资或合伙企业中的权益投资更容易转让给其他投资者，因此公司中的投资更具流动性，这也提高了公司的价值。

如前所述，大多数公司都以价值最大化为目标，所以大部分规模较大的企业都以公司形式组建。

1.2　股票价格与股东财富

理解企业的主要目标非常重要。我们会发现，独资企业的经营目标与公司制企业并不相同。首先来看一下拉里·杰克逊（Larry Jackson）独自在主街经营的一家体育用品商店。杰克逊开店是为了赚钱，但他喜欢在星期五抽空去打高尔夫。杰克逊手下的几名员工的效率不高，但他仍然出于友情和忠诚的考虑继续雇用他们。杰克逊是在用一种与其个人目标一致的方式经营这个商店，考虑到他是一个独资企业的所有者，这似乎合情合理。杰克逊知道，如果他不打高尔夫，并且换掉一些员工，他的商店会赚更多钱，但他对目前的选择感到满意，而且由于是自己的店，他可以自由作出这些决策。

与此不同，琳达·史密斯（Linda Smith）是一家大公司的首席执行官。史密斯日复一日经营这个公司，但她不是公司的唯一所有者。公司由所有购买了其股票的股东拥有，他们期望以购买股票的回报提供退休保障、送孩子读大学，或者支付期待已久的一次旅行。股东选举董事会，然后董事会选择史密斯来经营这个公司。史密斯和其他管理者代表股东工作，而且要寻找可以增加股东价值的策略。本书将主要关注上市公司，所以我们的前提假设是管理者的基本目标是**股东财富最大化**（stockholder wealth maximization），也就是使公司的普通股价格最高。

如果管理者的目标是股东财富最大化，他们必须知道如何确定这一财富。一个公司的股东财富基本上等于发行在外的股票数量乘以每股价格。如果你拥有 100 股通用电气（GE）的股票，每股价格 35 美元，那么你获得的财富就是 3 500 美元。所有股东的财富相加就是通用电气公司的财富，这也是管理者要实现最大化的财富。发行在外的股票数量是一定的，因此真正决定股东财富的是股票价格。所以核心问题是：什么决定股票价格？

通过学习本书，我们会发现，任何资产的价值都是其提供给所有者的未来现金流的现值。我们将在第 9 章深入探讨股票估值，会发现某一时点的股票价格都取决于“一般”投资者买入股票后期望在持有股票期间得到的现金流。例如，假定投资者知道通用电气在 2004 年每股收益为 1.58 美元，每股支付股利约 51%，即 0.8 美元，大部分投资者期望利润、股利、股票价格在第二年均上涨 6%。管理者此时会经营公司来满足投资者的期望。管理者可能做出了非常好的决策，使利润增长了 12%，股利和股票价格也相应增长了同样的幅度。当然，管理者也可能做出错误决策，使利润下降，股票价格不但不会上升反而会急剧下跌。所以，投资者如果购买通用电气的股票，会比他们购买新的美国国债承担更大的风险，因为国债每六个月支付有保障的利息，而且当债券到期时将偿还本金。

我们发现，如果通用电气的管理者做出了好的决策，股价会上涨；如果决策是错误的，股价会下跌。管理者的目标就是做出使股票价格上涨的决策，因为这样可以使股东的财富最大化。需要注意的是，超出管理者控制能力的因素也会影响股票价格。世贸中心和五角大楼遭受“9·11”恐怖袭击后，不管公司的管理者如何努力，所有公司的股票价格均下跌。

公司设有大量不同的部门，包括营销、会计、生产、人力资源、财务等部门。财务部的主要任务是评估提出的决策方案，判断它们将对股票价格和股东财富产生什么影响。例如，假设生产部经理准备更新一些生产设备，帮助公司节约人力成本。财务部人员需要评估该方案，判断节约的成本是不是大于支付的新机器成本。同理，如果营销部准备与泰格·伍兹签订为期 5 年、每年 100 万美元的合同，财务部人员需要评估该方案，观察可能增加的销售额和其他相关因素，得出与伍兹签约能否提高股票价格的结论。大部分重要决策都将被这样评估。

股票价格会随着条件变化和投资者获得有关公司前景的更多新信息而发生变化。例如，苹果公司的股价 2004 年在每股 21.18 美元到 69.57 美元之间波动，随着好消息和坏消息的披露而变化。通用电气的历史更长，经营更多元化，也更稳定，其股票价格只在 28.88 美元到 37.75 美元之间波动。由于通用电气的风险更低，投资者对通用电气未来情况的预测会比对苹果公司的预测更准确。还需要注意，公司的投资决策决定其未来的盈利和现金流。一些公司的项目非常简单且容易评估，所以风险较低。例如，如果沃尔玛准备开一家新店，估计该项目的预期收入、成本、利润会比估计苹果公司的声控电脑项目容易得多。这些项目的成败会决定沃尔玛、苹果以及其他公司未来的股票价格。

管理者必须估计项目的可能盈利情况以及对股票价格的影响。股东必须预测公司的未来发展，当前的股票价格反映了投资者对公司未来成功情况的判断。

1.3 内在价值、股票价格与薪酬计划

前一节提到，股票价格以未来预期现金流量为基础，而不仅仅取决于当前的现金流量。因此，股票价格最大化要求我们着眼于经营的未来发展。学者们常常假设管理者坚持这一长远发展的观点，但实际上在 20 世纪后半期许多公司更重视短期发展。为了激励管理者关注股票价格，股东（通过董事会采取行动）给予经理人股票期权，这一权利可以在未来的某一特定日期行使。一名高管可以在该日期行使期权获得股票，然后立即出售从中获利。这促使许多管理者努力实现行权日的股票价格最大化，而不是着眼于长远发展，带来了许多可怕的恶果。比如，能够在未来发展良好的项目被否决，因为这些项目会使短期利润恶化，进而降低行权日的股票价格。更糟的是，一些高管故意高估利润来暂时推高股价，然后行使期权，卖掉被高估的股票，将真相被揭露后的沉重负担留给外部股东。安然、世通、房利美是这些公司的典型代表，还有其他一些公司也在这样做。

很多公司都使用激进但合法的会计处理方法来提高当期利润，但这些方法会降低未来利润。例如，许多管理者将应该按 5 年计提折旧的资产延长为 10 年。这虽然降低了接下来 5 年报告期的成本并提高了收益，但提高了第 6 年至第 10 年的成本并降低了收益。还有很多其他合法但受到质疑的会计政策被使用，目的都是提高报告利润和行权日的股票价格，最终增加高管行权时的收益。显然，这使得投资者很难判断股票的真实价值到底是多少。

图 1—1 描述了这一情况。第一行的方格代表管理者的行动与经济环境和政治环境一起决定投资者的收益。我们并不确定未来的收益是多少，只能估计，但预期收益与实际收益往往差别很大。投资者都喜欢高回报而厌恶风险，所以预期利润越高、风险越低，则股票价格越高。

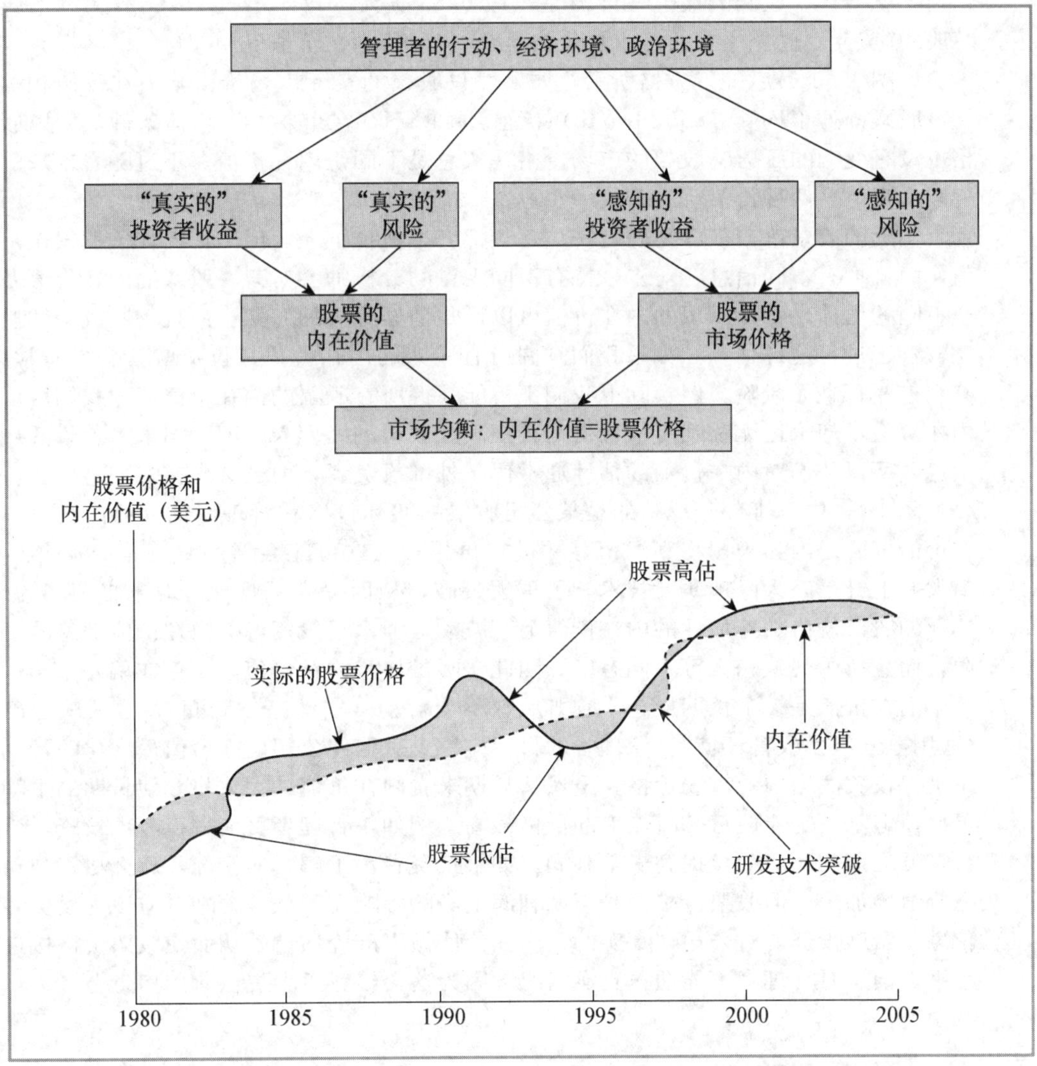

图 1—1　内在价值和股票价格的影响因素

第二行的方格将“真实的投资者收益”、“真实的风险”与“感知的收益”和“感知的风险”区别开来。“真实的”是指当投资者掌握公司现有的所有信息时，大多数人对报酬和风险的预期。“感知的”是指投资者在实际掌握的信息有限时对收益和风险的预期。例如，2001年年初，投资者认为安然的获利能力很强，未来的利润会很高且不断上升。他们还认为真实的结果会接近他们的预期，因为安然的风险比较低。但是，对安然真实利润的最佳估计值其实是负数，具有极高风险，掌握这一情况的是其高管而不是公众投资者。

第三行的方格显示，每只股票都有其内在价值和市场价格。**内在价值**（intrinsic value）是对股票"真实"价值的估计，需要掌握全部的实际风险和收益数据才能计算。**市场价格**（market price）是股票在市场中的价值，以边际投资者掌握的但很可能错误的信息为基础。投资者并未达成一致意见，因此是边际投资者决定了实际价格。例如，边际投资者可能预期通用电气2005年的股利是每股0.8美元，以后每年增长6%，根据这些信息将该公司股票价格定为每股35美元。但是，如果他们掌握了所有可得到的情况，就会认为股利的最佳估计值是每股0.85美元，每年增长7%，股票价格应该为每股40美元。此例中，实际市场价格是35美元，内在价值是40美元。

如图1—1最后一行方格所示，如果一只股票的实际市场价格与内在价值相等，那么该股票即处于**均衡**（equilibrium）状态。此时不存在重要的不均衡条件，所以股票价格也没有变动的压力。股票的市场价格一般总是不同于内在价值。不过随着未来的情况逐渐清晰，这两种价值会趋于统一。

实际的股票价格很容易确定——每天都公布在报纸上。但是，内在价值仅仅是估计值，而且拥有不同信息、对未来持有不同观点的分析师会对某一股票的内在价值做出完全不同的估计。估计股票的内在价值可以说是证券分析的一切，而且一些成功的投资者比较善于进行这种估计。如果我们掌握所有股票的内在价值，投资就会变得非常容易，获利丰厚且毫无风险。但实际上我们不可能掌握所有股票的内在价值——我们可以估计内在价值，却永远无法确定估计得是否正确。公司的经理人了解公司未来前景的最可靠信息，所以他们对内在价值的估计通常优于外部投资者，但也会出错。

图1—1中下半部分反映的是某公司股票的实际价格和管理者估计的内在价值。内在价值上升是因为公司将利润留存并进行再投资，这可能会增加利润。1997年内在价值大幅上升是因为一项研发技术有了重大突破，从而提高了管理者对未来利润的预期。实际的股票价格随着估计的内在价值上下波动，但由于投资者对内在价值信息的了解有限，而且持乐观或悲观等不同态度，因此实际价格和内在价值总是存在偏差。

内在价值是一个长期概念。它既反映不当行动（安然高估利润），也反映正确行动（通用电气努力改善环境）。管理者的目标应该是采取使公司内在价值最大化的行动，而不是仅仅关注当前的市场价格。虽然从长期来看内在价值最大化将会使长期的平均价格最高，但不一定能使每一时点上的价格最高。例如，管理者可能进行一项投资，该投资会降低当期利润但明显提高未来利润。如果投资者不了解真实情况，那么尽管公司的内在价值增加了，但股票价格会受当期利润下降的影响而下跌。管理者应该为投资者提供信息，帮助投资者对公司"真实的"内在价值做出准确估计，从而使股票价格接近均衡水平。但有时管理者不能透露真实情况，因为这会给竞争者提供有用信息。

1.4 一些重要趋势

需要注意三个重要趋势。第一个趋势是前文提到的要点给企业实务操作带来了深远影响。安然、世通和其他公司的高管报告了虚假的财务数据，给股东造成了巨大损失。

这些公司的首席执行官（CEO）后来声称当时没有意识到发生了什么事情。因此，美国国会通过法案，要求CEO和首席财务官（CFO）保证公司的财务报表真实准确，如果这些报告被发现没有满足监管要求，那么这些高管可能入狱。可见，此后公布的报表将会比以前更准确、可靠。

第二个趋势是企业全球化加剧。通信技术的进步使像沃尔玛这样的企业可以从遍及中国、美国的成百上千家店铺中收集实时销售数据，沃尔玛的总部可以在阿肯色州的本顿维尔管理这些店铺。IBM、微软以及其他高科技公司现在在中国、印度、罗马尼亚都设有研究实验室和服务中心。与之类似，家得宝（Home Depot）和其他零售商的客户可以通过电话或电子邮件向各国的客服中心提出问题并得到解答。进一步来看，包括可口可乐、埃克森美孚、通用电气、IBM等在内的许多美国公司，有将近一半的销售额来自国外。全球化的趋势仍在继续，抗拒这一趋势的企业在21世纪将很难获得竞争优势。

第三个对财务管理产生深远影响的趋势是信息技术不断发展。这些发展推动了全球化，而且正如在美国所发生的，改变了财务管理。公司可以收集大量数据，然后使用这些数据进行财务决策中所需的估计、预测。例如，当沃尔玛准备为新店选址时，可以提取数以千计的其他店铺的历史数据来预测备选地点的情况，从而降低投资新店的风险。

这些趋势都将在本书中得到反映，每个参与企业经营的人都应该了解这些趋势以及它们对经营决策可能产生的各种影响。

1.5 企业伦理

受到安然和近来其他财务丑闻的影响，提高企业伦理水平的呼声越来越高。这发生在许多领域：纽约首席检察官埃利奥特·斯皮策（Elliot Spitzer）和其他人正在对公司的不当行为提起诉讼；美国国会通过了法案以对做坏事的高管进行制裁；商学院试图让学生了解什么是对的，什么是错的，并让他们了解一旦进入社会，他们的行为会带来什么后果。

前文已经提到，公司会从声誉中获益，反之亦然，其实个人也是如此。声誉反映了企业和人们的行为合乎伦理的范围。《韦氏辞典》中对伦理规范的解释是：行为准则或符合道德的行为。**企业伦理**（business ethics）可以认为是公司对待员工、顾客、社区和股东的态度和行为。高标准的伦理行为要求公司以公平、诚实的态度对待业务伙伴。一个公司对企业伦理的认同可以用其员工的行为倾向来衡量，包括员工组织的严密性，以及员工对有关法律法规和道德准则的遵守情况（涉及安全生产、产品质量、公平雇用、公平营销和销售、用商业机密换取个人利益、社区参与、为获取业务非法投入等）。

公司正在做什么

如今大部分公司都对伦理行为有严格的规定，并且对员工进行培训以确保员工理解不同情况下的正确行为。当利润和有关伦理的要求产生矛盾时，伦理方面的考虑有时非常重要，甚至明显占据主导地位，但在很多案例中正确的选择并不是显而易见的。例如，假定诺福克南方公司（Norfolk Southern）的管理者知道运煤的火车污染了空气，但污染程度在法律允许的范围之内，而且进一步减少污染将会带来高昂成本。从伦理上来看，管理者一定要减少污染吗？与之类似，默克制药公司（Merck）自己的研究机构发现其万络止痛药（Vioxx）可能引发心脏病，但这一证据并不是十分有力，而且这种产品确实帮助一些病人减轻了病痛。随着时间的推移，越来越多证据表明万络止痛药确实带来了极大的健康风险。如果公司发布存在疑问的负面信息，将会影响销售，而且会妨碍那些能从这一产品中受益的病人用药。如果公司推迟发布信息，越来越多的病人会遭受不可挽回的伤害。默克制药应该在什么时间公开这一潜在问题呢？对此类问题没有明确的答案，但公司必须处理这些问题，如果处理不当会导致严重后果。

非伦理行为的后果

过去，伦理滑坡导致了一些企业相继破产。安然、世通公司以及安达信会计师事务所的丑闻表明，非伦理行为可以导致一个企业迅速衰落。在这三个案例中，高管都因误导会计实践以高估利润而受到攻击。安然、世通的高管在向员工和外部投资者推荐公司股票的同时忙着卖掉自己的股票。这样，高层管理人员在股票下跌前获利丰厚，而一般员工和外部投资者承担了巨大损失。这些高管中一部分人已经入狱，其他的人也很可能如此。此外，包括美林（Merill Lynch）、花旗（Citigroup）等在内的为这些实施欺诈的企业提供便利的金融机构已经被处以上百万美元罚款，还有大量案件提起诉讼。

这些欺诈行为还对其他公司甚至整个行业造成了致命打击。例如，世通低估了大约 110 亿美元成本。它基于这些虚假的低成本向客户进行销售，形成行业中的最低价格。这增加了该公司的市场份额，提高了增长率，它的每股收益被严重高估，从而使股票价格过高。世通的业绩以谎言为基础，对整个行业造成了巨大影响。例如，美国电话电报公司（AT&T）的高管相信世通的数据，从而向自己的经理们施加压力来达到世通的成本和价格水平，但这些数字不采取欺诈手段是无法得到的。AT&T 缩减了重大项目投资，给员工施加了过大压力，最终毁掉了一个优秀的有着百年历史的公司。由于安然的欺诈行为，能源行业也发生了类似情况。

这些情况使许多投资者对美国企业失去了信心，离开股票市场，进而导致公司很难筹集资金以发展业务、带动就业和刺激经济增长等。所以，非伦理行为带来的影响远远超出了采取这些行为的公司本身。

由此带来一个问题：是整个公司还是只有部分员工不遵守伦理规则？安达信的案例可以说明这一问题，该事务所对安然、世通和其他一些财务造假的公司进行了审计。证据表明，安达信的一些会计师帮助这些公司造假。事务所的高管们辩称，虽然有一些员工做了错事，但公司雇用的其他 85 000 名员工以及事务所本身是无辜的。美国司法部对此并不认同，指出公司自身也要承担责任，因为它营造了允许非伦理行为存在的氛围，而且所建立的激励机制使得这些非伦理行为可以让造假者和公司共同受益。结果安达信被迫停业，合伙人损失巨大，85 000 名员工失业。在大多数其他案例中则是个人受到审判，不过公司虽然幸存下来，但声誉受到巨大损害，极大降低了未来获利的可能性和公司价值。

员工如何应对非伦理行为

对于股票期权、奖金、晋升等的渴望驱使管理者采取非伦理行为，例如，账簿造假使管理者所在的部门获得利润，隐瞒可能会使销售额下降的负面信息，不采取必要的但成本高的环境保护措施。通常，这些行为造成的后果不会像安然或世通那样严重，但仍然不可取。如果不诚信的事情不断出现，谁应该采取行动？应该采取怎样的行动？很显然，在类似安然或世通的案例中，欺诈行为直接由高层或接近高层的人做出，所以他们最清楚情况。在其他案例中，问题可能是由中层管理者导致的，他们试图虚增本部门的利润进而增加个人的奖金。不过在所有案例中，有一些基层员工了解正在发生的事情，甚至受命直接去实施欺诈行为。这些基层员工是否应该服从命令？是否应向公司董事会、审计师或联邦检察官等拥有更高权力者报告情况？

在安然、世通的案例中，很多员工知道存在非伦理和违法的行为。但在类似默克制药的案例中，情况并不明朗。如果早期的证据表明万络止痛药引发的心脏病并不明显，而它减轻痛苦的作用非常强，那么发出预警很可能是不恰当的。但是，随着证据的累积，在某一时点应该告知公众，或者让该产品退出市场。当需要做出采取什么行动以及什么时候采取行动的决策时，就需要做出判断。如果一个基层员工认为产品应该停止生产而他的老板不同意，该员工应该怎么做？如果某员工坚持己见，而不管自己这样做的后果，他一定会有麻烦。如果这个预警是错误的，那么公司将受到伤害，而且该员工将什么都得不到。在本例中，他很可能失去工作。即使他是正确的，他的职业生涯也会受到极大的影响，因为一些公司（至少一些老板）并不喜欢“不忠诚、爱找麻烦”的员工。

此类情况经常发生，涵盖会计欺诈、产品责任、环境污染等方面。如果员工站出来反对老板的观点，他们的工作肯定会受到威胁；但如果他们什么都不做，心理上会备受煎熬，这也会使公司走下坡路，随之而来的是他们失去工作和收入。此外，他们如果听从了明知非法的指令，将会有牢狱之灾。实际上，在大部分提起诉讼的丑闻案件中，直接实施了非伦理行为的基层人员比命令他们这样做的老板们刑期更长。所以，员工陷入一个两难的处境，即：做他们应该做的事情很可能丢掉饭碗，与老板同流合污则很可能坐牢。

以上探讨说明了伦理在企业和学校中如此重要的原因，也说明了我们在本书中关注它的原因。

1.6 管理者与股东的冲突

人们早就发现管理者的个人目标会与股东财富最大化产生冲突。实际上，管理者对最大化个人财富比对最大化股东财富更感兴趣，因此会给自己额外多发薪酬。例如，迪士尼公司向前任总裁迈克尔·奥维茨（Michael Ovitz）支付了1.4亿美元的离职金，他只在该岗位工作了14个月，他之所以离职是因为他和迪士尼的CEO迈克尔·艾斯纳（Michael Eisner）意见不统一。艾斯纳也在奥维茨离开的当年得到了超过5.75亿美元的丰厚薪酬，包括75万美元基本年薪、990万美元奖金和5.65亿美元股票期权。公司支付超额报酬的另一个例子是泰科（Tyco）的CEO丹尼斯·科兹洛夫斯基（Dennis Kozlowski）花掉公司200万美元为他的妻子举办生日聚会。

迪士尼高管的薪酬和科兹洛夫斯基的消费都与股东财富最大化无关。不过良好的高管薪酬计划确实可以激励管理者为实现股东利益最大化服务。有效的激励措施包括：（1）合理的薪酬方案；（2）来自股东的直接干预，包括解雇表现欠佳的管理者；（3）来自并购的威胁。

薪酬方案应该吸引和留住有能力的管理者，但不能超过必要的限度。而且，薪酬应该结构化，以使管理者基于股票的长期表现得到报酬，而不是取决于行权日的股票价格。这意味着期权（或直接支付的高报酬）应在一段时间内分期给予，这样管理者有动机使股票价格在较长时间内保持较高水平。如果公司的内在价值能够用一种客观且可确认的方式度量，那么业绩奖励也可以以内在价值的变动为基础。但由于内在价值不可观察，因此薪酬必须以股票的市场价格为基础——应该使用一段时间的平均价格而不是某一时点的价格。

股东可以直接干预管理者。多年以前大部分股票都是个人所有，但现在大多数股票都是由机构投资者（例如保险公司、养老基金、共同基金等）持有。这些机构的资金管理者能够对公司经营产生重要影响。首先，他们可以和管理者沟通，对公司应如何经营提出建议。像加利福尼亚公务员退休系统（California Public Employees Retirement System，Calpers，总资产 1 650 亿美元）和美国教师退休基金会（TIAA-CREF，最初为私立学校教授提出的一项退休计划，现在持有 3 000 亿美元资产）这样的机构投资者已经成为表达股东意见的代表。当此类大股东发言时，公司必须洗耳恭听。其次，任何一个持有公司 2 000 美元股票达到一年的股东都可以提出一项提案，即使管理者反对，也必须在年度股东大会上对其进行投票。虽然股东的提案不具有约束力，但投票的结果肯定会被高管获知。

股东的干预范围很广，从提出增加销售额的建议，到威胁要解雇管理团队。直到不久前，管理者被股东驱逐的可能性仍很小，几乎不会受到威胁。大多数公司的股权非常分散，管理者对投票机制的控制力很强，对意见不一致的股东来说，得到足以撤换管理团队的投票数几乎不可能。现在这种情况已经发生了变化。近年来，AT&T、可口可乐、房利美、通用汽车、IBM、施乐等公司的高管都被撤换。泰科的科兹洛夫斯基已经离开，迪士尼的艾斯纳也在承受了很大压力后离任。离任的原因在于他们所供职公司的业绩非常糟糕。

如果一个公司的股票价格被低估，**公司狙击手**（corporate raiders）会将它看成是一笔有利可图的买卖而试图**敌意收购**（hostile takeover）该公司。如果狙击成功，目标公司的高管几乎肯定会被解雇。在这种情况下，管理者有强烈的动机采取措施以使公司股票价格达到最高。一位高管曾说："如果你想保住工作，永远不要让你公司的股票廉价出售。"

需要再次注意，高管们应该努力实现的不是某一特定日期的股票价格的最大化，而是长期的平均价格的最大化。如果管理者关注股票的内在价值，平均价格就将实现最大化。但是管理者必须与股东有效沟通（不泄露使竞争者受益的信息），以确保实际价格接近内在价值。内在价值高而实际价格低对股东和管理者来说都不是好事，因为这时狙击手可能伺机进入，低价买入公司并解雇管理者。再次强调前文的观点：管理者应该努力实现股票的内在价值最大化并与股东有效沟通。从长期来看，这可以使内在价值提高，并且使实际的股票价格与内在价值保持接近。

由于内在价值无法观察，因此几乎不可能判断它是否得到最大化。但我们将在第 9 章介绍估计股票价值的方法，管理者可以使用这些估值模型来分析备选方案是如何影响估值的。这类基于价值的管理不像我们期望的那么精确，却是经营企业的最好办法。

1.7 财务管理在组织中的角色

在典型公司制企业的组织结构中，董事会处于最上层，**董事长**（chairman of the board）对公司战略负有重大责任。在董事长的带领下，董事会制定政策，但政策的执行由企业管理者负责。需要注意的是，大多数上市公司由**薪酬委员会**（compensation committee）负责制定高管的薪酬方案，该委员会中必须包括三名外部成员（非员工）。薪酬委员会需要考虑的因素包括：相对整体市场而言，公司的股票价格表现；同行业中其他公司的情况；每股收益增长率；同类企业高管的薪酬水平。显然，这是一个非常重要的委员会。

高管团队由**首席执行官**（chief executive officer，CEO）领导。有时董事长也兼任CEO，但包括纽约证券交易所在内的公司治理专家都认为这两个职位应该分离，目前来看两职分离的趋势也非常明显。**首席运营官**（chief operating officer，COO）和**首席财务官**（chief financial officer，CFO）直接受CEO领导。COO负责包括公司产品的生产和销售在内的经营活动。CFO负责会计系统、为公司筹集需要的资金、评价公司相对于同行业企业的经营效果、评估所有重大的投资决策（包括新建厂房、商店和类似的提案）。如果公司以股东财富最大化为目标，那么CFO的所有职责都非常重要。会计系统必须为保证公司有效运营提供高质量的信息，而且管理者只有了解了真实成本才能做出正确决策以提高公司效率。同时，会计系统必须向投资者提供准确、及时的信息，如果投资者不相信会计报告中的数据，那么他们会用脚投票，公司价值也不可能达到最高。本书不会详细说明会计流程，但会强调如何使用会计数据进行内部决策，以及投资者如何使用会计数据来评估股票价值。公司融资达到最优状态也非常重要——公司应该使用能够带来最大价值的债务和权益组合。最后，财务人员必须评价不同的部门以及它们提出的资本支出计划，以确保公司有效运营，并进行可以增加股东财富的投资。

小结

本章提供了财务管理的广阔视角。管理者的目标是使股票长期价值最大化，长期价值是指由长期平均股票价格反映的内在价值。为了实现价值最大化，公司必须开发消费者需要的产品，高效生产、合理销售，并关注与公司行为有关的规章制度。如果通过这些努力可以成功实现股票价值最大化，还将增加社会财富和民众福利。

20世纪90年代，公司热衷于向管理者提供股票期权，管理者可以在特定日期行权并出售。这导致一些管理者试图实现行权日股票价格最大化，而不是关注使股东利益最大的长期价格。如果分阶段授予期权，并在较长时间内行权，则可修正这一问题，促使管理者关注股票的长期的真实价值。

企业可以以独资、合伙、公司制等不同形式组建。绝大多数企业是公司制的，成功的企业最后往往都会采用公司形式，所以本书着重关注公司制企业。我们也讨论了一些对所有企业都有影响的新的发展趋势。一是20世纪90年代一系列财务丑闻引发的对企业伦理的关注，二是全球化趋势，三是新技术的持续发展，这些都改变了公司经营业务的方式。

CFO的主要职责包括：（1）使用会计系统为内部决策和投资者提供“好”的数据；（2）确保公司合理融资；（3）评估经营单元，确保它们状态良好；（4）评估所有资本支出方案，确保它们可以增加公司价值。本书将探讨财务经理如何履行上述职责。

第 2 章

金融市场和金融机构

2.1　资本配置过程概述

企业、个人和政府通常都需要筹集资金。例如，假设卡罗来纳电力和照明公司（Carolina Power & Light，CP&L）预计北卡罗来纳州的电力需求将会增长，决定修建一座新的发电厂。由于 CP&L 无力支付 10 亿美元的建设资金，因此公司必须在资本市场筹集资金。假设旧金山一家五金店的店主方先生决定拓展家用电器业务，他从哪里得到资金来购买电视机、洗衣机、电冰箱等首批货物呢？如果杰克逊一家想要买一套价值 200 000 美元的房子，但手头只有 40 000 美元积蓄，他们如何筹集另外的 160 000 美元呢？如果纽约市想要借款 2 亿美元新建一家污水处理厂，或者联邦政府需要资金来满足需求，都需要借助资本市场。

另一方面，有些个人和公司拥有超出当前支出的利润，可以进行投资。例如，卡罗尔·霍克的收入是 36 000 美元，但支出只有 30 000 美元。又如，在 2004 年 12 月 31 日，福特汽车公司持有约 235 亿美元现金及现金等价物可用于未来投资。

那些持有多余资金的人和组织是通过今天的积蓄为未来筹集可用资金。一户家庭攒钱可能是为孩子的教育或将来的退休做准备，一家企业则可能是为将来的投资积累资金。这些持有多余资金的群体都期望自己的投资能获得正的回报。那些今天就需要资金的人和组织则需要借款来支付当期费用。他们明白使用这些资金需要付出代价，这些代价恰恰是那些持有多余资金的投资者期望得到的回报。

在一个运转正常的经济体中，资本会从提供方向使用方有效流动。这种资本转移会表现为图 2—1 中的三种不同方式：

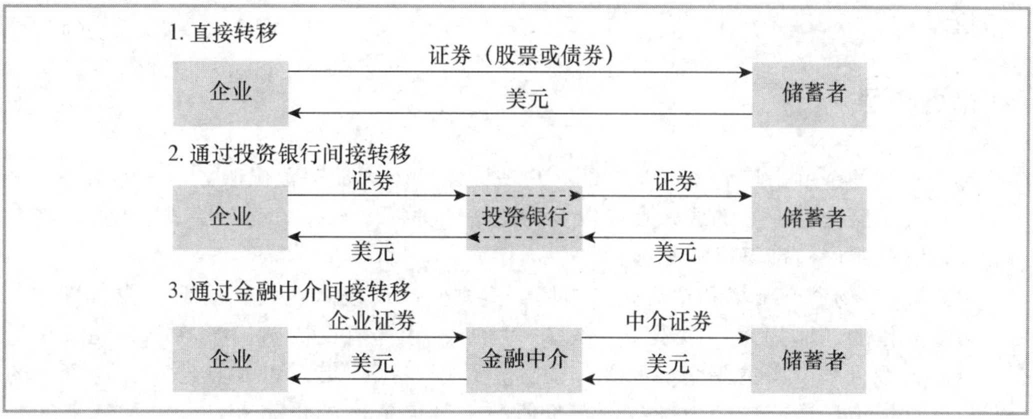

图 2—1　资本形成过程图解

1. 图中上方显示的是资金和证券的直接转移，不需要金融机构作为中介，企业直接发行股票或债券时会发生这种情况。企业将证券出售给储蓄者，储蓄者将资金提供给企业。

2. 图的中部显示了另一途径，通过类似美林这样的投资银行进行证券承销来实现资金转移。承销商作为中介帮助公司发行证券。公司将股票和债券出售给投资银行，投资银行再出售给储蓄者。企业的债券和投资者的资金仅仅是“通过”了投资银行。但是，投资银行确实购买证券并持有了一段时间，所以它承担了风险——它有可能无法按照同样的价格将证券出售给投资者。因为涉及新证券，并且公司得到了销售证券的收入，所以这可以称为一级市场交易。

3. 还可以将银行或共同基金作为金融中介实现资金转移。在这种情况下，中介通过自己的证券从储蓄者手中得到资金，然后使用这些资金购买并持有企业证券。例如，某人可能在银行有存款，得到一张存单，然后银行将资金作为贷款发放给小企业。这样，金融中介创造了一种新的资本形式——在这种情况下，大部分储蓄者更愿意持有存单，因为存单比抵押借款更安全、流动性更好。金融中介的存在极大提高了货币和资本市场的效率。

需要资本的主体通常是企业，尤其是公司，但是把资本需求者假定为房产购买者、小企业、政府部门等主体会更容易理解。例如，如果你的叔叔在你毕业后借钱给你开公司，这就是资金的直接转移。或者，如果你的家庭要借钱买房，你很可能通过地方的商业银行或抵押贷款银行取得资金，而它们可能从类似房利美的国家机构取得资金。

在全球范围内，经济发展与金融市场和金融机构的水平、效率密切相关。一个经济体如果不能使金融体系良好运转，会很难充分发挥潜力。因此，决策者通常希望推动金融市场全球化。

在美国等发达国家，大量市场和机构长期参与资本的有效配置。为了有效筹集资本，管理者必须了解这些市场和机构的运作情况。

2.2 金融市场

需要借入资金与拥有多余资金的个人和组织都集结在金融市场中。在发达的经济体中有大量不同形式的金融市场。下面简要介绍金融市场的不同类别和近期的一些发展趋势。

市场类别

不同的金融市场为不同类型的客户或国家的不同地区提供服务。金融市场的差异通常取决于所交易证券的成熟程度以及为这些证券提供支撑的资产类型。因此，有必要首先按下列维度对市场进行划分：

1. 实物资产市场和金融资产市场。实物资产市场（也称“有形”或“真实”资产市场）指的是那些为类似小麦、汽车、房产、计算机、机器设备等产品提供交易的市场。金融资产市场主要交易股票、债券、票据、抵押贷款以及其他对实物资产的要求权，这类市场还交易衍生证券，其价值源于其他资产的价格变动。福特汽车的股票是“单纯的金融资产”，福特股票的期权则是衍生证券，该期权的价值取决于福特股票的价格。

2. 现货市场和期货市场。**现货市场**（spot markets）指的是“当场”转移所购买或售出资产的市场（也可能需要在几天内实现货物转移）。**期货市场**（futures markets）指的是市场参与者今天决定在未来的某一日期购买或销售资产的市场。例如，某农场主可能在今天签订期货合约，同意从现在起的六个月后以每蒲式耳5美元的价格出售5 000蒲式耳黄豆。又如，某国际食品加工商希望在未来购买黄豆，那么可以签订期货合约同意从现在起的六个月后购入黄豆。

3. 货币市场和资本市场。**货币市场**（money markets）交易短期、高流动性的债务类证券。纽约、伦敦、东京的货币市场是全球最大的几个货币市场。**资本市场**（capital markets）是交易中长期债券和股票的市场。纽约证券交易所是典型的资本市场，交易美国大型公司的股票。虽然没有硬性和固定的规则，但描述债券市场时“短期”通常指短于1年，中期指1～10年，长期意味着10年以上。

4. 一级市场和二级市场。公司可以在**一级市场**（primary markets）上筹集新的资金。如果通用电气准备出售一批新的普通股来筹集资金，这就是一级市场交易。出售新股的公司从一级市场得到所需资金。**二级市场**（secondary markets）则在投资者之间交易已发行的证券。比如，假设有投资者准备买1 000股通用电气的股票，该交易将在二级市场实现。纽约证券交易所是二级市场，因为该市场上交易的是发行在外的股票和债券，并不是新增的证券。二级市场也可交易抵押贷款、其他类型贷款和其他金融资产。公司并不介入二级市场交易，只是其股票不断换手，所以公司不会从这种销售活动中得到任何资金。

5. 私募市场和公开市场。**私募市场**（private markets）与**公开市场**（public markets）不同，私募市场中的主体直接协商交易，公开市场则在有组织的交易所中交易标准化合约。银行贷款、与保险公司的债务安排属于私募交易。这些交易无须公开，可以根据交易双方的喜好以任意形式实现。与此相反，公开市场上发行的证券（例如普通股和公司债券）则最终由众多个人持有。公开证券必须具有标准化合约的特征，一方面是为了吸引大量不同层次的投资者，另一方面是因为公众投资者一般没有时间和专业知识来分析个性化、非标准的合约。这类证券的广泛持有也保证了其相当高的流动性。从这方面来看，非公开证券更多地强调个性定制，流动性较弱，公开证券则流动性更强，但受到标准化的限制。

对市场还可以进行其他分类，但上述分类已经可以说明金融市场的多种不同类型。而且，除了基本的标准外，市场间的界限通常模糊且不重要。例如，如果某公司借款11，12或13个月，实际上没有太大区别，所以我们不一定要认定涉及的是“货币”市场还是“资本”市场。你应该了解不同类型市场间的重要区别，但是不必严格划清它们的界限。

一个健康发展的经济体有赖于资金的有效流动，一般是从那些净储蓄者向需要资金的企业和个人流动。离开了有效的流动，经济将无法运行：卡罗来纳电力和照明公司筹集不到资金，罗利的居民将用不上电；杰克逊家将没有足够的房间；霍克将没有投资渠道，等等。结果很明显，就业和生产水平以及我们的生活水平都会下降。因此，金融市场的有效运行——不但速度快而且成本低——非常关键。

表2—1给出了不同金融市场中最重要的交易工具的列表。表中的金融工具按照存续时间升序排列。在学习本书的过程中，我们将了解其中许多工具的详细情况。例如，我们会了解各种公司债券，包括普通债券、可转换成普通股的债券、利率随通货膨胀率变动的债券等。另外，表中还给出了主要金融市场中交易工具的特征和成本。

表2—1　　主要的市场工具、市场参与者和证券特征

工具 (1)	市场 (2)	主要参与者 (3)	证券特征		
			风险 (4)	初始期限 (5)	2005年2月1日的利率[a]（%）
美国短期国债	货币	由美国财政部发行，为联邦开支筹集资金	无违约风险	91天～1年	2.48

续前表

工具 (1)	市场 (2)	主要参与者 (3)	证券特征		
			风险 (4)	初始期限 (5)	2005 年 2 月 1 日的利率[a]（%）
银行承兑票据	货币	公司承诺付款，银行为其担保	如果由实力强的银行担保，则风险较低	不超过 180 天	2.68
商业票据	货币	由财务有保障的公司签发给大型投资者	违约风险较低	不超过 270 天	2.67
可转让定期存单（CDs）	货币	由主要金融中心的商业银行向大型投资者发行	违约风险取决于银行的实力	不超过 1 年	2.70
货币市场共同基金	货币	由个人和企业持有，投资于国债、CDs 和商业票据	风险较低	没有特定到期日（随时流动）	1.69
欧洲美元市场定期存单	货币	由非美国银行发行	违约风险取决于银行的实力	不超过 1 年	2.70
消费信贷，包括信用卡信贷	货币	由银行、信用合作社、金融公司向个人发放	风险水平各不相同	各不相同	各不相同，但可能达到 20%或更高
美国长期国库券和国债	资本	美国政府发行	无违约风险，但利率上升时价格会下跌	2～30 年	4.65
抵押贷款	资本	个人和企业向商业银行和储贷社借款	风险水平各不相同	不超过 30 年	5.20
州和地方政府债券	资本	由州和地方政府向个人和机构投资者发行	比美国政府证券风险高，但可豁免大部分税款	不超过 30 年	4.40
公司债券	资本	由公司向个人和机构投资者发行	比美国政府证券风险高，但比优先股和普通股风险低，风险取决于发行者的实力	不超过 40 年[b]	5.22
租赁	资本	与债务类似，企业可以租赁资产而不用借钱买入资产	与公司债券风险类似	一般 3～20 年	与债券收益率类似
优先股	资本	由公司向个人和机构投资者发行	风险比公司债券高，比普通股低	没有期限	6%～8%

续前表

工具 (1)	市场 (2)	主要参与者 (3)	证券特征		
			风险 (4)	初始期限 (5)	2005 年 2 月 1 日的利率[a] (%)
普通股	资本	由公司向个人和机构投资者发行	风险较高	没有期限	NA

注：a. 表中的收益率（除公司债券和地方政府债券外）均来自《华尔街日报》。货币市场利率假定为 3 月期。公司和地方政府债券利率取自 30 年期的 AAA 级债券；报价来自美联储资产负债表。

b. 近来，有些公司发行了 100 年期的债券，但大部分公司发行的债券期限都少于 40 年。

c. 因为普通股不支付利息，所以投资者期望得到股利和资本利得等“回报”。在第 8 章中你会看到，过去的股票回报率年均为 10%～15%。当然，如果你买入一只股票，实际的回报会高于或低于历史平均水平。

发展趋势

过去的 20 年里，金融市场发生了许多变化。电脑、通信技术不断进步，银行业、商业走向全球化，导致管制减少和世界范围内的竞争加剧。更为有效、国际化程度更高的市场由此而生，但比以前的市场更复杂。这些发展带来了很多正面影响，但也给政策制定者带来了问题。在一次会议上，时任美国联邦储备委员会（Federal Reserve Board，以下简称“美联储”）主席格林斯潘称，现代金融市场“使国家经济暴露在新的、未知来源的冲击之下，这些冲击几乎没有时滞”。他还认为中央银行必须找到新的方法来评估和限制金融体系的风险。由于利率和汇率的变化，大量资金在全球范围内快速流动，这些流动会扰乱地区制度和经济秩序。

全球化使监管机构需要在全球范围内开展更多合作。不同的委员会正在为推动合作而努力，但这一任务非常艰巨。使合作变得复杂的因素包括：（1）不同国家银行和证券行业的结构差异；（2）欧洲推进金融服务集团的趋势；（3）部分国家不愿放弃对各自货币政策的控制。不过，各国对于尽量缩小世界范围内市场监管的差距已达成共识。

近年来另一个重要的趋势是**衍生品**（derivative）的大量使用。衍生品是指那些根据“基本”资产的价值确定其价值的证券。购买 IBM 股票的期权就是一种衍生品，购买六个月后的日元也是衍生品。IBM 股票期权的价值取决于 IBM 股票的价格，“远期”日元的价值取决于日元和美元间的汇率。近年来衍生品市场的增速比其他市场都要快，为企业提供了新的机会，但也带来了新的风险。

衍生品可以用来降低风险或进行投机。假定美元兑日元的汇率下降，某进口商的成本上升，净利润下降。该公司可以通过购买衍生品来降低风险，该衍生品的价值应随着美元的贬值而增加。这是一种套期保值操作，其目的是减少风险敞口。另一方面，投机操作可用来获取高额回报，但增加了风险敞口。例如，几年前宝洁公司披露在衍生品投资上损失了 1.5 亿美元，橘郡（位于加利福尼亚）由于财政主管人员的衍生品投机交易而破产。

衍生品交易的规模和复杂性使包括监管者、学者和国会议员在内的群体都深感忧虑。格林斯潘称，理论上讲，衍生品应该使公司能更好地管理风险，但近来的创新到底是“增强了还是减弱了金融系统的内在稳定性”并不明确。

2.3 金融机构

对于个人和小企业，或者在那些金融市场和机构欠发达的经济领域，直接的资金转移更为常见。在发达的经济领域则很少依赖直接融资，企业在需要筹集资金时委托一个或多个金融机构来处理更为有效。

在美国和其他发达国家，存在大量高效的金融中介。它们的定位一开始非常具体，但后来大多拓展到多个市场服务领域，不同机构间的差异逐渐消失。不过此时机构的一些特征仍然存在，对于描述金融机构的类型非常有用：

1. **投资银行**（investment banking house），如美林、摩根士丹利（Morgan Stanley）、高盛（Goldman Sachs）、瑞士信贷集团（Credit Suisse Group）等，它们为投资者和准备筹资的企业提供大量服务。这些机构的主要业务包括：(a) 帮助公司设计能够吸引投资者的证券；(b) 向公司购买这些证券；(c) 再出售给储蓄者。尽管这些证券被出售了两次，仍然属于一级市场交易，投资银行将资本从储蓄者转移给企业。

2. **商业银行**（commercial bank），如美洲银行（Bank of America）、富国银行（Wells Fargo）、美联银行（Wachovia）、摩根大通（J. P. Morgan Chase）等，它们都是传统的“金融百货商店”，为储蓄者和借款人提供各种服务。由于历史的原因，商业银行曾是处理活期存款账户的主要机构，美联储系统可以通过它们扩大或紧缩货币供给。不过在今天，其他的机构也提供往来账户服务，从而显著影响了货币供给。另外，商业银行提供的服务不断增加，包括股票经纪业务和保险业务。

3. **金融服务公司**（financial services corporation）将许多不同的金融机构纳入一个公司，成为大型综合企业。包括花旗集团、美国运通（American Express）、富达国际（Fidelity）和保诚集团（Prudential）在内的大部分金融服务公司一开始都仅经营一个领域的业务，但后来发展到经营绝大部分系列的金融业务。

4. **储贷社**（savings and loan association，S&Ls）传统意义上服务于个人储蓄者、住宅和商业贷款者，它们从小储蓄者那里筹集资金，然后贷给购买住房者和其他类型的借款人。20世纪80年代，储贷行业遇到了严重的问题：(a) 支付给储蓄账户的短期利率上涨，高于储贷社放贷的收益率；(b) 商业地产严重滑坡，贷款违约率上升。受到以上因素的影响，许多储贷社被迫合并成为更强大的机构或者干脆关门。

5. 互助储蓄银行，类似于储贷社，最初只在美国东北部各州经营，接受个人储蓄，然后向购买住房的人和消费者发放长期贷款。

6. 信用合作社是一种合作性的组织，组织中的成员之间存在联系，比如同为一家公司的职员。成员的储蓄只贷给组织中的其他成员，一般用作购买汽车贷款、房屋改造贷款、住房抵押贷款等。信用合作社通常是个人贷款者成本最低的资金来源。

7. 养老基金是公司或政府为它们的员工设立的退休计划，通常由商业银行或人寿保险公司的信托部门管理。养老基金主要投资于债券、股票、抵押贷款和房地产。

8. 人寿保险公司以年费的形式筹集资金，然后将这些资金投资于股票、债券、房地产和抵押贷款，最后向投保的受益人进行支付。近年来，人寿保险公司也提供各种可以递延税款的储蓄计划，可以为投保人在退休后提供收益。

9. **共同基金**（mutual funds）接受储蓄者的资金，然后去购买股票、长期债券或企业、政府发行的短期债务工具。它们将资金聚集起来，通过投资的分散化降低风险。

它们还在证券分析、投资组合管理、买卖证券方面形成规模效应。不同类型的共同基金可以满足不同投资者的需求：看重安全性的投资者可以选择债券基金，愿意接受高风险以获得高回报的储蓄者可以选择股票基金，还有一些基金类似于带息活期存款账户（**货币市场基金**，money market funds）。共同基金的类型数以千计，它们具有数十种不同的目标。

近年来，共同基金的发展比大多数其他机构都要迅速，这很大程度上是因为公司向员工提供的退休方式发生了改变。20 世纪 80 年代以前，大部分公司都声称，"到我们公司工作吧，当你们退休时，我们会基于你退休前 5 年的薪酬提供退休金"。公司为此需要每年准备相应的资金，以确保支付约定的退休金。这种情况正在快速变化。如今，新员工很可能被告知："来我们公司工作吧，我们会在每个发薪日给你一些钱，让你投资于未来的退休计划。你直到退休才能拿到这些钱（不用大量交税），但如果你能够明智地投资，就可以很舒服地退休。"大部分投资者承认他们的投资不够明智，所以将自己的退休基金交给共同基金管理。共同基金因此得到迅速发展。在一些出版物中可以查到各种基金的目标和过去的业绩表现，例如《价值线投资调查》（*Value Line Investmient Survey*）和《晨星共同基金》（*Morningstar Mutual Funds*）等在大多数图书馆和互联网上都可以找到。

10. 对冲基金与共同基金类似，它们也接受储蓄者的资金去购买各种证券，但两者也有一些重要差异。共同基金需要由美国证券交易委员会（Securities and Exchange Commission，SEC）进行登记和管理，对冲基金则大多没有受到监管。监管方面的这一差异主要是因为共同基金以小投资者为主要目标，而对冲基金有较高的最低投资额限制（通常高于 100 万美元），所以其目标定位于具有很高资本净值的机构和个人投资者。不同的对冲基金经理采取的策略也不尽相同。例如，认为公司债券和国债间的收益率相差过大的经理人会倾向于买入公司债券组合，卖出国债组合。在这种情况下，投资组合被用来"对冲"利率的整体波动，如果债券间的利差缩小，表明这种做法行之有效。与之类似，对冲基金经理也会利用股票市场的错误估值（即利用股票市场价格和内在价值不符）来获利。

对冲基金一般收费较高，通常为一个固定数额加上基金资本收益的 15%～20%。近年来对冲基金整体上获利不错。在一份报告中，花旗集团称 1990 年以来对冲基金的年收益率平均达到 11.9%。同期股票市场的年均收益率为 10.5%，共同基金则更低，为 9.2%。由于股票市场近年来表现欠佳，越来越多的投资者选择对冲基金。1999—2004 年，对冲基金管理的资金翻了两番还多，达到近 8 000 亿美元。不过一篇发表在《商业周刊》（*Business Week*）上的文章在突出这些基金的强劲增长和相应业绩的同时，也提到它们的收益有下降的趋势，而且特别强调了它们也是有风险的。

实际上，一些对冲基金的风险明显高于股票和共同基金，近年来一些对冲基金已经遭受了极大的损失。例如，1998 年俄罗斯经济衰退时，许多对冲基金投资者损失惨重。同年，美联储不得不介入以帮助拯救美国长期资本管理公司（Long Term Capital Management），这原本是一只声誉极好的对冲基金，其管理团队包括一些特别受尊敬的专家，其中有两位诺贝尔奖获得者，这两位教授研究的专业领域就是投资理论。

随着对冲基金越来越受欢迎，它们开始降低最低投资要求。它们的快速增长和面向小投资者的转变很可能会导致受到更多监管。

除了对冲基金，金融机构也受到严格监管，以确保这些机构和投资者的安全。监管措施包括禁止设立全国范围的分支机构、限制机构可以购买的资产类型、设定可以支付的利率上限、限制其可提供服务的种类等。从历史发展来看，这些监管阻碍了资本的自由流动，损害了资本市场的有效性。认识到这一点之后，监管者在 20 世纪八九十年代采取了一些措施以放宽对金融服务公司的限制。例如，取消了禁止银行扩大经营地域的限制，放松了严格区分商业银行和投资银行的限制。

监管方面的这些变化使不同机构间的区别变得模糊。实际上，美国当前的趋势是组建大型金融服务公司，其中包括银行、储贷社、投资银行、保险公司、养老基金、共同基金，业务遍及全美甚至全球。例如，花旗集团将一家商业银行（花旗银行，Citibank）、一家大型保险公司（旅行家集团，Travelers）、一家大型投资银行（美邦，Smith Barney）和众多遍布全球的其他分支机构整合在一起。花旗集团的架构与欧洲、日本以及世界其他地方的大机构非常相似。

表 2—2 中的 A 列列示了美国 10 家最大的银行和储蓄机构控股公司，B 列列示了世界上重要的金融公司。全球最大的 10 家公司中只有一家（花旗集团）总部设在美国。尽管美国的银行凭借近年来的合并发展迅速，但从全球来看仍然规模较小。根据新发债务和股票的金额，C 列列示了 10 家主要承销商。这些顶尖的承销商中有 6 家也经营商业银行业务，或者是银行控股公司，这进一步模糊了不同类型金融机构的差异。

表 2—2　　10 大美国银行和储蓄机构控股公司、世界金融公司和承销商

A 美国银行和储蓄机构控股公司[a]	B 世界金融公司[b]	C 全球领先的承销商[c]
花旗集团	瑞穗金融集团（东京）	花旗集团
美洲银行	花旗集团（纽约）	摩根士丹利
摩根大通	安联集团（慕尼黑）	摩根大通
富国银行	瑞银集团（苏黎世）	美林
美联银行	汇丰集团（伦敦）	雷曼兄弟
大都会公司	德意志银行（法兰克福）	瑞士信贷第一波士顿
第一银行	农业信贷银行（巴黎）	德意志银行
华盛顿互惠银行	巴黎银行（巴黎）	瑞银集团
美国合众银行	荷兰国际集团（阿姆斯特丹）	高盛
太阳信托银行	住友集团（东京）	美国证券银行

注：a. 根据 2004 年 6 月 30 日的总资产排序。资料来源："Top 150 Bank and Thrift Holding Companies with the Most Assets," AmericanBanker. com，October 19，2004。

b. 根据 2003 年 12 月 31 日的总资产排序。资料来源："World's Largest Banking Companies by Assets," AmericanBanker. com，November 12，2004。

c. 根据 2004 年承销新证券（股票和债券）筹集资金的数额排序。资料来源：Adapted from *The Wall Street Journal*，January 3，2005，p. R17。

2.4 股票市场

前文提到，二级市场是已发行在外证券的交易平台。到目前为止，最活跃且对财务经理最重要的二级市场就是股票市场，股票市场确定了公司股票的价格。财务经理的主要目标是公司股票价格最大化，所以了解股票市场的知识对参与企业管理的每一个人都非常重要。

当今最有影响力的两个股票市场是纽约股票交易所（New York Stock Exchange，NYSE）和纳斯达克股票市场（Nasdaq Stock Market），但二者股票交易的程序各不相同。有两种基本的股票市场：（1）实体股票交易所，包括纽约股票交易所、美国证券交易所（American Stock Exchange，AMEX）和一些地区性股票交易所；（2）电子市场，包括纳斯达克股票市场、场外交易市场，以及近期发展起来的电子通信网络（electronic communication networks，ECNs）。由于实体股票交易所比较容易描述和理解，我们首先介绍它们。

实体股票交易所

实体股票交易所（physical location exchanges）是有形的实体组织。每个规模较大的交易所都有自己的办公楼，有一定数量的成员，有选举产生的治理主体——理事会。尽管所有人都需要站着，但会员都被描述为在交易所中拥有“席位”。这些可以买卖的席位赋予了拥有者在交易所交易的权利。目前，纽约股票交易所（NYSE）有1 366个席位（这个数字从1953年以来一直保持稳定）。2005年初，NYSE的一个席位以100万美元的价格出售，低于最高265万美元的纪录。由于交易量持续低迷、交易佣金下降，以及对NYSE造成影响的丑闻频现，导致席位价格近年来一直不高。

大多数大规模的投资银行都经营经纪业务，它们都在交易所中拥有席位，且指定它们的一名或多名管理人员作为交易所的会员。交易所在所有正常工作日都开放，会员们可以在一间装有电话和其他电子设备的会议室开会，可以用这些设备与其公司遍布全国的网点进行联系。

与其他市场一样，证券交易所为买卖双方提供沟通的便利。例如，美林（第四大经纪公司）可能会通过位于亚特兰大的办事处接受顾客委托，准备买入通用电气股票。与此同时，摩根士丹利（第二大经纪公司）的丹佛办事处可能接受顾客委托，准备出售通用电气股票，每个经纪商都可以通过公司在NYSE的代表进行电子化交流。其他遍布全国的经纪商也可以和自己的交易所会员交流。接到销售委托的交易所会员会准备售出股票，并与接到买入委托的会员竞价。这样，交易所就成为一个拍卖市场。

场外交易市场和纳斯达克股票市场

尽管大部分大企业的股票都在NYSE交易，但是更多股票在**场外交易市场**（over-the-counter（OTC）market）交易。解释“场外”的含义会帮助理解这个词的由来。前面提到，交易所的运行像拍卖市场——买卖指令几乎同时发出，交易所会员对这些指令进行匹配。如果由于公司刚成立或规模较小，股票的交易不够频繁，几乎没有买卖指令进入拍卖系统，那么会很难在合理的时间内匹配买卖要求。为了避免这些问题，一些经纪公司持有这些股票并做好建立市场的准备。当个人投资者准备出售时，这些“交易员”买入，当个人投资者准备买入时，它们又会出售部分股票存货。这些证券存货曾经保存在保险柜里，当发生买卖交易时，它们确实需要通过场外传递。

现在，这些市场通常指**交易商市场**（dealer market）。交易商市场具备完成证券交易的所有要素，且交易不在实体交易所进行。这些要素包括：（1）数量极少的交易商，它们持有证券存货，并为这些证券“做市”；（2）数以千计的经纪人，他们作为代理人将交易商和投资者联系起来；（3）电脑、终端、电子网络，可以在交易商和经纪人之间进行联络。这些为特定股票做市的交易商会报出它们愿意买入股票的价格（买入价）和愿意售出股票的价格（卖出价）。每个交易商的价格都会随着供求条件的变化进行调整，在世界任何地方的电脑屏幕上都可以看到这些价格。买卖差价指的是买入价和卖出价之间的差额，代表了交易商的加价或利润。如果股票波动性增大，或者交易量极小，则交易商的风险增大。通常，我们预期波动性大、交易量小的股票差价更大，这样可以减小交易商持有这些股票存货的风险。

参与场外交易市场的经纪人和交易商都是一个自律组织的成员，该组织叫做全国证券交易商协会（National Association of Securities Dealers，NASD），为经纪人颁发资格证书并监督其交易行为。NASD 使用的电子化网络叫做 NASD 自动报价系统（即纳斯达克，Nasdaq）。

“纳斯达克”最早出现时仅指一个报价系统，但现在指有自己的上市要求的证券市场。过去十年间，NYSE 和纳斯达克之间的竞争不断加剧。为了在与 NYSE 和国际市场的竞争中更有利，纳斯达克和 AMEX 于 1998 年合并成为纳斯达克美国证券市场集团（Nasdaq Amex Market Group）。这次合并后来证实并不成功，2005 年初，AMEX 的会员同意向 NASD 买回该交易所。由于绝大多数大公司都在 NYSE 交易，因此 NYSE 市场上的股票交易额远高于纳斯达克的交易额（在 2004 年底为 126 亿美元对 37 亿美元）。不过纳斯达克的交易量（所交易股票的数量）通常更大，上市公司的数量更多。

有趣的是，包括微软和英特尔在内的很多高科技公司虽然早就满足 NYSE 的上市要求，但仍留在纳斯达克。与此同时，包括捷威（Gateway）、美国在线（American Online）、艾美加（Iomega）在内的其他高科技公司则离开了纳斯达克转投 NYSE。虽然这些公司离开了，但是纳斯达克在过去十年发展神速。从长期来看，纳斯达克和 NYSE之间的竞争无疑会更加激烈。

2.5 普通股市场

有些公司规模太小，普通股无法活跃交易，通常被公司的管理者等少数人持有。这些公司被称为私有公司或**非上市公司**（closely held corporation），它们的股票叫做非上市股票。相反，大部分大公司的股票被数以千计的投资者持有，这些投资者基本上不关注管理。这些公司叫做**上市公司**（publicly owned corporations），它们的股票叫做上市股票。

近年来，有研究发现机构投资者持有所有上市公司 46%的普通股，其中包括养老基金（26%）、共同基金（10%）、外国投资者（6%）、保险公司（3%）、经纪公司（1%）。这些机构买卖非常活跃，占交易量的 75%。因此，机构投资者对每只股票的价格都有重要影响。

股票市场交易的类型

我们可以把股票市场交易分为三种类型：

1. 上市公司已发行在外股票的交易：二级市场。我们将在第 3、第 4 章提到，艾来德食品公司（Allied Food Product）有 5 000 万股发行在外的股票。如果其中 100 股的持有者卖出其股票，就称这一交易发生在二级市场。因此，为已发行股票或旧股票提供交易的市场就是二级市场。公司不会从这个市场的交易中获得新的资金。

2. 上市公司新增股票的交易：一级市场。如果艾来德公司决定出售（或发行）额外100万股股票来筹集新的权益资本，就称此交易发生在一级市场。

3. 私有公司首次公开发行：IPO市场。2004年夏天，谷歌公司第一次向公众发行股份，价格为每股85美元。2005年9月，该股票价格为303美元，已经是当初的三倍多。多年前，当库尔斯酿酒公司（Coors Brewing Company）由库尔斯家族拥有时，他们决定出售股票筹集资本以支持一个重大扩张项目。这些交易叫做**公开发行**（going public）——当一家私有公司第一次向公众出售股票，就称之为公开发行。向公众提供股票的市场就叫做**首次公开发行市场**（initial public offering（IPO）market）。

近年来IPO备受关注，主要是因为一些“热点”题材实现了惊人的收益——通常发生在交易的最初几分钟。以1999年红帽公司（Red Hat Inc.）的IPO为例，这是一家开放源代码的软件产品和服务提供商。公司承销商确定的发行价为每股14美元，但是，由于对这一题材的需求强烈，该公司股价当天就上涨了270%。

随着近来股票市场下滑，IPO数量也在下降。表2—3列出了2004年规模最大、表现最好、表现最差的IPO公司。从表中可以看到，不是所有IPO公司的表现都能像红帽公司那样。而且，即使你能抓到“热点”，在首次发行时买到股票也非常困难。这些交易通常表现为超额认购，意味着在其发行价水平上的需求超过了股票的发行量。在这种情况下，投资银行更看好大的机构投资者（这是它们最好的客户），小投资者很难进入。小投资者可以在二级市场购买股票，但有证据证明：如果你不能进入一级市场，从长期来看，IPO的平均表现弱于市场整体表现。

表2—3　　2004年首次公开发行情况

发行人	发行日	募集资金（十亿美元）	与发行价相比的价格波动（%）	
			首日交易	至2004年12月31日
规模最大的IPO				
通用价值金融公司	05/24/04	2.86	—	+38.5
安信龙公司	02/04/04	2.02	+12.3	+38.9
谷歌公司	08/18/04	1.92	+18.0	+126.8
半导体制造公司	03/11/04	1.80	−11.3	−38.5
飞思卡尔公司	07/16/04	1.69	+7.9	+37.1
中国网通公司	11/10/04	1.31	+14.1	+22.6
LG飞利浦公司	07/15/04	1.06	−6.3	+19.9
Navteq	08/06/04	1.01	+15.0	+110.7
Dex Media	07/21/04	1.01	+2.6	+31.4
梦工厂动画公司	10/27/04	0.93	+38.4	+34.0

发行人	发行日	发行价（美元）	募集资金（百万美元）	与发行价相比的价格波动（%）	
				首日交易	至2004年12月31日
表现最好的公司					
盛大互动娱乐公司	05/12/04	11.00	169.0	+8.8	+286.4
前程无忧公司	09/28/04	14.00	84.5	+51.1	+271.2
Marchex	03/30/04	6.50	26.0	+35.4	+223.1
Volterra Semiconductor	07/28/04	8.00	36.5	+3.1	+177.0

续前表

发行人	发行日	发行价（美元）	募集资金（百万美元）	与发行价相比的价格波动（%）	
				首日交易	至2004年12月31日
eCOST. com	08/27/04	5.80	20.1	+3.5	+175.0
Cogent	09/23/04	12.00	248.4	+49.8	+175.0
Jed Oil	04/05/04	5.50	10.5	+103.6	+165.5
赛诺龙医疗公司	08/05/04	12.00	60.0	−104.4	+155.0
Kinetic Concepts	02/23/04	30.00	621.0	+34.7	+154.3
Kanbay International	07/22/04	13.00	106.9	+16.9	140.8
发行人	发行日	发行价（美元）	募集资金（百万美元）	与发行价相比的价格波动（%）	
				首日交易	至2004年12月31日
表现最差的公司					
艾克塞特治疗公司	03/16/04	8.00	33.6	−8.6	−65.5
Staktek Holdings	02/05/04	13.00	145.5	+14.5	−64.3
AlphaSmart	02/06/04	6.00	26.4	+2.0	−50.8
Corgentech	02/12/04	16.00	110.4	+20.3	−48.3
Corcept Therapeutics	04/14/04	12.00	54.0	+1.9	−47.9
Daystar Technologies	02/05/04	5.00	10.6	−1.0	−43.0
Infosonics	06/16/04	6.00	12.0	−2.5	−40.3
Linktone	03/03/04	14.00	86.0	+24.4	−40.0
半导体制造公司					
Manufacturing International	03/11/04	17.50	1 803.0	−11.3	−38.5
Cherokee International	02/19/04	14.50	110.1	+13.8	−33.7

资料来源："Initial Public Offerings of Stock Bounce Back in 2004", *The Wall Street Journal*, January 3, 2005, p. R10.

实际上，红帽公司后来的表现已经说明了投资新题材的风险。图2—2给出了红帽公司1999年IPO后到2005年2月初的股票价格。在经历了第一天疯狂的上涨后，红帽公司的股票价格收于每股54美元以上。对该股票的需求持续快速增加，其价格在1999年12月达到300美元以上的高位。随后，公司宣布了一股拆分成两股的股票分割方案（图2—2已经考虑了股票分割）。这次分割使股票价格跌去一半，但使每个股东持有的股票数量变成原来的两倍。经过对分割的调整，2000年1月初公司股票价格为132美元。此后不久，红帽公司的股票价格暴跌——在2001年中期只有3.5美元，相当于未分割前的每股7美元。如图2—2所示，红帽公司的股价在过去几年里缓慢上涨，但始终低于首次公开发行时的14美元。

在考虑IPO股票的分配时，谷歌公司2004年高度公众化的IPO由于其规模（谷歌筹集了16.7亿美元）和操作方式备受关注。在投资银行确定发行价后，谷歌进行了一次荷兰式拍卖，个人投资者可以直接为股票报价。在荷兰式拍卖中，实际交易价格将确定为能够售出所有发行股票的最高价（结算价）。等于或高于此价格报价的个人投资者将得到他以发行价认购的所有股份。虽然谷歌的IPO在很多方面成为范例，但其他公司将来是否能够或愿意在IPO时采用荷兰式拍卖分配股份仍然很不明朗。

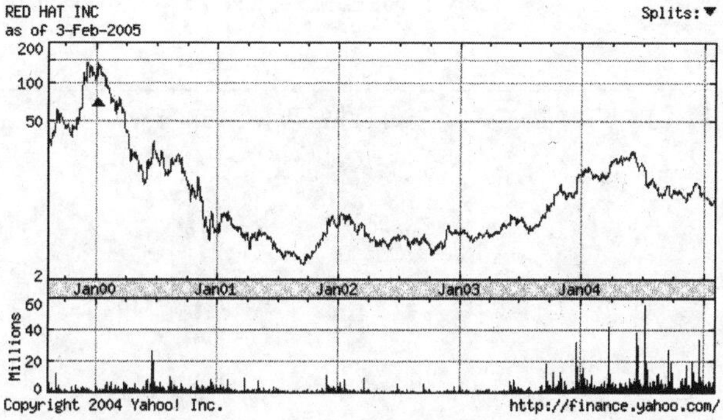

图 2—2 红帽公司从 IPO 到 2005 年 2 月的股价表现

资料来源：finance. yahoo. com.

需要注意的是，公司可以在不筹集任何资本的情况下公开发行。例如，福特汽车曾经完全由福特家族拥有。亨利·福特去世后，他将大量股票留给了福特基金会。后来基金会向公众出售了部分股票，福特汽车上市了，却没有给公司本身增加任何资金。

2.6 股票市场和回报

任何一个曾经在股票市场投资的人都知道，预期的价格和回报与实际的价格和回报通常会有很大差异。如图 2—3 所示，实际的股票回报每年都在变化。从逻辑上讲（我们会在第 8 章论述），投资者总是预期股票回报为正，否则他就不会购买股票。但是图 2—3 告诉我们，有些年度实际的回报为负。

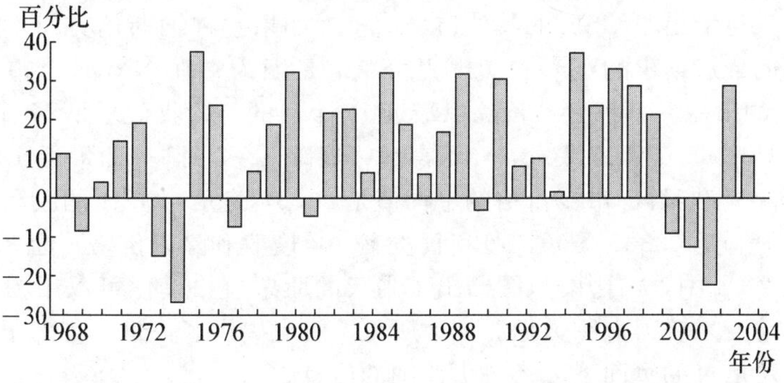

图 2—3 1968—2004 年标准普尔 500 指数总回报：股利+资本利得或损失

资料来源：Data taken from various issues of *The Wall Street Journal*, "Investment Scoreboard" section.

股票市场报告

数年前，了解股票行情最好的渠道是日报（例如《华尔街日报》）的财经专栏。但报纸报道的是昨天的价格，而现在各种网络资源可以帮助人们全天获得股票报价。最好的资源之一是雅虎，图 2—4 显示了葛兰素史克公司（GlaxoSmithKline PLC，GSK）的详细价格。

上一笔交易成交价	45.55	当日价格区间	45.40～45.65
上一笔交易时间	11:05AM ET	年度价格区间	38.80～47.59
价格变动	↑0.90（2.02%）	交易量	401 700
昨日收盘价	44.65	日均交易量（3 个月）	1 349 318
今日开盘价	45.42	市场总值	130.09B
买价	N/A	市盈率（ttm）	17.16
卖价	N/A	EPS（ttm）	2.66
一年期目标市场价格	49.67	收益率	1.46（3.24%）

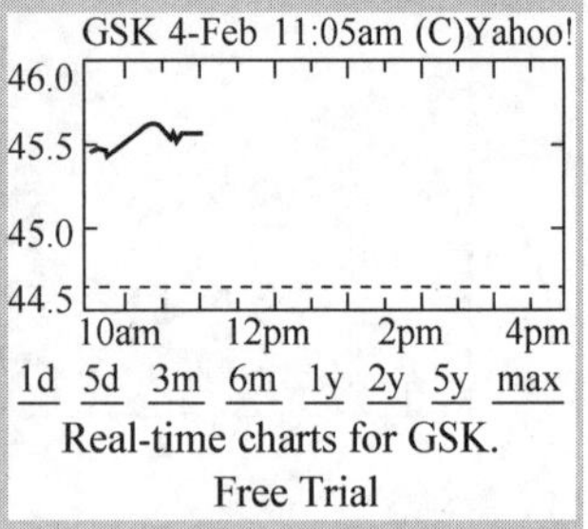

图 2—4　2005 年 2 月 4 日葛兰素史克公司的股票报价

资料来源：finance. yahoo. com.

如图 2—4 所示，GSK 在 NYSE 上市，代码是 GSK（NYSE 只是该股票上市交易的诸多世界级市场之一）。前两行信息说明 GSK 上一笔交易价格为 45.55 美元，股票交易当天到该时刻为止的最低价为 45.40 美元，最高价为 45.65 美元（价格以小数而不是分数报出，反映了最近交易惯例的变化）。上一笔交易发生在东部时间 2005 年 2 月 4 日上午 11:05，过去 52 周里价格变动区间为 38.80～47.59 美元。

下面三行说明 GSK 2 月 4 日开盘价为 45.42 美元，2 月 3 日收盘价为 44.65 美元，从上一日收盘价到当天开盘价上涨了 0.9 美元（或 2.02%）。到当天该时刻，交易了 401 700 股股票。GSK 日均交易量（以过去 3 个月为基础）为 1 349 318 股，所以可知当天的交易量较小。GSK 所有股票的总价值叫做市场总值，为 1 300.9 亿美元。

最后三行给出了 GSK 的其他市场信息。如果它在纳斯达克而不是交易所上市，将显示交易商最近给出的买入和卖出报价。但是因为它在 NYSE 上市，所以没有这些数据。GSK 的市盈率（每股市价除以最近 12 个月的每股收益）是 17.16，最近 12 个月的每股收益是 2.66 美元（注意，ttm 表示"追踪 12 个月"，即最近 12 个月）。分析师给出的 GSK 一年期目标市场价格的平均值是 49.67 美元。GSK 的股利是每股 1.46 美元，所以季度股利是 0.365 美元，股利收益率（年度股利除以价格）为 3.24%。

在图 2—4 中，右边的点图给出了当天的股票价格；你可以用图下方的链接选择不同的时间跨度来获得点图数据。如你所见，雅虎提供了大量详细的报价信息，在显示这些基本报价信息的页面下方还有更详细的信息。

股票市场回报

在第 8、第 9 章中，我们会详细讨论如何计算股票回报、股票市场风险与报酬之间的关系，以及分析师用来为股票估值的方法。不过，本章有必要帮助你大致了解近年来股票的表现。从图 2—3 中可以看到，美国市场股票的回报在过去数年里变化很大。

1968 年以来，市场走势不断向上，但绝不意味着每年都在增长。实际上如图 2—3 所示，整体市场在 37 年中有 9 年出现下降，2000—2002 年曾连降三年。每个公司的股票也是这样起起伏伏。当然，即使在不好的年份也有一些公司表现很好，所以证券分析的主要目的是找到那些好股票。财务经理努力将自己的公司推入好股票阵营，但他们不会总是成功。在后面的章节里，我们会检验那些有望使公司市场表现良好的决策。

2.7 股票市场效率

如图 1—1（回顾第 1 章）所示，股票价格受到其内在价值和投资者对该价值的认知的影响，该内在价值由公司可能提供的现金流水平和风险决定。在一个运转良好的市场上，投资者的认知与股票内在价值密切相关，所以股票价格是对真实价值合理、准确的反映。

有效市场假说（efficient markets hypothesis，EMH）的一系列理论认为：（1）股票总是处在均衡状态；（2）投资者不可能总是"跑赢市场"。那些相信 EMH 的人注意到，有约 100 000 名全职、训练有素的专业分析师和交易者在市场中经营，而主要的股票不到 3 000 只。因此，如果每名分析师跟踪 30 只股票（如果分析师倾向于专门关注特定行业的股票，这一数字基本合理），那么意味着平均每只股票有 1 000 名分析师在关注。进一步来看，这些分析师为包括高盛、美林、花旗、保诚集团等在内的组织工作，它们可以动用数以十亿计的资本来寻求交易中的利益。另外，由于美国证券交易委员会对信息披露的要求和电子信息网络的存在，当一只股票提供了新信息时，这 1 000 名分析师通常会同时收到这些信息并进行评估。因此，股票价格会对任何新情况立即做出反应。这使得个人不可能总是选到能打败市场的股票。

市场效率水平

如果市场真的有效，那么股票价格会针对所有可获得的相关信息立即进行调整。这就提出了一个重要问题：投资者可获得哪些信息并在考虑股票价格时加以关注？金融理论家讨论了市场效率的三种形式或水平。

弱式效率

EMH 的弱式效率指的是在过去的价格变动中涉及的所有信息都已经反映在当前的市场价格中。如果这是真的，那么选择股票时关于近期股票价格趋势的信息就毫无用处。例如，过去三天股票价格连续上涨，这不会为我们推断其今天或明天的表现提供有用的线索。相信弱式效率的人会认为那些"历史行情关注者"和"图表专家"都是在浪费时间。例如，在研究了股票市场的历史后，图表专家可能会"发现"下面的情况：如果一只股票连续三天下跌，接下来的一天通常上涨 10%。然后这些技术专家会推断：投资者可以购买那些连续下跌三天的股票来赚钱。

但如果这种图形真的存在，难道其他投资者不会发现？而且如果投资者知道连续下跌三天的股票接下来会上涨 10%，他为什么还会卖出这只股票？换句话说，如果一只股票连续下跌三天后的价格是每股 40 美元，他预期明天股票会涨到每股 44 美元，那么他为什么还要以每股 40 美元马上卖掉它？那些相信弱式效率的人认为，如果股票价格明天真的会涨到每股 44 美元，那么它现在会立即上涨到接近 44 美元的水平，消除交易机会。所以，弱式效率说明：任何通过分析过去的股票价格得到的信息都不能用来预测未来的股票价格并赚取收益。

半强式效率

EMH的半强式效率指的是当前市场价格反映了所有可以公开获得的信息。因此，如果半强式效率存在，认真研读年报或昨天的《华尔街日报》来分析销售和利润趋势以及其他基于历史数据的比率都毫无用处，因为当这些报告中包含的或好或坏的信息首次出现在网络上时，价格就已经做出了调整。在半强式效率下，除非运气特别好或者掌握非公开的信息，否则投资者无法获取高于平均水平的收益。但是，那些拥有非公开信息的内部人（例如CEO和CFO），即使在半强式市场中也可以获取超额收益。

半强式效率的另一层含义是，不论信息何时公之于众，股票价格只有在信息与预期不同时才会做出反应。例如，如果公司宣称利润增长了30%，与分析师的预测基本相同，这一声明对股票价格几乎没有影响，或影响很小。如果分析师的预测是增长50%，那么股票价格很可能会下跌，如果分析师的预测是增长10%，那么价格很可能上涨。

强式效率

EMH的强式效率指的是当前市场价格反映了所有相关信息，不论这些信息是公开的还是未公开的。如果这种形式存在，即使内部人也不可能获得超额回报。

很多实证研究对三种效率进行了检验。大部分研究表明，弱式效率下股票市场运行效率较高，半强式效率下股票市场运行效率合理（至少对那些规模较大且关注者较多的股票成立），但强式效率并不存在，因为拥有内部信息的人总是可以得到大量超额回报。

市场效率的含义

如果EMH正确，对我们大多数人来说，通过分析股票寻找目标纯粹是浪费时间。这是因为，如果股票价格已经反映了所有公开信息并公平定价，我们只能靠运气和内部信息“打败市场”，所以对大多数投资者来说，收益持续高于市场平均水平几乎不可能。为了支持这一观点，效率市场的支持者经常指出，即使是那些管理共同基金证券组合的专业人员，从平均水平来看也不可能超越用标准普尔500等指数计量的整个股票市场。实际上，有些激进的共同基金业绩很差，这有助于解释为什么管理成本非常低的指数基金受欢迎的程度不断提高。与花费时间和金钱试图找到被低估的股票不同，指数基金通过购买构成标准普尔500等指数的一篮子股票来获得市场回报。

市场效率并不意味着所有股票总是能够被正确估价，理解这一点非常重要。事后来看，在第1章图1—1中的每个时点上都会有被高估和低估的股票。不过，根据有效市场假说的含义，很难在事前确认股票的类别。为了跑赢市场，你必须拥有超过平均水平的信息和分析能力，或者超过平均水平的运气。

最后，即使市场有效且所有股票都正确定价，投资者仍然应该在选择证券组合时十分谨慎。为了以最小的风险获得最大的预期收益，组合应该分散化，包含不同行业的股票。我们将在第8章详细讨论分散投资。

股票市场有效吗

过去25年里，大量实证研究检验了市场效率三种形式的有效性。直到10年前，大部分研究认为，弱式效率下股票市场运行效率较高，半强式效率下股票市场运行效率合理，至少对那些规模较大且关注者较多的股票成立。但是，证据也表明EMH的强式效率站不住脚，因为拥有内部信息的人可以获得超额回报，而且已经（非法）实现。

近年来关于EMH的实证研究逐渐减少。质疑者提出，股票市场有泡沫，很多公司（特别是科技类公司）的股票价格虚高并超出了内在价值。这些质疑者认为，投资者并不是理性处理所有可获得信息的机器——大量心理和非理性因素也在起作用。实际上，**行为金融**（behavioral finance）领域的研究人员已经开始将认知心理学因素考虑进来，以便更好地理解个人和整个市场对不同环境如何做出反应。

记住，EMH 并没有假定所有投资者都是理性的。不过，它假定：不论何时，只要新信息使股票价格偏离了内在价值，投资者都会快速利用这些错误定价，买入低估的股票而卖出高估的股票。这样，投资者的行动使得股票价格不断接近均衡水平。但是，EMH 的批评者强调，股票市场具有内在风险，因此，尽管事后证明理性投资者的交易行为正确，但在一个非理性的市场上还是会损失惨重。例如，一位“理性”投资者在 1999 年中期可能会认为，达到 3 000 点的纳斯达克市场已经被高估了。如果投资者根据这个假设操作，就会在接下来的一年里遭受损失，因为 2000 年纳斯达克涨到了 5 000 点，这种“非理性繁荣”推动着已经被高估的股票价格达到了更高水平。最后，如果“理性”投资者有勇气和耐心继续坚持，他会证明自己正确，因为纳斯达克随后降到了 1 300 点左右。

小结

本章中，我们简要介绍了资本如何配置，以及配置过程中金融市场、金融工具和金融机构的作用。讨论了交易普通股的实体交易所和电子市场、股票价格报告、股票指数。说明了证券价格具有波动性——投资者总是预期可以赚钱，从长期来看他们通常也能够赚到钱，但在任一年份的损失也有可能非常巨大。最后，我们讨论了股票市场的效率和行为金融的发展。通过本章的学习，你应该对企业和个人所处的金融环境有所了解，清楚实际的回报经常与预期的回报不同，并能够查阅报纸或其他网络资源中的股票市场报价。你还应该认识到金融市场理论是一项“在产品”，还有大量工作需要去做。

第3章

财务报表、现金流和税

3.1 会计和财务报表简史

财务报表就是写满数字的一些纸张，但它对于辨识数字背后的真实资产非常重要。如果你能够理解会计产生的原因、方式，以及如何使用财务报表，就能想象出发生了什么，为什么会计信息如此重要。

几千年前，个体（或家庭）最初都是自给自足，即自己种粮食、自己缝衣服、自己盖房子。之后，出现了分工，一些人擅长做罐子，一些人擅长制箭头，另外一些人擅长缝衣服，等等。

随着分工的产生，开始出现贸易，最初是物物交换。一开始，每个工匠独立工作，交易仅限于当地。然后一些技能高超的工匠建立了小工厂，开始雇用工人，使用货币（最初是贝壳，后来是金属），将贸易扩展到更远的地方。银行的雏形随之出现，一些富有的商人把过去赚的钱借给需要扩建工厂的企业主，或者借给需要购买马车、船和商品的年轻贸易者。

当贷款出现后，债权人需要检查债务人的实际资产，判断贷款收回的可能性。但是事情变得越来越复杂——债务人的工厂的规模越来越大，贸易者出资组建了船队和车队，债权人的资金被用来在遥远的地方开发矿藏和贸易站。这些情况使得债权人亲自去检查其资金的使用状况越来越难，所以他们需要一种方式来确认债务人真的拥有其宣称的资产。此外，有些投资以利润的一定份额为基础，这意味着必须明确利润的数额。同时，工厂主和大商人需要得到报告来判断他们的经理人是否有效运营企业，政府需要信息来征税。基于以上原因，对财务报表的需求产生了，同时也就需要会计人员编制报表，需要审计人员鉴证报表的准确性。

经济体系越来越庞大，会计也越来越复杂，但财务报表产生的最初动因仍然适用：银行家和投资者需要会计信息以做出明智的决策，经理人需要会计信息来有效经营企业，税务机关需要会计信息来合理评估税款。

显然，将实物资产转换成数字并不容易，但会计人员编制报表时必须这样做。资产负债表的资产栏目中，数字通常代表了资产的历史成本减去折旧。但是，存货可能变质、过时、丢失；机器、建筑物等固定资产的价值可能比折旧后的历史成本价值更高或更低；应收账款可能收不回来。在负债方面，一些合法要求可能不出现在报表上，例如应支付给退休人员的医药费。同理，一些在利润表中披露的成本可能被低估，例如将一台使用寿命为10年的设备的折旧期限设定为40年。当你检查财务报表时，必须时刻牢记数字背后隐藏着现实问题，而且实物资产很难转换成精准的“正确”数字。

如前文所述，会计人员编制报表非常重要，其他与企业有关的群体则需要知道如何解读报表。投资者和总经理都应该拥有财务报表的应用知识，能够理解报表揭示的内涵，这样才能有效决策。本章的目的就是提供这些基础知识。

3.2 财务报表和报告

年度报告（annual report）是公司向股东提供的最重要的报告，其中包含两类信息。一是，报告中的文字部分通常是董事长写给股东的信，描述公司过去一年的经营状况，讨论将会影响未来经营的一些新发展。二是，报告中提供四张基本财务报表——资产负债表、利润表、现金流量表和留存收益表。这些报表提供了公司经营和财务状况的会计描述。同时提供的还有最近两三年的数据，以及过去5年或10年的关键经营指标的汇总。

量化的信息与文字资料同等重要。财务报表说明了过去几年间资产、利润、股利发生了什么变化，文字陈述则试图解释出现这些情况的原因以及未来的发展。

我们以艾来德食品公司为例来探讨基本财务报表。这是一家生产和配送各种食品的公司，于1978年由几家地区公司合并而成。公司发展稳定，在行业内享有良好声誉，可以说是业内最好的公司之一。公司2004年盈利121.8百万美元，2005年略有下降，为117.5百万美元。管理者报告称，盈利下降与干旱有关，也与一次为期三个月的罢工导致的成本上升有关。但是，管理者接下来描绘了一个对未来非常乐观的估计，声称经营已经全面恢复，一些不盈利的业务已经取消，2006年的利润将明显增加。当然，利润率可能并不会提高，分析师需要对比管理者此前的陈述和随后的实际结果。不管怎样，年报中包含的信息可以帮助预测未来的盈利和股利。因此，投资者对这份报告非常感兴趣。

艾来德公司的财务报表非常简单和直接。它只依靠负债和普通股融资，没有优先股和可转换证券，也没有复杂的衍生证券。它没有进行过并购，因而没有产生需要在资产负债表中反映的商誉。它的所有资产都用于基本业务运作，在分析经营业绩时没有需要剔除的非经营性资产。我们选择这一公司是因为本书是入门教材，希望说明财务分析的基本理论，而不涉及那些晦涩难懂的会计问题，那些问题可以在会计和证券分析课程中找到答案。我们会指出在解读报表时可能遇到的陷阱，但不会详细解释，此类错综复杂的问题都留给高级会计课程。

3.3 资产负债表

资产负债表（balance sheet）是对公司特定时点财务状况的简要说明。图3—1给出了一个典型资产负债表的简要图示。报表左侧是公司拥有的资产，右侧是公司的负债和权益，代表对资产的要求权。

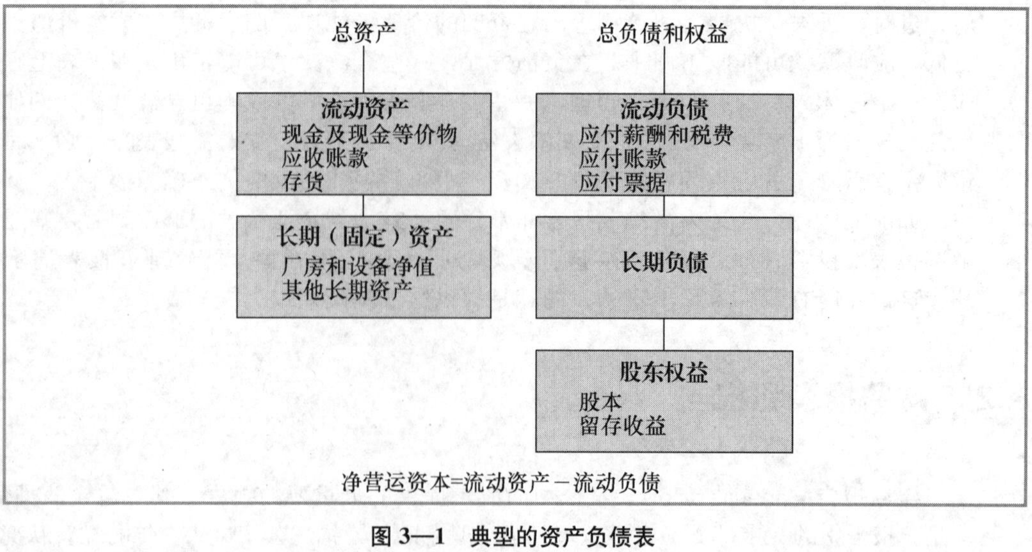

图3—1 典型的资产负债表

如图 3—1 所示，资产可以分为两大类：流动资产和长期资产。流动资产包括现金和其他可以在一年内转换为现金的项目，包括现金及现金等价物、应收账款和存货。长期资产是指那些使用寿命长于一年的资产，包括实物资产和智力资产，前者如厂房、设备，后者如专利权、著作权。厂房设备通常报告为减掉累计折旧后的净值。艾来德公司的长期资产包括全部厂房和设备净值，我们通常将其简称为“固定资产净值”。

对资产的要求权有两种类型——负债（公司欠债权人的钱）和股东权益，股东权益更像一个房屋业主的所有权，即房屋价值减去尚未偿付的贷款后的价值。公司的负债又可进一步分为两类：流动负债和长期负债。流动负债将在一年内到期并偿付，包括应付账款、应计项目（应付薪酬和税费）、一年内到期的应付票据。长期负债包括长期借款和期限长于一年的债券。

艾来德公司的股东权益划分成两个账户——股本和留存收益。列示在股本中的金额是公司最初发行股票时股东支付给公司的资金，公司用这些资金来购买资产。**留存收益**（retained earnings）账户是不断累积起来的。公司将收益的一部分留下来而不是全部发放股利，就逐渐形成了留存收益。划分股东权益账户对有些主体很重要，对有些主体则不那么重要。例如，一个潜在股东可能需要了解公司权益账户中的资金是来自实际经营积累，还是出售股票所得。另一方面，一个潜在债权人对公司的总权益更感兴趣，而不管权益的来源。我们通常将两种股东权益账户合并称为总**普通股权益**（common equity），或**净资产**（net worth）。

资产负债表的项目按其流动性列示，或者说按其转化成现金的时间长短（流动资产）、预计使用寿命（固定资产）列示。同理，对资产的要求权则以其必须被偿付的顺序列示：应付账款通常必须在 30 天之内支付，应付票据通常在 90 天之内支付，依此类推，直到列示股东权益账户，这代表了所有权，永远不需要偿还。公司需要足够的现金和其他流动资产来支付到期账单，所以债权人、供应商和债券评级机构都非常关注公司的流动性。**净营运资本**（net working capital）常用来衡量流动性，其定义是流动资产减去流动负债。

表 3—1 列示了艾来德公司 2004 年和 2005 年的资产负债表。从 2005 年的资产负债表中可以看到，该公司有 20 亿美元资产——一半是流动资产，一半是长期资产。这 20 亿美元资产中，310 百万美元来自流动负债，750 百万美元来自长期负债，940 百万美元来自普通股权益，表现为发行在外的 50 百万股股票。2005 年的净营运资本是 690 百万美元（10 亿美元流动资产减去 310 百万美元流动负债）。对比 2005 年和 2004 年的资产负债表，我们发现艾来德公司的资产增长了 320 百万美元，或者说增长了 19%多一点。

表 3—1　　艾来德公司：12 月 31 日资产负债表　　单位：百万美元

	2005 年	2004 年
资产		
现金及现金等价物	10	80
应收账款	375	315
存货	615	415
流动资产合计	1 000	810
厂房和设备净值	1 000	870

续前表

	2005年	2004年
资产总计	2 000	1 680
负债和权益		
应付账款	60	30
应付票据	110	60
应计项目	140	130
流动负债合计	310	220
长期债券	750	580
负债合计	1 060	800
股本（50 000 000股）	130	130
留存收益	810	750
权益合计	940	880
负债和权益合计	2 000	1 680

每股账面价值＝940/50＝18.8

注：1. 债券每年需要提取20百万美元偿债基金。我们将在第7章介绍偿债基金，简言之，偿债基金可用来帮助确保长期负债的偿还。艾来德公司2005年需要偿还20百万美元的抵押债券。我们把这部分长期负债并入了应付票据，但在更详细的资产负债表中，它应在流动负债中单独列示。

2. 还需要注意，很少有公司使用优先股，我们将在第9章介绍优先股。优先股有几种不同形式，但通常都类似于负债，因为每年都支付固定股息。但是无力支付优先股股利并不会使公司破产，从这个意义上说优先股又与普通股相似。如果公司使用优先股，应列示在负债合计和股本之间。计算财务指标时如何处理优先股并没有统一规定——应该作为负债还是权益——只要处理具有持续性，两种方式都可以。

关于资产负债表还有以下几点需要注意：

1. 现金及现金等价物与其他资产。尽管所有资产都以美元表示，但只有现金及现金等价物代表了实际可用的货币。应收账款代表尚未收回的信用销售金额。存货显示了在原材料、在产品和产成品上的投资。最后，固定资产净值反映了艾来德公司为其固定资产支付的金额减去累计折旧。艾来德公司有10百万美元现金及现金等价物，因此公司所能签发的支票最多只能等于这个额度（与之对应，有310百万美元的流动负债将在一年内到期）。非现金资产可以慢慢产生现金，但它们不代表现在拥有的现金，而且如果卖掉这些资产变现，它们能够带来的现金可能高于或低于资产负债表上的价值。

2. 存货的会计处理。艾来德公司使用FIFO（first-in，first-out，先进先出法）来确定列示在资产负债表中的存货价值（615百万美元），但它也可以用LIFO（last-in，first-out，后进先出法）或平均成本法。在价格上涨期间，FIFO假定旧的低成本存货先卖掉，新的高成本项目成为存货，这使得资产负债表中的存货价值高而利润表中的售出商品成本低，这样就可以产生较高的利润。（这只是会计处理方式，不过实际上企业确实先使用旧的存货。）艾来德公司使用FIFO，而且存在通货膨胀，所以：(a) 资产负债表中的存货价值比使用LIFO情形下的高；(b) 售出商品的成本比使用LIFO情形下的低；(c) 报告的利润较高。在艾来德公司的例子中，如果公司在2005年使用LIFO，其存货余额将是585百万美元，而不是615百万美元，利润（将在下一节阐述）将减少18百万美元。因此，存货估价方法会对财务报表产生重要影响。分析师在对比不同公司的报表时，认识到这一点非常重要，公司所使用的存货估价方法必须在报表附注中说明。

3. 其他资金来源。大部分公司（包括艾来德公司）通过流动负债、长期借款和普通股等多种方式筹集资金。如前文所述，一些公司还使用混合性质（综合性）的证券，如优先股、可转换债券和长期租赁。优先股是普通股和债务的混合体，可转换债券则给予债券持有人将债券转换为普通股的选择权。当企业破产时，优先股的求偿顺序在债务之后，但在普通股之前。如果公司发行优先股，其总权益等于普通股加上优先股。大部分公司不发行优先股，即使是那些发行优先股的公司，该类股票的数量也并不多。因此，当我们使用“权益”一词时，如无特别说明，均指“普通股权益”。

4. 折旧方法。大部分公司编制两套财务报表，一套用来纳税，一套用来向股东报告。一般情况下，公司会在纳税申报表中使用法律允许的最能加速折旧的方法，而在提供给股东的报表中使用直线法。加速折旧法会带来高额折旧费用，这样就会使应税收入减少，进而少缴税。若采用直线折旧法，折旧费用较低，利润则相对较高。因此，使用加速折旧法可以在当年少缴税，使用直线折旧法则会带来较高的报告利润。但是艾来德公司是一家相当谨慎的企业，它在向股东提交的报告和纳税报告中都使用加速折旧法。如果艾来德公司在向股东提供的报告中使用直线法进行折旧，2005 年折旧费用会减少 25 百万美元，这会使资产负债表中的“固定资产净值”在 10 亿美元的基础上增加 25 百万美元。更重要的是，公司的净收益会增加。

5. 市场价值和账面价值。公司通常使用公认会计原则（GAAP）来确定在资产负债表中报告的价值。大多数情况下，这些会计数据（通常指账面价值）与相对应的市场价值差别很大。例如，艾来德公司 1979 年在芝加哥买下了其总部大楼。根据 GAAP，公司必须根据历史成本（1979 年为取得这项资产支付的金额）减去累计折旧来报告这项资产的价值。考虑到过去 25 年里芝加哥房地产价格上涨，这栋大楼现在的市场价值已经大大高于账面价值。其他资产的历史成本价值也会与市场价值存在明显差异。

负债的账面价值和市场价值通常非常接近，但也不总是这样。当公司发行长期债务时，资产负债表反映的是其面值。如果债务发行后利率发生变动，其市场价值就会与账面价值不同，我们将在第 7 章阐述这一问题。

最后，公司净资产的账面价值等于报告的资产账面价值减去负债账面价值。如表 3—1 所示，我们发现 2005 年艾来德公司净资产的账面价值是 940 百万美元。公司发行在外的普通股有 50 百万股，所以每股净资产是 18.8 美元。与此相反，公司普通股的市场价值是当前的每股市价 23 美元乘以发行在外的股数，即 23×50＝1 150 百万美元。根据 2006 年的实际情况，大多数公司的股东愿意为股票支付超过账面价值的金额。这一方面是因为通货膨胀带来了公司固定资产价值的增加，另一方面是因为股东期待公司未来的盈利能够实现增长。与其他大多数公司一样，艾来德公司已经学会了如何进行投资来增加未来的利润。苹果公司为这种“成长机会”现象提供了一个极好的例子。当苹果首次推出 iPod 时，该产品在资产负债表中的价值非常小，但投资者认为该产品很棒，将带来极高利润。随后，投资者积极买入苹果股票推动了股票价格上涨，使之远高于其账面价值。

6. 时间维度。资产负债表是对公司一个特定时点财务状况的概括，如 2005 年 12 月 31 日的财务状况。我们看到，2004 年 12 月 31 日艾来德公司有 80 百万美元现金及现金等价物，但在 2005 年年末下降到 10 百万美元。由于存货、固定资产、银行贷款等都在不断增加或减少，因此企业的资产负债表每天都在变化，那些生产季节性产品的公司资产负债表波动更大。例如，艾来德公司在收获季之前存货非常少，但会在秋收后变得很高。同理，大部分零售商在圣诞节前会有大量存货，在圣诞节后则存货很少但应收账款很高。因此在一年当中，公司的资产负债表会随着编表日的不同不断变化。

3.4 利润表

表3—2给出了艾来德公司2004年和2005年的**利润表**（income statement）。净销售收入显示在表的最上方，接下来减去营业成本、利息费用、税，可以得到普通股股东享有的净收益，常称作“净利润”。每股收益和每股股利在表格的下方。每股收益（earnings per share，EPS）称作“底线”，意味着在利润表的所有项目中，对股东来说*EPS*最为重要。艾来德公司2005年的每股收益是2.35美元，低于2004年的2.44美元，但还是将股利从1.06美元提高到1.15美元。

表3—2 **艾来德公司：年度利润表** 单位：百万美元（每股数据除外）

	2005	2004
净销售收入	3 000.0	2 850.0
除折旧外的营业成本[a]	2 616.2	2 497.0
息税折旧摊销前利润（*EBITDA*）[b]	383.8	353.0
折旧	100.0	90.0
息税前利润（*EBIT*）	283.8	263.0
减利息	88.0	60.0
税前利润（*EBT*）	195.8	203.0
税费	78.3	81.2
净利润	117.5	121.8
普通股股利	57.5	53.0
留存收益增加额	60.0	68.8
每股数据：		
普通股价格	23.00	26.00
每股收益（*EPS*）[c]	2.35	2.44
每股股利（*DPS*）[c]	1.15	1.06
每股净资产（*BVPS*）[c]	18.80	17.60
每股现金流量（*CFPS*）[c]	4.35	4.24

注：a. 营业成本中包括28百万美元租赁费用。

b. 艾来德公司没有摊销项目。

c. 艾来德公司发行在外的普通股为50百万股。注意，*EPS*根据归属于普通股股东的净利润计算。2005年的*EPS*，*DPS*，*BVPS*和*CFPS*的计算过程如下：

$$\text{每股收益}=EPS=\frac{\text{净利润}}{\text{发行在外的普通股股数}}=\frac{117\,500\,000}{50\,000\,000}=2.35(\text{美元})$$

$$\text{每股股利}=DPS=\frac{\text{支付给普通股股东的股利}}{\text{发行在外的普通股股数}}=\frac{57\,500\,000}{50\,000\,000}=1.15(\text{美元})$$

$$\text{每股净资产}=BVPS=\frac{\text{普通股总权益}}{\text{发行在外的普通股股数}}=\frac{940\,000\,000}{50\,000\,000}=18.80(\text{美元})$$

$$\text{每股现金流量}=CFPS=\frac{\text{净利润}+\text{折旧}+\text{摊销}}{\text{发行在外的普通股股数}}=\frac{217\,500\,000}{50\,000\,000}=4.35(\text{美元})$$

如果公司有期权或可转换证券，或最近刚发行了新的普通股，计算*EPS*时就会更复杂。可参考会计学的有关教材。

需要注意的是，不同公司的融资结构、纳税情况以及非经营性资产数量都不相同，这些差异可以使两家经营业务类似的公司产生差异化的净利润。例如，假定两家公司经营情况相同——它们的销售收入、营业成本和资产完全一样。不过，一家公司使用负债筹资，另一家只有普通股。尽管它们的经营业绩相同，但那家没有负债的公司（因此会没有利息费用）由于不需要扣减利息费用，净利润会更高。因此，在对比公司的经营业绩时，首先要关注它们在扣除税收和利息费用前的利润，称作息税前利润（earnings before interest and taxes，EBIT），通常指的是营业利润：

$$EBIT=销售收入-营业成本 \tag{3—1}$$

根据艾来德公司的利润表，其营业利润从2004年的263百万美元增长到2005年的283.8百万美元，但2005年的净利润却下降了。出现这种情况是因为艾来德公司2005年的营业利润虽然较高，但负债增加带来的利息费用减少了净利润。

进一步观察可以发现，折旧和摊销是营业成本的重要组成部分。根据会计学中的定义，**折旧**（depreciation）是抵减利润的年度费用支出，反映了生产过程中消耗的资本投资和其他**有形资产**（tangible assets）的估计成本。**摊销**（amortization）的含义与之一致，反映了**无形资产**（intangible assets）（如专利权、版权、商标权、商誉）的价值减少。由于它们非常类似，折旧和摊销通常合并在一起，以便于对利润表进行财务分析和实现其他目标。它们都在各自的使用寿命周期内摊销或分配资产成本。

尽管折旧和摊销在利润表中列示为成本，但它们并不是现金费用。因为现金在过去购买资产时已经支付，计提折旧时就不再有相对应的现金流动。因此，那些关注公司现金数量的管理者、证券分析师和银行信贷人员经常计算**息税折旧摊销前利润**（earnings before interest，taxes，depreciation and amortization，EBITDA）。艾来德公司没有摊销支出，所以表3—2中的折旧和摊销都是折旧。2005年艾来德公司的*EBITDA*是383.8百万美元，减去100百万美元折旧后得到283.8百万美元营业利润（*EBIT*），再减去88百万美元利息和78.3百万美元税费之后，公司得到117.5百万美元净利润。

资产负债表可以作为特定时点的简要说明，利润表则反映一段期间内的经营结果，如2005年的利润表。艾来德公司2005年产生销售收入30亿美元，净利润117.5百万美元。利润表可以覆盖任何期间长度，但大多数公司都编制月度、季度和年度利润表。季度和年度报表向投资者披露，月度报表则在内部用来计划和控制，将实际经营结果与预期（或预算）结果对比。如果收入低于预期水平或成本高于预期水平，管理者应该找到原因并在出现严重问题前采取措施。

3.5 净现金流量

我们在第1章提到，管理者的目标应该是股票价格最大化。因为包括股票在内的任何资产的价值都取决于该资产预期未来产生的现金流量，所以管理者应该使投资者未来可用的现金流量最大化。企业的**净现金流量**（net cash flow）与**会计利润**（accounting profit）不同，这是因为利润表中的一些收入和费用在当年没有发生实际的现金收支。

艾来德公司以及其他很多公司都没有非现金收入，折旧和摊销是仅有的非现金支出。在这种情况下，净现金流量和净利润的关系可以表示如下：

$$净现金流量=净利润+折旧和摊销 \tag{3—2}$$

我们可以将艾来德公司2005年的数据代入公式（3—2）：

$$净现金流量=117.5+100=217.5(百万美元)$$

折旧是艾来德公司和其他一些公司的重要现金来源，所以理解它的财务含义非常重要。我们将在第12章深入讨论折旧，在本章只做简要说明。假定2005年购入一台价值100 000美元的机器，使用寿命为5年，无残值，2006年投入使用。100 000美元的价款在2005年支付，但在2005年的报表中并不显示为费用；同时，该机器的价值将在使用寿命内每年确认一部分作为生产成本。如果100 000美元在2005年计入费用，则当年的利润被低估，随后5年的利润被高估。所以，在权责发生制下，折旧在2006—2010年作为销售收入的抵减项目。但实际上100 000美元的机器成本在2005年以现金支付，2006—2010年计提的折旧没有实际的现金付出。由于折旧是非现金费用，因此必须将折旧加回到净利润中以得到净现金流量。假定所有其他非现金项目都为0，则公式（3—2）成立，净现金流量等于净利润加上折旧和摊销。

3.6 现金流量表

净现金流量代表企业某年度产生的现金流。但是，一家企业产生大量现金流，并不意味着其资产负债表中的现金数额也非常高。现金流的用途不仅限于增加现金账户余额，它的应用范围非常广泛，包括支付股利、增加存货、为应收账款融资、为固定资产投资、偿还负债、购买库藏股等。

下面是影响公司现金余额的一些关键因素：

1. 现金流量。在其他条件不变的情况下，正的净现金流量会增加银行里的现金。但是，其他条件通常是变化的，现金流会用于其他用途。

2. 营运资本变动。营运资本（存货和应收账款）的增加需要支付现金，所以会减少现金。营运资本的减少则会带来现金增加。例如，如果需要增加存货，公司必须使用现金购买额外存货，而当存货减少时，通常意味着公司卖掉存货而不是更新存货，这样会增加现金。同理，流动负债（比如应付账款）增加会增加现金，而应付款减少会减少现金。这是因为如果应付款增加，意味着公司从供应商那里得到额外的信用销售，可以节约现金，应付款减少则意味着公司向供应商支付了现金。

3. 固定资产。如果公司投资于固定资产，现金会减少；如果卖掉固定资产，则现金增加。

4. 证券交易和股利支付。如果公司在当年发行股票或债券，筹集的资金会改善现金状况；如果使用现金偿还负债、回购股票、发放股利，则会减少现金。

以上因素都反映在**现金流量表**（statement of cash flows）中，该表汇总了公司现金状况的变化情况。现金流量表将与现金有关的活动分为三类：

1. 经营活动，包括净利润、折旧，以及除现金和短期负债之外的营运资本变动。

2. 投资活动，包括购买或销售固定资产。

3. 筹资活动，包括通过短期负债、长期负债和股票筹集现金，以及使用现金支付股利或回购股票和债券。

会计学教材会解释如何编制现金流量表；但在财务管理中我们更关心现金流量表能告诉我们什么：公司能否创造足够的现金来购买支持增长所需的资产？公司能否产生用

来偿还债务或投资于新产品的额外现金？内部产生的现金是否充足，公司是否必须发行更多普通股？这些信息对管理者和投资者同样有用，所以现金流量表是一个非常重要的工具。现金流量表可以和现金预算一起帮助预测公司的现金状况。

表 3—3 列示了将出现在艾来德公司年报中的现金流量表。表格第一部分反映了经营活动产生的现金流，这对公司来说最重要。艾来德公司的经营活动损失了现金流——结果是−2.5 百万美元。这说明公司在一般正常业务上出现了现金赤字。公司的日常经营活动产生了 257.5 百美元的现金流入，但应收账款和存货的增加超过了现金流入，结果出现了经营活动−2.5 百万美元的现金流。成功的企业可以从经营活动中获得大量正现金流，从而为公司创造价值。艾来德公司在 2005 年的经营中明显出现了问题。

表 3—3　　艾来德公司：2005 年现金流量表　　单位：百万美元

1. 经营活动	
发放股利前的净利润	117.5
增加（现金来源）	
折旧和摊销[a]	100.0
应付账款增加	30.0
应计费用增加	10.0
减少（现金使用）	
应收账款增加	(60.0)
存货增加	(200.0)
经营活动产生的现金流量净额	(2.5)
2. 长期投资活动	
购买固定资产支付的现金[b]	(230.0)
3. 筹资活动	
应付票据增加	50.0
债券增加	170.0
股利支付	(57.5)
筹资活动产生的现金流量净额	162.5
现金及现金等价物净减少额	(70.0)
年初现金及现金等价物余额	80.0
4. 年末现金及现金等价物	10.0

注：a. 折旧和摊销属于非现金费用，所以必须加回到净利润中得到经营活动的实际现金流量。

b. 固定资产的净增加额为 130 百万美元，但其中已扣除了当年的折旧费用，所以必须将折旧调回以得到购买固定资产实际支出的现金。根据利润表，我们知道 2005 年折旧费用为 100 百万美元，所以购买固定资产的支出列示为 230 百万美元。

表中的第二部分列示了艾来德公司的长期投资活动。公司购买了 230 百万美元固定资产，这是公司 2005 年唯一的长期投资活动。

将第一、第二部分加总，我们发现艾来德公司在 2005 年出现了 232.5 百万美元的现金赤字。如何为这些赤字筹集资金呢？表格的第三部分筹资活动提供了有关信息。我们发现艾来德公司向银行借款（应付票据）并且发行新债券，筹集资金 220 百万美元，同时向股东支付了57.5百万美元股利，最终筹资活动产生现金净流入162.5百万美元。

艾来德公司经营活动和投资活动的总赤字达232.5百万美元，筹资活动筹集了净流入162.5百万美元，但仍有70百万美元的赤字。怎么解决这70百万美元的现金短缺呢？公司通过减少现金及现金等价物账户的余额来补充资金。公司年初现金及现金等价物（有价证券）余额是80百万美元，但年末只有10百万美元，也就是说使用了其中的70百万美元来弥补经营赤字和进行固定资产投资。

艾来德公司的现金流量表应该引起管理者和投资者的重视。虽然公司可以通过大量举债和大幅减少持有的现金及现金等价物来弥补经营赤字并进行投资，但这明显不具有可持续性。从长期来看，现金流量表的第一部分应该反映出良好的经营现金流；第二部分反映的固定资产支出应略高于折旧（等于折旧的部分用来替换报废固定资产）来支持未来的增长；第三部分的净借款数额应保持较小，同时发放"合理"的现金股利（平均来看，公司的现金股利约为净利润的50%）。最后，第四部分应显示出年复一年合理且稳定的现金及现金等价物余额。艾来德公司显然不符合以上条件，所以应采取措施来纠正公司的方向。在了解更多的财务报表分析的细节后，我们将在第4章深入讨论这一问题。

3.7 留存收益表

留存收益表（statement of retained earnings）反映不同资产负债表编制日之间留存收益的变动。如表3—4所示，艾来德公司2005年获利117.5百万美元，支付普通股股利57.5百万美元，以利润再投资60百万美元。所以，公司资产负债表中留存收益项目的余额从2004年的750百万美元增加到2005年的810百万美元。

表3—4　　艾来德公司：2005年年度留存收益表　　单位：百万美元

	2005
2004年12月31日的留存收益余额	750.0
加：净利润，2005	117.5
减：向普通股股东支付的股利	(57.5)[a]
2005年12月31日的留存收益余额	810.0

注：a. 本书中用圆括号代表负数。

需要注意，留存收益虽然不是资产，但代表了对资产的要求权。而且，公司留下利润是用来对厂房设备、存货等进行再投资，并不是简单地将钱存入银行。留存收益之所以会发生变动，是因为普通股股东允许管理者进行再投资，再投资剩余的利润可用于发放现金股利。所以，资产负债表中披露的留存收益并不代表现金，也不能"随时用于"发放股利或其他用途。

3.8 财务报表的用途和局限性

财务报表为投资者提供了大量有用的信息。你可以通过分析报表回答很多重要问题，例如：公司的规模有多大？公司是否正在成长中？公司是在赚钱还是在赔钱？公司流动资产所占的比例是否比固定资产更高？公司多大程度上使用负债或权益来为资产筹资？公司更依赖短期负债还是长期负债？公司近年来是否举借新债或发行新股？公司近年来是否进行了重大资本投资？公司拥有大量现金还是现金短缺，现金余额长期来看是在上升还是下降？

与此同时，投资者分析财务报表时需要格外谨慎。虽然公司需要遵循 GAAP，但管理者在决定怎样和何时披露特定交易时还是有较大余地。所以，两家经营状况几乎完全相同的公司很可能提供反映不同财务能力的报表。有些差异源于他们对正确记录交易持不同观点，这些观点均符合法律规定。另外一些差异则是由于管理者会选择对自己更有利的报告方式，他们既可能选择得到更高的利润，也可能选择得到更稳定的利润。只要这些做法符合 GAAP，就不算违法，但这些差异使投资者对比不同公司的真实业绩更加困难。

遗憾的是，如第 1 章所述，曾出现过管理者违规披露虚假报表的案例。很多高层经理由于误导会计操作而面临诉讼。例如，2002 年 6 月，世通公司（现在叫做 MCI 公司）被曝光一直存在会计欺诈，将超过 110 亿美元的营业成本计入资本支出，从而高估净利润。

世通披露的财务报表欺骗了绝大部分投资者——投资者将股票价格推高到 64.5 美元，银行和其他债权人为公司提供了超过 300 亿美元的贷款。安达信作为公司的审计方被指责没有发现这些欺诈，安达信则辩称世通公司的管理层说谎。世通的 CFO 被判有罪，处以 5 年监禁，CEO 则被判服刑 25 年。受到该事件和近来其他会计欺诈事件的警醒，监管层和会计专家正在制定新的准则以使财务报表对投资者更加透明，并为管理者创造良好环境以使他们有更强的动力报告真实数字。

即使投资者得到了真实的会计数据，也需要牢记现金流比会计利润更重要。同理，当管理者进行项目取舍时，应该更关注现金流。因此，为了做出有效决策，即使财务报表非常准确透明，管理者和投资者通常也需要调整报表来得到相关现金流。我们将在下一节说明这一问题。

3.9 为投资者和管理者决策调整会计数据

到目前为止，本章所关注的财务报表都假定由会计人员编制并在年报中列示。但是，这样的报表更倾向于满足债权人和税务部门而非管理者和股票分析师的要求。因此，特定的调整将对公司决策和股票估值有很大帮助。

如第 1 章所述，公司的首要财务目标是股东财富最大化。投资者为公司提供资本，管理者通过将这些资本投入生产来为股东创造价值。接下来，我们将讨论财务经理和分析师如何使用会计数据衡量和评价公司业绩。

经营性资产和经营性资本

公司有不同的资金筹集渠道，最主要的资金来源是投资者，包括股东、债券持有人、资金出借人（如银行）。投资者要求其提供的资金得到回报，表现为债券和其他债权的利息，以及股票股利和资本利得。所以，如果一家公司取得了超过实际需要的资产，就必然筹集太多资本以至于负担了不必要的高额资本成本。

并不是所有用来取得资产的资本都来自投资者，还有一些资源来自供应商，表现为应付账款，另一些资源在资产负债表中表现为应付薪酬和税款，这相当于员工和税务部门为企业提供的短期借款。一般情况下，应付账款和应付费用都是“免费”的，不会由于使用它们而付出明确的代价。这些资源通常称为自发性的非付息流动负债。它们之所以被视为“自发性的”，是因为它们在正常经营活动中自然产生，而不是源于向银行借款这样的专门行动。

在评价一个公司的整体状况和价值时，分析师通常关注**净经营性营运资本**（net operating working capital，NOWC），其定义如下：

$$\text{净经营性营运资本}=NOWC$$
$$=\text{经营中所需全部流动资产}-\text{所有非付息流动负债} \quad (3-3)$$

艾来德公司2005年的净经营性营运资本是：

$$NOWC=\text{经营中所需全部流动资产}-\text{所有非付息流动负债}$$
$$=(\text{现金及现金等价物}+\text{应收账款}+\text{存货})-(\text{应付账款}+\text{应计项目})$$
$$=(10+375+615)-(60+140)$$
$$=800(\text{百万美元})$$

艾来德公司2004年的净经营性营运资本是：

$$NOWC=(80+315+415)-(30+130)=650(\text{百万美元})$$

也就是说，艾来德公司的 *NOWC* 在2005年增加了150百万美元。

营运资本很重要主要是基于以下原因。首先，所有公司都必须持有现金来为企业经营“润滑车轮”。它们需要不断从客户那里收到支票，并向供应商、员工等开出支票。由于现金流入和流出不可能完全一致，公司必须保有一定现金（或现金等价物）来进行经营运作以免出现间断。存货、应收账款等其他流动资产也是同样的道理。

艾来德公司和其他大部分公司都试图仅持有正常经营情况下所需的现金和证券——它们不想像银行那样运作，不想持有大量此类资产。但是在有些情况下，公司确实会积累超出经营需要的大量现金和有价证券。这些资金的出现有可能是因为公司刚发行了大量债券并且还没来得及使用，也有可能是公司为了并购或大额资本投资项目积累了大量资金。在这些情况下，这些超额现金和有价证券不应看做经营性营运资本的一部分——它不是经营性的资本，需要单独分析。

应付账款和应付费用在正常经营中产生，公司不需要专门向投资者筹集这些资金来为流动资产融资。因此，我们在计算净经营性营运资本时将这些流动负债从经营性流动资产中扣除。但是，包括应付票据在内的计息负债需要投资者提供资本，不能在计算 *NOWC* 时扣除。

公司的资产可以分为两类：经营性资产（或经营性资本）和非经营性资产（或非经营性资本）。经营性资产包括企业经营中必备的流动和固定资产净值，非经营性资产包括为将来发展持有的土地、投资于其他公司的股票、超出流动性需要的有价证券等。公司持有的非经营性资产通常基于唯一的特定条件，针对它们的决策也是如此。通常情况下，绝大部分资产都是经营性的，公司的价值以这些经营性资产提供的现金流为基础。因此，本书关注的重点是经营性资产，而不是非经营性资产。

公司一般同时使用投资者提供的资本和非付息、自发的流动负债来为所需的经营性资产融资。例如，当艾来德公司开设新厂时，需要购买固定资产（土地、建筑物、设备）和流动资产（存货和应收款）。为艾来德公司供货的供应商通常预期 30 天或更晚才收到款项，所以非付息的应付账款就为新项目提供了资金支持。与此类似，应付薪酬和税款也帮助艾来德公司在购买新的经营性资产时减少了必须向投资者筹集的资金。通过 2005 年 12 月 31 日的报表可以算出这些年来艾来德公司的投资者为公司提供的经营性资本：

$$\text{总经营性资本}(2005)=\text{净经营性营运资本}+\text{固定资产净值}$$
$$=800+1\,000=1\,800(\text{百万美元}) \tag{3—4}$$

在此前的 2004 年，艾来德公司的总经营性资本是：

$$\text{总经营性资本}(2004)=650+870=1\,520(\text{百万美元})$$

2005 年，艾来德公司的经营性资本从 1 520 百万美元上升到 1 800 百万美元，增加了 280 百万美元。

营业现金流量

财务经理通过筹集资金投资于经营性资产创造价值，经营中产生的现金流量则决定了公司价值。这些现金流量的计算方式如下：

$$\text{营业现金流量}=EBIT\times(1-\text{税率})+\text{折旧和摊销} \tag{3—5}$$

EBIT 是公司的营业利润，它等于销售收入减去包括折旧和摊销在内的所有营业成本，但没有扣减税款和利息。投资者对税后现金流量更感兴趣，计算方式为：$EBIT\times(1-\text{税率})$。在计算现金流量时将折旧和摊销加回是因为它们是非现金费用。

$EBIT\times(1-\text{税率})$ 常称为**税后净营业利润**（net operating profit after taxes, NOPAT），如果公司没有负债并仅持有经营性资产，*NOPAT* 就是公司产生的利润。我们可以将公式（3—5）改写为：

$$\text{营业现金流量}=NOPAT+\text{折旧和摊销} \tag{3—5a}$$

使用表 3—2 中的数据可以计算出艾来德公司 2005 年的 *NOPAT* 是：

$$NOPAT=283.8\times(1-0.4)=283.8\times0.6=170.3(\text{百万美元})$$

由于仅有折旧是非现金费用，艾来德公司 2005 年的营业现金流量是：

$$\text{营业现金流量}=NOPAT+\text{折旧和摊销}=170.3+100$$
$$=270.3(\text{百万美元})$$

自由现金流量

本章前面将净现金流量定义为净利润加上非现金调整，通常是净利润加上折旧。但是需要注意，除非折旧完的固定资产得到替换、新产品能够开发成功，否则这些现金流无法长期保持。因此，虽然管理者乐于自由支配这些可用现金流，但实际上并不能这样做。所以我们需要定义**自由现金流量**（free cash flow，FCF），这是公司满足了固定资产、新产品、持续经营所需的营运资本投资后，可实际用来向投资者（股东和债权人）

分配的现金流。

更进一步来看，公司业务的价值取决于预期未来自由现金流量，可定义为税后营业利润减去持续经营所必需的营运资本和固定资产投资。所以，自由现金流量代表了实际可以支付给投资者的现金，管理者可以通过增加自由现金流量来提升公司价值。

可用下面的公式计算自由现金流量：

$$FCF=[EBIT(1-T)+\text{折旧和摊销}]-(\text{资本支出}+\text{净经营性营运资本变动})$$
$$=\text{营业现金流量}-\text{经营性资本投资}$$

2005年艾来德公司的 $EBIT$ 是283.8百万美元，折旧和摊销是100百万美元。固定资产计提100百万美元折旧后反而增加了130百万美元，所以资本支出应为230百万美元。最后，公司净经营性营运资本（流动资产减去自发性流动负债）增加了150百万美元。因此，公司的自由现金流量是－109.7百万美元：

$$FCF=\text{营业现金流量}-\text{经营性资本投资}$$
$$=[283.8\times(1-0.4)+100]-(230+150)$$
$$=270.3-380=-109.7(\text{百万美元}) \qquad (3—6)$$

尽管艾来德公司的营业现金流量为正，但公司在经营性资本上投资过大，使得自由现金流量为负。由于自由现金流量是能够向投资者分配的可用现金，这意味着投资者不仅什么都得不到，反而必须投入更多现金来维持企业运转。投资者以债务形式投入了绝大部分所需资金。

负的自由现金流量是不是总是坏事呢？答案是否定的，这取决于自由现金流为什么为负。如果 FCF 为负是因为 $NOPAT$ 为负，将非常糟糕，意味着公司遇到了经营问题。但是，很多高速成长的公司的 $NOPAT$ 为正，FCF 却为负，这是因为它们必须大量投资于经营资产以保持快速增长。如果负的自由现金流量的出现源于利润增长，那么显然没有问题。

3.10 市场增加值和经济增加值

财务报表中的资产反映的是过去的历史价值，而不是现在的市场价值，这两者之间通常差别很大。通货膨胀、成功或者失败的经营都会对此差别产生影响。例如，微软开发的第一个操作系统成本很低，但后来该系统价值数十亿美元，而且这些价值不会体现在资产负债表中。当然，资产负债表必须平衡，所以如果表中资产方的总和小于公司资产的市场价值，那么负债和权益一方也必然如此。债务的价值由合同决定，所以实际上是权益的账面价值和市场价值产生了巨大差异。

下面举例说明。公司以1百万美元账面价值（历史成本）的资产开始经营，其中500 000美元来自债权人，500 000美元来自股东（50 000股股票每股10美元）。公司经营非常成功，其资产现在每年能产生2百万美元自由现金流量。投资者以10%的利率将自由现金流量折现，可以得到公司的价值为20百万美元。减掉500 000美元负债后，公司权益的市场价值从原来股东投入的500 000美元变成19.5百万美元。每股股票的价格为19 500 000/50 000＝390美元，可见公司管理者为股东完成了不可思议的工作。

会计报表不反映市场价值，所以无法满足评价管理者业绩的需要。为了填补这个空缺，财务分析师设计了其他业绩指标。一个指标是**市场增加值**（market value added，MVA）。*MVA* 是公司权益市场价值和资产负债表中账面价值的差，市场价值等于股票价格乘以发行在外的普通股股数。上述例子中，公司的 *MVA* 是 19.5－0.5＝19 百万美元。

对艾来德公司来说，公司发行在外的股票有 50 百万股，每股 23 美元，权益的市场价值是 1 150 百万美元，表 3—1 中显示账面价值是 940 百万美元。因此，艾来德公司的 *MVA* 是 1 150－940＝210 百万美元。这 210 百万美元代表了艾来德公司的股东在公司初创时投入的资金（包括留存收益）与他们将企业售出时可以得到的回报的差异。*MVA* 越高，管理者为股东完成的工作就越好。在决定管理人员的薪酬时，董事会通常会考虑 *MVA*。不过需要注意，涨潮时所有的船都会漂上来，上涨的股票市场里大多数公司的股票价格也会上涨，所以正的 *MVA* 不全是管理者的功劳。

另一个有关的概念是**经济增加值**（economic value added，EVA），有时也称“经济利润”，与 *MVA* 关系密切，计算公式如下：

$$EVA = \text{税后净营业利润} - \text{年度资本成本}$$
$$= EBIT \times (1-T) - (\text{投资者投入的所有经营资本} \times \text{税后资本成本率})$$

EVA 是对公司某一年度真实经济利润的估计，由于会计利润没有扣掉权益资本成本而 *EVA* 扣除了这一成本，因此会计利润和 *EVA* 差别很大。

如果 *EVA* 为正，则税后净营业利润超过了产生这些利润所需资本的成本，管理层的经营活动会为股东增加价值。年度 *EVA* 为正时，可以确定 *MVA* 也为正。*MVA* 用于评价整个公司，*EVA* 可以用来评价部门，也可以用来评价整个公司，所以 *EVA* 可以帮助确定部门和整个公司管理者“合理”薪酬。

3.11　联邦税收体系

公司必须将利润中的很大一部分用来交税，个人也需要为他们的收入纳税。我们根据 2004 年的条款将美国税收体系的一些要点总结如下。

企业所得税

企业所得税通常由联邦政府征收，税率起点为 15%并逐渐提高，当应纳税所得额超过 10 百万美元后，税率将达到 35%。因此，企业所得税的结构是累进的，即利润越高，税率越高。大部分州政府也会对企业征收所得税，税率通常是 5%。所以，大公司一般情况下要缴纳 40%的所得税，本书中的例子也使用 40%作为所得税税率。税收体系非常复杂，我们不讨论细节。

个人所得税

联邦政府对个人所得征税的税率从 10%开始逐渐提高，当收入达到 319 100 美元及以上时，税率达到 35%。有些州政府也单独征收个人所得税，各州税率不同。需要注意的是，养老金账户的投资要到提取该资金时才征税，这很可能是退休后的事了。因此，某人可能要为其一般收入缴纳 35%的个人所得税，但对其退休金账户（以及一些特定的大学储蓄计划）的所得不用纳税。

支付的利息

债务人必须为其债务付息。对企业来说，支付的利息被看做一项费用，在计算应纳税所得额时需要扣除。个人也会借款和支付利息，但一般情况下不能扣减利息支出（住房贷款利息可以在限额内扣除）。

获得的利息

不论是企业还是个人，绝大部分获得的利息都要纳税。不过，大部分购买联邦债券和州政府债券所获得的利息收入可以得到联邦政府的税收豁免。联邦和地方债券通常叫做“市政债券”，投资者主要是那些处在高税率档次的个人。

支付的股利

公司支付的股利通常不能作为费用抵减收入。也就是说，公司可以扣减利息支出，但不能扣减股利支出。因此，如果某公司有 10 百万美元税前现金利润，联邦和州政府税率共计 40%，则公司可以将全部 10 百万美元的现金利润用于支付利息，但如果要支付股利，就只有 6 百万美元可用，因为要先缴纳 4 百万美元所得税。

如果某公司使用大量债务融资，另一家经营状况类似的公司只有普通股融资，我们会发现只有普通股融资的公司没有利息费用，不能抵减应税所得，会缴纳更多税款。那家使用债务融资的企业则可以将更多营业利润留给投资者（股东和债权人）。因此，我们的税收体系鼓励债务融资，本书将在有关资本结构的章节深入分析。

收到的股利

个人收到的股利与资本利得有相同税率，为 15%。这实际上造成了对股利收入双重征税——支付股利的公司已经纳税，收到股利的个人还需要纳税。对法人股东来说情况略有不同——收到股利的公司可以将部分股利收入排除在应纳税所得额之外。税法中有这样一个条款来尽量减少三重征税——三重征税指的是一家公司用税后利润发放股利，收到该股利的第二家公司要为这笔股利收入再次纳税，收到第二家公司股利的个人还要为这笔股利第三次纳税。

纳税损失抵减和递延

公司的利润每年都在波动，公司可能在某年需要缴纳 40%的税款，在下一年却因损失巨大而不用缴税。税法允许公司将当年损失抵减前一年度利润，获得一定的纳税返还。如果抵减之后仍有损失，则可以将其递延去抵减未来的利润。税法这一条款的目的是使税收反映长期平均利润水平。

资本利得

资本利得通常定义为出售资产的利润，这些资产的买卖在经营过程中并不常见。对个人来说，资本利得通常来自出售股票和债券的收益。也就是说，如果某人购买了10 000美元微软的股票，并以15 000美元售出，那么他就有5 000美元的资本利得。如果股票的持有期短于一年，这5 000美元的资本利得和一般收入合并后按对应税率征税。如果股票持有期超过一年，适用的税率就会低一些。对那些处于最高税率（35%）档次的人来说，长期资本利得的税率一般为15%。公司适用的规定有所不同，个人所得税的税率也不完全一样。

折旧

当公司购买使用寿命超过一年的资产时，需要在其使用寿命周期内计提折旧。在向股东提交的报告中，公司一般会估计每年的实际使用情况，将成本在各年分摊，计入各年利润表。（这被称为直线折旧法。）但是，出于征税目的，美国国会对不同类型的资产规定了不同的折旧率，这些折旧率会比公司在股东报告中使用的折旧率带来更多折旧费用。我们会在第12章继续探讨折旧问题。

小企业

如果公司是独资或合伙企业，其利润要按照所有者的投资比例进行分配。如果同样的企业按照公司制运行，则有两种可能。第一，如果公司满足有关规模和股东数量的规定，可以选择作为S公司纳税。此时从税收角度来看，公司被视作合伙制。S公司因此既可以拥有公司制组织形式的优势，又可以得到合伙制企业的税收优惠。大部分小企业确实以S公司的形式组建。第二，如果公司不满足S公司的要求，则称为C公司，按照正常的企业所得税税率征税。

小结

本章的主要目的是描述基本财务报表，为现金流提供一些背景信息，明确净现金流量和会计利润的差异，并简要介绍联邦所得税体系。下一章中，我们将根据这些信息来分析公司的财务报表。

练习题

1. 利润表

根据Pearson Brothers最近的报告，*EBITDA*为7.5百万美元，净利润为1.8百万美元。公司的利息费用为2百万美元，税率为40%。公司的折旧和摊销费用是多少？

2. 留存收益表

Newhouse Inc. 最近的报表中显示，净利润为50百万美元，留存收益为810百万美元。上期留存收益为780百万美元。公司向股东支付了多少股利？

3. 现金流量

Klaven Corporation 的 $EBIT$ 为 750 000 美元，折旧为 200 000 美元。公司没有负债，税率为 40%。公司没有摊销费用。求公司的净利润、净现金流量和经营现金流量。

4. 利润和现金流分析

Menendez Corporation 预计 2006 年销售额为 12 百万美元。除折旧和摊销之外的成本预计为销售额的 75%，折旧和摊销预计为 1.5 百万美元。所有销售收入均收到现金，除折旧和摊销之外的成本必须在当年支付。公司的税率为 40%。

a. 编制利润表。预计净现金流量是多少？

b. 假定国会修改税法，使得折旧和摊销费用翻番，业务经营状况不变。净利润和净现金流量会发生什么变化？

c. 假定国会将折旧和摊销费用减少 50%，净利润和净现金流量会受到什么影响？

d. 你愿意让国会增加还是减少折旧和摊销？为什么？

e. 折旧和摊销费用的增加会对股票价格和企业的借款能力产生影响吗？为什么？

答案

1. 2 500 000 美元

2. 20 000 000 美元

3. NI=450 000 美元，NCF=650 000 美元，OCF=650 000 美元

4. a. 2 400 000 美元；b. NI=0，NCF=3 000 000 美元；c. NI=1 350 000 美元，NCF=2 100 000 美元

第 4 章 财务报表分析

4.1 比率分析

财务报表既报告了公司特定时点的财务状况，也报告了公司一定期间的经营结果，但财务报表的真正价值在于帮助预测未来收益和股利。从投资者的角度看，预测未来是财务报表分析的全部。从管理者的角度看，财务报表分析可以帮助预测未来的情况，更重要的是也可以作为制定提高未来业绩水平的计划的起点。

财务指标可以帮助使用者评价财务报表。例如，假设 A 公司有 5 248 760 美元负债，419 900 美元利息支出，B 公司有 52 647 980 美元负债，3 948 600 美元利息支出。哪家公司更好？对于这些债务的压力以及公司的偿债能力可以从两方面来评价：(1) 比较两家公司的债务和资产的对比关系；(2) 比较两家公司必须支付的利息和可用来支付利息的利润之间的关系。这样的比较就涉及比率分析。

4.2 流动性指标

流动资产（liquid asset）在活跃的市场中交易，可以以市价快速转换成现金，公司的“流动性状况”与以下问题有关：公司债务在下一年度即将到期时是否有能力偿付？如第 3 章表 3—1 所示，艾来德公司有 310 百万美元负债需要在一年之内付清。公司偿付这些债务是否有困难？全面的流动性分析需要使用现金预算，而比率分析通过将现金、其他流动资产和流动负债相联系，提供了一种快速、易用的衡量流动性的方法。这里我们介绍两个最常用的**流动性指标**（liquidity ratios）。

流动比率

最基本的流动性指标是**流动比率**（current ratio），等于流动资产除以流动负债：

$$\text{流动比率}=\frac{\text{流动资产}}{\text{流动负债}}=\frac{1\ 000}{310}=3.2$$

$$\text{行业平均值}=4.2$$

流动资产包括现金、有价证券、应收账款、存货。艾来德公司的流动负债包括应付账款、短期应付票据、一年内到期的长期负债、应交税费和应付薪酬。

如果公司陷入财务困境，支付账单（应付账款）会变得越来越慢，并从银行大量借款等，这些都会增加流动负债。如果流动负债的增长速度超过流动资产，流动比率就会下降，成为潜在困境的一个信号。艾来德公司的流动比率是 3.2，低于行业平均值 4.2，所以其流动状况较差。但流动资产将在一年内转换成现金，因此其售价会非常接近账面价值。在流动比率为 3.2 的情况下，艾来德公司可以将流动资产账面价值的 31%变现，这样就能够偿还全部流动负债。

后文会更详细地介绍行业平均值，这里需要强调的是，行业平均值并不是所有企业都必须达到的一个指标——实际上，一些经营非常好的公司会高于平均值，而另一些公司会低于平均值。但是如果一家公司的指标严重偏离行业平均值，分析师会考虑为什么会出现这种情况。也就是说，偏离行业平均值是向分析师（或管理层）发出的信号，促使他们做出进一步分析。

速动比率或酸性测试比率

第二个最常用的流动性指标是**速动比率**（quick ratio）或**酸性测试比率**（acid test ratio），等于流动资产减去存货后除以流动负债：

$$速动比率或酸性测试比率=\frac{流动资产-存货}{流动负债}=\frac{385}{310}=1.2$$

行业平均值=2.2

存货通常是公司流动资产中流动性最差的项目，最有可能由于流动性较差在变现时造成损失。因此该指标在衡量公司偿付短期负债的能力时没有依赖存货，这一点非常重要。

速动比率的行业平均值是 2.2，艾来德公司的速动比率是 1.2，与行业其他公司相比差距非常大。不过，如果公司可以收回应收账款，仍然无须变现存货就能偿还流动负债。

4.3　资产管理指标

第二组指标是**资产管理指标**（asset management ratios），用于衡量公司资产的运营效率。这些指标可以回答如下问题：每种类别的资产是否合理，对当前和未来销售来说是否太高或太低？当艾来德等公司购买资产时，必须从银行或其他渠道取得资金。如果某公司资产过多，其资本成本就会太高，进而拉低利润。如果资产太少，就无法实现销售获取利润。这里所介绍的资产管理指标非常重要。

存货周转率

"周转率"等于销售收入除以某项资产，如其名称所示，该指标说明了当年这些资产项目"周转"了多少次。因此，**存货周转率**（inventory turnover ratio）等于销售收入除以存货：

$$存货周转率=\frac{销售收入}{存货}=\frac{3\,000}{615}=4.9$$

行业平均值=10.9

大体上来看，艾来德公司的每项存货每年都被售出并重新补充 4.9 次，或者说周转了 4.9 次。"周转"一词起源于北方的小商贩，他用马车装满货物，一路贩卖。这些货物被称为"营运资本"是因为他实际卖掉或周转了这些货物以产生利润，周转指的是他每年的往返次数。用销售收入除以存货就等于每年的周转或往返次数。如果他每年往返 10 次，每次的存货为 100 个平底锅，每个锅的毛利为 5 美元，每年的毛利将是 100×5×10=5 000 美元。如果他的速度更快，每年往返 20 次，其他条件不变，毛利就会翻番。所以周转直接影响利润。

艾来德公司的存货周转率为 4.9，远低于行业平均值 10.9。这意味着它持有的存货过多。多余的存货当然不会产生收益，表明一项投资低回报或零回报。艾来德公司的低存货周转率还会使我们质疑其流动比率。存货周转率这么低，说明公司持有大量过时货物，达不到其列示的价值。

需要注意的是，收入产生于整个年度，存货则是一个时点数。因此，最好使用平均存货。如果企业的生产是季节性的，或者当年的销售存在一个明显的上升或下降趋势，进行调整就更有必要。不过为了可与行业平均值比较，我们没有使用平均存货数据。

应收账款周转天数

应收账款周转天数（days sales outstanding，DSO）也叫做平均收账期（average collection period，ACP），用来评价应收账款，等于应收账款除以每日平均销售额，以观察销售收入有多少天被占用在应收账款上。因此，*DSO* 说明了公司在销售收入真正收到现金前必须等待的平均时间长度。艾来德公司的应收账款周转天数是 46，高于行业平均值 36：

$$\text{应收账款周转天数}=\frac{\text{应收账款}}{\text{每日平均销售额}}=\frac{\text{应收账款}}{\text{年销售额}/365}$$

$$=\frac{375}{3\,000/365}=\frac{375}{8.219\,2}=45.625\approx46(\text{天})$$

$$\text{行业平均值}=36(\text{天})$$

在计算中，我们令一年等于 365 天，也有分析师令一年等于 360 天。如果以 360 天为基础，艾来德公司的 *DSO* 会小幅下降到 45 天。

还可以对比销售货物的条件来进一步评价 *DSO*。比如，艾来德公司的销售条件是 30 天内付款，46 天的应收账款周转天数已经超出了这一要求，也就是说客户没有按时付款。这就占用了公司的资金，而这些资金本来可以用于偿还贷款或其他成本高昂的资本。而且，如果 *DSO* 很高，说明大量客户大幅推迟了支付货款的时间，它们可能陷入了财务困境，在这种情况下，艾来德公司可能永远也收不回这些款项。因此，如果过去几年里信用政策没有改变，但 *DSO* 呈现上升趋势，这将成为公司必须采取措施加快应收账款回收的强烈信号。

固定资产周转率

固定资产周转率（fixed assets turnover ratio）可以衡量企业使用厂房和设备的效率，等于销售收入除以固定资产净值：

$$\text{固定资产周转率}=\frac{\text{销售收入}}{\text{固定资产净值}}=\frac{3\,000}{1\,000}=3.0$$

$$\text{行业平均值}=2.8$$

艾来德公司的该指标为 3.0，略高于行业平均值 2.8，说明公司对固定资产的使用至少与行业中其他公司类似。因此，艾来德公司持有的固定资产与其销售规模基本匹配。

在理解固定资产周转率时，可能会产生一些潜在问题。我们知道，固定资产以历史成本减去折旧后列示在资产负债表中。通货膨胀的存在使得许多过去购买的资产的价值被严重低估。因此，如果我们对比两家公司，一家是老公司，许多年前以低价购买了大量固定资产，另一家是新公司，虽然业务相似，但是在近期才购买了固定资产，我们很可能会发现老公司的固定资产周转率更高。但是这更多地反映出资产购买时间的问题，而不是新公司经营无效的问题。会计领域的专家试图制定一些新的程序来使财务报表反映当前价值而不是历史价值，这将帮助我们进行更合理的对比。迄今为止，这一问题依然存在，所以分析师必须认识到该问题并通过专业判断加以解决。在艾来德公司的例子中，这个问题并不严重，因为该行业的所有公司都以大致相同的速度扩张，可比公司的资产负债表能够合理对比。

总资产周转率

资产管理方面的最后一个指标是**总资产周转率**（total assets turnover ratio），用于衡量所有资产的周转情况，等于销售收入除以总资产：

$$总资产周转率=\frac{销售收入}{总资产}=\frac{3\,000}{2\,000}=1.5$$

行业平均值＝1.8

艾来德公司的比率略低于行业平均值，说明在其资产水平上没有产生足够的销售收入。公司应增加销售收入，处置一些资产，或者同时进行这两项操作。

4.4　债务管理指标

公司利用债务筹集资金的程度即为**财务杠杆**（financial leverage），它有三层重要的含义：(1) 通过债务融资，股东可以控制公司的权益投资数量。(2) 债权人将权益或所有者投入的资金看做安全保证，股东投入资本的比例越高，债权人面对的风险越小。(3) 如果公司的资产回报率超过支付的利息率，就实现了债务的"杠杆效应"，或者说放大了净资产收益率 *ROE*。

利用负债的潜在收益和风险如表 4—1 所示。假设有两家公司除了融资方式不同，其他条件完全一样。U 公司（表示"没有杠杆"）没有负债，完全依靠普通股融资；L 公司（表示"有杠杆"）的资金一半来自 10%利率的负债，一半来自权益。两家公司的资产规模都是 100 美元。它们的销售收入在 75～150 美元的范围内波动，期望值是 100 美元。它们的一部分营业成本（租金、总经理薪酬等）是固定的，不随销售规模的变化而变化，另一部分成本（人工成本、材料等）则随销售规模的变化而变化。销售收入扣掉全部营业成本就得到营业利润或息税前利润（*EBIT*）。

表 4—1　**股东回报的财务杠杆效应**　金额单位：美元

U 公司［无杠杆（无负债）］			
流动资产	50	负债	0
固定资产	50	普通权益	100
总资产	100	总负债和权益	100

续前表

U公司［无杠杆（无负债）］			
	商业环境		
	好	期望	坏
销售收入	150.0	100.0	75.0
营业成本　固定成本	45.0	45.0	45.0
变动成本	60.0	40.0	30.0
总营业成本	105.0	85.0	75.0
息税前利润（*EBIT*）	45.0	15.0	0.0
利息（利率=10%）	0.0	0.0	0.0
税前利润（*EBT*）	45.0	15.0	0.0
税费（税率=40%）	18.0	6.0	0.0
净利润	27.0	9.0	0.0
ROE_U（*MI*）	27.0%	9.0%	0.0%

L公司［有杠杆（有负债）］			
流动资产	50	负债	50
固定资产	50	普通权益	50
总资产	100	总负债和权益	100

	商业环境		
	好	期望	坏
销售收入	150.0	100.0	75.0
营业成本　固定成本	45.0	45.0	45.0
变动成本	60.0	40.0	30.0
总营业成本	105.0	85.0	75.0
息税前利润（*EBIT*）	45.0	15.0	0.0
利息（利率=10%）	5.0	5.0	5.0
税前利润（*EBT*）	40.0	10.0	−5.0
税费（税率=40%）	16.0	4.0	0.0
净利润	24.0	6.0	−5.0
ROE_L	48.0%	12.0%	−10.0%

表4—1中，有杠杆和没有杠杆的公司有关营业利润的所有数据都相同，所以它们在三种经济条件下的*EBIT*都相应一致。但是，情况从这里开始发生变化。U公司没有负债，所以不用支付利息，应纳税所得额与营业利润相等，支付40%的联邦和州政府所得税后得到其净利润，经济状况好时为27美元，经济状况不好时为0。用净利润除以净资产，可以得到*ROE*最低为0，最高为27%。

L公司的*EBIT*在每种经济状况下都与U公司的相等，但L公司有50美元利率为10%的负债，所以不管什么情况下都有5美元利息费用。*EBIT*减去利息费用得到应纳税所得额，然后减去税款得到净利润，L公司的净利润根据经济状况不同处在24～－5美元之间。乍一看，U公司在各种条件下都更好，但这一结论是错误的——我们需要考虑两家公司股东的资金投入。L公司的股东仅投入了50美元，所以用净利润除以股东投入后，我们看到在经济状况好时，L公司的*ROE*高达48%（U公司是27%），在期望条件下是12%（U公司是9%）。但是L公司的*ROE*在经济状况不好时下降到－10%，这意味着如果经济持续低迷，公司会破产。

导致杠杆效应存在的原因有两个：(1) 因为利息可以在税前扣除，所以使用负债降低了税款，可以留给投资者更多营业利润。(2) 如果像人们期望的那样，营业利润占资产的比重超过债务利率，那么公司可以利用负债购买资产。为负债支付利息后，利润率超过利率的那一部分成为股东的“红利”。在期望条件下，上例中的公司的资产回报率可以达到15%，而债务成本只有10%，再加上债务具有税收利益，所以L公司的净资产收益率期望值远高于U公司。

在经济状况好的情况下，高负债公司的期望报酬率更高，但经济萧条时，它们将遭受损失。因此，在做出利用负债的决策时，公司需要在更高的期望报酬率和增加的风险之间进行权衡。确定公司的理想债务规模非常复杂，我们将在有关资本结构的章节讨论这一问题。这里我们只简单提及分析师常用来检查公司负债的两个步骤：(1) 观察资产负债表，得到总资金中债务占多大比重；(2) 审阅利润表，观察营业利润对固定支出的满足程度。

资产负债率

资产负债率也称**负债比率**（debt ratio），用来衡量总资金中债权人提供的资金所占的份额：

$$负债比率=\frac{总负债}{总资产}=\frac{310+750}{2\,000}=\frac{1\,060}{2\,000}=53\%$$

行业平均值＝40%

总负债包括流动负债和长期负债。债权人偏好低负债率的原因是：负债率越低，当公司清算时，债权人受损的可能性越小。另一方面，股东希望更多地运用杠杆以放大预期利润。

艾来德公司的负债比率是53%，说明债权人提供的资金在总资金中超过一半。我们将在有关资本结构的章节探讨影响公司理想负债比率的因素。不管怎样，艾来德公司的负债比率高于行业平均值，这向公司发出了信号，如果艾来德公司不先筹集更多权益，公司的再借款成本将会非常高。如果公司仍谋求更大数量的债务资金，债权人将不愿意向公司提供更多借款，则管理者很可能使公司陷入破产危机。

利息保障倍数

利息保障倍数（times-interest-earned ratio，TIE）等于息税前利润（*EBIT*）除以利息费用：

$$利息保障倍数=\frac{EBIT}{利息费用}=\frac{283.8}{88}=3.2$$

行业平均值＝6.0

TIE 衡量了营业利润下降到什么程度之后，公司将无法偿付年度利息费用。无法偿付利息将导致债权人采取法律行动，其结果很可能是公司破产。因为利息在税前支付，公司支付当前利息的能力不受税收影响，所以我们使用息税前利润而不是净利润来计算这一指标。

艾来德公司的利息可以偿还 3.2 次，行业平均值是 6 次，所以艾来德公司的利息保障安全性很低。*TIE* 进一步强化了我们根据负债比率得出的初步判断，即艾来德公司在试图举借更多债务时会遇到困难。

EBITDA 保障倍数

TIE 可以用来评价偿付债务利息的能力，但它有两个缺点：(1) 固定财务支出不仅仅包括利息费用——公司必须根据既有安排偿还债务本金，许多公司还有租赁资产，因此必须支付租金。如果公司无法偿付负债或支付租金，则会被强制破产。(2) *EBIT* 没有反映所有可以用来偿还债务的现金流，特别是当公司有大量折旧和摊销费用时。考虑到这些缺点，银行和其他机构使用 **EBITDA 保障倍数**（EBITDA coverage ratio），该指标的分子反映了所有可用的现金流，分母反映了所有必要的财务费用。该指标的定义如下：

$$EBITDA\text{ 保障倍数}=\frac{EBITDA+\text{租赁费用}}{\text{利息}+\text{本金}+\text{租赁费用}}=\frac{383.8+28}{383.8+20+28}$$

$$=\frac{411.8}{136}=3.0$$

行业平均值＝4.3

艾来德公司的 *EBITDA* 为 383.8 百万美元，包括 283.8 百万美元营业利润和 100 百万美元折旧。但是有 28 百万美元租赁费用在计算 *EBITDA* 时被扣除了，而这 28 百万美元可以用于财务支出。所以，我们必须把 28 百万美元加回到 *EBITDA* 上，得到可用于支付固定财务费用的 411.8 百万美元。固定财务费用包括 88 百万美元利息费用、20 百万美元偿债基金支付、28 百万美元租赁费用，一共是 136 百万美元。因此，艾来德公司的固定财务费用可以得到 3 倍的保障。但是如果营业利润下降，这一能力将下降，而营业利润下降的情况很可能出现。由于艾来德公司的指标低于行业平均值，我们可再一次确认公司的债务水平的确偏高。

EBITDA 保障倍数对银行等短期债权人来说更加有用，因为这些债权人的贷款很少超过 5 年（除非是房地产抵押贷款）。在一个很短的期间里，折旧基金可以用来偿付债务。而从长期来看，这些基金必须用来更新那些无法继续使用的厂房和设备。因此，银行和其他相关短期债权人关注 *EBITDA* 保障倍数，而那些长期债券持有人更加关注 *TIE*。

4.5 获利能力指标

会计报表反映了过去发生的事情，但它也能给我们提供更加重要的线索——未来将会发生什么。到目前为止，我们看到的流动性、资产管理和负债指标提供了有关公司策略和经营的信息。下面我们来看**获利能力指标**（profitability ratios），这类指标反映了所有财务策略和经营决策的结果。

销售净利率

销售净利率（profit margin on sales）等于净利润除以销售收入，反映每一美元销售收入产生的净利润：

$$销售净利率=\frac{净利润}{销售收入}=\frac{117.5}{3\,000}=3.9\%$$

行业平均值＝5.0％

艾来德公司的销售净利率低于行业平均值。这一结果源于成本过高，而高成本通常源于经营效率低下。但是，导致艾来德公司的利润率低的另一个原因是过度使用负债。我们知道，净利润是减去利息后的利润。如果两家公司的经营情况完全相同，即销售收入、营业成本、*EBIT* 全都一样，但其中一家公司使用更多负债，那么它将承担更高的利息费用。这些利息费用会降低净利润，在销售收入稳定时就会产生低利润率。这种情况下的低利润率表明了财务策略的差异，而不是经营上的问题。此时，销售净利率较低的公司由于使用了财务杠杆而可以为股东的投资提供更高回报。

当其他情况不变时，销售净利率高是好事，但其他情况很可能发生变化——我们必须关注周转率。如果公司产品定价过高，那么虽然每销售一单位产品均有高额回报，但是销售量不会太大。这虽然可能会带来较高的销售净利率，但由于总销售收入偏低而并不理想。

当我们分析杜邦等式时，会更加清晰地看到利润率、债务利用、周转率等因素如何相互作用并共同影响股东回报。

总资产收益率

净利润除以总资产可以得到息税后**总资产收益率**（return on total assets，ROA）：

$$总资产收益率=ROA=\frac{净利润}{总资产}=\frac{117.5}{2\,000}=5.9\%$$

行业平均值＝9.0％

艾来德公司的总资产收益率5.9％明显低于行业平均值9％。这不算是好消息，不过较低的资产收益率不一定太糟糕——这可能是主动大量使用负债的结果，负债的高额利息费用使得净利润很低。艾来德公司的 *ROA* 较低的原因之一就是使用了负债。请时刻牢记：必须观察大量指标反映出来的信息，并在评价公司业绩时考虑整体情况，找到改进的办法。

基本盈利能力比率

基本盈利能力比率（basic earning power（BEP）ratio）等于息税前利润（*EBIT*）除以总资产：

$$基本盈利能力比率=\frac{EBIT}{总资产}=\frac{283.8}{2\,000}=14.2\%$$

行业平均值＝18.0％

这一指标反映了公司资产的基本盈利能力，没有考虑税收和杠杆的影响。在比较财务杠杆或税收条件不同的公司时，这一指标非常有用。由于艾来德公司的周转率和销售净利率较低，它没有达到食品行业较高的平均回报率。

净资产收益率

关键的会计指标是**净资产收益率**（return on common equity，ROE），计算公式如下：

$$净资产收益率=ROE=\frac{净利润}{普通股权益}=\frac{117.5}{940}=12.5\%$$

$$行业平均值=15.0\%$$

股东希望他们的投入得到回报，该指标从会计上说明了结果如何。艾来德公司的净资产收益率12.5%低于行业平均值15%，但偏低的幅度小于总资产收益率。这个略好一点的*ROE*源于公司对负债的大量使用，本章前面部分已经讨论过这一点。

4.6 市场价值指标

从会计角度看，*ROE*反映了所有其他指标的影响，是最好的评价业绩的单一指标。投资者显然喜欢看到高的*ROE*，而且较高的*ROE*通常和较高的股票价格正相关。但是，其他情况也在起作用。我们在前面已经发现，财务杠杆一般会使*ROE*上升，但也会增大公司风险，这是投资者不愿意看到的。所以，如果某公司较高的*ROE*源于大量使用负债，那么其股票价格反而会低于那些低负债、低*ROE*的公司。与之类似，投资者通常对增长感兴趣，但如果为了获得当前的*ROE*而减少研发方面的投入，进而制约了公司未来的增长，那么这种做法也不会受到欢迎。

最后一组指标是**市场价值指标**（market value ratios），这类指标将公司股票价格与利润、现金流、每股净资产联系在一起。这些指标向管理者说明了投资者怎样考虑公司的风险和未来前景。如果流动性、资产管理、债务管理、获利能力等指标看上去都很好，而且一直保持稳定，那么市场价值指标会非常好，股票价格会上涨到预期水平，这说明管理层卓有成效的工作应该得到回报，否则就需要做出改变。

市盈率

市盈率（price/earnings (P/E) ratio）反映了投资者愿意为报告中的每一美元利润支付的价格。艾来德公司的股票价格是23美元，*EPS*是2.35美元，所以市盈率是9.8。

$$市盈率(P/E)=\frac{每股价格}{每股收益}=\frac{23}{2.35}=9.8$$

$$行业平均值=11.3$$

我们在第9章中会看到，那些有良好发展前景且风险很低的公司的市盈率更高。艾来德公司的市盈率低于行业平均值，说明投资者认为公司的风险比其他公司高，或者发展前景比其他公司差，或两者兼而有之。

价格现金流比率

在某些行业中，股票价格与现金流的相关程度高于与净利润的相关程度。所以投资者会观察**价格现金流比率**（price/cash flow ratio）：

$$\text{价格现金流比率}=\frac{\text{每股价格}}{\text{每股现金流量}}=\frac{23}{4.35}=5.3$$

$$\text{行业平均值}=5.4$$

第3章中介绍了每股现金流量的计算方法，为了加深印象，这里再强调一下，每股现金流量等于净利润加上折旧摊销后除以发行在外的普通股股数。艾来德公司的价格现金流比率略低于行业平均值，再一次说明了其发展前景低于平均水平，或者风险高于平均水平，或两者兼而有之。

分析师出于一些原因会观察更多的倍数指标，不仅限于市盈率和价格现金流比率。比如，由于行业原因，分析师会观察价格销售比率、价格客户比率或价格每股 *EBITDA* 比率。不过，价值归根结底还是取决于利润和现金流，所以如果这些“特殊”指标不能预测未来的 *EPS* 和现金流，就会产生误导。

市净率

股票市价与账面价值的比率可以从另一个角度反映投资者如何看待公司。投资者看好的公司——公司有安全的、增长的利润和现金流——比那些回报低的公司具有更高的市净率。首先，我们计算艾来德公司的每股净资产：

$$\text{每股净资产}=\frac{\text{普通股权益}}{\text{发行在外的股数}}=\frac{940}{50}=18.80(\text{美元})$$

然后，我们用每股市价除以每股净资产得到**市净率**（market/book（M/B）ratio），艾来德公司的市净率是1.2：

$$\text{市净率}=M/B=\frac{\text{每股市价}}{\text{每股净资产}}=\frac{23}{18.8}=1.2$$

$$\text{行业平均值}=1.7$$

投资者愿意为艾来德公司每美元账面价值投入的资金低于行业平均值。这与我们其他的发现一致。

2005年9月，标准普尔（Standard & Poor's，S&P）500指数中，公司的平均市净率约为2.87。市净率通常大于1，说明投资者愿意为股票投入超过账面价值的资金。之所以发生这种情况，主要是因为资产负债表中报告的资产价值没有反映通货膨胀或商誉。也就是说，即使通货膨胀已经使多年前以当时价格购买的资产价值大幅提高，而且成功的经营也已经使公司价值远高于历史成本，这些资产仍在报表中列示为原始成本。

如果某公司的总资产收益率偏低，那么它的市净率也会低于平均水平。一些近年经营状况不太好的航空公司的市净率甚至低于1。而那些经营成功的企业（比如微软）取得了极高的资产收益率，从而使其市值远高于净资产账面价值。2005年9月，微软的每股净资产约为4.49美元，市场价格为26.28美元，所以其市净率为26.28/4.49=5.9。

4.7 趋势分析

分析指标趋势与分析其绝对值一样重要，因为趋势分析可以为了解公司财务状况的改善或恶化趋势提供线索。进行**趋势分析**（trend analysis）时，只需要像图4—1那样将一段时期内的指标制成点图。根据该图，艾来德公司的净资产收益率自2002年以来持续下降，行业平均水平则相对平稳。所有其他指标也可以进行类似分析。

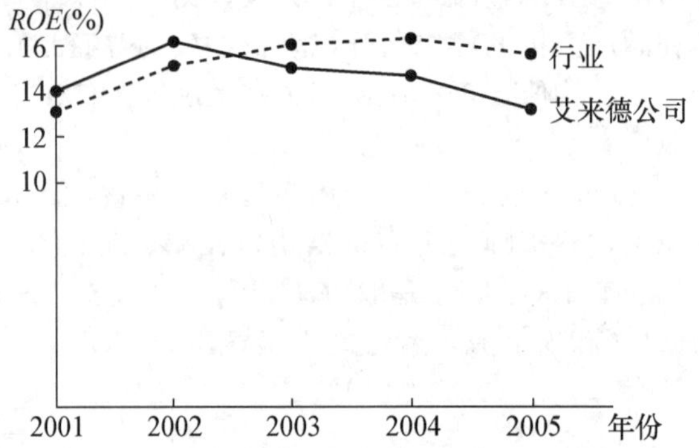

图4—1　2001—2005年净资产收益率

4.8 指标综合分析：杜邦等式

表4—2对艾来德公司的指标进行了总结。销售净利率乘以总资产周转率叫做**基本杜邦等式**（basic Du Pont equation），其结果是总资产收益率（*ROA*）：

$$ROA = \text{销售净利率} \times \text{总资产周转率}$$
$$= \frac{\text{净利润}}{\text{销售收入}} \times \frac{\text{销售收入}}{\text{总资产}} = 3.9\% \times 1.5 = 5.9\% \quad (4\text{—}1)$$

艾来德公司每一美元销售额可以带来3.9%的净利润，即3.9美分，其资产每年周转1.5次。因此，公司的总资产收益率为5.9%。

表4—2　艾来德公司：财务指标汇总　单位：百万美元

指标	公式	计算过程	指标结果	行业平均值	评价
流动性					
流动比率	$\frac{\text{流动资产}}{\text{流动负债}}$	$\frac{1\,000}{310}$	=3.2	4.2	差
速动比率	$\frac{\text{流动资产}-\text{存货}}{\text{流动负债}}$	$\frac{385}{310}$	=1.2	2.2	差

续前表

指标	公式	计算过程	指标结果	行业平均值	评价
资产管理					
存货周转率	$\frac{销售收入}{存货}$	$\frac{3\,000}{615}$	=4.9	10.9	差
应收账款周转天数	$\frac{应收账款}{年销售收入/365}$	$\frac{375}{8.219\,2}$	=46天	36天	差
固定资产周转率	$\frac{销售收入}{固定资产净值}$	$\frac{3\,000}{1\,000}$	=3.0	2.8	一般
总资产周转率	$\frac{销售收入}{总资产}$	$\frac{3\,000}{2\,000}$	=1.5	1.8	稍低
债务管理					
资产负债率	$\frac{总负债}{总资产}$	$\frac{1\,060}{2\,000}$	=53.0%	40.0%	高（风险高）
利息保障倍数（*TIE*）	$\frac{息税前利润（EBIT）}{利息费用}$	$\frac{283.8}{88}$	=3.2	6.0	低（风险高）
EBITDA 保障倍数	$\frac{EBITDA+租赁费用}{利息+本金+租赁费用}$	$\frac{411.8}{136}$	=3.0	4.3	低（风险高）
获利能力					
销售净利率	$\frac{净利润}{销售收入}$	$\frac{117.5}{3\,000}$	=3.9%	5.0%	差
总资产收益率（*ROA*）	$\frac{净利润}{总资产}$	$\frac{117.5}{2\,000}$	=5.9%	9.0%	差
基本盈利能力比率（*BEP*）	$\frac{息税前利润（EBIT）}{总资产}$	$\frac{283.8}{2\,000}$	=14.2%	18.0%	差
净资产收益率（*ROE*）	$\frac{净利润}{普通股权益}$	$\frac{117.5}{940}$	=12.5%	15.0%	差
市场价值					
市盈率（*P/E*）	$\frac{每股价格}{每股收益}$	$\frac{23.00}{2.35}$	=9.8	11.3	低
价格现金流比率	$\frac{每股价格}{每股现金流量}$	$\frac{23.00}{4.35}$	=5.3	5.4	低
市净率（*M/B*）	$\frac{每股市价}{每股净资产}$	$\frac{23.00}{18.80}$	=1.2	1.7	低

如果公司仅以普通股筹资，则总资产等于普通股权益，所以总资产收益率（*ROA*）与净资产收益率（*ROE*）相等：

$$ROA=\frac{净利润}{总资产}=\frac{净利润}{普通股权益}=ROE$$

这一等式当且仅当公司没有负债时成立。艾来德公司使用了负债，所以其普通股权益低于总资产。因此，普通股股东的 *ROE* 一定高于 *ROA*（5.9%）。我们可以用 *ROA* 乘以权益乘数来得到 *ROE*，其中权益乘数等于总资产除以普通股权益：

$$权益乘数=\frac{总资产}{普通股权益}$$

大量使用负债（更多杠杆）的公司必定会有较高的权益乘数——负债越多，权益越少，权益乘数越大。例如，如果某公司1 000美元资产中有800美元或80%来自负债，其权益就是200美元，权益乘数则为1 000/200=5。如果公司仅使用200美元负债，权益将会是800美元，权益乘数就只有1 000/800=1.25。

艾来德公司的*ROE*取决于其*ROA*和杠杆效应：

$$ROE=ROA\times权益乘数=\frac{净利润}{总资产}\times\frac{总资产}{普通股权益}$$
$$=5.9\%\times2\,000/940=5.9\%\times2.13=12.5\% \quad (4-2)$$

把公式（4—1）和公式（4—2）结合起来就可以得到拓展的杜邦等式，该等式说明了销售净利率、总资产周转率和权益乘数如何共同决定*ROE*：

$$ROE=销售净利率\times总资产周转率\times权益乘数$$
$$=\frac{净利润}{销售收入}\times\frac{销售收入}{总资产}\times\frac{总资产}{普通股权益} \quad (4-3)$$

对艾来德公司来说，我们可以得到：

$$ROE=3.9\%\times1.5\times2.13=12.5\%$$

也可以直接计算得到结果：约掉销售收入和总资产，只留下净利润/普通股权益=117.5/940=12.5%。但是，拓展的杜邦等式说明了销售净利率、总资产周转率和负债情况对净资产收益率的综合影响。

艾来德公司的管理层可以使用拓展的杜邦等式寻找改善业绩的方法。就销售净利率来说，营销人员可以分析提高销售价格（或者降低价格来增加销售量）、生产利润更高的新产品或进入新市场的影响等。成本会计师可以分析不同费用项目，与工程师、采购代理人、其他业务人员一起找到降低成本的方法。对于"周转率"项目，财务人员可以和生产、营销部门一起寻找减少对不同类型资产的投资的途径。财务人员还可以分析其他备选财务策略的影响，在运用杠杆增加权益回报的同时减少利息费用、降低债务风险。

基于类似分析的结果，艾来德公司的董事长艾伦·杰克逊（Ellen Jackson）近来宣布了一系列措施，旨在每年将营业成本降低20%以上。杰克逊和艾来德公司的其他管理者有很强烈的动机来改善公司的经营业绩，因为他们的薪酬很大程度上取决于公司经营的好坏。管理者可以得到足够的用于生活开支的工资，但他们的薪酬计划中还包括股票期权，这些期权只有在艾来德公司达到或超过利润和股票价格目标水平时才能生效。公司设定的目标水平以业绩为基础，并且此业绩与其他同业公司相关联。所以，如果公司经营得好，杰克逊和其他管理者以及股东也会得到丰厚回报。如果情况变糟，杰克逊将不得不寻找新工作。

4.9 可比指标和对标

指标分析总会涉及对比——公司的指标与行业平均水平对比。但是与其他大多数公司一样，艾来德公司的管理层还将自己的指标与那些领先的食品公司进行对比。这种方法叫做**对标**（benchmarking），那些作为对比对象的公司叫做标杆公司。艾来德公司的管理层与下列多家公司进行对标：金宝汤公司（Campbell Soup），是一家成功的罐装汤料食品公司；迪安食品公司（Dean Foods），加工罐装和冷冻蔬菜；德尔蒙食品公司（Del Monte Foods），是水果和蔬菜加工商；亨氏公司（H. J. Heinz）制造番茄酱和其他食品；花苑食品公司（Flowers Industries），生产面包和零食；莎莉集团（Sara Lee），生产烘焙食品；好时食品公司（Hershey Foods Corp.），生产巧克力、非巧克力糖果以及意大利面。上述公司按照利润率的降序排列如下（公司近期的经营成果可在雅虎财经频道中查到）：

公司	利润率（%）
好时食品公司	11.9
金宝汤公司	9.4
亨氏公司	7.9
艾来德公司	3.9
德尔蒙食品公司	3.9
莎莉集团	3.7
花苑食品公司	3.6
迪安食品公司	2.6

建立标杆可以使艾来德公司的管理层比较容易地看到公司在竞争中所处的位置。如数据显示，艾来德的利润率在标杆组中居中游，公司有很大的改善空间。其他指标也可以做类似分析。

可比指标可以在包括 MSN 财经网（http://moneycentral.msn.com）等在内的很多地方找到。表 4—3 列示了该网站提供的不同行业的关键指标。《价值线投资调查》、邓白氏公司（Dun and Bradstreet，D&B）和罗伯特·莫里斯协会（Robert Morris Associates）也提供类似指标，其中，罗伯特·莫里斯协会是全国银行工作人员协会。另外，大量上市公司的财务报表数据也在其他互联网站提供，经纪公司、银行及其他金融机构可以使用这些数据，证券分析师也可以根据特定需要调整出可比指标。

表 4—3　　部分行业的关键财务指标[a]

行业名称	流动比率	存货周转率[b]	总资产周转率	资产负债率[c]（%）	应收账款周转天数[d]（天）	销售净利率（%）	总资产收益率（%）	净资产收益率（%）
航天/国防	1.1	9.3	0.9	70.8	49.3	2.8	2.6	8.9
服装	2.5	4.4	1.6	44.2	12.7	5.0	8.2	14.7
汽车制造	1.8	8.2	0.6	85.3	202.8	2.6	1.6	10.9
饮料	1.0	7.8	0.8	65.0	39.7	10.6	8.5	24.3
教育培训	1.4	59.4	1.1	40.8	38.4	9.8	10.0	16.9
电子	2.6	4.7	0.7	39.4	70.2	5.7	4.0	6.6
食品加工	2.0	4.6	1.1	52.6	36.1	4.4	4.6	9.7
食品批发	1.2	16.1	3.6	64.1	18.1	2.0	7.1	19.8
杂货店	1.1	11.0	2.4	73.9	9.1	0.5	1.2	4.6

续前表

行业名称	流动比率	存货周转率[b]	总资产周转率	资产负债率[c]（%）	应收账款周转天数[d]（天）	销售净利率（%）	总资产收益率（%）	净资产收益率（%）
公共医疗卫生	1.5	27.5	1.6	57.2	47.4	4.3	6.5	15.2
旅店	1.0	49.4	0.7	56.8	35.1	6.0	4.1	9.5
金属及矿石	1.6	4.8	0.6	58.3	42.9	8.4	5.0	12.0
报纸	1.1	10.9	0.5	53.4	57.0	9.9	5.4	11.6
纸及纸制品	1.3	6.1	0.7	69.0	71.6	2.7	1.8	5.8
铁路	0.8	13.2	0.4	64.8	29.2	8.7	3.1	8.8
餐饮	0.9	30.3	1.1	55.1	11.2	5.7	6.2	13.8
零售	1.7	3.6	1.3	65.5	32.6	3.8	4.8	13.9
科技仪表仪器	2.6	3.2	0.8	41.1	76.0	5.4	4.3	7.3
运动用品	2.0	3.6	1.1	51.9	53.7	3.4	3.8	7.9
钢铁	1.7	5.2	1.0	61.9	46.2	3.9	3.7	9.7
通信设备	2.2	7.7	0.7	50.0	86.9	0.2	0.2	0.4
纺织品加工	2.1	3.9	1.1	51.6	49.3	2.8	3.1	6.4
烟草	1.1	3.4	0.8	77.6	32.3	6.2	5.0	22.3

注：a. 表中指标均为行业平均值。也可找到某具体公司的指标。

b. 存货周转率的计算方式为：公司近 12 个月的销售成本除以上一季度存货与可比年度同期存货的平均值。

c. 资产负债率在本表中等于 1－（*ROA*/*ROE*）。

d. 本表中的应收账款周转天数等于 365 除以应收账款周转率。应收账款周转率等于公司近 12 个月的销售收入除以上一季度应收账款与可比年度同期应收账款的平均值。

每个数据提供机构都会根据自己的目的使用不同的指标。例如，邓白氏主要面向小企业（其中大部分是独资企业）并且主要向银行和其他债权人提供服务。因此，邓白氏更多地从债权人视角出发，其指标更关注流动资产和负债，而不是市场价值指标。所以在选择可比数据源时，你需要使你的关注点与机构提供的指标相似。另外，不同来源的指标通常有不同的定义，在使用某来源的指标时，必须清楚该指标的准确含义，以保证和你自己的工作中用到的一致。

4.10 指标分析的用途和局限性

前面已经提到，主要有三类主体使用指标分析：（1）管理者，借助指标来分析、控制、改善公司的经营状况；（2）信用分析师，包括银行工作人员和债券评级机构，通过分析指标判断公司偿付债务的能力；（3）股票分析师，主要关注公司效率、风险和成长前景。在后面的章节中，我们会进一步分析影响每个指标的基本因素，这会使你更清楚如何理解和使用指标。不过，虽然指标分析可以为公司的经营和财务状况提供有用信息，但它也有局限性，需要注意和判断。一些潜在问题列示如下：

1. 许多大公司在不同行业经营不同业务，对这些公司来说，确定一个有意义的行业平均值非常困难。因此，相对于规模较大、多行业经营的公司，指标分析对规模较小、业务集中的公司更有用。

2. 大多数公司希望优于平均水平，所以仅达到平均业绩远远不够。如果想要使业绩达到高水平，最好关注行业领导者的指标。对标在这方面会有帮助。

3. 通货膨胀扭曲了很多公司的资产负债表——记录的价值通常与“真实”的价值差异很大。进一步来看，由于通货膨胀对折旧费用和存货成本都有影响，因此利润也受到影响。所以，对于某公司一段期间的指标分析或不同生命阶段的分析，必须加以判断和解释。

4. 季节因素也会影响指标分析。例如，资产负债表中的存货数据来自罐装季节结束之前或之后，会使食品加工商的存货周转率截然不同。在计算周转指标时，可以通过使用月度平均存货（和应收款）来减少这一问题。

5. 公司可以使用**“粉饰”技术**（window dressing techniques）让财务报表看起来更好。假设某芝加哥建筑商 2005 年 12 月 27 日举借一笔两年期借款，持有该笔借款带来的现金仅几天，便于 2006 年 1 月 2 日提前还款。这改善了他的流动比率和速动比率，使 2005 年资产负债表看上去更好。但这种改善只是弄虚作假，一周后资产负债表又回到了原来的水平。

6. 不同的会计操作会扭曲对比结果。如前文所述，存货估价和折旧方法会影响财务报表，进而影响公司间的指标比较。另外，如果某公司大量租赁生产设备，那么它的资产会显得和销售收入无关，因为租赁资产通常不纳入资产负债表。同时，与租赁有关的负债也不计入负债。因此，租赁可以人为改善周转率和负债比率。会计人员需要采取措施减少这些问题。

7. 某一指标的好或坏很难一概而论。例如，较高的流动比率可能说明很强的流动性，这是好事，但也可能说明现金过多，这就变成了坏事（因为多余现金是非盈利资产）。同理，固定资产周转率高可能说明公司资产使用效率高，也可能说明公司现金短缺无法负担必要的投资。

8. 一个公司可能有些指标看起来好，有些指标看起来不好，以至于很难判断公司实力的强弱。不过，可以通过统计方法分析一组指标的净影响。许多银行和其他债权人使用这样的方法来分析公司的财务指标，然后根据公司陷入财务困境的可能性进行分类。

指标分析非常有用，但是分析师应该清楚以上问题并做出必要的判断。机械的、不加思考的指标分析是非常危险的，明智的、具有良好判断力的指标分析则可以提供关于公司经营的有用信息。现在你对一组指标的理解和判断能力可能还较弱，但通过学习本书其他章节的内容将有所提高。

4.11 净资产收益率的问题

第 1 章提到，管理者应该努力使股东财富最大化。如果一个公司采取措施提高 *ROE*，是否表明股东财富就会增加呢？并不一定如此。尽管 *ROE* 使用广泛并且和股东财富高度相关，但如果公司将 *ROE* 作为唯一的业绩指标，就会产生严重问题。

首先，*ROE* 没有考虑风险。尽管股东非常关心回报，但他们也关心风险。以同一公司的两个部门为例。S 部门有稳定的现金流，预计 *ROE* 为 15%。R 部门预计 *ROE* 为 16%，但现金流风险很高，预计的 *ROE* 可能无法实现。如果管理者的薪酬完全以 *ROE*

为基础设定，并且预期的 *ROE* 得以实现，那么尽管 S 部门由于风险较低而为股东创造了更多价值，但 R 部门的经理还是会得到比 S 部门的经理更高的奖励。而且如前文所述，财务杠杆会以增加风险为代价提高预期的 *ROE*，所以通过大量使用杠杆提高 *ROE* 并不合适。

其次，*ROE* 没有考虑投入资本的数量。例如，假定某大公司为 A 项目投入 100 美元，其 *ROE* 为 50%，为 B 项目投入 1 000 000 美元，其 *ROE* 为 40%。两个项目的风险相同，回报都高于公司所投资本的成本。A 项目的 *ROE* 更高，但是由于其规模小，因此使股东财富的增长有限。B 项目的 *ROE* 较低，但为股东增加的价值更多。

最后，*ROE* 还涉及一个问题。假设你管理某家大公司的一个部门，公司使用 *ROE* 作为唯一的业绩标准，并以 *ROE* 为基础确定奖金。临近年底时，你所在部门的 *ROE* 达到可观的 45%。现在你有机会投资一个规模大、风险低的项目，该项目的预期 *ROE* 为 35%，高于公司的资本成本。尽管这个项目盈利，但你还是不愿意投资，因为这会降低你所在部门的平均 *ROE*，进而减少你的年终奖金。

这三个例子说明，应该将项目的报酬、风险、规模结合起来考虑其对股东价值的影响：

$$价值 = f(ROE, 风险, 规模)$$

ROE 仅是价值公式的一个维度，由于提高预期的 *ROE* 的行动会同时影响其他两个因素，因此提高 *ROE* 的期望值在某些情况下可能和增加股东财富并不一致。注意，我们说的是“预期的 *ROE*”，而不是 *ROE* 本身。所有管理者的决策都需要着眼于未来，因此会影响未来的成果。

考虑到以上问题，学者、实务工作者和咨询顾问提出了一些备选指标来应对使用 *ROE* 衡量业绩时的潜在问题，其中之一是经济增加值（*EVA*），已在第 3 章做了介绍。

4.12 超越数字

希望通过本章的学习提高自己理解财务报表的能力，这对于任何想要做出经营决策、评价业绩或预测未来发展的人来说都非常重要。此外，合理的财务分析除了计算数字之外还包括更多内容——要做好分析工作，就要在评价一个公司时考虑一些定性因素。美国个人投资者协会（American Association of Individual Investors，AAII）总结了如下因素：

1. 公司的收入是否主要来自一个关键客户？如果答案是肯定的，那么一旦客户流失，公司的业绩会剧烈下滑。如果这一关系非常稳固，那么会带来非常稳定的收入。

2. 公司的收入多大程度上依赖一种关键产品？公司仅关注一种产品会更高效，但缺乏多样化也会增加风险。如果收入来自几种不同产品，那么其中一种产品的需求下降对最终财务成果的影响会较小。

3. 公司多大程度上依赖一个供应商？投资者和潜在债权人会认为，依赖一个供应商会导致未预料到的供应短缺。

4. 公司业务中多大份额来自海外？拥有大量海外业务的公司通常能够实现更快增长和更高利润率，但是这样的公司也会遇到区域稳定问题，而且不同业务产生的现金流会受到不同货币价值的影响。

5. 竞争。竞争加剧会降低价格和利润率。在预测未来业绩时，考虑现有竞争者和新进入竞争者的行动非常重要。

6. 未来的产品。公司大量投资于研发是否必要？如果答案是肯定的，其未来的前景取决于新产品的成功。例如，市场对波音公司和空中客车公司未来盈利的评价取决于它们正在建造的下一代飞机。同理，制药行业的投资者非常有兴趣了解公司是否制定了潜在畅销药物的规划，以及这些产品是否在必要的测试中表现良好。

7. 法律和制度环境。法律和制度的变化会对很多行业产生很大影响。例如，在预测烟草公司的未来时，必须考虑法规草案、未决诉讼等因素的影响。在考察银行、通信公司和电子设备制造商时，分析师既要考虑未来这些行业受到管制的程度，也要考虑个体公司对制度变化做出反应的能力。

小结

本章的主要目的是讨论投资者和管理者用来分析财务报表的方法。我们使用艾来德公司的资料介绍了五类主要指标，并且说明了如何进行趋势分析和对标。指标分析非常有用，但必须合理计算和判断才能据此了解公司的经营状况。

练习题

1. 市净率

Jaster Jets 的总资产为 100 亿美元。资产负债表中显示流动负债为 10 亿美元，长期负债为 30 亿美元，普通股权益为 60 亿美元。公司有发行在外的普通股 8 亿股，股票价格为每股 32 美元。公司的市净率是多少？

2. 杜邦等式和 *ROE*

某公司的销售净利率为 2%，权益乘数为 2。销售收入为 100 百万美元，总资产为 50 百万美元。公司的 *ROE* 是多少？

3. 比率计算

假定 Brauer Corp. 的总资产周转率为 1.5，总资产收益率为 3%，净资产收益率为 5%，计算该公司的销售净利率和资产负债率。

4. *TIE* 比率

AEI Incorporated 有 50 亿美元资产，税率为 40%。公司的基本盈利能力比率为 10%，总资产收益率为 5%，公司的利息保障倍数是多少？

5. *DSO* 和应收账款

Harrelson Inc. 的应收账款为 750 000 美元，应收账款周转天数（*DSO*）为 55 天。公司希望通过向客户施加压力敦促其尽快付款来将 *DSO* 降低到 35 天。如果采纳这一策略，公司的销售收入会下降 15%。假定一年为 365 天，采纳这一策略后应收账款将为多少？

6. 资产负债表分析

使用下面的数据将资产负债表和销售信息补充完整：

资产负债率：50%

流动比率：1.8

总资产周转率：1.5

应收账款周转天数：36.5 天（一年 365 天）

销售毛利率：（销售收入－已销商品成本）/销售收入＝25%

存货周转率：5

资产负债表 单位：美元

现金		应付账款	
应收账款		长期负债	60 000
存货		普通股	
固定资产		留存收益	97 500
资产总计	300 000	负债和权益合计	
销售收入		已销商品成本	

答案

1. $M/B=4.2667$
2. $ROE=8\%$
3. $NI/S=2\%$，$D/A=40\%$
4. 6.0
5. 405 682美元
6. 应付账款=90 000美元，存货=90 000美元，固定资产=138 000美元

第 2 部分

财务管理的基础概念

第 5 章

货币的时间价值

5.1 时间轴

时间价值分析的第一步是建立**时间轴**（time line），这将帮助我们把某一问题中的情况形象化。例如，假设 PV 代表当前拥有的 100 美元，FV 代表未来某一天这些货币的价值：

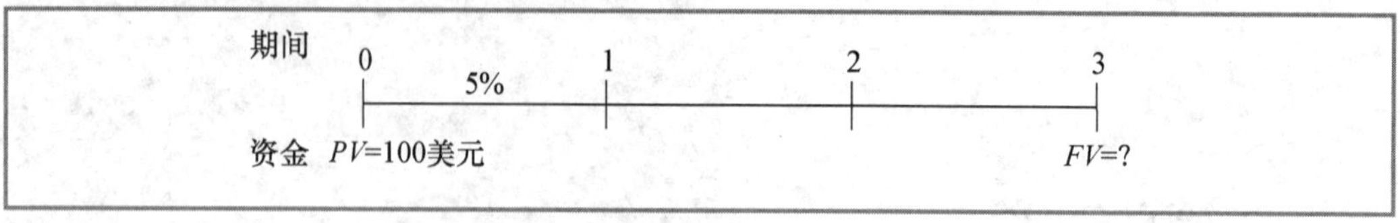

从 0 到 1、1 到 2、2 到 3 的间隔代表期间，可以是年或月。0 代表现在，也是期间 1 的起点；1 代表从今年开始的第一个期间，它既表示期间 1 的结束也表示期间 2 的开始，依此类推。虽然期间通常以年为单位，但也可以以季度或月份甚至天为单位。需要注意的是，刻度线同时代表一个期间的结束和下一个期间的开始。如果期间以年为单位，时间点 2 下面的刻度线就既代表第 2 年年末，也代表第 3 年年初。

现金流直接在刻度线下标示，利率在时间轴上方标示。准备求解的未知现金流用问号表示。本例中，利率是 5%；时间点 0 上有一个单独的现金流出，即投资了 100 美元；时间点 3 上的价值是未知的现金流入。本例中，现金流动只发生在时间点 0 和 3，时间点 1 和 2 都没有现金流动。此外，本例中 3 年的利率一直是 5%。这一条件通常是真实的，但如果情况发生变化，我们会在不同期间标注不同利率。

首次学习时间价值概念时，时间轴是最基本的工具，甚至很多专家也用时间轴来分析复杂的财务问题，我们在本书中会经常用到它。我们分析每个问题时都会建立时间轴演示所发生的情况，然后给出可以得到答案的待解公式，最后解释如何使用常规计算器、财务计算器或电子表格来得到答案。

5.2 终 值

今天持有的 1 美元将比未来的 1 美元更值钱。这是因为，如果你现在有 1 美元，可以用来投资以获取收益，未来得到的就会多于 1 美元。从**现值**（present values，PV）到**终值**（future values，FV）的过程叫做**复利**（compounding）。以前面提到的 3 年时间轴为例，假设你准备将 100 美元存入银行，年利率为 5%，3 年后你将得到多少钱？我们首先来定义一些术语，然后建立时间轴演示终值的计算过程。

PV＝现值，或期初金额。在本例中 PV＝100 美元。

FV_N＝终值，或经过 N 期后账户中的期末金额。所以，PV 是现值，FV_N 是 N 期后的未来价值，要将赚取的利息加进去。

CF_t＝现金流。现金流可正可负。某一期间的现金流用下标表示期间，即 CF_t 中 t 代表期间。所以 CF_0＝PV＝0 时点的现金流，CF_3 则是第三期期末的现金流。

I＝每年的利率。有时也用小写的"i"表示。计算利息时以每年期初余额为基础，并且假设利息均在每年年末支付。本例中

I=5%，也可以用小数表示为 0.05。本章中利率都用 I（或 I/YR，代表每年利率）表示，大多数财务计算器都使用这个符号。不过，在后面的章节中我们使用 r 代表利率，因为 r（代表回报率）在财务文献中更常用。需要注意，本章假定利息由美国政府担保，所以是确定的。在后续章节中我们会考虑风险投资，那时实际利率就可能与预期水平不同。

INT＝获取的利息＝期初余额×I。本例中 INT=100×0.05=5 美元。

N＝分析中涉及的期间数。本例中 N=3。有时也用小写的“n”代表期间，所以 N 和 n 都可以表示期间。

我们可以用四种不同的方法来解决时间价值问题，下面介绍这些方法。

逐步法

计算 100 美元在 5%利率下 3 年期的复利，可以使用时间轴和一些算式，演示如下：用最初的期初余额和以后每一期间的期初余额乘以（1+I）即 1.05：

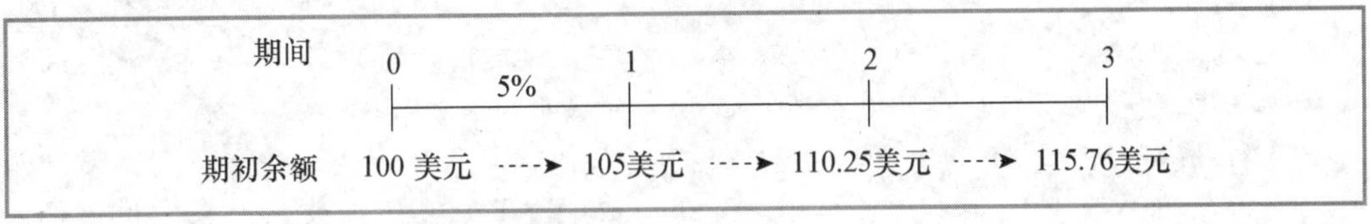

从 100 美元开始——显示在 $t=0$ 的位置：

- 第 1 年赚取 100×0.05=5 美元的利息，所以第 1 年年末（或 $t=1$）余额是100+5=105 美元。
- 第 2 年从 105 美元开始，以这个更大的期初余额可以赚到 105×0.05=5.25 美元利息，年末余额就是 110.25 美元。第 2 年的利息是 5.25 美元，高于第 1 年的 5 美元，因为用第 1 年的利息又赚到了 5×0.05=0.25 美元。这就叫做复利计算。如果利息是由之前的利息赚取的，就叫做复利利息。
- 这个程序将持续下去，由于每期期初余额都高于前一期，因此每年赚取的利息不断增加。
- 获取的总利息 15.76 美元反映在期末余额 115.76 美元里。

逐步法精确显示了正在发生的情况，所以非常有用。但是这种方法耗费的时间较多，特别是当涉及的年份较多时更是如此，所以程序化的方法逐渐发展起来。

公式法

在逐步法中，我们用每期的期初余额乘以（1+I）。如果 N=3，需要乘以（1+I）三次，也就是用最初余额乘以 $(1+I)^3$。将这一概念进行扩展，可得到如下公式：

$$FV_N=PV(1+I)^N \tag{5—1}$$

本例中，我们可以用公式（5—1）来计算 FV：

$$FV_3=100\times1.05^3=115.76(\text{美元})$$

公式（5—1）可在任何带有指数计算功能的计算器上使用，此时不论涉及多少年，

计算 FV_N 都会比较容易。

财务计算器法

在解决时间价值问题时，财务计算器非常有帮助。

首先，注意财务计算器上有 5 个键分别对应基本时间价值公式的 5 个变量（如下图所示）。我们在每个键上方标出输入的内容，在 FV 下方标出输出的内容。由于本例中没有分期支付，因此 PMT 输入 0。我们将详细解释这几个键的功能。

3	5	−100	0	
N	I/YR	PV	PMT	FV
				115.76

N＝期间数。有些计算器用 *n* 表示。

I/YR＝每期利率。有些计算器用 *i* 或 *R* 表示。

PV＝现值。本例是从存款开始，属于现金流出，所以输入 *PV* 时用负号。在大多数计算器中，必须输入 100，然后按"＋/－"键使其从＋100 变成－100。如果你直接输入－100，会使计算器从最终结果中减去 100，得到错误结果。

PMT＝支付额。如果有一系列相等或持续的支出，可使用这个键。本例中没有这样的支出，所以输入 0。本章稍后讨论年金时将使用 PMT 键。

FV＝终值。本例中输入了负数作为现值，所以终值是正数。如果为现值输入正数，那么终值会是负数。

在本例中，你需要首先输入已知条件（*N*，*I/YR*，*PMT*，*PV*），然后按 FV 键来得到答案 115.76。再次强调，如果你输入 100 而没有加上负号，那么 *FV* 会是负数。计算器假定 *PV* 或 *FV* 中有一个是负数。

电子表格法

学生通常使用计算器来做作业或参加考试，但在企业中人们常使用电子表格处理涉及时间价值（*TVM*）的问题。电子表格可以详细显示所发生的情况，还可以帮助减少概念性错误和数据输入错误。可以跳过关于电子表格的这部分内容，不会影响学习的连续性，不过如果你了解 Excel 的基本知识而且有电脑，我们推荐你学习一下本部分内容。即使你不熟悉电子表格，本部分的介绍也可以让你了解如何操作。

我们使用 Excel 创建了表 5—1，表中总结了计算 *FV* 的四种方法，电子表格法在最下方。需要注意的是，电子表格除了用来计算，还可以做文字处理，创建如表 5—1 这类包括文本、图、算式等内容的表。表格上方的一行字母定义了列，左侧的数字定义了行，行和列组合起来共同定义单元格。我们在单元格 C14 中标明－100 美元投资，单元格 C15 中显示的是利率，单元格 C16 中显示的是期间。然后在第 17 到第 19 行画出时间轴，在第 21 行用逐步法计算，用年初价值乘以（1＋*I*）算出每期期末的复利价值，单元格 G21 给出了最终结果。在第 23 行，我们演示了公式法，使用 Excel 解方程（5—1），计算出 *FV* 是 115.76 美元。接下来在第 25 到第 27 行画出一个计算器法的图。最后在第 29 到第 30 行用 Excel 内置的 *FV* 公式计算答案，并列示在单元格 G29 和单元格 G30 中。单元格 G29 中的结果以固定数值输入为基础，单元格 G30 的结果以单元格引用为基础，这样可以很方便地更改输入值并观察对结果的影响。

表 5—1　终值计算总结

	A	B	C	D	E	F	G
14	投资	$=CF_0=PV=$	−100.00美元				
15	利率	=I=	5%				
16	期间	=N=	3				
17			期间:	0	1	2	3
18							
19			现金流时间轴:	−100美元 →	→	→	FV=?
20							
21	逐步法:			100美元 →	105.00美元 →	110.25美元 →	115.76美元
22							
23	公式法：$FV_N=PV(1+I)^N$				$FV_N=100\times1.05^3$美元	=	115.76美元
24							
25			3	5	−100.00美元	0	
26	财务计算器法:		N	I/YR	PV	PMT	FV
27							115.76美元
28							
29	电子表格法:		固定输入:	$FV_N=$	=FV(0.05,3,0,−100) =		115.76美元
30			单元格引用:	$FV_N=$	=FV(C15,C16,0,C14) =		115.76美元
31							
32	在电子表格法中，按下列顺序输入变量：利率、期间、0（代表没有中间的现金流），然后是PV。数据可以直接输入固定数值，也可以做单元格引用。						

如表 5—1 所示，四种不同的计算方法得到的结果完全一致。从表中还可看出，在 Excel 中所有的输入都在一个空间显示，这有助于检查数据输入正确与否。最后，Excel 可用来生成展示性内容，这在实践中非常重要。在企业中，解释你在做的事情和“得到正确答案”通常同等重要，因为如果决策者无法理解你的分析，他们会否决你的提案。

复利计算过程图示

1 美元投资随着时间推移在不同利率水平下的增值情况如图 5—1 所示。我们用不同的 N 和 I 解方程（5—1）来绘制这些曲线。利率是一个增长率：如果存入一笔钱每年获得 5%的利息，那么相当于资金每年增长 5%。时间价值概念可以用于所有关于增长的问题，如销售、人口、每股收益或者你未来的薪酬。

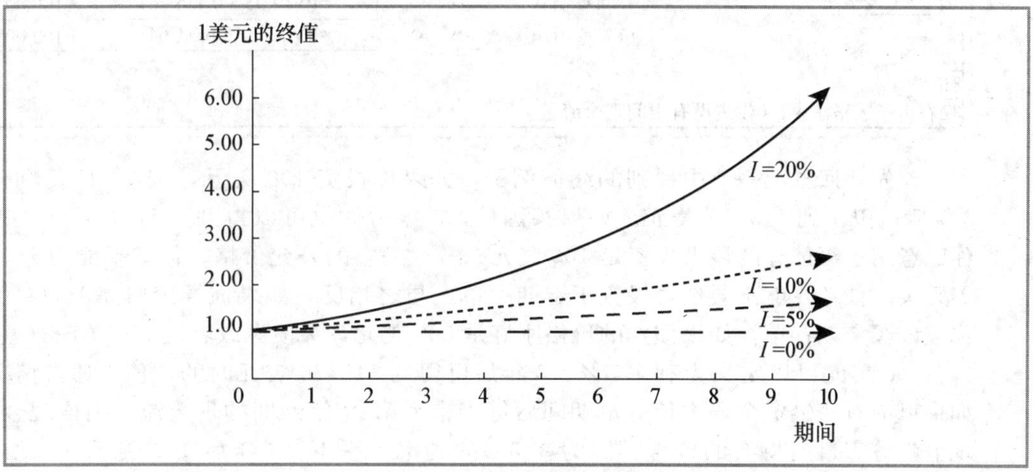

图 5—1　1 美元在不同利率和期间情况下的增值

5.3 现　值

将计算终值的过程反过来就可以计算现值。我们把公式（5—1）终值模型中的 PV 解出来就得到基本现值公式（5—2）：

$$终值=FV_N=PV(1+I)^N \tag{5—1}$$

$$现值= PV=\frac{FV_N}{(1+I)^N} \tag{5—2}$$

下面举例说明。一个经纪人向你出售 3 年期国债，3 年后将支付给你 115.76 美元。如果你不购买国债，可以购买存单（certificates of deposit，CDs），银行通常为 3 年期存单提供 5%的利率。存单 5%的回报率可以视为你的**机会成本**（opportunity cost），或者你能够从风险相似的可替代性投资上获得的报酬率。给定这些条件，你最多愿意为买国债投入多少钱？我们用上一节里提到的四种方法——逐步法、公式法、计算器法和电子表格法解答这个问题。表 5—2 给出了结果。

表 5—2　　　　**现值计算总结**

	A	B	C	D	E	F	G
64	终值	$=CF_N=PV=$	115.76美元				
65	利率	=I=	5.00%				
66	期间	=N=	3				
67			期间：	0	1	2	3
68							
69			现金流时间轴：	PV=? ←	←	←	115.76美元
70							
71	逐步法：			100.00美元←	105.00美元←	110.25美元←	115.76美元
72							
73	公式法：$PV=FV_N/(1+I)^N$				$PV=115.76/1.05^3$美元	=	100.00美元
74			3	5		0	115.76美元
75	财务计算器法：		N	I/YR	PV	PMT	FV
76					−100.00美元		
77							
78	电子表格法：		固定输入：	PV =	=PV(0.05,3,0,115.76) =		−100.00美元
79			单元格引用：	PV =	=PV(C65,C66,0,C64) =		−100.00美元
80							
81							
82	在电子表格法中，0代表没有中间现金流量。						

首先，回顾上一节中提到的终值例子，如果你投资 100 美元，按 5%的复利计算，3 年后可以得到 115.76 美元。如果买国债，3 年后你也可以得到 115.76 美元。因此，你愿意用于买债券的最大投资是 100 美元——这是它的公允价格。你如果能用少于 100 美元买到债券，就不会选择投资于定期存单。与之相反，如果债券价格高于 100 美元，你应该买定期存单。如果债券的价格刚好是 100 美元，买债券或者定期存单没有差异。

100 美元可以定义为利率 5%、3 年后可得到 115.76 美元时的现值。通常情况下，如果目前有一笔资金，增长一定期间后等于未来第 N 年到期的现金流，则该现金流的现值就等于目前持有的资金。因为在 5%的利率水平下，3 年后 100 美元可以增长到 115.76 美元，所以 100 美元就是在 5%的利率水平下 3 年后到期的 115.76 美元的现值。计算现值的过程叫做**折现**（discounting），如前文所述，它是复利计算的反向操作——

如果你知道现值，就可以计算终值；如果你知道终值，就可以折现来计算现值。

表5—2中首先使用了逐步法计算现值。在上一节中计算终值时，我们从左往右用每期期初余额乘以（1+I）。计算现值时，我们反过来，从右向左用终值和接下来的每个金额除以（1+I）。这种方法明确显示了具体情况，在解决复杂问题时非常有用。但是，这种方法效率较低，特别是涉及多个年份时更是如此。

我们在公式法中使用公式（5—2），用终值除以$(1+I)^N$。这种方法比逐步法效率高，而且结论一致。财务计算器中会嵌入公式（5—2），我们可以如表5—2所示输入N，I/YR，PMT，FV并按下PV键得到结果。最后，电子表格与计算器的功能基本一致，也可以解公式（5—2）。

财务管理的基本目标是公司价值最大化，而公司价值（或包括股票和债券在内的任一资产价值）是其未来预期现金流量的现值。由于现值处于估值过程的关键环节，我们将在本章的后续部分和其他章节更详细地介绍现值。

折现过程图示

图5—2说明，未来得到的资金现值会随着支付日期距现在越远而变得越小，直到接近于零，而且利率越高，现值下降越快。在很高的利率水平下，未来资金的现值非常小。即使在较低的利率水平下，在遥远的未来才到期的资金现值也非常小。例如，在20%的利率水平下，100年后到期的100万美元今天只值0.012 1美元。这是因为0.012 1美元在20%的复利水平下会在100年后增长到100万美元。

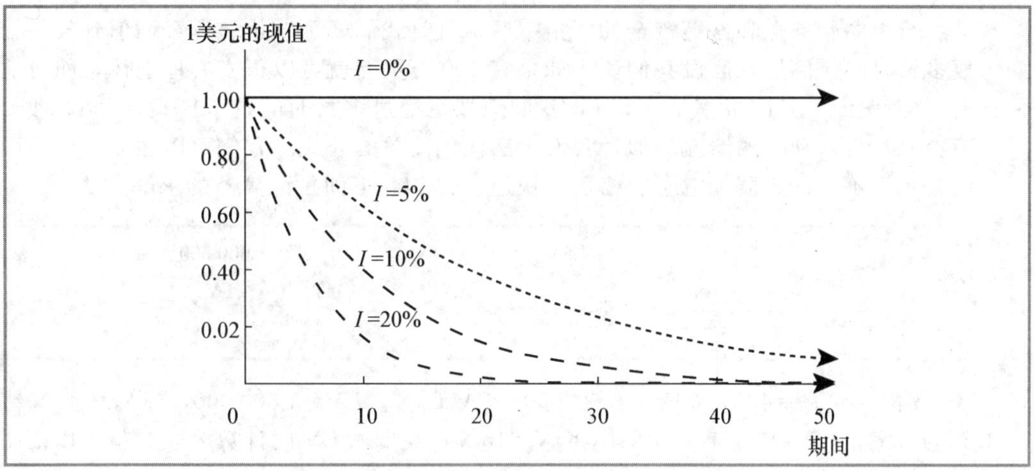

图5—2　1美元在不同利率和期间下的现值

5.4　求解利率 I

到目前，我们已用公式（5—1）和公式（5—2）计算了终值和现值。这些公式中有四个变量，如果知道其中三个，就可以求解第四个。如果知道PV，I和N，可以用公式（5—1）求FV，如果我们知道FV，I和N，可以用公式（5—2）求PV。这是我们在前两部分介绍的内容。

现在假定知道 PV，FV，N，准备求 I。例如，假定已知某债券成本为 100 美元，10 年后将增值到 150 美元。如果我们买了该债券，知道了 PV，FV，N，就可以求出回报率。下面是计算公式：

$$FV = PV(1+I)^N$$
$$150 = 100(1+I)^{10}$$
$$150/100 = (1+I)^{10}$$
$$1.5 = (1+I)^{10}$$

我们无法像求 FV 和 PV 那样用简单的方法求出 I，此求解过程需要用到更多的代数方法。不过，财务计算器和电子表格可以马上求出答案。下面是计算器的求解方法：

10		−100	0	150
N	I/YR	PV	PMT	FV
	4.14			

输入 $N=10$，$PV=-100$，$FV=150$，因为债券到期前没有利息要支付，所以输入 $PMT=0$。然后，当你按下 I/YR 键时，计算器就给出答案 4.14%。用电子表格也可以得到同样的答案。

5.5 求解期数 N

给定初始资金和这笔资金的回报率后，有时我们要了解这笔资金增值到某一金额需要多长时间。例如，假设我们认为如果有 100 万美元就可以很安心地退休，而目前我们有 50 万美元，其回报率是 4.5%，我们想知道经过多长时间这 50 万美元可以变成 100 万美元。与求利率的情况类似，我们无法使用简单的公式。我们可以建立一个使用对数的公式，不过计算器和电子表格可以快速求解 N。下面是计算器的求解方法：

	4.5	−500 000	0	1 000 000
N	I/YR	PV	PMT	FV
15.747 3				

输入 $I/YR=4.5$，$PV=-500\,000$，$PMT=0$，$FV=1\,000\,000$，然后按下 N 键，得到的答案是 15.747 3 年。如果你将 $N=15.747\,3$ 带入 FV 的计算公式，就可以证明这一结果是正确的：

$$FV = PV(1+I)^N = 500\,000 \times 1.045^{15.747\,3} = 1\,000\,000(\text{美元})$$

我们用电子表格也可以得到 $N=15.747\,3$。

5.6 年　金

到目前为止，我们一直在探讨只有一次资金支付（或者称“一次付清”）的问题。但是，许多资产提供一系列现金流入，像汽车、学费、抵押贷款等负债则需要一系列资金流出。如果每次资金支付的金额相等且时间间隔相同，那么这一系列资金就叫做**年金**（annuities）。例如，每年年末支付 100 美元，连续 3 年，形成一笔 3 年期年金。年金如果每年年末支付，称为**普通（后付）年金**（ordinary（deferred）annuity）；如果每年年初支付，称为**先付年金**（annuity due）。财务领域中普通年金更为常见，所以在本书中使用“年金”一词时，如无特殊说明，都假定支付发生在每期期末。

下面是 100 美元、3 年期、5%利率的普通年金和先付年金的时间轴。先付年金的每次支付都在每一年的年初。每年存入 100 美元，所以用负号表示支付。

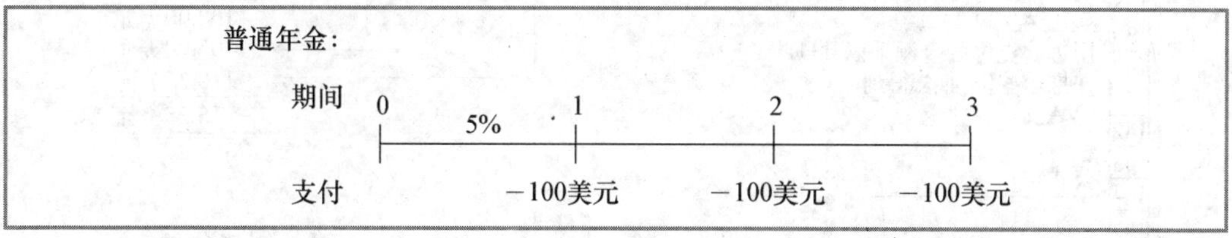

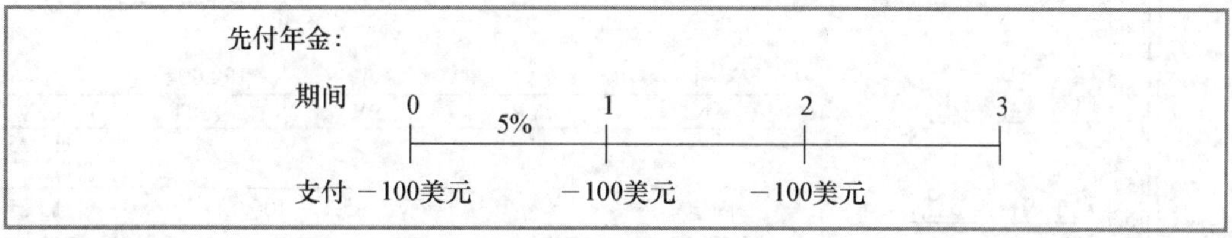

我们将在下一节中说明如何计算年金的终值和现值、年金的利率、达到既定财务目标的年金期限。需要牢记，年金必须有持续的收支和一定的期间数量。如果这些条件无法满足，就不构成年金。

5.7　普通年金终值

年金终值可用逐步法、公式法、财务计算器法或电子表格法来计算。前文的普通年金为 3 年期，每年年末存 100 美元，年利率 5%。第 3 年年末你将得到多少钱？答案是 315.25 美元，这就是**年金终值**（FVA_N），见表 5—3。

表中的逐步法显示，我们将每笔资金做复利计算到第 3 期，然后将这些复利后的数值加总得到年金终值 FVA_3＝315.25 美元。第一笔资金得到两期利息，第二笔资金得到一期利息，最后一笔资金没有得到利息，因为它在年金结束时才发生。这种方法最直接，但如果年金持续的时间很长，计算就会非常麻烦且耗费时间。

时间轴的图示说明，采用逐步法时可用以下公式，其中 $N=3$，$I=5\%$：

$$\begin{aligned}FVA_N &= PMT(1+I)^{N-1}+PMT(1+I)^{N-2}+PMT(1+I)^{N-3}\\ &= 100\times 1.05^2+100\times 1.05^1+100\times 1.05^0\\ &= 315.25(\text{美元})\end{aligned}$$

我们将公式简化如下：

$$\begin{aligned}FVA_N &= PMT(1+I)^{N-1}+PMT(1+I)^{N-2}+PMT(1+I)^{N-3}\\ &\quad +\cdots+PMT(1+I)^0=PMT\left[\frac{(1+1)^N-1}{1}\right]\end{aligned}\qquad(5—3)$$

表 5—3　　　　　　　　　　　　普通年金终值总结

	A	B	C	D	E	F	G
131	支付金额	=PMT=	100.00美元				
132	利率	=I=	5.00%				
133	期间	=N=	3				
134							
135		期间：	0	1	2	3	
136							
137	现金流时间轴：			－100美元	－100美元	－100美元	
138	逐步法：					－100.00美元	
139	用每次支付的金额乘以$(1+I)^{N-t}$					－105.00美元	
140	并把这些FV加总得到					－110.25美元	
141	FVA_N：					－315.25美元	
142							
143	公式法：						
144							
145							
146		FVA_N =	PMT ×	$\left(\frac{(1+I)^N-1}{I}\right)$	=	315.25美元	
147							
148							
149			3	5	0	－100.00美元	
150	财务计算器法：		N	I/YR	PV	PMT	FV
151							315.25美元
152							
153	电子表格函数法：		固定输入：	FVA_N =	=FV(0.05,3,－100,0,)	=	315.25美元
154			单元格引用：	FVA_N =	=FV(C132,C133,－C131,0)	=	315.25美元
155	电子表格的输入与计算器上的这些键相对应：				I/YR　N　PMT PV		FV

第一行是公式的一般形式，它可以整理为第二行，然后可以用财务计算器根据第二行解决年金问题。这一公式也被嵌入财务计算器和电子表格。由于年金中有重复发生的收支，所以要用到 *PMT*。下面是上例的财务计算器解法：

3	5	0	－100		End Mode
N	I/YR	PV	PMT	FV	
				315.25	

我们输入 $PV=0$，因为一开始什么都没有；然后输入 $PMT=-100$，因为我们计划每年年末存入此数额的资金。当我们按下 FV 键时，就得到答案 $FVA_N=315.25$。

因为这是普通年金，每笔资金都在年末发生，所以我们必须正确设置计算器。计算器"求解"的设置假定每期期末发生资金收支，可以用来解决普通年金问题。但是，有一个键可以使我们在普通年金和先付年金之间转换。对普通年金来说，符号是"End Mode"或其他类似单词，但对先付年金来说，符号是"Begin"、"Begin Mode"、"Due"或其他类似单词。如果你按错了，在计算普通年金时把计算器设置成 Begin Mode，那么每笔资金将多计一期利息。这将导致复利金额和最终的 *FVA* 虚增。

表 5—3 中列出的最后一种方法是电子表格法，使用 Excel 的内置公式。我们可以输入 *N*，*I*，*PMT* 的具体数值，或者建立一个输入区域，用单元格引用设置公式，然后向作为变量的单元格中输入数值。单元格引用可以更方便地改变输入值来观察对输出值的影响。

5.8　先付年金终值

由于先付年金的每一笔资金都发生在期初，因此所有的资金都可以多获得一期利息。所以，先付年金的终值比相同情况下的后付年金要大。如果采用逐步法测算，你会发现例子中的先付年金终值为 331.01 美元，而普通年金终值为 315.25 美元。

使用公式法时会用到公式（5—3），但由于先付年金每笔资金均发生在期初，因此我们把公式（5—3）的结果乘以（1+*I*）：

$$FVA_{due}=FVA_{ordinary}(1+I) \qquad (5—4)$$

这样，先付年金终值 $FVA_{due}=315.25\times1.05=331.01$ 美元，结果与使用逐步法得到的答案一样。使用计算器时，输入与普通年金相同，只是需要把计算器的状态调整到 Begin Mode，才能得到正确答案 331.01 美元。

5.9　普通年金现值

年金现值（PVA_N）可以通过逐步法、公式法、财务计算器法或电子表格法等来计算。回顾一下表 5—3，计算年金终值时，我们需要对存款进行复利计算。计算现值时，则需要折现，把每笔款项都除以（1+*I*）。逐步法的图示如下：

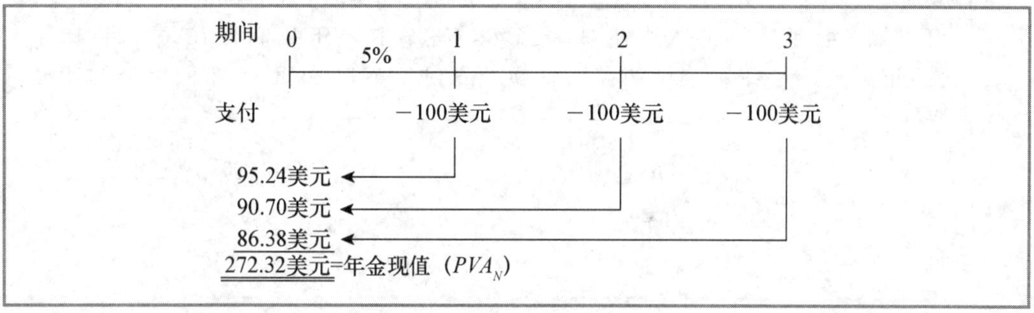

公式（5—4）将逐步法表示成算式。通过整理可以得到公式的简化形式，如果年金期限很长，这会很有帮助。

$$PVA_N=PMT/(1+I)^1+PMT/(1+I)^2+\cdots+PMT(1+I)^N$$

$$=PMT\left[\frac{1-\frac{1}{(1+I)^N}}{I}\right]$$

$$=100\times[1-1/1.05^3]/0.05=272.32(\text{美元}) \qquad (5—5)$$

可利用计算器直接计算公式（5—5），我们只需要输入变量然后按下 PV 键，不过需要确定计算器设定为 End Mode 模式。下图中显示了普通年金和先付年金的现值的计算器求解方式。由于先付年金每笔资金折现都比普通年金少一期，因此先付年金的现值比普通年金的现值更大。而且，你只需要计算出普通年金现值，再乘以（1+*I*）即 1.05，就可以得到先付年金的现值 $272.32\times1.05=285.94$ 美元。

3	5		−100	0	End Mode (普通年金)
N	I/YR	PV	PMT	FV	
		272.32			

3	5		−100	0	Begin Mode (先付年金)
N	I/YR	PV	PMT	FV	
		285.94			

5.10 年金额度、期数和利率

我们可以求解年金的每期额度、期数和利率。这一问题涉及五个变量：N，I，PMT，FV，PV。如果我们知道其中的四个，就可以求出第五个。

求解年金额度（PMT）

假定我们需要用 5 年的时间积累 10 000 美元，资金的回报率是 6%，则有 $FV=10\,000$，$PV=0$，$N=5$，$I/YR=6$。我们把这些值输入计算器，然后按下 PMT 键，就可以知道必须每期存入多少钱。当然，答案取决于我们是在每年年末存入款项（普通年金）还是在每年年初存入款项（先付年金）。下面是两种年金的计算结果：

5	6	0		10 000	End Mode (普通年金)
N	I/YR	PV	PMT	FV	
			−1 773.96		

5	6	0		10 000	Begin Mode (先付年金)
N	I/YR	PV	PMT	FV	
			−1 673.55		

可见，如果每年年末存钱，每年需要存 1 773.96 美元；如果立即开始存钱，则每次需要存 1 673.55 美元。先付年金的支付额等于普通年金的支付额除以 $(1+I)$：1 773.96/1.06=1 673.55 美元。电子表格也可以用来求年金额度。

求解期数（N）

假定你准备每年年末存款，但你每年只能存 1 200 美元。如果利率为 6%，那么需要多长时间才能达到 10 000 美元的目标？下面是使用计算器的解法：

	6	0	−1 200	10 000	End Mode
N	I/YR	PV	PMT	FV	
6.96					

由于每期存款额较小，因此需要 6.96 年才能达到 10 000 美元的目标。如果你立即开始存钱，就会形成先付年金，*N* 会小一些，是 6.63 年。

求解利率（*I*）

假定你每年只能存 1 200 美元，但仍想在 5 年内得到 10 000 美元。为了实现这个目标，收益率需要达到什么水平？下面是使用计算器的解法：

5		0	−1 200	10 000	End Mode
N	I/YR	PV	PMT	FV	
	25.78				

收益率必须高达 25.78%。想要获得如此高的收益，除非投资投机性的股票，或者直接去拉斯维加斯的赌场。当然，投机性的股票和赌博并不像存款一样具有有保障的收益率，所以你很可能什么都得不到。我们建议你改变计划——存更多钱，降低 10 000 美元这一目标，或者延长时间窗口。想要获得高一点的收益也是合理的，但想要在市场收益率为 6%的情况下取得 25.78%的收益率无疑需要承担极大风险。

利用计算器或电子表格求解利率非常容易，但是如果没有这些工具，你将不得不采用试误法，在涉及多期间的情况下耗费大量时间。

5.11　永续年金

上一节里，我们处理的年金问题都有一定的期间——例如，每年 100 美元持续 10 年。但是，有些证券承诺永久性支付款项。例如，英国政府 1749 年发行了一些债券，这些债券所得款项用来支付英国政府的其他债券。由于这一举措为政府债券提供了支持，这些新债券被称为**统一公债**（consols）。统一公债承诺永远支付利息，于是成为永续年金。统一公债的利率是 2.5%，因此面值 1 000 美元的债券将每年支付 25 美元利息并永远持续下去。

永续年金（perpetuity）简单来说就是更长期间的年金。因为款项收付将永远持续下去，所以无法用逐步法来进行计算，但用公式法可以很容易地求出永续年金的现值。公式（5—5）中的 *N* 设为无限，则

$$\text{永续年金现值}=\frac{PMT}{I} \qquad (5—6)$$

英国统一公债面值 1 000 美元，每年支付 25 美元利息并永远持续下去，现在我们可以用公式（5—6）来求出其价值。结果取决于利率。1888 年，金融市场利率是 2.5%，所以统一公债在当时的价格是 1 000 美元：

$$统一公债_{1888}=25/0.025=1\,000(美元)$$

在 116 年后的 2004 年，每年的支付额还是 25 美元，但利率是 5.2%，这使得统一公债的价值下降到 480.77 美元：

$$统一公债_{2004}=25/0.052=480.77(美元)$$

如果未来利率下降了，比如下降到 2%，此时统一公债的价值会上升：

$$统一公债的价值=25/0.02=1\,250(美元)$$

这些例子说明了一个重要的问题：当利率变动时，发行在外的债券价格也会变动。债券价格随着利率上升而下降，随着利率下降而上升。我们将在第 7 章继续深入探讨这一问题。

图 5—3 说明了每笔支付额对年金价值的影响。假定一种年金每年支付 100 美元，市场利率为 10%，我们计算了前 100 年每笔款项的现值并将它们绘入图中。我们也计算了 25 年、50 年、100 年以及无限期的年金的价值。有以下几点需要注意：

1. 普通年金的价值等于所有支付款项的现值之和。
2. 我们可以作出任意期间——3 年、25 年、50 年或其他期间的年金图示。
3. 随着时间推移，每笔款项的现值在下降，即每笔款项对年金价值的贡献在下降。
4. 图 5—3 中下方的数据反映了在 10% 的利率水平下，一笔 100 美元的年金持续 25 年、50 年和 100 年时的价值。其中的差异反映了期数增加对年金价值的影响。在未来发生的支付款项对今天来说意义很小，所以年金的价值很大程度上取决于近期收到的款项。需要注意，折现率对远期的现金流影响很大，并会影响图形的形状。折现率越高，图中曲线的斜率越大，即未来支付的价值越小。

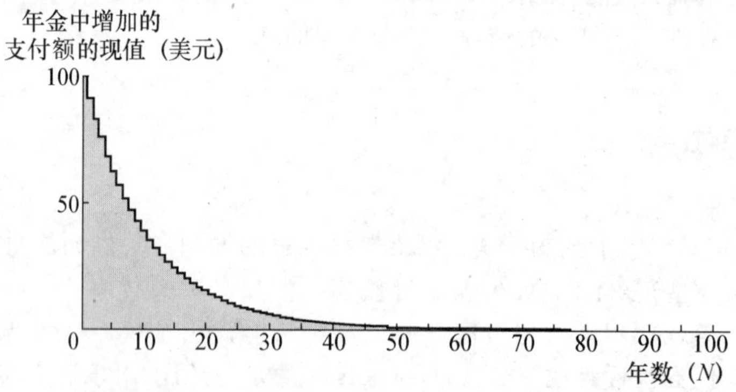

25 年期年金的价值	907.70 美元
50 年期年金的价值	991.48 美元
100 年期年金的价值	999.93 美元
永续年金的价值	1 000.00 美元
价值增量：1～25 年	907.70 美元
26～50 年	83.78 美元
51～100 年	8.45 美元

图 5—3　100 美元年金的每笔支付额在 10% 利率水平上对价值的贡献

图 5—3 反映了财务管理的一些重要原则。例如，假如你买彩票中了 1 000 万美元的大奖，而这笔奖金实际上每年支付 50 万美元，需要 20 年时间支付完，这会使这笔奖金的价值远低于 1 000 万美元。每次支付的奖金都需要折现，折现后再加总的数字会远小于 1 000 万美元。如果折现率为 10%，这笔 1 000 万美元的奖金实际上只值 4 682 460 美元（税前）。看起来也还不错，但已不是 1 000 万美元了。

5.12　不均衡现金流

年金的定义强调持续不变的款项，也就是说，年金要求每期的款项都相等。虽然很多财务决策确实包含持续不变的款项，但还有很多包含**非持续（不均衡）现金流**（nonconstant（uneven）cash flows）。例如，普通股股利通常会不断增加，又如，资本投资几乎总是会产生不均衡的现金。在本书中，我们用**支付额**（payment，PMT）表示每期相等的年金，用**现金流**（cash flow，Cf_t）表示不均衡现金流，t 表示现金流发生的期间。

不均衡现金流有两种重要类型：（1）一系列等额年金支付和最后一笔大额支付；（2）其他不均衡现金流。债券是第一种类型的典型代表，股票和资本投资则是第二种类型的代表。下面举例加以说明。

1. 年金加额外末期支付：

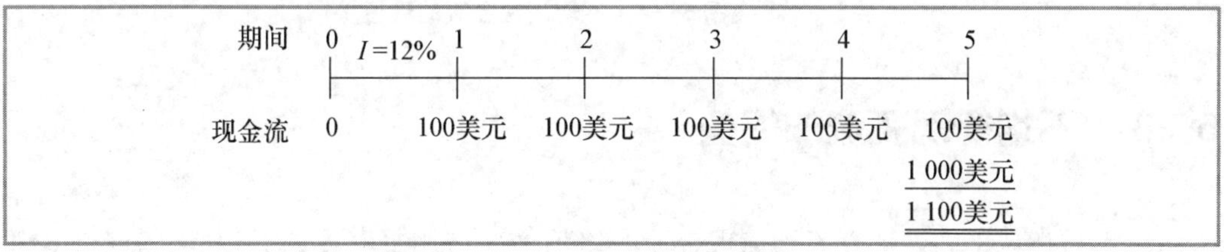

2. 不均衡现金流：

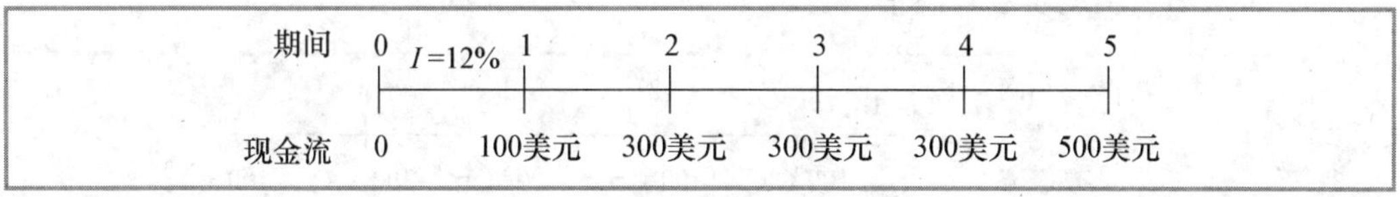

我们可以用公式（5—7）分步算出这两种情况的现值，即逐笔折现现金流并将折现后的金额加总：

$$PV=\frac{CF_1}{(1+I)^1}+\frac{CF_2}{(1+I)^2}+\cdots+\frac{CF_N}{(1+I)^N}=\sum_{t=1}^{N}\frac{CF_t}{(1+I)^t} \tag{5—7}$$

这样，我们会发现第一种情况的现值是 927.90 美元，第二种情况的现值是 1 016.35 美元。

逐步法非常直接，但如果我们有多笔现金流就会耗费大量时间。财务计算器可以大大加快运算过程。首先考虑第一种情况，假设我们有一笔 5 年期、12%利率的普通年金，加上一笔 1 000 美元的末期支付。可以先计算年金现值，然后计算末期支付的现值，最后把这两个数字加总得到整个现金流的现值。财务计算器可以一下子就计算出结果——使用五个 TVM 按键，输入下面的数据，按下 PV 键就得到答案 927.90 美元。

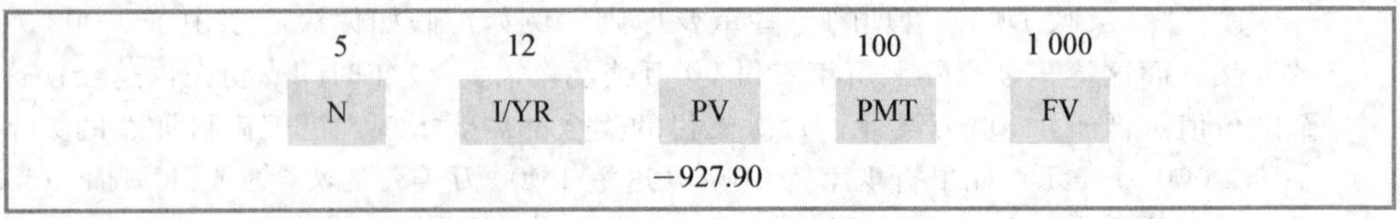

针对第二种情况的解决方案有所不同，我们必须使用如图 5—4 所示的逐步法。在这种情况下，即使是计算器和电子表格也是使用逐步法来计算，不过它们算得更快、更有效。首先，输入所有现金流和利率，然后计算器或电脑会将每笔现金流折现算出现值，最后把这些现值加总得到整个现金流的现值。操作时必须在计算器的“现金流记录器”中输入现金流量和利率，按下 NPV 键得到现金流的现值。*NPV* 代表净现值。我们将在第 9 章和第 11 章介绍如何用 *NPV* 分析股票和资本预算项目时更详细地探讨这一问题。

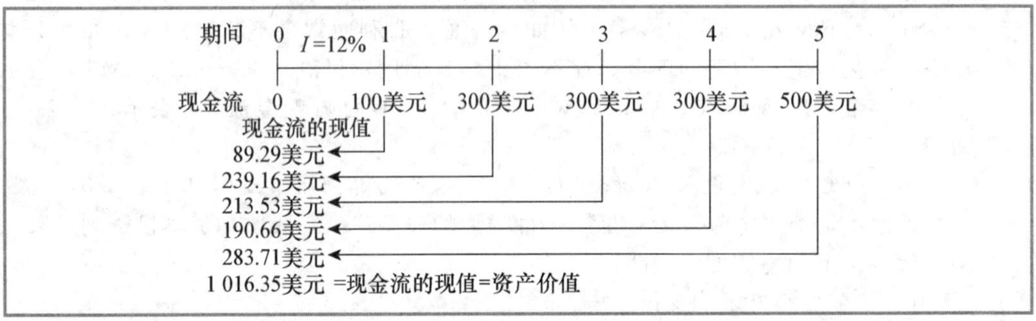

图 5—4 不均衡现金流的现值

5.13 不均衡现金流的终值

与折现不同，计算不均衡现金流的终值需要使用复利方式。以 5.12 节中的第二种现金流为例，我们将这些现金流折现可以求得现值，但是要用复利方式来求终值。图 5—5 给出了用逐步法求终值的过程。

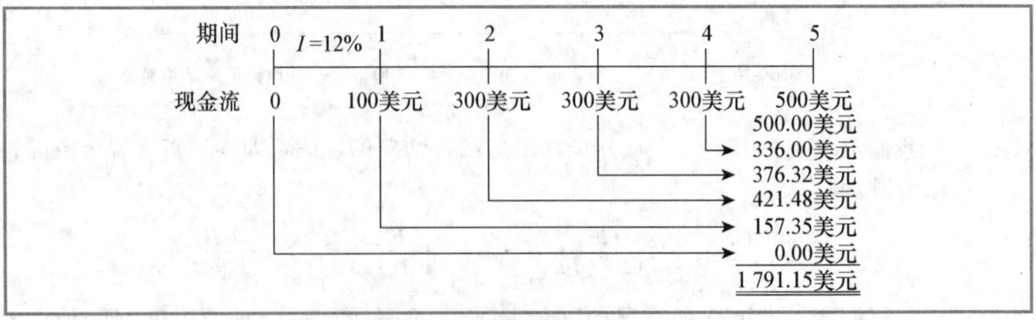

图 5—5 不均衡现金流的终值

包括股票、债券或资本投资在内的所有金融资产的价值，都等于它们预期未来现金流量的现值。因此，计算现值比计算终值的情况多得多。基于这个原因，所有财务计算器都提供了自动计算现值的功能，但一般不提供自动计算终值的功能。一旦我们需要在一些偶然情况下计算不均衡现金流的终值，可以使用如图 5—5 所示的逐步法。这种方法适用于任何现金流情况，即使现金流为零或为负也可以使用。

5.14 计算不均衡现金流情况下的 *I*

财务计算器和电子表格出现之前，计算不均衡现金流的 *I* 非常困难。但当电子表格和财务计算器出现之后，计算 *I* 变得非常容易。如果有一笔年金外加一笔末期支付，可以在财务计算器的 *TVM* 记录器中输入 *N*，*PV*，*PMT* 和 *FV*，然后按下 I/YR 键。这是针对 5.12 节中第一种现金流情况的解决方式。假定必须支出 927.90 美元购买资产，则这笔投资的收益率是 12%。

5		−927.90	100	1 000
N	I/YR	PV	PMT	FV
	12.00			

求解第二种不均衡现金流的利率更加复杂。首先，没有简化程序，必须通过财务计算器和电子表格不断试错。使用计算器时，把各期 *CF* 输入现金流记录器，然后按下 IRR 键就可以得到结果。*IRR* 表示报酬率，即投资提供的收益率。投资是 0 时点的现金流，必须以负数输入。例如，假设资产成本 $CF_0=-1\ 000$ 美元，其他的现金流如下：

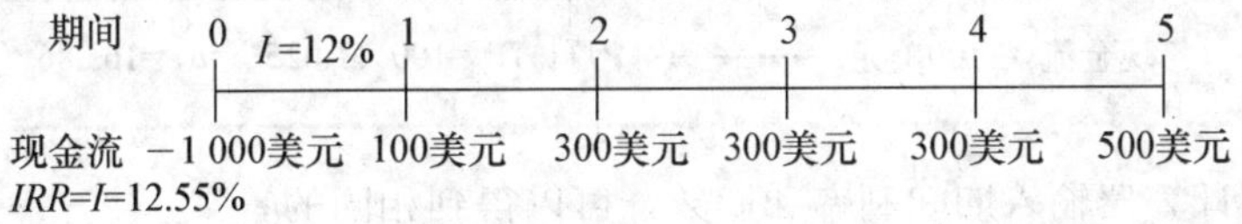

输入这些现金流，并按下 IRR 键，就得到这 1 000 美元投资的收益率为 12.55%。使用 Excel 里的 *IRR* 函数也可以得到相同的答案。在第 11 章介绍资本预算时还会提到这个过程。

5.15 半年和其他复利期间

到目前为止，本书中的举例都假定每年复利一次，这可以称为**年度复利**（annual compounding）。不过，假如有存款 100 美元，年利率为 5%，但每半年计一次利息，那么第二个半年的期间可获得的利息就将以最初的 100 美元本金与第一个半年得到的利息之和为基础计算。这可以称为**半年复利**（semiannual compounding）。银行经常会每年付息多次，所有的债券都是每半年付息一次，绝大多数抵押贷款、助学贷款和汽车贷款都需要每月付息。所以，掌握如何处理非年度复利十分重要。

以每半年复利一次为例，假定我们以 5% 的利率将 100 美元存 10 年。首先，来看在年度复利情况下终值的计算：

$$FV_N=PV(1+I)^N=100\times1.05^{10}=162.89(\text{美元})$$

如果用财务计算器或电子表格计算，会得到同样的答案。

在本例中，如果付息频率改为半年会怎样呢？首先，当每年的支付多于一次时，必须做两个转换：（1）将常规利率转换成“期间利率”；（2）将年度数量转换为“期间数量”。这些转换列示如下，其中，I 表示年利率，M 表示每年复利次数，N 表示年数：

$$期间利率(I_{PER})=年利率/每年付息次数=I/M \tag{5—8}$$

年利率5%，每半年复利一次，期间利率就是2.5%：

$$期间利率=5\%/2=2.5\%$$

复利期数可以用公式（5—9）计算：

$$复利期数=年数\times每年复利次数=NM \tag{5—9}$$

10年中每半年复利一次，则共有20期：

$$复利期数=10\times2=20(次)$$

在半年复利下，100美元的投资会每六个月以2.5%的利率计息一次，一共计息20次，而不是以5%的利率计息10次。在计算非年度复利时，期间利率和期数必须取代年利率和年数显示在时间轴上，并输入计算器或电子表格。

这样，就可以计算100美元以5%年利率每半年计息一次，计息10年后的价值。下面是时间轴和终值：

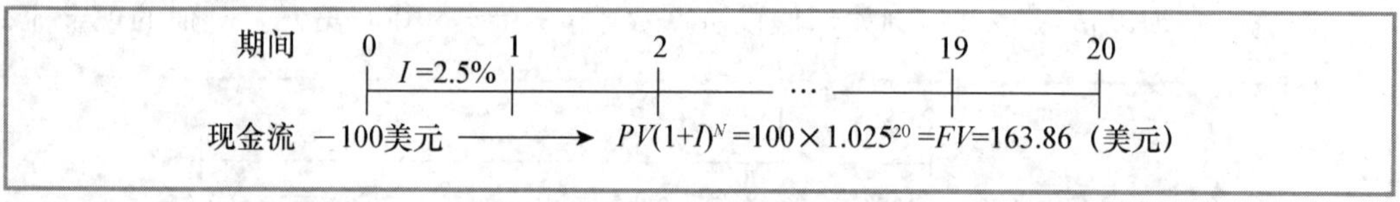

使用计算器输入期间利率和期数，可以得到相同的答案：

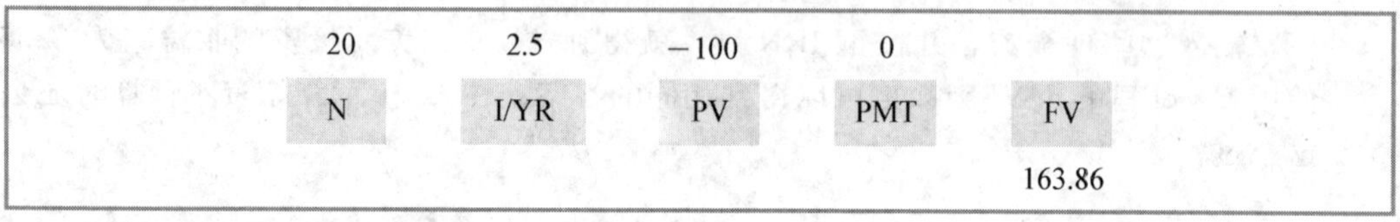

半年复利情况下的终值（163.83美元）超过年度复利情况下的终值（162.89美元）。这是因为半年复利情况下的利息增值更快，从利息中得到的利息更多。

本例中如果计息期间变为季度、月度甚至每天，情况将会怎样？如果每季度复利一次，将有 $NM=10\times4=40$ 期，期间利率是 $I/M=5\%/4=1.25\%$，$FV=164.36$ 美元。如果每月复利，将有 $10\times12=120$ 期，月利率是 $5\%/12=0.416\,667\%$，FV 将增加到164.70美元。如果每天复利，将有 $10\times365=3\,650$ 期，日利率是 $5\%/365=0.013\,698\,6\%$，FV 为164.87美元。

在半年复利的情况下计算现值的原理与计算终值相同。我们还是用公式（5—8）将年利率转化为期间（半年度）利率，用公式（5—9）计算期数，然后将期间利率和期数输入计算器。例如，计算10年后100美元的现值，如果年利率为5%，则半年复利的情况如下：

$$期间利率=5\%/2=2.5\%$$

$$期数=10\times2=20(期)$$

$$100美元的现值=100/1.025^{20}=61.03(美元)$$

使用计算器可以得到相同的答案：

20	2.5		0	−100
N	I/YR	PV	PMT	FV
		61.03		

如果将复利期间从 2（按半年计）增加到 12（按月计），*PV* 将下降到 60.72 美元，如果每天复利，则 *PV* 下降到 60.66 美元。

5.16　利率对比

不同类型的投资适用不同的计息期间。例如，银行账户通常每日计息；大部分债券半年付息；股票每季度支付股利；抵押贷款、汽车贷款和其他金融工具每月计息。如果想正确比较不同计息期的投资或贷款，需要把它们转换成相同的复利频率。必须掌握以下术语：

● **名义利率**（nominal rate，I_{NOM}）也称**年利率**（annual percentage rate，APR）或**标价利率**（stated rate）、**报价利率**（quoted rate），指的是银行、信用卡公司、助学贷款机构、汽车贷款经纪人等将向贷款收取或为存款支付的利息。注意，如果两家银行都提供名义利率为 8%的贷款，一家要求每月付息而另一家要求每季付息，实际上它们要求的“真实”利率并不相同。要求每月付息的银行比要求每季付息的银行收取的利息要多，因为前者将更快得到利息。所以，在比较不同机构提供的贷款或不同证券获得的利息时，必须计算有效年利率。

● **有效年利率**（effective annual rate，简写为 EFF%），也称**等效年利率**（equivalent annual rate，EAR）。这种利率会使年度复利终值等于某一名义利率下更频繁复利的终值。

● 如果一笔贷款或投资使用年度复利，则其名义利率就是有效利率。但是如果每年复利超过一次，则有效年利率高于名义利率。

● 在名义利率为 10%，但每半年复利一次的情况下，其实际年利率将等于 10.25%。这是因为一年后这两种利率会使 100 美元得到相同的终值。下图中，上面一条线表明在名义利率为 10.25%的情况下 100 美元会增长到 110.25 美元；下面一条线表示的是名义利率为 10%，但每半年复利一次的情况下出现的结果。

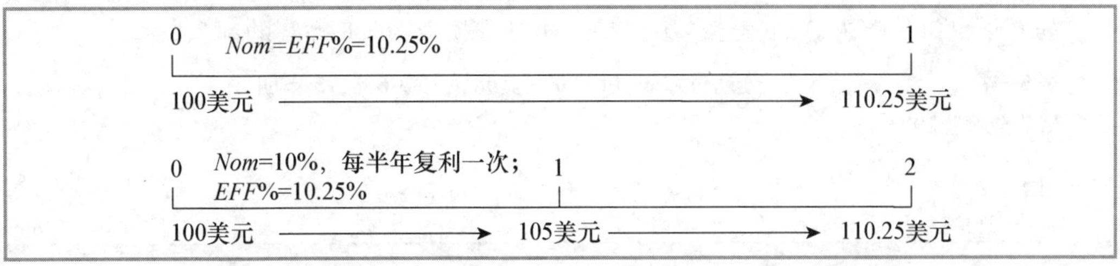

给定名义利率和每年的复利次数，可以用下面的公式计算出有效年利率：

$$有效年利率(EFF\%)=\left(1+\frac{I_{NOM}}{M}\right)^{M}-1.0 \qquad (5—10)$$

式中，I_{NOM}代表名义利率，用小数表示；M代表每年的复利次数。在本例中，名义利率是10%，每半年复利一次，则$I_{NOM}=10\%=0.1$，$M=2$。这样，$EFF\%=10.25\%$。

$$有效年利率(EFF\%)=\left(1+\frac{0.1}{2}\right)^2-1.0=0.1025=10.25\%$$

因此，如果一项投资承诺年利率为10%，每半年复利一次，另一项风险相同的投资承诺年利率为10.25%，则每年复利一次，则这两项投资实际上没有差异。

5.17 非整期计息

到目前为止，我们一直假定支付发生在期初或者期末，而不会发生在期间之内。但实际上，我们经常会遇到需要在期间之内复利或者折现的情况。例如，假定在银行存入100美元，名义利率为10%，但每天计息，即一年计息365次。那么9个月后将得到多少钱呢？答案是107.79美元。计算过程如下：

$$期间利率=I_{PER}=0.1/365=0.000\,273\,973/天$$
$$计息天数=9/12\times365=0.75\times365=273.75\approx274$$
$$终值=100\times1.000\,273\,973^{274}=107.79(美元)$$

假定从银行借款100美元，名义利率为10%，单利计息，这意味着将不对利息计息。如果借款时间长达274天，那么应该付多少利息？我们可以像上述方法那样计算每天利率I_{PER}，然后乘以274，而不是将274作为指数：

$$应支付的利息=100\times0.000\,273\,973\times274=7.51(美元)$$

274天后，需要向银行支付本息107.51美元。这是大部分银行实际计算借款利息的方法，除非它们要求借款人每月支付利息而不是274天后才支付。

5.18 分期偿还的贷款

复利在贷款中的一个重要应用是分期偿还贷款，如汽车贷款、房屋抵押贷款、助学贷款以及一些企业贷款。需要在月度、季度或年度等相等期间内逐期偿还的贷款就叫做**分期偿还的贷款**（amortized loan）。

表5—4列示了分期偿还的过程。一个业主借了100 000美元抵押贷款，在接下来的5年里每年年末等额偿还。银行每年初对贷款余额收取6%的利息。

表5—4　　分期付款表（100 000美元、利率6%、5年期）

借款金额：100 000美元
年数：5
利率：6%
每期支付额：−23 739.64美元

年次	期初余额（1）	支付额（2）	利息[a]（3）	本金偿还[b]（4）	期末余额（5）
1	100 000.00	23 739.64	6 000.00	17 739.64	82 260.36
2	82 260.36	23 739.64	4 935.62	18 804.02	63 456.34

续前表

年次	期初余额（1）	支付额（2）	利息[a]（3）	本金偿还[b]（4）	期末余额（5）
3	63 456.34	23 739.64	3 807.38	19 932.26	43 524.08
4	43 524.08	23 739.64	2 611.44	21 128.20	22 395.89
5	22 395.89	23 739.64	1 343.75	22 395.89	0.00

注：a. 每期利息等于借款的期初余额乘以利率。因此，第 1 年的利息是 100 000×0.06＝6 000 美元；第 2 年是 4 935.62 美元；依此类推。

b. 本金偿还等于支付额 23 739.64 美元减去当年的利息。

我们的首要任务是确定借款人每年必须偿还的金额。图示如下：

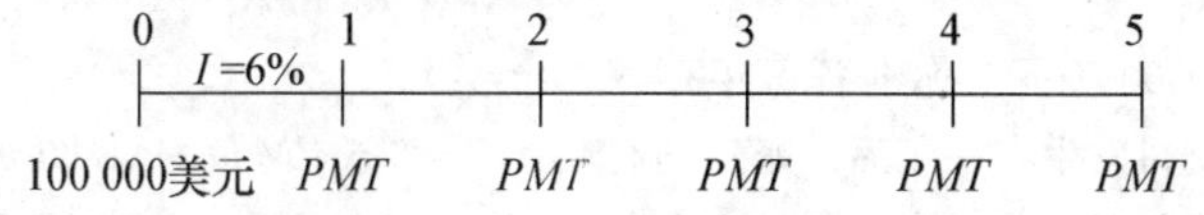

所有支付额的现值加总必须等于 100 000 美元：

$$100\ 000=\frac{PMT}{1.06^1}+\frac{PMT}{1.06^2}+\frac{PMT}{1.06^3}+\frac{PMT}{1.06^4}+\frac{PMT}{1.06^5}=\sum_{t=1}^{5}\frac{PMT}{1.06^t}$$

我们可以将条件输入计算器得到答案：23 739.64 美元：

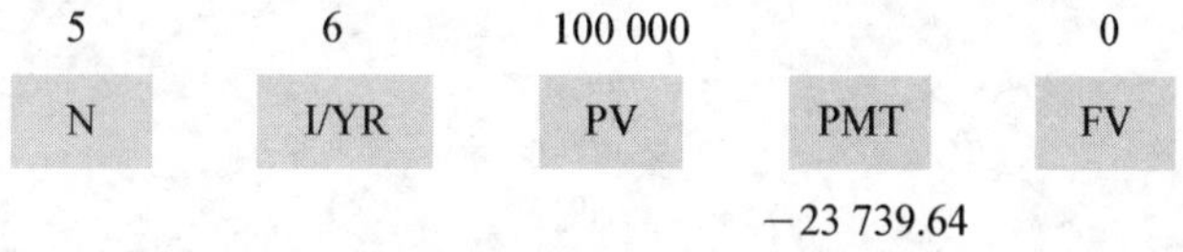

因此，借款人必须在接下来的 5 年里每年向银行支付 23 739.64 美元来偿付贷款。

每笔支付额都包含两部分——利息和本金。这两部分的划分在表 5—4 中通过**分期付款表**（amortization schedule）列示出来。第 1 年利息所占的份额非常大，当贷款余额下降时，利息也开始下降。

小结

本章介绍了单笔资金、普通年金、先付年金、永续年金和不均衡现金流量。基本公式是公式（5—1），可以用来计算某一金额的终值。该公式可以变形为公式（5—2），用来计算某一未来金额的现值。我们使用时间轴来说明现金流何时发生，并且发现时间价值既可以用逐步法逐笔计算，也可以通过公式法、财务计算器法和电子表格法来简化这一过程。

我们在章首就提到，*TVM* 是财务管理中最重要的概念，本章介绍的内容将在全书中应用。时间价值分析可以用来计算股票、债券、资本预算项目的价值，还可以用来分析个人财务问题，比如退休问题。当你继续学习时，会对时间价值分析越来越熟悉，但我们强烈建议在继续学习之前一定要掌握好本章的内容。

练习题

1. 终值：年金和先付年金

300 美元、5 年期、7％利率的年金终值是多少？如果这是先付年金，终值将是多少？

2. 分期付款和 *EAR*

你准备向银行借款 20 000 美元买车。贷款需要在 5 年（60 个月）内偿还完，名义利率为 12%，每月付息。每月偿还的金额是多少？贷款的 *EAR* 是多少？

3. 永续年金现值

如果利率为 7%，100 美元的永续年金现值是多少？如果利率为 14%，现值将是多少？

4. 达到财务目标

6 年后你需要 10 000 美元。你准备每年存入 1 500 美元，第一笔支付发生在一年后。账户的有效年利率为 8%。如果最后一笔支付少于 1 500 美元，就可以达到 10 000 美元的目标，那么最后一笔支付是多少钱？

5. 非年度复利

a. 你准备每隔 6 个月存入 1 000 美元，一共存 5 次，第一笔存款发生在 6 个月后。之后将不再存入。如果银行名义利率为 4%，半年复利一次，3 年后你的账户会有多少钱？

b. 1 年后你需要支出 10 000 美元。为了做准备，你打算在第 3 个月和第 6 个月时存入等额款项，名义利率为 4%，季度复利。每笔存款应该为多少？

答案

1. FVA_5 = 1 725.22 美元，$FVA_{5,先付}$ = 1 845.99 美元

2. PMT = 444.89 美元，EAR = 12.682 5%

3. $PV_{7\%}$ = 1 428.57 美元，$PV_{14\%}$ = 714.29 美元

4. 496.11 美元

5. a. 5 308.12 美元；b. 4 877.09 美元

第3部分

金融资产

第6章

利 率

6.1 资金成本

影响资金成本的四个基本要素是：(1) **生产机会**（production opportunities）；(2) **消费时间偏好**（time preference for consumption）；(3) **风险**（risk）；(4) **通货膨胀**（inflation）。为了解这些因素如何起作用，我们来观察一个与世隔绝的岛国，岛上的居民以捕鱼为生。他们有大量捕鱼装备，可以让他们生活得不错，但他们可能想要更多的鱼。现在，假定克鲁索先生想到了使用新型渔网的好办法，可以帮助他每天捕到原来两倍的鱼。但是，首先需要一年的时间来完善设计并编织渔网，然后学习如何有效使用这种渔网，克鲁索先生很可能在把新渔网投入使用前就饿死了。因此，他可能建议鲁滨逊夫人、费雷迪先生和其他人在一年之内每天给他一条鱼，一年后他将回报他们每天两条鱼。如果这个建议被采纳，鲁滨逊夫人或其他人给克鲁索先生的鱼就成为储蓄，这些储蓄被投资于渔网，渔网捕到的超过投资的鱼就构成了投资回报。

显然，克鲁索先生对新型渔网的生产效率估计越高，他愿意承受的支付给潜在投资者的回报就越多。在本例中，我们假定克鲁索先生认为他能够支付100%的投资报酬率，所以他提供了这样的条件——他愿意为自己收到的每一条鱼回报两条鱼。他也可能尝试以更少的回报来吸引投资，比如，他给现在收到的每条鱼在第二年提供1.5条鱼的回报，这会给鲁滨逊夫人或其他潜在储蓄者带来50%的回报。

对于潜在储蓄者来说，克鲁索先生的方案的吸引力主要取决于储蓄者的消费时间偏好。例如，鲁滨逊夫人可能考虑到自己要退休了，愿意用今天的一条鱼换未来的一条鱼。而费雷迪先生可能有妻子和几个小孩，需要现在的鱼来生活，所以不愿意“借出”今天的一条鱼，除非未来的回报不少于三条鱼。费雷迪先生的选择对当前消费的时间偏好较高，鲁滨逊夫人则较低。需要注意的是，如果退休群体当时的收入仅够维持生存，那么他们对当前消费的时间偏好也会很高，储蓄会减少，利率会提高，使资本筹集变得困难。

渔网项目的内在风险以及克鲁索先生偿付贷款的能力也会影响投资回报要求：预期风险越高，要求的报酬率越高。在一个更复杂的社会里，有很多像克鲁索先生的企业主，很多除了鱼以外的商品，很多像鲁滨逊夫人和费雷迪先生的储蓄者。因此，人们将货币作为交换的媒介，而不是用鱼来物物交换。当使用货币时，其受到通货膨胀影响的未来价值就开始发挥作用：预期通货膨胀率越高，要求的报酬率越高。

6.2 利率水平

借款人利用利率为债务资本竞价：那些拥有最具获利性投资机会的公司愿意而且能够为资本支付最高报酬，所以它们要从那些效率不高的公司以及那些产品没有需求的公司那里把资本吸引过来。当然，我们的经济也并没有自由到只受市场力量的影响。例如，联邦政府有专门机构帮助个人或组织以优惠条款获得借款。有资格获得帮助的人包括小企业、少数族裔，以及那些愿意在失业率较高的地区建厂的公司。不过，美国的绝大部分资本仍然由以利率为核心的价格体系进行配置。

图 6—1 说明了两个资本市场中供给和需求是如何相互作用决定利率水平的。A 市场和 B 市场代表了现有很多资本市场中的两种。A 市场中低风险证券当前的利率是 7%，用 r 表示。信用评级很高的借款人可以进入这个市场，以 7%的成本获得资金，那些不想承担太多风险的资金提供者可以得到 7%的回报。风险水平更高的借款人必须在 B 市场中用更高的成本获得资金，这个市场中的投资者愿意承担更多风险来得到 9%的回报，但实际上也有可能得不到。

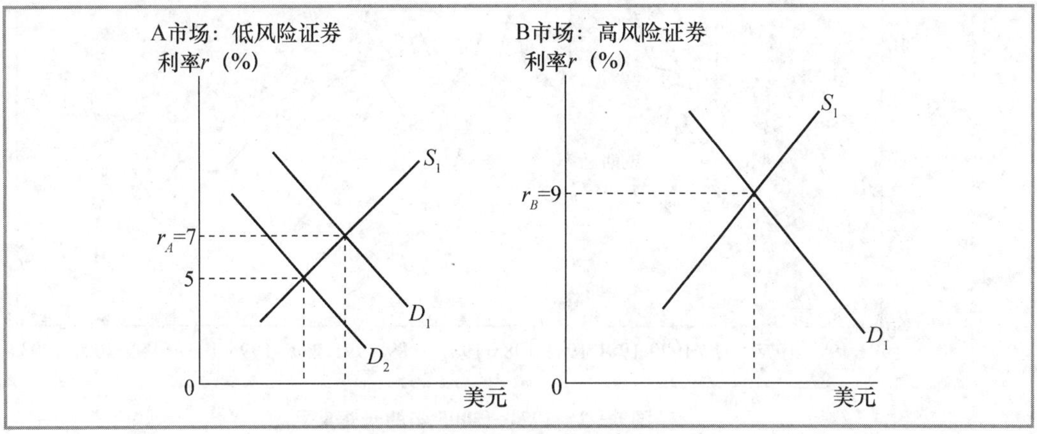

图 6—1 利率是资金供求的函数

就像在经济萧条情形下经常出现的那样，如果对资金的需求下降，需求曲线会向左移，见 A 市场中的曲线 D_2。本例中的市场结算利率或均衡利率下降到 5%。与之类似，如果联邦政府收紧信贷，你也可以通过观察曲线来发现发生了什么：供给曲线 S_1 会向左移，这会提高利率，降低经济社会的借贷总量。

资本市场相互依存。例如，如果 A 市场和 B 市场在 A 市场中的需求曲线移动到 D_2 之前达到均衡，那么投资者会愿意接受 B 市场中的更高风险，因为可以得到 9%－7%＝2%的风险溢价。当需求曲线移动到 D_2 后，风险溢价会提高到 9%－5%＝4%。不过，这个增加的风险溢价可能会立即吸引 A 市场中的资金提供者进入 B 市场，从而导致 A 市场中的供给曲线左移（或上移），而 B 市场中的供给曲线右移。这种市场间的资本转移会提高 A 市场中的利率，降低 B 市场中的利率，使风险溢价下降到最初的 2%。

美国有很多资本市场。美国公司会在全球范围内投入和筹集资本，外国人也会在美国借入或借出资本。这些市场可提供房屋贷款、农业贷款、企业贷款、联邦/州/地方政府贷款、消费贷款。在每一类资本市场中都有地区市场以及不同类型的分市场。例如，在房地产类别中有专门的市场可提供初次和二次抵押、家庭贷款、公寓贷款、办公楼贷款、购物中心贷款、空地贷款等。有数十种类型的债务证券市场，还有几种不同类型的普通股市场。

每种类型的资本都有价格，当资本的供求关系随着时间的推移发生改变时，价格也会变动。20 世纪 70 年代初以来借款人长短期利率的变动如图 6—2 所示。注意，短期利率波动性更大，在经济繁荣时迅速上涨，在经济萧条时快速下降（图中的阴影部分表示萧条期）。当经济增长时，公司需要资本，对资本的需求会推动利率上涨。而且，经济繁荣时期的通货膨胀压力最大，也加剧了利率的上涨。在经济萧条时情况刚好相反，企业减少了对信贷的需求，通货膨胀率下降，从而利率下降。进一步来看，美联储在经济萧条时会增加资金投放来刺激经济，这也会降低利率。

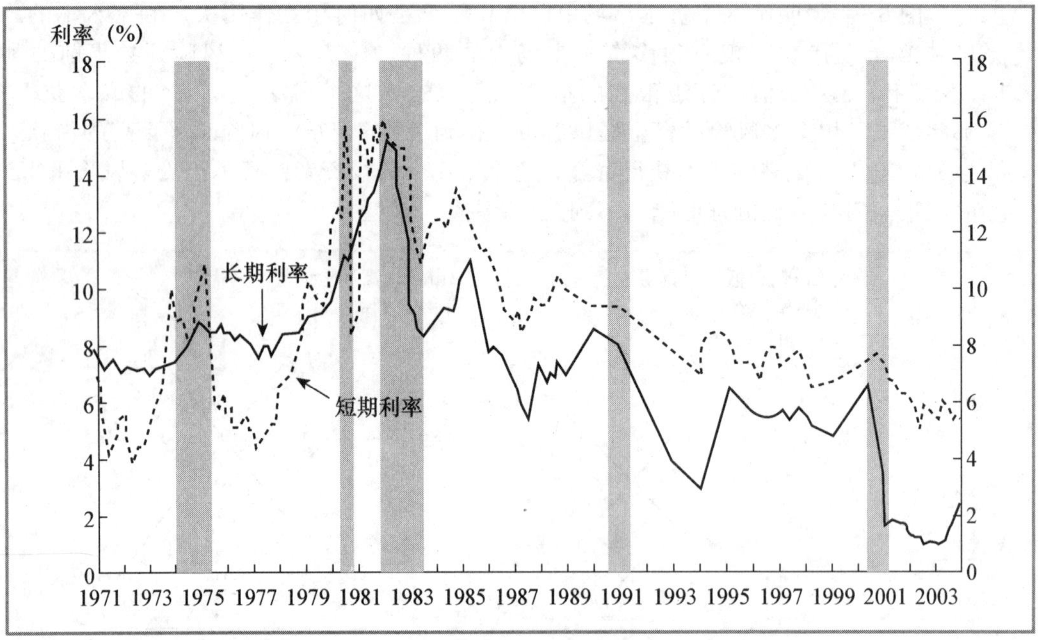

图 6—2　1971—2005 年的长短期利率

注：a. 阴影部分代表萧条期。

b. 短期利率用实力强的大公司 3～6 个月的借款利率计量，长期利率用 AAA 级公司债券利率计量。

资料来源：St. Louis Federal Reserve Web site，FRED database，http://research.stlouisfed.org/fred2.

这些趋势在 1984 年之后变得不准确了。1985 年和 1986 年石油价格急剧下跌，减少了其他商品价格的通货膨胀压力，弱化了对严重的长期通货膨胀的恐惧。此前，这种恐惧曾将利率推涨到历史最高纪录。1984—1987 年经济发展良好，但不断减弱的对通货膨胀的恐惧抵消了经济向好时利率上涨的正常倾向，结果使利率水平降低。

通货膨胀和长期利率之间的关系在图 6—3 中得到了明确反映，通货膨胀率从长期来看与长期利率同步变化。20 世纪 60 年代初，通货膨胀率年均 1%，高质量的长期债券利率平均为 4%。之后越南战争爆发，通货膨胀率上升，利率也开始上升。70 年代初期战争结束时，通货膨胀率降低了一点，但是随后 1973 年的阿拉伯石油禁运导致石油价格上涨，通货膨胀率上升，利率也快速上升。

通货膨胀率在 1980 年达到了最高点 13%，但因为人们害怕通货膨胀率会再次失控，所以利率在 1981 年和 1982 年继续上涨，直到 1985 年仍非常高。可见，20 世纪 70 年代形成的“通货膨胀心理”直到 80 年代中期仍然存在。此后，人们逐渐认识到：美联储致力于降低通货膨胀率，美国汽车制造商和其他公司由于全球竞争不会再像过去那样涨价，对公司涨价的限制正在削弱工会通过罢工要求增加工资的能力。当这些认识开始发挥作用时，利率水平就会下降。当前利率减去当前通货膨胀率（即图 6—3 中通货膨胀率柱状图和利率曲线间的差距）可以定义为“当前真实利率”。之所以称为“真实利率”，是因为它说明了投资者在剔除通货膨胀的影响后得到的真正回报。20 世纪 80 年代真实利率非常高，但 1987 年之后，这一水平通常为 3%～4%。

近年来通货膨胀率通常是 2.5%，但长期利率不断波动，这是因为投资者对通货膨胀是否真的得到了控制心存疑虑，总是担心通货膨胀会回弹到 20 世纪 80 年代的较高水平。我们相信未来会出现两种情况：（1）利率会变化；（2）如果通货膨胀率有上升趋势，则利率上升，反之亦然。我们真的不知道利率会变动到什么水平，但是知道它肯定会变化。

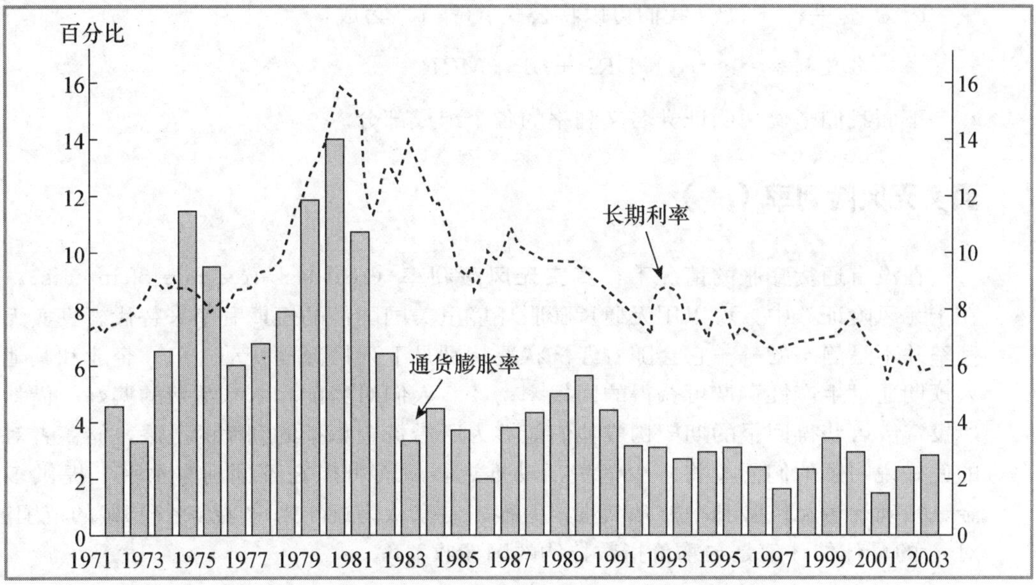

图 6—3 1971—2005 年年度通货膨胀率与长期利率的关系

注：a. 利率以 AAA 级公司债券长期利率计量。

b. 通货膨胀率以消费者价格指数（CPI）的年度变化率计量。

资料来源：St. Louis Federal Reserve Web site，FRED database，http://research.stlouisfed.org/fred2.

6.3 市场利率的决定因素

一般情况下，债券给出的（或名义的）利率 r 由无风险利率 r^* 和反映通货膨胀、证券风险、交易性（流动性）风险的溢价报酬构成。这可以表示成：

$$名义利率=r=r^*+IP+DRP+LP+MRP \qquad (6—1)$$

式中：

r＝某一证券的名义利率。

r^*＝真实无风险利率，表示无通货膨胀、无风险情况下的证券收益率。

$r_{RF}=r^*+IP$，表示无风险证券（如美国国债）的名义利率，流动性很好而且风险很小。需要注意的是，对于通货膨胀的补偿已经包含在 r_{RF} 中，记作 IP。

IP＝通货膨胀补偿。IP 等于证券存续期间平均的预期通货膨胀率。预期未来的通货膨胀率不一定等于当前的通货膨胀率，所以 IP 也不一定等于图 6—3 中的当前通货膨胀率。

DRP＝违约风险报酬。这一溢价反映了发行人在约定的时间无法偿还本息的可能性。美国国债的 DRP 是零，但随着发行人风险的增加，这一比率会上升。

LP＝流动性（交易性）风险报酬。有些证券无法在短期内以“合理的”价格转换成现金，流动性风险报酬是投资者对这种风险要求的补偿。国债和一些规模大、实力强的企业发行的债券的 LP 非常低，但一些规模小的非上市公司发行的债券的 LP 会很高。

MRP＝期限风险报酬。我们稍后会阐述，由于通货膨胀率和利率的上涨，即使是国债也面临价格下跌的重大风险，因此资金提供者会要求一定的溢价来补偿。

因为 $r_{RF}=r^{*}+IP$，我们可以将公式（6—1）写成：

$$名义利率=r=r_{RF}+DRP+LP+MRP$$

下面我们举例说明证券名义利率的各个组成部分。

真实无风险利率（r^{*}）

在没有通货膨胀的情况下，**真实无风险利率**（real risk-free rate of interest）r^{*} 存在于无风险证券中，可以用无通货膨胀环境里美国国债的短期利率来替代。真实无风险利率并不是静态的——它会随着经济状况特别是下列情况而变动：（1）企业和其他借款人预期通过生产性资产可获得的回报率；（2）人们对当前和未来消费的偏好。借款人对所投资产可获得回报的期望构成他们能够为所借资金承担的利率的上限，储蓄者对消费的偏好说明了他们愿意将多少消费活动推迟，从而可以在不同利率水平上提供多少资金。精确计量无风险利率非常困难，但很多专家认为近年来 r^{*} 在 1%～5%的范围波动。对 r^{*} 的最佳估计值是与物价指数挂钩的国债收益率。

名义无风险利率（r_{RF}）

名义无风险利率（nominal（quoted）risk-free rate）r_{RF} 等于真实无风险利率加上预期通货膨胀溢价：$r_{RF}=r^{*}+IP$。严格来说，无风险利率意味着完全无风险证券的利率——没有违约风险、期限风险、流动性风险，也没有通货膨胀带来损失的风险，以及其他任何风险。实际上不存在这样的证券，所以无法观察真正的无风险利率。但是有一种证券可以避免大多数风险——与物价挂钩的美国国债。这种证券没有违约风险、期限风险、流动性风险，也没有一般利率水平变动的风险，但是无法避免真实无风险利率变动的风险。

如果“无风险利率”一词没有用“真实”或“名义”修饰，一般指的是名义利率，本书中也遵循这一惯例。因此，当我们使用无风险利率 r_{RF} 时，指的是名义无风险利率，包含了对证券存续期内预期平均通货膨胀的补偿。一般情况下，我们用短期国债利率近似替代短期无风险利率，长期国债利率近似替代长期无风险利率。所以如果你看到“无风险利率”一词，指的可能是美国短期国债利率或长期国债利率。

通货膨胀补偿（IP）

通货膨胀对利率有重要影响，因为它破坏了美元的购买力，降低了投资报酬率。例如，假定你存有 1 000 美元，用这笔存款购买了一年期利率为 3%的国债。年底，你可以收到 1 030 美元——你最初投资的 1 000 美元加上 30 美元利息。现在假定当年的通货膨胀率为 3.5%，它对所有商品的影响相同。如果家用燃油年初为每加仑 1 美元，年底将变成 1.035 美元。因此，你的 1 000 美元在年初可以买 1 000/1=1 000 加仑，到年底只能买 1 030/1.035=995 加仑。可见，实际上你的情况会很糟——你收到的 30 美元利息无法抵消通货膨胀。所以你最好在年初购买 1 000 加仑燃油（或其他可储存资产，如土地、木材、公寓、小麦、黄金等），而不是购买国债。

投资者很清楚上述情况，所以当他们借出资金时，他们要收取的利率中包含了**通货**

膨胀补偿（inflation premium，IP），该补偿等于债券存续期内的预期通货膨胀率。如前所述，短期债券的实际利率可以用无违约风险的美国国债利率表示，记为 $r_{T\text{-bill}}$，等于真实无风险利率 r^* 加上通货膨胀补偿。

$$r_{T\text{-bill}}=r_{RF}=r^*+IP$$

因此，如果真实无风险利率 $r^*=1.7\%$，明年的通货膨胀率预期为 1.5%（即 $IP=1.5\%$），那么一年期国债的名义利率为 1.7%+1.5%=3.2%。

需要特别注意的是，纳入利率的通货膨胀率指的是未来的预期通货膨胀率，而不是过去的实际通货膨胀率。因此，已知过去 12 个月的年度通货膨胀率为 3%，但这只是去年的事情。如果人们预期未来通货膨胀率为 4%，那么纳入当前利率的通货膨胀率应该是 4%。还有一点需要注意的是，反映在名义利率中的通货膨胀率是债券存续期内平均的预期通货膨胀率。所以，纳入一年期债券利率的通货膨胀率等于明年的预期通货膨胀率，但纳入 30 年期债券利率的通货膨胀率等于未来 30 年平均的预期通货膨胀率。

未来的预期通货膨胀率与过去的实际通货膨胀率关系密切，但是并不完全相关。如果过去月份的实际通货膨胀率上升，会提高人们对未来通货膨胀的预期，进而会提高未来的利率水平。

过去几年里，德国、日本、瑞士的通货膨胀率低于美国，因此利率一般也比美国低。意大利和大部分南美国家的通货膨胀率高，所以利率水平也高。

违约风险报酬（*DRP*）

借款人违约的风险指的是无法按期偿还本金和利息，这也会影响债券的市场利率：债券的违约风险越高，利率越高。国债没有违约风险，所以在美国的应税证券中国债的利率最低。就公司债券来说，债券的信用评级越高，违约风险越低，所以利率也越低。下面是 2005 年 2 月一些有代表性的长期债券利率。

	利率	*DRP*
美国国债	4.65%	—
AAA 级公司债券	5.45%	0.80
AA 级公司债券	5.60%	0.95
A 级公司债券	5.78%	1.13
BBB 级公司债券	6.34%	1.69

对于期限、流动性和其他特征相似的国债和公司债券而言，名义利率的主要区别取决于**违约风险报酬**（default risk premium，DRP）。因此，如果上述债券的期限、流动性等都相同，那么 AAA 级公司债券的违约风险报酬为 5.45%−4.65%=0.8%，AA 级公司债券的违约风险报酬为 5.6%−4.65%=0.95%，A 级公司债券的违约风险报酬为 5.78%−4.65%=1.13%，依此类推。违约风险报酬随着时间的推移不断变化，但 2005 年 2 月的数字比较有代表性。

流动性风险报酬（*LP*）

“流动”资产可以以“公允市场价值”快速转换为现金。实物资产的流动性弱于金融资产，但不同金融资产的流动性具有很大差异。因为流动性非常重要，所以投资者在债券中加入了**流动性风险报酬**（liquidity premium，LP）。准确度量流动性风险报酬非常困难，但在违约风险和期限相似的情况下，流动性最差和最好的金融资产间的利差大约为2%～4%（或5%）。

期限风险报酬（*MRP*）

美国国债没有违约风险，也就是说投资者可以确信联邦政府会按期付息并在债券到期时偿还本金。因此，国债的违约风险报酬等于零。进一步来看，国债有活跃的交易市场，所以其流动性风险报酬也近似于零。可见，可以近似认为国债利率等于无风险利率 r_{RF}（即真实无风险利率 r^* 加上通货膨胀补偿 IP）。但是，不论何时，利率上涨都会导致长期债券价格下跌，所以包括国债在内的所有长期债券都具有**利率风险**（interest rate risk）。通常情况下，任何实体——不论是美国政府还是达美航空（Delta Airlines）——发行的债券，都会随着存续期的变长而增大利率风险。因此，必须将**期限风险报酬**（maturity risk premium，MRP）纳入利率，这一报酬随着到期时间的延长而增加。

相对于短期债券，期限风险报酬意味着提高长期债券的利率。与其他报酬一样，这一报酬也很难度量，但是存在以下情形：（1）它总是不断变化，当利率波动更大、不确定性更强时，这一报酬就增加；反之，当利率更稳定时，这一报酬就减少。（2）近年来，20年期国债的期限风险报酬基本在1%～2%之间波动。

虽然长期债券利率风险更高，但短期债券**再投资率风险**（reinvestment rate risk）更高。当短期债券到期时，本金必须再投资，或进行“周转”，所以利率下降会使再投资时的利率下降，进而利息收入减少。例如，假定你有100 000美元的国债投资并以其利息为生。1981年，短期国债利率约为15%，所以你的收入约为15 000美元。但是，1983年这一收入下降为9 000美元左右，2005年2月就只有2 900美元了。如果你投资于长期国债，你的收入（不是本金的价值）就会比较稳定。所以，尽管“投资于短期产品”使本金得以保值，但短期国债的利息收入不如长期国债稳定。

6.4 利率期限结构

利率期限结构（term structure of interest rates）描述了长短期利率的关系。期限结构对需要资金的企业和投资者都非常重要，企业需要决策是通过发行长期债券还是短期债券来筹集资金，投资者需要决策购买哪种债券。因此，资金需求方和提供方都需要理解：（1）长短期利率如何关联；（2）什么因素会影响它们的相对水平。

我们可以在各种出版物和大量网站中找到不同期限的债券的利率水平，出版物包括《华尔街日报》、《联邦储备公告》（*Federal Reserve Bulletin*），网站包括彭博资讯（Bloomberg）、雅虎、CNN财经、美联储官网等。利用从这些渠道获得的利率资料，我们可以确定任一给定时间点的期限结构。例如，图6—4下方表格中给出了三个时间点上不同到期年限的利率。根据某一日期的数据画出如图6—4所示的点图，就构成该日期的**收益曲线**（yield curve）。

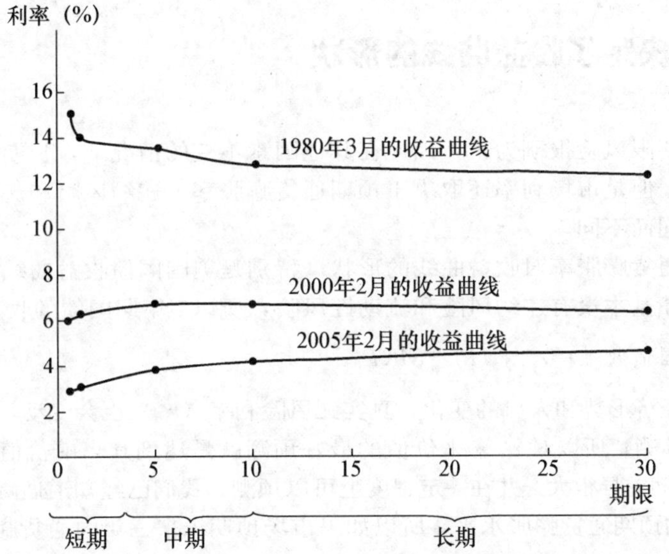

期限	利率（%）		
	1980 年 3 月	2000 年 2 月	2005 年 2 月
6 个月	15.0	6.0	2.9
1 年	14.0	6.2	3.1
5 年	13.5	6.7	3.8
10 年	12.8	6.7	4.2
30 年	12.3	6.3	4.6

图 6—4 不同日期的美国国债利率

如图所示，随着时间推移，收益曲线的位置和斜率都发生了变化。1980 年 3 月，由于预期通货膨胀率很高，因此利率也非常高。但是因为预期通货膨胀将开始下降，所以短期利率比长期利率要高，收益曲线向下倾斜。2000 年 2 月，通货膨胀率真的下降了，所有利率都随之下降，收益曲线中间隆起——因为中期利率比长短期利率都要高。2005 年 2 月，所有利率都低于 2000 年的水平，而且由于短期利率低于长期利率，使得收益曲线向上倾斜。

图 6—4 给出的是美国国债的收益曲线，但我们可以据此得到通用电气、IBM、达美航空或其他公司为筹集资金所发行的不同期限债券的收益曲线。如果将这样的公司债券收益曲线画在图 6—4 中，这些曲线会高于国债的曲线，因为公司债券的收益包括违约风险报酬和高于国债的流动性风险报酬。不过公司债券的收益曲线和国债曲线的形状会基本一致。而且，公司风险越高，收益曲线越高，所以当时正面临破产的达美航空的收益曲线会高于通用电气或 IBM。

受到期限风险报酬的影响，历史上长期利率通常高于短期利率，所以收益曲线通常向上倾斜。因此，人们将向上倾斜的收益曲线称为**“正常”收益曲线**（“normal” yield curve），将向下倾斜的收益曲线称为**反向（“异常”）收益曲线**（inverted（“abnormal”） yield curve）。所以图 6—4 中 1980 年 3 月的收益曲线是反向的，2005 年 2 月的曲线是正常的。但是 2000 年 2 月的曲线是驼峰状的，中期利率高于长期利率和短期利率。下一节将具体解释为什么向上倾斜的曲线是正常状态，简言之，是因为短期证券利率风险低于长期证券，导致期限风险报酬更小，短期利率通常低于长期利率。

6.5 什么决定了收益曲线的形状

由于期限风险报酬为正，因此在其他因素不变的情况下，长期债券的利率总是高于短期债券。但是市场利率还取决于预期通货膨胀率、违约风险和流动性，这些因素都会因期限不同而不同。

预期通货膨胀率对收益曲线的形状（特别是美国国债收益曲线的形状）的影响尤为重要。国债基本没有违约风险和流动性风险，所以 t 年期国债的收益可以表示为：

$$国债收益 = r_t^* + IP_t + MRP_t$$

随着经济形势和人口的变化，真实无风险利率（r^*）也会变动，这种变动通常是随机的，无法预测，所以对 r^* 未来价值的最好预测就是达到其当前价值。但是通货膨胀补偿（IP）的时间差异很大，并在一定程度上可以预测。我们已经知道通货膨胀补偿就是债券存续期平均的预期通货膨胀水平，所以如果市场预期未来三年内通货膨胀率会从3%上升到4%或5%，那么三年期债券的通货膨胀补偿就会高于一年期债券。相反，如果市场预期未来通货膨胀水平下降，长期债券的通货膨胀补偿相对于短期债券就会降低。最后，由于投资者认为长期债券的利率风险高于短期债券，因此期限风险报酬会随着债券期限增长而增加。

图6—5中的a栏给出了预期通货膨胀率上升时的收益曲线。这里，长期债券的收益更高主要基于两个原因：(1) 未来通货膨胀率预计会更高；(2) 期限风险报酬为正。图中的b栏显示了预期通货膨胀率下降时的收益曲线。这一向下倾斜的收益曲线通常预示着经济下滑，因为经济状况不好一般会使通货膨胀率降低，进而使长期利率降低。

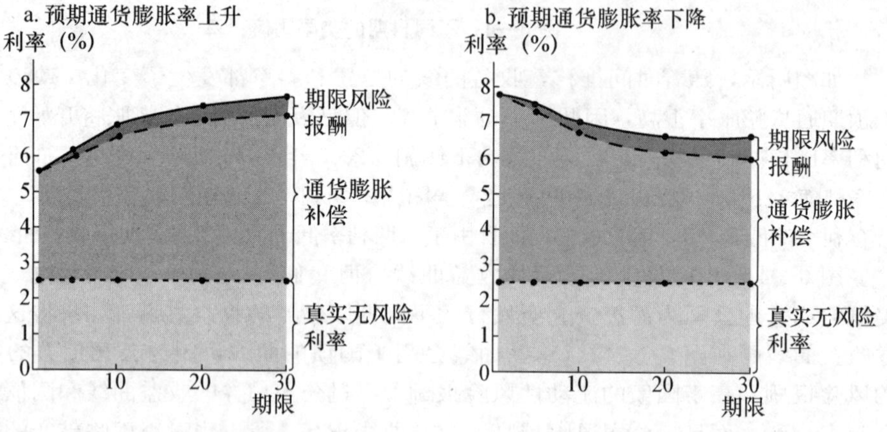

期限	预期通货膨胀率上升				期限	预期通货膨胀率下降			
	r^*	IP	MRP	收益率		r^*	IP	MRP	收益率
1年	2.50%	3.00%	0.00%	5.50%	1年	2.50%	5.00%	0.00%	7.50%
5年	2.50%	3.40%	0.18%	6.08%	5年	2.50%	4.60%	0.18%	7.28%
10年	2.50%	4.00%	0.28%	6.78%	10年	2.50%	4.00%	0.28%	6.78%
20年	2.50%	4.50%	0.42%	7.42%	20年	2.50%	3.50%	0.42%	6.42%
30年	2.50%	4.67%	0.53%	7.70%	30年	2.50%	3.33%	0.53%	6.36%

图6—5　举例说明国债收益曲线

现在我们来思考一下公司债券的收益曲线。前文已经介绍了公司债券包括违约风险报酬（*DRP*）和流动性风险报酬（*LP*）。因此，t 年期的公司债券收益可以表示为：

$$公司债券收益 = r_t^* + IP_t + MRP_t + DRP_t + LP_t$$

公司债券的违约风险和流动性风险都受到其期限的影响。例如，可口可乐短期债券的违约风险很低，因为未来几年内可口可乐公司几乎不可能破产。但是，可口可乐有些债券期限长达 100 年，尽管这些债券的违约风险也并不高，但总体来看，长期债券的违约风险还是高于短期债券。

长期公司债券的流动性也不如短期债券。由于短期债券的违约风险较低，因此人们在购买短期债券时不需要像购买长期债券那样认真审查公司的信用状况。所以，相对于长期债券，人们可以更迅速地买入和卖出短期公司债券。结果是公司短期债券的流动性好于长期债券，从而使其流动性风险报酬低于长期债券。

图 6—6 给出了两个公司债券收益曲线的例子，AA 级债券的违约风险很低，BBB 级债券则要高一些。该图还从图 6—5 的 a 栏中借用了国债的收益曲线。我们假定通货膨胀率会上升，所以国债收益曲线向上倾斜。公司债券存在额外的违约和流动性风险，所以在期限相同的情况下其收益高于国债，而且 BBB 级债券的收益高于 AA 级债券。最后需要注意的是，公司债券和国债的期限越长，两者间的利差就越大。这是因为长期债券的违约风险和流动性风险都高于短期债券，而国债收益中不存在这两种风险报酬。

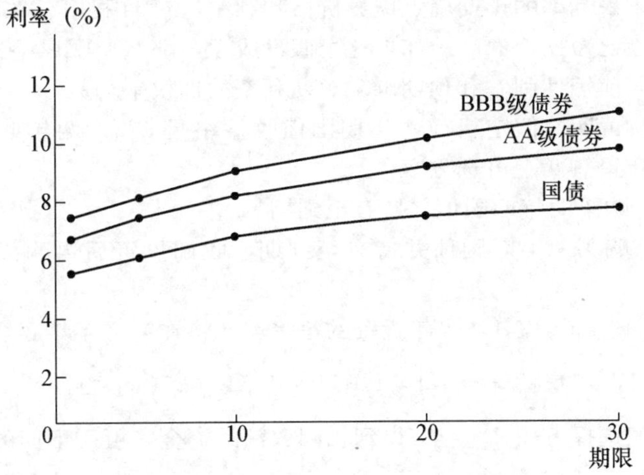

期限	利率（%）		
	国债	AA 级债券	BBB 级债券
1 年	5.5	6.7	7.4
5 年	6.1	7.4	8.1
10 年	6.8	8.2	9.1
20 年	7.4	9.2	10.2
30 年	7.7	9.8	11.1

图 6—6 举例说明公司债券和国债收益曲线

6.6 使用收益曲线估计未来利率

由上一节，我们知道收益曲线的斜率取决于两个因素：（1）未来通货膨胀预期；（2）期限对债券风险的影响。我们还了解了在给定通货膨胀和与期限相关的风险时如何计算收益曲线。投资者也可以反向操作：画出收益曲线，使用其中的信息估计市场对未来通货膨胀和风险的预期。

这种使用收益曲线估计未来预期利率的方法非常直接，但有两个前提：（1）我们只关注国债；（2）我们假定所有国债的风险相同，即没有期限风险报酬。第二个假定并不合理，我们设定此前提只是为了暂时不考虑风险，便于观察对未来利率的预期如何影响收益曲线的形状。稍后，我们将说明在假定有期限风险报酬时会发生什么情况。

实际上，虽然很多证据表明期限风险报酬为正，但是一些学者和从业人员坚持主张第二个假定是合理的，至少大体上合理。他们认为市场被大型交易商占据，其交易员每天都交易不同期限的证券，只关注短期收益，根本不关注期限风险。根据这一观点，一位债券交易员会选择购买 20 年期债券来获得短期收益，就像他购买 3 个月的证券一样。这一观点的支持者因此认为国债收益曲线的形状仅受到未来利率市场预期的影响。这一观点被称为利率期限结构的纯粹预期理论。

纯粹预期理论（pure expectations theory）通常简称为“预期理论”，假定债券交易员仅依靠对未来利率的预期确定债券价格和利率，对期限并不关心，因为他们不认为长期债券的风险比短期债券高。如果这个假设成立，那么期限风险报酬应该为零，长期利率应该等于当前短期利率和预期未来短期利率的加权平均数。

下面举例说明。假定目前一年期国债收益率是 5%，两年期国债收益率是 5.5%。投资者在两年里有两个可选方案：

方案 1：购买两年期国债并持有至到期。

方案 2：购买一年期国债并持有至到期，收回投资后再购买一年期国债并持有至到期。

如果他们选择方案 1，当年投资的每一美元将在第 2 年年底增值到 1.113 025 美元：

$$\text{第 2 年年底的资金} = 1 \times 1.055^2 = 1.113\,025(\text{美元})$$

如果他们选择方案 2，应该得到相同数额的资金，可用下面的公式计算到期额：

$$\text{第 2 年年底的资金} = 1 \times 1.05 \times (1 + X)$$

式中，X 表示预期一年后一年期国债的收益率。

如果预期理论正确，两个方案在第 2 年年底应该得到相同数额的资金，这意味着：

$$1.05 \times (1 + X) = 1.055^2$$

我们可以将公式变形求得 X：

$$1 + X = 1.055^2 / 1.05$$

$$X = 1.055^2 / 1.05 - 1 = 0.060\,023\,8 = 6.002\,38\%$$

所以，如果预期理论正确，当前的收益曲线会显示一年后一年期国债的预期收益率为 6.002 38%。

我们可以使用收益曲线的数据预测短期未来利率。在不考虑期限风险报酬的情况下，向上倾斜的收益曲线意味着市场预期短期未来利率将上升。另外需要注意的是，两年期5.5%的利率是当前和预期未来一年期利率的平均数。为了理解平均背后的含义，我们思考一下：如果长期收益不等于预期短期收益的平均数，那么会发生什么？例如，假定投资者预期一年后一年期国债的利率为6.002 38%，但两年期债券收益率只有5.25%。债券交易员可以采用下面的策略赚取利润：

1. 以年利率5.25%的成本举借两年资金。

2. 将资金投资于一系列一年期证券。两年的年预期收益率则为 $(1.05\times1.060\,023\,8)^{1/2}-1=5.5\%$。

以5.25%的成本获得5.5%的收益是一个好主意，所以债券交易员会在两年期市场迅速借入资金（资金需求），并在一年期市场进行投资（或资金供给）。如图6—1所示，资金需求的增加会提升利率，资金供给的增加则会降低利率。因此，债券交易员会推高两年期资金的收益并减少一年期资金的收益。其最终结果将达到均衡，即两年期利率等于预期未来一年期利率的加权平均。

以上分析假定期限风险报酬为零，但很多证据表明期限风险报酬为正。例如，假设一年期和两年期债券的收益率分别为5%和5.5%，我们可以得到一个上扬的收益曲线。但是，现在假设两年期债券的期限风险报酬为0.2%，一年期债券的期限风险报酬为零。这一报酬意味着在均衡状态下，预期两年期债券的年收益率（5.5%）会比两个一年期债券的收益率（5%和 $X\%$）高出0.2%，所以这些一年期债券的预期报酬一定是5.5%－0.2%＝5.3%：

$$\text{两年系列投资的预期报酬}=\text{两年期债券报酬}-MRP$$
$$=0.055-0.002=0.053=5.3\%$$

两个一年期证券的年度预期报酬可以表示如下，其中 X 是第2年的报酬率：

$$1.05\times(1+X)=(1+\text{两年系列债券的预期报酬})^2=1.053^2$$
$$1.05X=1.053^2-1.05$$
$$X=0.058\,809\,0/1.05=0.056\,008\,6=5.600\,86\%$$

因此，在这种情况下，市场参与者必须预期第2年的一年期利率为5.600 86%。

可见，当到期时间从一年变为两年时，收益曲线上扬了0.5%（＝5.5%－5.0%）。增加的这0.5%中，0.2%来自 MRP，0.3%来自预期第2年利率上升。

综上所述，我们可以使用收益曲线预测第2年的短期利率，但前提是我们必须对期限风险报酬进行估计。如果我们对 MRP 的估计是错误的，那么根据收益曲线预测的利率也是错误的。因此，虽然我们可以使用收益曲线得到未来利率的走势，但除非纯粹预期理论完全正确或者我们知道准确的期限风险报酬，否则仍无法得到精确的预期利率。即使对未来利率的预期很合理，也仅是估计。

6.7 其他影响利率水平的因素

还有另外四个因素既影响一般利率水平也影响收益曲线形状，它们是：(1) 美联储的政策；(2) 联邦预算赤字或结余；(3) 国际因素，包括对外贸易差额和其他国家的利率；(4) 企业活动水平。

美联储政策

你可能通过经济学课程已了解了以下内容：（1）货币供给对经济活动、通货膨胀、利率都有重要影响；（2）在美国，联邦储备委员会控制着货币供给。如果联邦政府想要刺激经济，就会增加货币供给。这一行动最初会导致利率下降。但是，大量货币供给会使人们对未来通货膨胀的预期提高，所以尽管美联储的本意是降低利率，结果反而推高了利率。如果美联储减少货币供给，出现的情况刚好相反。

例如，1981年通货膨胀率非常高，美联储采取了货币紧缩政策。由于美联储主要是在短期市场操作，因此这一政策直接迅速推高了短期资金利率。同时，政府采取如此强有力的措施降低通货膨胀，使得人们对长期通货膨胀的预期开始下降，所以虽然短期利率上涨，但长期债券收益率下降。

1991年的情况刚好相反。美联储采取一系列措施应对经济萧条，导致短期利率急剧下降。低利率使得使用债务的公司受益——因为低利率可以帮助公司为资本开支筹集资金，从而刺激了经济。同时，低利率导致住房抵押贷款再融资，降低了抵押开支，使更多资金进入消费者口袋，也刺激了经济增长。当然，此时储蓄者遭受了损失，不过从净效应来看，降低利率促进了经济恢复。

低利率也促使持有美国国债的外国投资者出售这些债券。这些投资者得到美元之后会去兑换其他货币。出售美元买入其他货币的行动降低了美元对其他货币的价值，使美国商品变得更便宜，制造商可以从中受益，也帮助减少了贸易逆差。但是需要注意，在美联储积极干预市场的情况下，收益曲线可能会暂时扭曲。如果美联储放松信贷，短期利率会低于均衡水平；如果美联储收紧信贷，则短期利率会高于均衡水平。长期利率不会受到这么明显的影响。2004年，为了使利率回到与通货膨胀率更为一致的水平，美联储五次提高短期利率，使短期利率上涨了1.25个百分点，但是长期利率（10年期国债利率）却没有变化。

联邦预算赤字或结余

如果联邦政府的开支超过了税收收入就会出现赤字，必须用额外债务或者多发货币来弥补。如果政府借债，则会增加资金需求，从而推高利率。如果政府发行货币，投资者会认为“更多货币追逐定量商品”，结果会加剧通货膨胀，也会提高利率。所以，在其他条件不变的情况下，联邦赤字越大，利率水平越高。

在过去几十年里，联邦政府经常是赤字运行。在20世纪90年代后期曾有过一些结余，但2011年9月的恐怖袭击和随后的经济萧条、伊拉克战争等使政府开支大量增加，再次出现财政赤字。

国际因素

美国的企业和个人在全球范围内购买和销售商品。如果买的比卖的多（也就是进口超过出口），就会出现**对外贸易逆差**（foreign trade deficit）。出现贸易逆差时，必须筹集资金，通常是从有外贸结余的国家举借债务。换句话说，如果进口2 000亿美元而出口只有1 000亿美元，就产生了1 000亿美元的贸易逆差，其他国家将享有1 000亿美元的贸易顺差。此时，很可能从那些有结余的国家借入1 000亿美元。不管怎样，贸易逆差越大，债务就会越多。投资者只有在美国国债利率超过其他国家时才会持有美国国债。所以，该利率很大程度上取决于其他国家的情况。

这种相互影响限制了美联储使用货币政策控制美国经济活动的能力。例如，如果美联储试图降低美国利率，则可能会使该利率低于其他国家，投资者会卖出美国国债。这些出售活动会降低债券价格，推高美国利率。因此，大量的对外贸易逆差会削弱美联储通过降低利率应对经济萧条的能力。

第二次世界大战结束后的25年里，美国一直有大量的贸易顺差，世界其他国家向美国举借了大量债务。但是自20世纪70年代以来情况发生了变化，美国开始出现贸易逆差。这些逆差不断累积，导致美国从最大的债权国变为最大的债务国，美国的利率受到其他国家利率的影响更大——外国的高（低）利率会带来美国的高（低）利率。所以，美国公司的财务主管和每位受到利率影响的国民都需要跟随世界经济发展的步伐。

企业活动

6.2节的图6—2说明了企业的情况如何影响利率。下面是该图中体现出来的一些要点：

1. 因为1971—1981年通货膨胀率上升，所以高利率是该期间的一般趋势。但是自1981年到达高点后开始呈现向下的趋势。

2. 图中的阴影部分表示经济萧条期，在这一时期：(a) 货币需求和通货膨胀率都下降；(b) 美联储试图增加货币供给来刺激经济。所以，在这一时期利率有下降趋势。例如，2000年经济增长放缓，2001年进入较为温和的萧条期。为了应对经济低迷，美联储降低了利率。但到了2004年经济开始复苏，美联储也开始提高利率。

3. 在经济萧条时，短期利率比长期利率下降得更明显。这是因为：(a) 美联储主要在短期经济领域进行干预，所以这一领域的效果最为明显；(b) 虽然由于经济萧条或繁荣而使得当前的通货膨胀率很低或很高，但长期利率反映了未来20～30年平均的预期通货膨胀率，这一预期通常很少大幅变化。所以，短期利率波动性更强。回顾一下图6—2，我们会发现短期利率下降幅度比长期利率更大。

6.8 跨国投资

如果投资者准备投资于海外，必须考虑更多的其他风险。首先，存在**国家风险**(country risk)，这指的是在某一特定国家投资存在的风险。这种风险取决于该国的经济、政治、社会环境。一些国家可以提供安全的投资环境，所以其国家风险比其他国家小。国家风险包括：财产会被没收而且没有足够的补偿，以及税率、制度、货币汇回等方面的变动；东道国对本地产品和就业的要求的变动，以及内乱带来破坏的危险。

特别需要注意的是，在进行海外投资时，证券通常以美元之外的货币标价，这就意味着投资回报将受到汇率的影响。这可以称为**汇率风险**（exchange rate risk）。例如，如果美国投资者购买日本债券，利息很可能以日元支付，投资者如果想在美国消费，就必须将这些钱兑换成美元。如果日元走弱，那么换到的美元将变少，当资金汇回时，投资者收到的美元减少。但是，如果日元走强，投资者的有效投资回报将增加。所以，一项海外投资的回报取决于该外国证券的表现和汇率的变动。

6.9 利率和企业决策

6.4节图6—4中2005年的收益曲线说明了美国政府将在2005年2月为1年期、5年期、10年期债务支付的利息，企业类的债务人可能支付更高的利息。我们假定现在是2005年2月，该收益曲线适用于你的公司。假设你的公司决定建造一栋新厂房，使用寿命为30年，需要花费100万美元，公司准备举借债务而不是发行新股来筹集资金。如果你在2005年2月借入一年期的短期款项，那么利息成本只有3.1%或31 000美元。如果你使用长期债务，利息成本将是4.6%或46 000美元。因此，你似乎应该使用短期债务。

但这可能是一个可怕的错误。如果你使用短期债务，必须每年重新举借资金，每笔新贷款收取的利息将反映该贷款合同签订时的短期利率。利率可能重新回到前些年的高点，那么你将支付14%的利息，每年140 000美元。如此高的利息费用会减少甚至完全吃掉你的利润。盈利性降低会增大公司的风险，债权人会要求增加风险报酬，公司原本较低的债券利率将不得不提高。这将进一步增加利息支出，降低盈利水平，债权人会更加担心，甚至不愿意继续提供贷款。如果债权人根据他们的权利拒绝续签贷款合同，要求收回本金，你将不得不低价出售资产而承受损失，甚至面临破产。

另一方面，如果你在2005年使用长期资金，每年的利息支出将为46 000美元，经济领域的利率上涨不会损害你的利益。你也许还能廉价收购一些破产的竞争者——当利率上涨时破产会急剧增加，这可能是因为很多公司使用了大量短期债务。

那么是不是说公司应该总是避免短期债务？不是这样。如果未来几年通货膨胀率降低，那么利率也会降低。假定你在2005年2月借入一笔长期资金，利率为4.6%，而你的竞争对手（在2005年使用短期债务）的借款成本只有3%左右，那么你的公司将由于被锁定4.6%的债务成本而处于不利境地。

如果我们能够准确预测未来的利率，作出筹资决策将变得很容易。但遗憾的是，不可能总是正确预测利率。尽管很难预测未来的利率水平，但不难预测未来的利率会不断波动——过去是这样，将来也是这样。也就是说，筹资策略要求使用长期债务和短期债务组合，当然还包括权益，这样公司可以在任何利率环境中生存下去。进一步来看，公司的最优筹资策略很大程度上还取决于公司资产的状态——公司越容易通过出售资产产生现金，就越可能使用短期债务。也就是说，公司使用短期债务为存货、应收款之类的流动资产筹资比为类似建筑物等固定资产筹资更可行。本书稍后将在探讨营运资本策略时说明这一问题。

利率的变动也会影响储蓄者。例如，如果你有一个退休金计划——将来大多数人都会有——你很可能想投资一些债券共同基金。你可以选择一个平均期限为25年、20年或更短的基金，甚至只有几个月期限的基金（货币市场基金）。你的选择将如何影响投资结果，也就是你退休后的收入呢？首先，年度利息收入将受到影响。例如，如果收益曲线向上倾斜，你选择那些持有长期债券的基金将获得更多利息收入。不过需要注意，如果你选择长期基金并且利率上涨，基金中的债券市场价值会下降。例如，我们将在第7章看到，如果你持有100 000美元的基金，该基金中债券的平均期限是25年，利率是6%，那么当利率上涨到10%时，你持有的基金市场价值将下降到64 000美元。如果利率下降，你的基金价值将增加。无论如何，你选择的投资期限将对投资报酬产生重要影响，也就是会影响你未来的收入。

小结

本章介绍了利率如何确定、利率期限结构，以及利率影响企业决策的一些途径。对于某一债券的利率 r，可以用下列公式计算：

$$r=r^*+IP+DRP+LP+MRP$$

式中，r^* 代表真实无风险利率；IP 代表对预期通货膨胀给出的溢价补偿；DRP 代表对潜在违约风险的溢价报酬；LP 代表对缺乏流动性（或可变现性）的溢价报酬；MRP 代表对长期债券内在风险的溢价报酬。r^* 和其他报酬会随着时间推移而变动，受到经济状况、美联储政策等因素的影响。由于这些因素的变化很难预测，因此未来利率的走势也很难预测。

收益曲线说明了债券利率和期限之间的关系，它可能向上或向下倾斜，而且其斜率和水平会随着时间推移而改变。收益曲线斜率的主要影响因素是对未来通货膨胀的预期和 MRP。我们可以通过分析收益曲线的数据来推测市场参与者对未来利率的看法。

在后续章节中，当我们分析债券和股票价值、评价各种投资和筹资决策时，将用到本章的知识。

练习题

1. 违约风险报酬

一种 10 年期国债的收益率为 6%，一种 10 年期公司债券的收益率为 8%。假定公司债券的流动性风险报酬是 0.5%，该债券的违约风险报酬是多少？

2. 期限风险报酬

一位投资者预期第 1 年的通货膨胀率为 2.5%，第 2 年为 3.2%，以后一直是 3.6%。假定真实无风险利率为 2.75%并保持稳定。3 年期国债的收益率为 6.25%，5 年期国债的收益率为 6.8%。这两种债券的期限风险报酬的差异是多少？即求 MRP_5-MRP_3。

3. 预期理论和通货膨胀

假定一种 2 年期国债的收益率为 4.5%，1 年期国债的收益率为 3%。r^* 为 1%，期限风险报酬为零。

a. 根据预期理论，一年后 1 年期债券的收益率是多少？

b. 第 1 年和第 2 年的预期通货膨胀率是多少？

4. 收益曲线

假定明年的通货膨胀率预期为 7%，后年为 5%，此后均为 3%。假定真实无风险利率保持 2%，极短期国债（几天内到期）的期限风险报酬为零，1 年期的为 0.2%。期限每增加一年，期限风险报酬增加 0.2 个百分点，最高为 1 个百分点，适用于 5 年期及以上的债券。

a. 计算 1、2、3、4、5、10、20 年期的国债利率，并画出收益曲线。

b. 假定某 AAA 级公司的债券的期限与国债相同，在国债的收益曲线图中大致画出该公司的收益曲线。（提示：考虑该公司长短期债券的违约风险报酬。）

答案

1. 1.5%

2. 0.35%

3. a. 一年后 1 年期债券的收益率＝6%；b. $I_1=2\%$，$I_2=5\%$

4. $r_1=9.20\%$；$r_5=7.20\%$

第 7 章

债券及其估值

7.1 谁发行债券

债券（bond）是一种长期契约，发行人（即借款人）承诺按照约定向债券持有人支付利息和本金。例如，2006 年 3 月，艾来德公司发行 50 百万美元债券筹集资金。为了简化，我们假定艾来德公司卖出了 50 000 张面值 1 000 美元的债券。实际上，它可能卖出一张 50 百万美元的债券，或 10 张 5 百万美元的债券，或其他总值为 50 百万美元的债券。在任一情况下，艾来德公司都收到 50 百万美元，并承诺每年支付利息，在到期日偿还 50 百万美元本金。

直到 20 世纪 70 年代，大部分债券都是纸质的，印有漂亮的花纹，以及包括期限、面值等在内的债券的主要条款。不过，如今所有债券的资料都存储在电脑中，这些债券类似于存在银行账户里的“钱”。

投资者进行债券投资时有很多选择。债券可以分为四种基本类型：国债、公司债券、地方政府债券和外国债券。每种债券的风险和预期收益都不同。

国债（treasury bonds），也称国库券、政府债券，由联邦政府发行。可以合理预期联邦政府会很好地履行偿付承诺，所以国库券没有违约风险。但是利率上升时这些债券的价格会下跌，所以也不是完全没有风险。

公司债券（corporate bonds）由公司发行。与国债不同，公司债券具有违约风险——如果发行公司陷入困境，可能无法支付承诺的利息和本金。不同公司债券的违约风险不同，这取决于发行公司的情况和具体债券的期限。违约风险通常指的是“信用风险”，如第 6 章所述，违约风险越大，投资者要求的利率越高。

地方政府债券（municipal bonds）由州政府和地方政府发行。与公司债券类似，地方政府债券也具有一定的违约风险。但是，地方政府债券有一种优于其他所有债券的特性：如第 3 章所述，大部分地方政府债券的利息免征联邦税收，并且当持有人是发行地居民时也免收州政府税。因此，地方政府债券的利率低于同等风险下的公司债券。

外国债券（foreign bonds）由外国政府或公司发行。外国公司债券当然具有违约风险，而且一些外国政府债券也有违约风险。如果债券不是以投资者所在国的货币标价，还会有额外风险。例如，如果你购买以日元标价的公司债券，即使公司没有违约，你也可能由于日元对美元贬值而遭受损失。

7.2 债券的主要特征

尽管所有的债券都有一些共同特征，但是不同的债券还有一些不同的契约条款。例如，很多公司债券有提前偿还的规定，但不同债券的此类规定可能差异很大。与此类似，一些债券有资产作为支持，如果发行人无力偿还债务就必须将资产抵偿给债券持有者，其他债券则可能没有此类抵押品。合约条款及公司基本财务能力等方面的差异给债券带来了不同的风险、价格和预期收益。为了理解债券，必须理解下面的概念。

面值

面值（par value）指的是债券的票面价值，举例时我们通常假定面值为1 000美元，其实也可以是1 000美元的任意倍数（例如5 000美元或5百万美元）。面值通常表明公司举借并承诺在到期日偿还的数额。

票面利率

艾来德公司的债券要求公司每年支付固定利息。用年度**息票支付款**（coupon payment）除以面值就得到了**票面利率**（coupon interest rate）。例如，艾来德公司的债券面值为1 000美元，每年支付100美元利息。因为息票支付额为100美元，所以票面利率是100/1 000＝10%。100美元是1 000美元借款的年度“租金”。这一支付在发行债券时就已经确定，并在债券的存续期有效。通常情况下，在发行债券时，设定的利率要能够吸引投资者以接近面值的价格购买债券。本章的例题和问题主要集中于固定利率债券。

不过在某些情况下，债券的利息支付额可以不断变化。这种**浮动利率债券**（floating-rate bond）的运作情况如下：初期设定票面利率，通常期限为6个月，然后以一些公开市场利率为基础每6个月调整一次。例如，许多公司债券锁定10年期国债利率。这种债券中也会包括其他一些条款。例如，有些债券的投资者有权要求转换为固定利率债券，另外一些债券则设有浮动利率的上下限（“顶”和“底”）。

一些债券根本不发放利息，但在出售时价格低于面值，这样就提供了资本增值而不是利息收入。这些证券叫**零息债券**（zero coupon bond）。还有一些债券支付一点利息，但不足以使其以面值发行。一般情况下，只要债券以明显低于面值的价格发行就叫做**折价发行债券**（original issue discount (OID) bond）。

到期日

债券通常设有**到期日**（maturity date），在到期日需要偿付债券面值金额。艾来德公司的债券在2006年1月3日发行，2021年1月2日到期，期限为15年。债券的**初始期限**（original maturity）（从发行时开始计算的存续期）一般为10～40年，但任何期限都是法律允许的。债券发行后，其有效期限每年减少。艾来德公司债券的初始期限为15年，但在一年后的2007年，有效期限为14年，依此类推。

赎回条款

与国债不同，大部分公司和地方政府债券都包含**赎回条款**（call provision），赋予了债券发行人赎回债券的权利。赎回条款通常规定发行人必须向债券持有人支付超过面值的价格。超额部分可称为赎回溢价，通常等于一年期的利息。例如，一种10年期、面值1 000美元、10%年利率的债券，赎回溢价为100美元，也就是说，如果发行人想赎回债券，必须向投资者支付1 100美元（面值加上赎回溢价）。大多数情况下，在发行债券时都会约定赎回条款，赎回溢价随着到期日的临近将会减少。虽然有些债券可以立即赎回，但大多数债券都需要在发行几年后（一般为5～10年）才可以赎回，称为延期赎回，这种债券设有赎回保护期。

假定某公司在利率很高时发行了债券，由于债券包含赎回条款，公司可以在利率下降时发行新的收益率较低的债券，使用新筹集的资金赎回原来的高利率债券，这样可以减少利息费用。这一过程叫做换券操作。赎回条款对公司有利但对长期投资者不利，这些投资者不得不把他们收到的资金在低利率的情况下重新投资。所以，可赎回债券的利率会高于不可赎回债券的利率。例如，2005年8月30日，太平洋木材公司（Pacific Timber Company）发行了利率为8%的债券，这些债券可以立即赎回。在同一天，西北加工公司（Northwest Milling Company）发行了风险和期限相同的债券，但该债券10年内不能赎回，所以利率只有7.5%。投资者为了在10年内至少获得7.5%的利息回报，需要接受西北加工公司较低的债券利率。同时，太平洋木材公司为了获得在利率下降时赎回债券的权利，多支付了0.5%的年利率。

偿债基金

一些债券包含**偿债基金条款**（sinking fund provision）以有序赎回债券。多年前，公司需要将资金存放在信托公司，在债券到期时用这些资金来偿还债务。现在，偿债基金条款要求发行人每年赎回约定比例的债券。如果发行人没有履行偿债基金的要求，则会造成违约，可能使公司破产。因此，偿债基金构成了公司巨大的现金压力。

大多数情况下，发行人可以通过下面的方式处理偿债基金：

1. 公司可以每年（以面值）赎回一定比例的债券。例如，公司可以每年以每张债券1 000美元的价格偿还5%的债券。债券按顺序编号，偿还对象由信托公司抽签决定。
2. 公司可以在公开市场上回购一定数量的债券。

公司会选择成本最低的方法。如果债券发行后利率上涨，其交易价格就会低于面值，那么公司可以在公开市场上低价买入债券。相反，如果利率降低，债券价格高于面值，公司就可以使用赎回权。需要注意的是，偿债基金的赎回与换券赎回具有较大差异——偿债基金的赎回不需要支付溢价，但每年的赎回比例很小。

尽管偿债基金通过确保债券有序偿还来保护投资者，但偿债基金也有可能伤害投资者。比如，假定债券利率为10%，但同类债券利率已经降到7.5%。偿债基金以面值赎回时，长期投资者不得不放弃每年100美元的利息转而投资每年只有75美元利息的债券。这对于那些债券被赎回的投资者来说显然非常不利。但是总体来看，具有偿债基金条款的债券被认为更安全，所以在发行时具有偿债基金的债券的利率可以比同类不具有偿债基金的债券更低。

其他特征

公司也常使用其他类型的债券。**可转换债券**（convertible bonds）是债券持有人可以选择的以固定价格转换为普通股的债券。可转换债券的利率比风险相似的不可转换债券的利率要低，但它给投资者提供了获得资本利得的机会，可以补偿较低的利率。附带

权证（warrant）的债券与可转换债券类似。权证允许持有人以约定价格购买股票，如果股票价格上涨，则可获得资本利得。与可转换债券相似，附带权证的债券的利率也比常规债券的利率要低。

不同于可赎回债券赋予发行人在债券到期前赎回的权利，**可回售债券**（putable bond）允许投资者在到期前以约定价格将债券售回给公司。如果利率上涨，投资者就会将持有的债券回售，然后投资于高回报的债券。另一种形式是**收益债券**（income bond），这种债券只在有收益时才支付利息。这样，收益债券不会使公司破产，但对投资者来说却比"正常"债券的风险更高。还有一种债券是**物价挂钩（购买力）债券**（indexed (purchasing) power bond）。利率以通货膨胀指标（如消费者价格指数）为基础，所以当通货膨胀率上升时，支付的利息自动增加，可以保护投资者不受通货膨胀的影响。美国财政部是物价挂钩债券的主要发行人，2005 年的利率通常为 1%～2%加上上一年度的通货膨胀率。

7.3 债券估值

任何金融资产的价值——股票、债券、租赁甚至有形资产（如办公楼或机器设备）——都是该资产预期未来可产生的现金流量的现值。

与艾来德公司的债券一样，一种标准有息债券的现金流量包括债券存续期 15 年内支付的利息和债券到期时偿还的借款本金（通常等于面值）。如果是浮动利率债券，支付的利息会存在差异。零息债券则不用支付利息，所以现金流只涉及到期时偿还的面值。与艾来德公司债券类似的"标准"固定利率债券的情况如下：

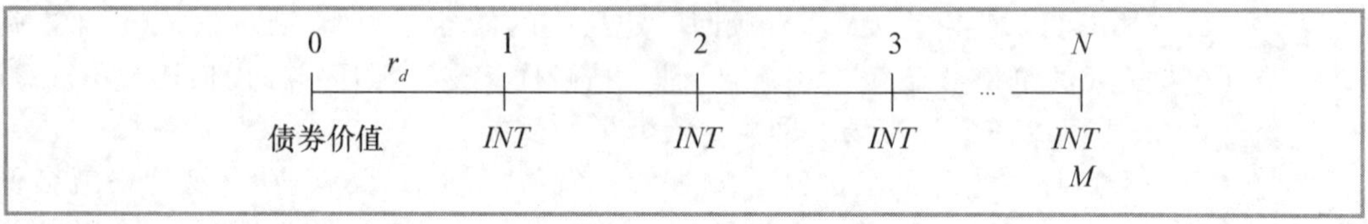

其中：

r_d=债券市场利率=10%。这是计算债券现金流现值时的折现率，这一现值也是债券的价格。第 6 章曾详细讨论影响市场利率的不同因素。需要注意，r_d不是票面利率，它只在债券以面值出售时才等于票面利率（像本例中的情况那样）。

N=债券到期前的年限=15。N 在债券发行后逐渐减少，如果债券发行时期限为 15 年（初始期限=15），那么一年后 N=14，两年后 N=13，依此类推。我们可以假定债券每年付息一次，所以 N 表示年度。后续章节中，我们会讨论半年度付息的债券，即每六个月付息一次。

INT=每年支付的利息=票面利率×面值=0.1×1 000=100 美元。使用计算器时，INT=PMT=100。如果债券是每半年付息，那么每次的利息是 50 美元。如果艾来德公司发行的是零息债券，利息就是零；如果发行的是浮动利率债券，那么利息会不断变化。

M=面值或债券到期价值=1 000 美元。债券到期时必须偿还这一本金。

我们现在可以重新画出时间轴，标出除债券价值 V_B之外的所有变量：

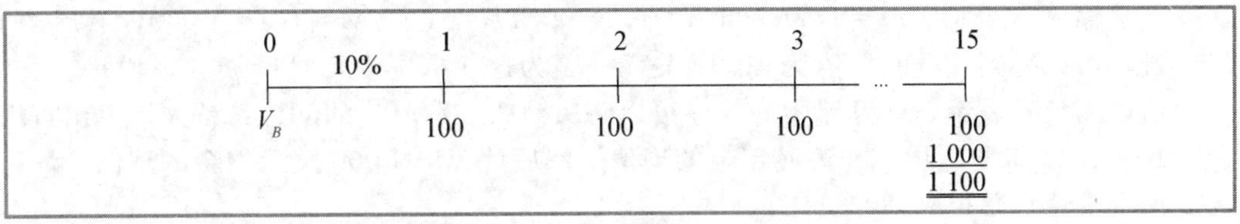

可以使用下面的公式求出任一债券的价值：

$$\text{债券价值 } V_B = \frac{INT}{(1+r_d)^1} + \frac{INT}{(1+r_d)^2} + \cdots + \frac{INT}{(1+r_d)^N} + \frac{M}{(1+r_d)^N}$$

$$= \sum_{t=1}^{N} \frac{INT}{(1+r_d)^t} + \frac{M}{(1+r_d)^N} \qquad (7—1)$$

代入上述债券数据，可以得到

$$V_B = \sum_{t=1}^{15} \frac{100}{1.1^t} + \frac{1\ 000}{1.1^{15}}$$

如公式（7—1）所示，现金流包括 N 期的年金和第 N 年年底收回的大额本金。

我们可以简单地将每笔现金流折现到现在，并将这些 PV 加总得到债券价值（见图 7—1）。

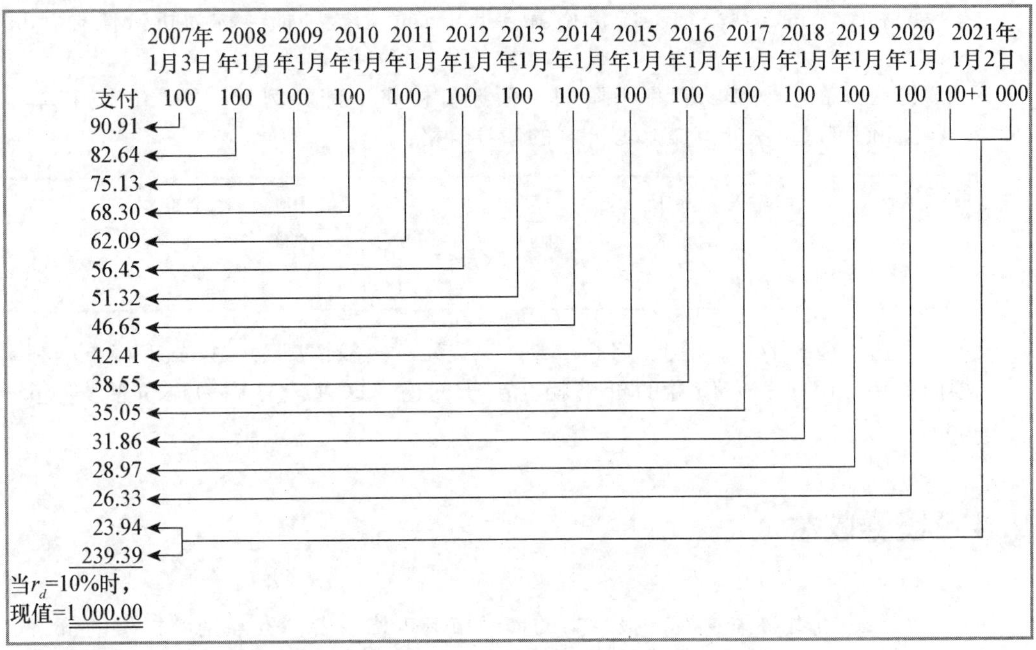

图 7—1　10%利率水平下艾来德公司债券的时间轴

这个程序效率不高，特别是当债券存续期很长时。因此，我们可以使用计算器来解决问题，下面是具体过程：

输入：	10	15		100	1 000
	N	I/YR	PV	PMT	FV
输出：			=−1 000		

输入 $N=15$，$r_d=I/YR=10$，$INT=PMT=100$，$M=FV=1\ 000$，然后按下 PV 键，可以得到债券的价值为 1 000 美元。因为这 1 000 美元对投资者来说是现金流出，所以用负号表示。计算器中的程序可以解决公式（7—1）的问题：首先计算出折现率为 10%、15 年期每年 100 美元年金的现值，然后计算出 1 000 美元本金的现值，最后将这两个现值加总得到债券价值。

本例中，债券以面值出售。当现行市场利率 r_d 等于票面利率时，固定利率债券将以面值出售。一般情况下，票面利率都以债券发行时的市场利率为标准确定，所以最初债券都以面值出售。

票面利率在债券发行后仍保持不变，但市场利率会发生变化。由公式（7—1）可以看出，当市场利率 r_d 上升时，发行在外的债券价格会下跌；反之，当市场利率下降时，会使债券价格上涨。例如，如果艾来德公司的债券发行后，市场利率很快涨到 15%，我们可以根据新的市场利率重新计算价格：

输入：	15	15		100	1 000
	N	I/YR	PV	PMT	FV
输出：			=−707.63		

价格将下降到 707.63 美元，此后债券将以低于面值的价格出售。只要现行市场利率高于票面利率，固定利率债券的价格就会低于面值，这种债券称为**折价债券**（discount bond）。

另一方面，当市场利率下降时，债券价格将上涨。例如，如果市场利率下降到 5%，我们可以再次计算艾来德公司的债券价格：

输入：	15	5		100	1 000
	N	I/YR	PV	PMT	FV
输出：			=−1 518.98		

在这种情况下，价格上涨到 1 518.98 美元。一般情况下，只要现行市场利率低于票面利率，固定利率债券的价格就会高于面值，这种债券称为**溢价债券**（premium bond）。

7.4 债券收益

如果你查看《华尔街日报》中的债券市场表格或者债券经销商提供的价格表，会看到各债券的到期日、价格、票面利率以及报告收益率。与固定的票面利率不同，债券的报告收益率将跟随市场条件的变化而变化。下面介绍三种不同的收益率计算方法。

到期收益率

假定你以 1 494.93 美元的价格购买了 14 年期、票面利率 10%、面值 1 000 美元的债券。如果你购买后持有至到期，将获得什么样的投资报酬率？这一比率就叫做债券的**到期收益率**（yield to maturity，YTM），投资者谈到的报酬率以及《华尔街日报》中报告的报酬率通常都是指到期收益率。为了求出 YTM，你需要解公式（7—1）得到 r_d：

$$V_B = 1\,494.93 = \frac{100}{(1+r_d)^1} + \cdots + \frac{100}{(1+r_d)^{14}} + \frac{1\,000}{(1+r_d)^{14}}$$

如果你找到一个数字可以“起作用”，使得右侧的现值之和等于 1 494.93 美元，这个数字就可以替代 r_d。但是通过试错找到 $r_d = YTM$ 非常烦琐且耗费时间，通过计算器计算比较简单。步骤如下：

输入：	14		−1 494.93	100	1 000
	N	I/YR	PV	PMT	FV
输出：		=5			

只需要输入 $N=14$，$PV=-1\,494.93$，$PMT=100$，$FV=1\,000$，然后按下 I/YR 键，答案 5%就会显示在屏幕上。

到期收益率还可以看做债券承诺的报酬率，即当所有承诺的款项都得到支付时投资者获得的报酬率。但是，到期收益率只在下列情况下才等于预期报酬率：（1）违约风险为零；（2）债券不能赎回。如果有违约风险，或者债券能够赎回，就有可能出现承诺了但没有实际支付的款项，此时计算出的到期收益率不等于预期报酬率。

只要经济生活中的利率发生变动，债券的到期收益率就会变化，而且几乎每天都会变化。那些购买债券并持有至到期的投资者可以得到购买日的 YTM，但购买日和到期日之间计算的 YTM 会经常发生变动。

赎回收益率

如果你购买了可赎回债券并且公司实施了赎回行为，你将失去持有至到期的机会，因此也就无法实现到期收益率。例如，如果艾来德公司票面利率为 10%的债券是可赎回的，并且市场利率从 10%下降到 5%，那么公司会赎回这些利率为 10%的债券，用利率为 5%的债券去替代，这样对于每份债券，公司每年可以节约 50 美元（=100−50）的利息。这对公司有利，但对债券持有人不利。

如果当前利率低于发行在外债券的票面利率，可赎回债券很可能被赎回，投资者会用**赎回收益率**（yield to call，YTC）而不是到期收益率来估计其预期报酬率。为了计算 YTC，需要求解公式中的 r_d：

$$\text{可赎回债券的价格} = \sum_{t=1}^{N} \frac{INT}{(1+r_d)^t} + \frac{\text{赎回价格}}{(1+r_d)^N} \qquad (7\text{—}2)$$

式中，N 为公司可赎回该债券前的期间；赎回价格是公司为了赎回债券必须支付的价格（通常等于面值加上一年期利息）；r_d 是 YTC。

为了便于举例，我们假定艾来德公司的债券包含赎回条款，条款约定：发行 10 年后，公司可以以 1 100 美元的价格赎回债券。假设发行一年后现行利率下降，债券价格上涨到 1 494.93 美元。下面是时间轴和用计算器求出 YTC 的步骤：

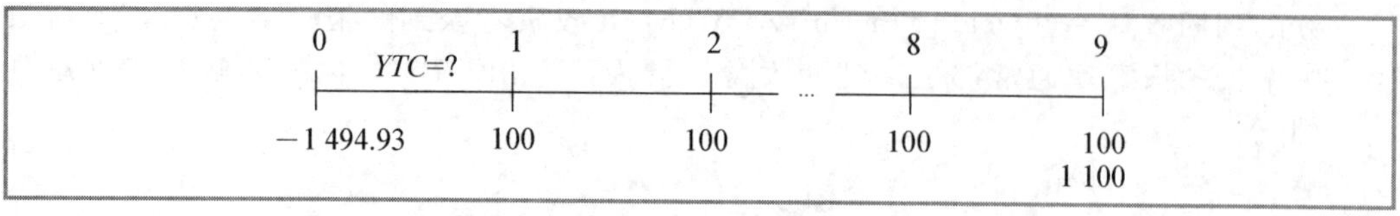

输入：	9		−1 494.93	100	1 100
	N	I/YR	PV	PMT	FV
输出：		4.21=*YTC*			

YTC 是 4.21%，这是你以 1 494.93 美元的价格购买艾来德公司债券并且持有 9 年后赎回时可获得的报酬率。（由于发行 10 年后才能赎回，现在已经过去了 1 年，因此到可赎回期还有 9 年。）

你认为艾来德公司会在债券可赎回时就赎回吗？艾来德公司的行动取决于债券可赎回时的市场利率。如果利率仍然是 r_d=5%，艾来德公司可以通过发行新的利率为 5% 的债券，赎回原来利率为 10%的债券，这样每年每份债券可以节约 5%（=10%−5%），或 50 美元。公司赎回债券会产生一些成本，但利息上的节约肯定可以弥补这些成本，所以艾来德公司会赎回债券。因此，如果你在这样的环境下购买债券，预期可得到 *YTC*=4.21%，而不是 *YTM*=5%。

当前收益率

经纪公司报告的通常是债券的**当前收益率**（current yield），它等于年利息除以债券的当前价格。例如，如果艾来德公司票面利率为 10%的债券当前售价为 985 美元，则当前收益率为 100/985=10.15%。

与到期收益率不同，当前收益率不代表投资者预期可以从债券得到的所有回报，它没有考虑持有至到期（或持有至赎回）所实现的资本利得或损失。当前收益率考虑了某一年度的现金流量，但没有考虑所有预期收益的准确度量，这一点可以通过零息债券来解释。因为零息债券不支付年利息，所以当前收益率通常为零。但是零息债券随着时间推移会增值，它们的总回报率肯定大于零。

7.5 债券价值的变动

发行附息票债券时，通常将息票设定在债券市场价格等于面值的水平。如果息票水平偏低，投资者就不会愿意花 1 000 美元购买债券；反之，如果息票水平较高，投资者就会抢购，使其价格超过 1 000 美元。投资银行可以判断出非常准确的利息率，使债券价格等于面值 1 000 美元。

刚发行的债券属于新发行债券，发行后就是已发行债券。新发行的债券售价通常非常接近面值，已发行债券的价格则与面值偏离较多。除浮动利率债券外，支付的利息都是固定的，所以一种以 1 000 美元面值发行、年利息 100 美元的债券，其价格会随着经济环境的变动而高于或低于 1 000 美元。

在艾来德公司已发行的债券中，有三批债券都是 15 年期。

- 艾来德公司刚发行了一批 15 年期、票面利率 10%的债券。这些债券以面值发行，意味着市场利率也是 10%。由于票面利率等于市场利率，这些债券以面值交易，因此价格就是 1 000 美元。

● 5 年前，艾来德公司发行了一批 20 年期、票面利率 7%的债券。这些债券目前还有 15 年到期。这些债券当年以面值发行，也就是说，5 年前这些债券发行时的市场利率也是 7%。由于这些债券的票面利率低于当前的市场利率，因此它们的价格会低于面值。我们可以使用计算器或电子表格快速计算出其价格是 771.82 美元。（设定 $N=15$，$I/YR=10$，$PMT=70$，$FV=1\,000$，然后求解 PV 得到价格。）

● 10 年前，艾来德公司发行了一批 25 年期、票面利率 13%的债券。这些债券目前还有 15 年到期。这些债券当年以面值发行，即 10 年前的市场利率刚好是 13%。由于这些债券的票面利率高于当前的市场利率，因此它们的价格会高于面值。我们可以使用计算器或电子表格计算出其价格为 1 228.18 美元。（设定 $N=15$，$I/YR=10$，$PMT=130$，$FV=1\,000$，然后求解 PV 得到价格。）

这三批债券都是还有 15 年到期，信用风险相同，面对的市场利率都是 10%，但由于它们的票面利率不同，因此价格也不同。

现在假定市场利率保持 10%不变，而且艾来德公司不会违约，考虑一下这些债券的价格会发生什么变化。表 7—1 列示了市场利率保持 10%不变时，这些债券价格随时间变动的情况。1 年后，这些债券都是还有 14 年到期，也就是说 $N=14$。在计算器中只需用 $N=14$ 代替 $N=15$，然后按下 PV 键，你就可以计算出每种债券 1 年后的价值。令 $N=13$，$N=12$，依此类推，就可以计算出价格随时间变化的情况。

表 7—1 中还给出了当前收益率、资本利得收益率、总收益率。每年的资本利得收益率都等于债券年度价格的变动除以年初价格。例如，如果某债券年初售价为 1 000 美元，年底为 1 035 美元，则当年的资本利得收益率为 35/1 000=3.5%。如果债券溢价销售，其价格会逐渐下降，则资本利得收益率将为负数，但会有较高的当前收益率。债券的总收益率等于当前收益率加上资本利得收益率。当不存在违约风险时，总收益率等于 YTM，也等于市场利率，本例中这一数字为 10%。

根据表 7—1 中的信息，图 7—2 显示了票面利率为 7%，10%，13%的债券的价格变动情况。注意，随着时间的推移，债券价格变动的路径迥然不同，但债券到期时的价格都将等于面值 1 000 美元。

下面是关于债券价格随时间变动的几个要点：

● 如果市场利率一直为 10%，则票面利率为 10%的债券将继续以面值 1 000 美元交易，所以每年的当前收益率都为 10%，资本利得收益率都为零。

● 票面利率为 7%的债券折价交易，但随着到期日临近，其价格也逐渐向面值回归。到期时，债券的价格一定等于面值，因为这是公司必须支付给债券持有人的金额，所以债券的价格在逐渐上升。

● 票面利率为 13%的债券溢价交易，但随着到期日临近，其价格也会向面值回归，所以价格会逐渐下降。

票面利率为 7%和 13%的债券的价格变动趋势相反，但每位投资者得到的总收益率相同，都是 10%，这也是以面值销售、票面利率为 10%的债券的总收益。折价销售的债券的票面利率低（当前收益率低），但每年都有资本收益。与之相反，溢价销售的债券当前收益率高，但每年都预期有资本损失。

表 7—1　债券的当前收益率、资本利得收益率和总收益率的计算（市场利率保持 10%，票面利率分别为 7%，10%，13%）

到期前的年数	票面利率为 7%的债券				票面利率为 10%的债券				票面利率为 13%的债券			
	价格[a]	预期当前收益率[b]	预期资本利得收益率[c]	预期总收益率[d]	价格[a]	预期当前收益率[b]	预期资本利得收益率[c]	预期总收益率[d]	价格[a]	预期当前收益率[b]	预期资本利得收益率[c]	预期总收益率[d]
15	$ 771.82	9.1%	0.9%	10.0%	$1 000.00	10.0%	0.0%	10.0%	$1 228.18	10.6%	−0.6%	10.0%
14	779.00	9.0	1.0	10.0	1 000.00	10.0	0.0	10.0	1 221.00	10.6	−0.6	10.0
13	786.90	8.9	1.1	10.0	1 000.00	10.0	0.0	10.0	1 213.10	10.7	−0.7	10.0
12	795.59	8.8	1.2	10.0	1 000.00	10.0	0.0	10.0	1 204.41	10.8	−0.8	10.0
11	805.15	8.7	1.3	10.0	1 000.00	10.0	0.0	10.0	1 194.85	10.9	−0.9	10.0
10	815.66	8.6	1.4	10.0	1 000.00	10.0	0.0	10.0	1 184.34	11.0	−1.0	10.0
9	827.23	8.5	1.5	10.0	1 000.00	10.0	0.0	10.0	1 172.77	11.1	−1.1	10.0
8	839.95	8.3	1.7	10.0	1 000.00	10.0	0.0	10.0	1 160.05	11.2	−1.2	10.0
7	853.95	8.2	1.8	10.0	1 000.00	10.0	0.0	10.0	1 146.05	11.3	−1.3	10.0
6	869.34	8.1	1.9	10.0	1 000.00	10.0	0.0	10.0	1 130.66	11.5	−1.5	10.0
5	886.28	7.9	2.1	10.0	1 000.00	10.0	0.0	10.0	1 113.72	11.7	−1.7	10.0
4	904.90	7.7	2.3	10.0	1 000.00	10.0	0.0	10.0	1 095.10	11.9	−1.9	10.0
3	925.39	7.6	2.4	10.0	1 000.00	10.0	0.0	10.0	1 074.61	12.1	−2.1	10.0
2	947.93	7.4	2.6	10.0	1 000.00	10.0	0.0	10.0	1 052.07	12.4	−2.4	10.0
1	972.73	7.2	2.8	10.0	1 000.00	10.0	0.0	10.0	1 027.27	12.7	−2.7	10.0
0	1 000.00				1 000.00				1 000.00			

注：a. 使用财务计算器，输入 *N*，*I/YR*，*PMT*，*FV*，然后按下 PV 键可以求出债券的价格。

b. 预期当前收益率等于年利息除以债券价格。

c. 预期资本利得收益率等于年末债券价格减去年初债券价格，再除以年初价格。

d. 预期总收益率等于预期当前收益率加上预期资本利得收益率。

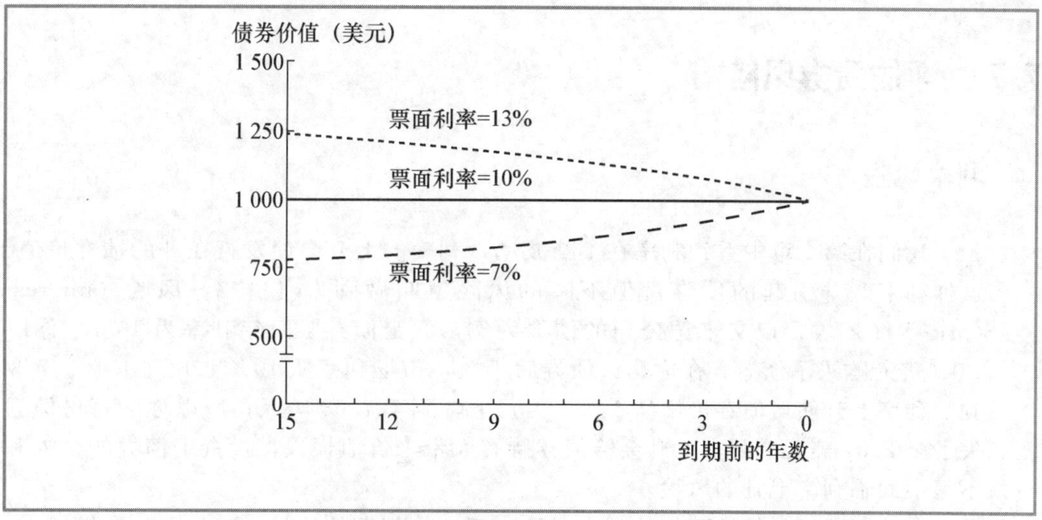

图 7—2　债券的时间路径（市场利率保持 10%，票面利率分别为 7%，10%，13%）

7.6　半年付息债券

尽管有些债券每年付息一次，但实际上大多数债券每半年付息一次。在对每半年付息一次的债券估值时，我们必须对公式（7—1）做出如下修改：

1. 将年度票面利率除以 2，得到每半年的票面利率。
2. 将距到期日的年数乘以 2，得到付息次数。
3. 将名义利率 r_d 除以 2，得到期间（半年）利率。

利用修改后的公式可以计算每半年付息的债券价值：

$$V_B = \sum_{t=1}^{2N} \frac{INT/2}{(1+r_d/2)^t} + \frac{M}{(1+r_d/2)^{2N}} \qquad (7\text{—}1a)$$

为了便于举例，我们假定 7.3 节中提到的艾来德公司的债券每半年付息 50 美元，而不是每年付息 100 美元。此时每次支付的利息只有原来的一半，但付息次数为原来的两倍。这样的票面利率可以表述为“10%半年付息”。

如果当前的（名义）利率为 r_d＝5%，每半年复利一次，则 15 年期、10%半年付息的债券每半年付息 50 美元，其价值如下：

输入：	30	2.5		50	1 000
	N	I/YR	PV	PMT	FV
输出：			−1 523.26		

输入 N＝30，r_d＝I/YR＝2.5，PMT＝50，FV＝1 000，然后按下 PV 键，可以得到债券价值为 1 523.26 美元。每半年付息一次的债券的价值略高于每年付息一次的债券，我们在 7.3 节中计算出后者的价值为 1 518.98 美元。价值略高的原因是在半年复利的情况下利息收到得较快。

7.7 评估债券风险

利率风险

我们在第6章中看到利率在不断波动，利率的上升会使发行在外的债券价值下降。这种利率上升引起的债券价值下降的风险就叫做**利率（价格）风险**（interest rate (price) risk）。仍以艾来德公司的债券为例，假定债券票面年利率为10%，你以面值1 000美元购买了债券。在你购买债券后不久，市场利率从10%上升到15%。7.3节提到，利率上升使得债券价格从1 000美元下降到707.63美元，所以你的每份债券都损失了292.37美元。利率上升会给债券持有人带来价值损失，投资于债券的个人和企业不得不面临利率上升的风险。

存续期限长的债券面临的利率风险高于即将到期的债券。这是因为存续期限越长，投资者得到偿付的期限越长，再投资于更高收益债券的机会越少。为了说明这一点，我们可以计算1年期、10%票面利率的债券的价值随 r_d 发生的变动，并与前文所述的15年期债券进行比较。不同利率水平下1年期债券的价值计算如下：

r_d=5%	输入：	1	5		100	1 000
		N	I/YR	PV	PMT	FV
输出（债券价值）：				−1 047.62		
r_d=10%	输入：	1	10		100	1 000
		N	I/YR	PV	PMT	FV
输出（债券价值）：				−1 000.00		
r_d=15%	输入：	1	15		100	1 000
		N	I/YR	PV	PMT	FV
输出（债券价值）：				−956.52		

输入 $N=1$，$I/YR=5$，$PMT=100$，$FV=1\,000$，按下PV键就可以得到第一种情况下的价值1 047.62美元。保持其他条件不变，输入 $I/YR=10$ 代替原来的 $I/YR=5$，按下PV键就可以得到市场利率为10%时的债券价值，该价值下降到1 000美元。然后输入 $I/YR=15$，按下PV键就得到最后一种情况下的债券价值956.52美元。

可以将前文得到的利率上升对15年期债券的影响与其对1年期债券的影响进行对比，图7—3说明了这一结果。我们可以看到，15年期债券的价格对利率变动更为敏感。在10%的利率水平下，15年期和1年期债券的价值都是1 000美元。当利率上升到15%时，15年期债券的价值下降到707.63美元，1年期债券只下降到956.52美元。1年期债券的价格下降了4.35%，而15年期债券的价格下降了29.24%。

对于票面利率相似的债券，这种对市场利率的不同敏感性总是存在——期限越长，对特定利率变动所产生的价格反应越大。也就是说，即使两种债券的违约风险完全相同，但期限更长的债券面临的利率上升的风险更大。

导致不同利率风险的原因很简单。假定你购买了15年期债券，年收益率为10%，

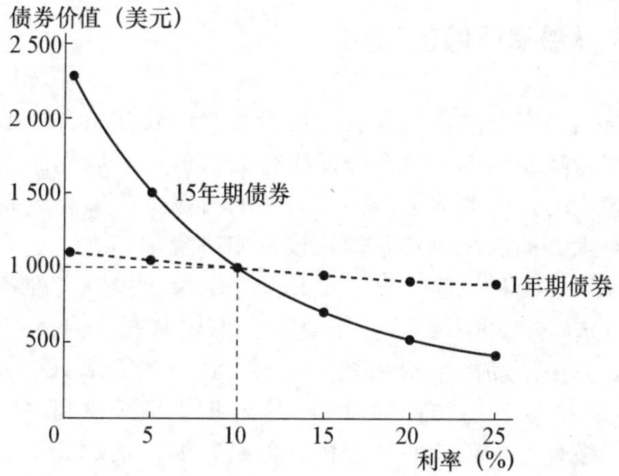

当前市场利率 r_d（%）	价值（美元）	
	1 年期债券	15 年期债券
5	1 047.62	1 518.98
10	1 000.00	1 000.00
15	956.52	707.63
20	916.67	532.45
25	880.00	421.11

图 7—3　不同市场利率条件下票面利率为 10%的长短期债券的价值

注：债券价值使用财务计算器计算，假定每年复利 1 次。

即 100 美元。现在相同风险债券的利率上升到 15%，但是你在此后的 15 年每年还是只能得到 100 美元。另外，假定你购买了 1 年期债券，你只有 1 年得到低回报。到年底时，你可以得到返还的 1 000 美元本金，然后将其投资于收益率为 15%的债券，在接下来的 14 年里每年得到 150 美元。这样，利率风险反映了你受到某一特定投资约束的时间长度。

再投资率风险

在前面的章节中，我们发现利率上升会降低债券组合的价值，损害投资者的利益。那么利率下降会不会伤害投资者？实际上答案是肯定的，因为利率下降时，长期债券持有者的收益会减少。例如，假定某退休人员持有一个债券组合，并以其收益为生，组合中债券的平均票面利率为 10%。如果市场利率下降到 5%，很多债券会被赎回，此时债券持有人将不得不转而投资于票面利率为 5%的债券。即使债券不可赎回，也会到期，债券持有人仍需要在到期时再投资于低回报的债券。这样，这位退休人员的收益就会减少。

由利率下降带来的收益下降可以称为**再投资率风险**（reinvestment rate risk），自 20 世纪 80 年代以来利率大幅下降，所以近年来所有的债券投资者都知道了该风险的重要性，可赎回债券的再投资率风险无疑更高。短期债券的再投资风险率也很高，因为债券期限越短，将原有高收益的债券转换为新的低收益债券越快。那些持有短期债券的退休人员会在利率下降时损失惨重，但持有不可赎回长期债券的人能够继续得到原有的高收益。

利率风险与再投资率风险的对比

利率风险与债券组合的价值有关，再投资率风险与组合产生的收益有关。如果你持有长期债券，因为随着利率上升会降低组合的价值，所以你面临极高的利率风险。但由于你的收益是稳定的，因此你不会面对太高的再投资率风险。另外，如果你持有短期债券，你不会面对太高的利率风险，但再投资率风险很高。

对投资者来说，哪种风险类型“更相关”取决于投资者准备持有债券的时间——通常指**投资期限**（investment horizon）。例如，假定某投资者的投资期限很短——他需要准备一年后读研究生所需的学费和其他支出，这位投资者几乎不用考虑再投资率风险，因为他没有时间再投资。他可以通过购买一年期国债规避利率风险，因为从现在起一年后，他肯定可以按债券的面值收回投资。但是，如果他购买了长期国债，由于利率上升会导致长期债券价格下跌，他会承担利率风险。所以，具有短期投资期限的投资者会认为长期债券风险更高。

与此相反，短期债券的再投资率风险与具有长期投资期限的投资者更相关。假定某退休人员以投资组合为生，如果购买一年期债券，他必须每年更换债券，如果利率下降，他下一年的收益很可能会减少。一对准备为退休或孩子的大学学费进行储蓄的年轻夫妇也会受到类似的影响，如果他们购买了短期债券，当利率下降时，投资组合的回报率也会不断降低。由于当前对这些再投资的现金流能够获得的回报尚不确定，因此长期投资者应该更关注短期债券的再投资率风险。

一种简单的减少利率风险和再投资率风险的方法是购买与投资者投资期限相匹配的零息国债。例如，假定你的投资期限是10年，如果你购买10年期零息债券，肯定会在10年后得到等于债券面值的金额，所以不会承担利率风险。而且由于没有利息需要再投资，因此也没有再投资率风险。这一情况可以解释为什么有特定目的的投资者通常投资于零息债券。

第6章中提到期限风险报酬通常为正。这种正的期限风险报酬意味着投资者一般会认为长期债券比短期债券风险更高，也就是说，投资者更关注利率风险。对每一位投资者来说，都应该考虑个人情况，重新认识不同期限债券的内在风险，构造一个投资组合来应对与投资者最相关的风险。

7.8 违约风险

潜在的违约风险是债券持有人面对的另一种重要风险。如果发行人违约，投资者收到的金额将少于承诺的回报。第6章提到，名义利率中包含违约风险报酬——违约的可能性越大，这一报酬越高，到期收益率越高。国债的违约风险为零，但对较低等级的公司债券和地方政府债券来说这一风险非常重要。

例如，假定两种债券的承诺现金流相同——票面利率、到期日、流动性、通货膨胀风险全都一样，但其中一种债券的违约风险高于另一种。投资者会为违约风险小的债券支付更高价格。所以违约风险更高的债券的市场利率会更高：$r_d=r^*+IP+DRP+LP+MRP$。违约风险的变动会影响 r_d，进而影响债券价格。也就是说，如果艾来德公司的违约风险增大，其债券价格会下跌，但到期收益率（$YTM=r_d$）会提升。

下面，我们将考虑一些与违约风险有关的问题。首先，说明公司可以通过改变所发行债券的类型影响违约风险。其次，讨论债券利率，这可以用来帮助评价违约风险。最后，考虑破产和重组，以分析当违约发生时会对投资者预期收回的金额产生多大影响。

债券的不同类型

违约风险既受到发行人财务实力的影响，也受到债券合约条款的影响，如是否有担保品为债券提供支持。下面介绍一些不同类型的债券。

抵押债券

如果发行**抵押债券**（mortgage bond），公司要为债券提供特定资产作为抵押品。例如2005年，Billingham公司需要筹集10百万美元修建地区配送中心。以这一财产为第一抵押权，公司发行了4百万美元债券。（另外6百万美元通过权益资本筹集。）如果Billingham公司无法按期偿付债券，债券持有人可以取消公司抵押品的赎回权，将抵押品卖掉来偿还自己的投资。

如果Billingham公司愿意，它还可以以这一价值10百万美元的资产为第二抵押权发行其他债券。当公司清算时，持有第二抵押权债券的投资者也对这一财产有要求权，但必须等到第一要求权的投资者得到完全清偿后。因此，第二抵押权有时也称次级抵押权，因为它们在求偿权上低于高级抵押权或第一抵押权。

所有抵押债券都受到**债券协议**（indenture）的限制，这一法律文件详细列明了债券持有人和公司的权利。很多大公司的此类合同都起草于20年、30年、40年甚至更多年之前。这些合同通常是“开放性”的，也就是说可以根据相同的债券协议不断发行新债券。但是新债券的数额实际上常常受到公司总的“可发行债券资产”一定比例的限制，这些资产包括所有土地、建筑物和机器设备。

例如，萨瓦那电气公司（Savannah Electric Company）原来在债券协议中约定可发行第一抵押权债券的数量不能超过固定资产净额的60%。如果其固定资产总额为10亿美元，并且已经发行在外第一抵押权债券5亿美元，那么它只能再发行1亿美元此类债券（10亿×60%=6亿美元）。

然而另一条款规定：利息保障倍数不得低于2.5，萨瓦那电气公司根本就不能再发行新的第一抵押权债券，因为公司盈余的下降已经突破了最低限制。所以，尽管萨瓦那电气公司通过了资产比例测试，但没有通过利息保障测试，仍然不能再发行新的第一抵押权债券。公司不得不通过次级债券融资。由于第一抵押权债券的利率比次级长期债券要低，因此这一限制会增加公司的成本。

萨瓦那电气公司的同行佐治亚电力公司（Georgia Power Company）的债券协议更灵活——它要求的已获利息倍数只有2.0，所以它可以发行更多的第一抵押权债券。但这几乎是不可能的——持有已发行债券的投资者必须同意作出这一改变，很难想象他们会同意一个使自己处于更不利地位的改变方案。

公司债券

公司债券（debenture）无须担保，即不为负债提供特定抵押品。公司债券持有人属于一般债权人，其求偿权得到非抵押财产的保障。在实务中，公司债券的使用取决于公司资产的状况和信用等级。像通用电气、埃克森美孚这样的超级大公司可以使用公司债券，因为它们不需要为债务提供担保。一些已经将大部分资产作为抵押贷款抵押物的实力较弱的公司也会发行公司债券。在这种情况下，公司债券风险很高，并将在利率中有所体现。

次级债券

“次级”的含义是“低于”或“次于”，当公司破产时，次级债券只有在其他高级债务都得到清偿后才有求偿权。**次级债券**（subordinated debenture）的等级可能低于指定的应付票据（通常是银行借款），或所有其他负债。在清算或重组中，次级债券持有人在所有高等级负债按照债券协议得到偿还之前什么也得不到。

债券评级

20世纪初以来，债券需要接受信用评级来反映其违约的可能性。三个主要的评级机构是：穆迪投资者服务公司（Moody's Investors Service，简称穆迪）、标准普尔（S&P）公司和惠誉公司（Fitch Investor's Service）。穆迪和标准普尔的各信用级别的名称如表7—2所示。AAA级或AA级债券非常安全。A级和BBB级债券也比较安全，可以称为**投资级债券**（investment-grade bonds），它们的利率都较低，法律允许很多银行和其他机构投资者持有这些债券。BB级和更低等级的债券是投机债券或**垃圾债券**（junk bonds），它们违约的可能性较大。

表7—2　　穆迪和标准普尔的债券级别

	投资级				垃圾债券			
穆迪	Aaa	Aa	A	Baa	Ba	B	Caa	C
标准普尔	AAA	AA	A	BBB	BB	B	CCC	C

注：穆迪和标准普尔都在AAA级以下债券的级别上使用“调整符号”。标准普尔用的是加、减体系；即A+级表示比A级信用更好，A−级则比A级要差。穆迪使用的是数字1～3，1表示最强，3表示最弱；即在AA级中，Aa1最好，Aa2次之，Aa3最弱。

债券评级标准

债券评级既要考虑质量因素也要考虑数量因素，部分因素如下：

1. 不同的指标：包括资产负债率和利息保障倍数等。指标越好，信用等级越高。
2. 抵押条款：债券是否有抵押物作为担保？如有，并且该抵押物的价值与债券高度一致，那么信用等级可以得到提升。
3. 附属条款：债券是否附属于其他负债？如果是，债券会比不存在此情况时至少低一个级别。与此相反，那些被其他债务附属的债券的等级可能会更高。
4. 担保条款：一些债券得到其他公司的担保。如果一个实力较弱的公司的负债得到实力较强公司（通常是前者的母公司）的担保，该债券将被给予那个实力较强公司的信用等级。
5. 偿债基金：债券是否有偿债基金确保有序偿还？这一条款能够给债券加分。
6. 期限：当其他条件相同时，债券期限越短会被认为风险越小，并反映在评级中。
7. 稳定性：发行人的销售和利润是否稳定？
8. 监管：发行人是否受到监管，监管环境的反向变化会不会使公司的经济状况恶化？
9. 反垄断：是否有未决的反垄断调查会使公司情况恶化？
10. 国际业务：公司的销售收入、资产、利润有多大比例来自国外业务，国际业务所在国的政治环境如何？
11. 环境因素：公司是否面临巨额的污染治理费用？
12. 产品责任：公司的产品是否安全？有时迫于压力，烟草公司的信用评级会受到影响。

13. 养老金负债：公司是否有资金不足的养老金或员工健康保险负债，从而对未来造成压力？

14. 劳动力不稳定：当地是否有潜在的劳动力问题会影响公司？很多航空公司正面临这一问题，这会使它们的信用评级降低。

15. 会计政策：公司的会计政策以及所报告的盈余是否存在问题？这会对其债券评级造成负面影响。美国国际集团（American International Group，AIG）的会计政策曾受到质疑，其问题暴露后，债券等级马上被下调。

评级机构的工作人员一直声明，对公司的信用评级没有精确的公式：会考虑所有列出的和未列出的因素，但并不是基于精确的数学方法。统计研究证实：那些试图用量化数据预测债券评级的研究人员取得的成果很有限，说明评级机构在建立企业的信用评级时很依赖主观判断。

不过，表 7—3 说明债券信用评级与第 4 章中讨论的很多指标具有很强的相关性。资产负债率低、自由现金流负债比高、已投资本回报率高、*EBITDA* 保障倍数高、*TIE* 高的公司无疑会得到较高的信用评级。

表 7—3　债券评级标准：工业公司不同债券级别 3 年（1998—2000 年）的平均财务指标[a]

	AAA 级	AA 级	A 级	BBB 级	BB 级	B 级	CCC 级
利息保障倍数（*EBIT*/利息）	21.4	10.1	6.1	3.7	2.1	0.8	0.1
EBITDA 保障倍数（*EBITDA*/利息）	26.5	12.9	9.1	5.8	3.4	1.8	1.3
净现金流/总负债	28.8%	55.4%	43.2%	30.8%	18.8%	7.8%	1.6%
自由现金流/总负债	84.2	25.2	15.0	8.5	2.6	(3.2)	(12.9)
资本回报率	34.9	21.7	19.4	13.6	11.6	6.6	1.0
营业利润/销售收入[b]	27.0	22.1	18.6	15.4	15.9	11.9	11.9
长期负债/总资本	13.3	28.2	33.9	42.5	57.2	69.7	68.8
总负债/总资本	22.9	37.7	42.5	48.2	62.6	74.8	87.7

注：a. 不同行业（比如公用事业行业和金融行业）的公司会使用不同指标标准。本表的数据来自工业公司，包括制造业、零售业和服务业公司。

b. 营业利润等于销售收入减去生产成本（折旧和摊销前）、销售费用、管理费用和研发成本。

资料来源：Adapted from "Adjusted Key Industrial Financial Ratios," *Standard & Poor's 2002 Corporate Ratings Criteria*, July 21, 2003, p. 54.

债券评级的重要性

债券评级对公司和投资者都很重要。首先，因为债券信用评级反映了违约风险，所以评级对债券利率和公司的债务成本具有直接、可量化的影响。其次，大部分债券是由机构投资者而不是个人投资者购买的，很多机构都受到证券投资级别的限制。如果一个公司的债券评级低于 BBB 级，则很多潜在投资者无法购买此类债券，债券的发行就会遇到困难。

由于低等级债券的风险更高、市场限制更多，因此这些债券的收益率要比高等级债券更高，图 7—4 说明了这一点。如图所示，每一年美国政府债券的收益率都最低，AAA 级债券稍高，BBB 级债券的收益率最高。图中还说明这三类债券的收益率差异随时间而变化，即成本差异或收益率差异年年波动。图 7—5 显示了 2002 年 5 月和 2005 年 1 月 AAA 级债券和 BBB 级债券与国债的收益率差异，进一步说明了这一点。首先，由图 7—5 可知，2005 年 1 月的无风险利率（或纵轴截距）比 2002 年 5 月更低，说明真实利率和预期通货膨胀率在过去几年一直下降。其次，收益率曲线的斜率也降低了，说明投资者规避风险的程度在下降，所以持有低等级债券的补偿不断波动。在 2002 年，这种补偿很大，而在 1995 年和 2005 年，这种补偿很小。这一差异既反映了投资者规避风险的态度，也反映了他们对于经济环境和公司盈利情况的乐观或悲观估计。2002 年，公司丑闻不断披露，投资者很悲观，规避风险的态度增强，所以这一差异格外大。

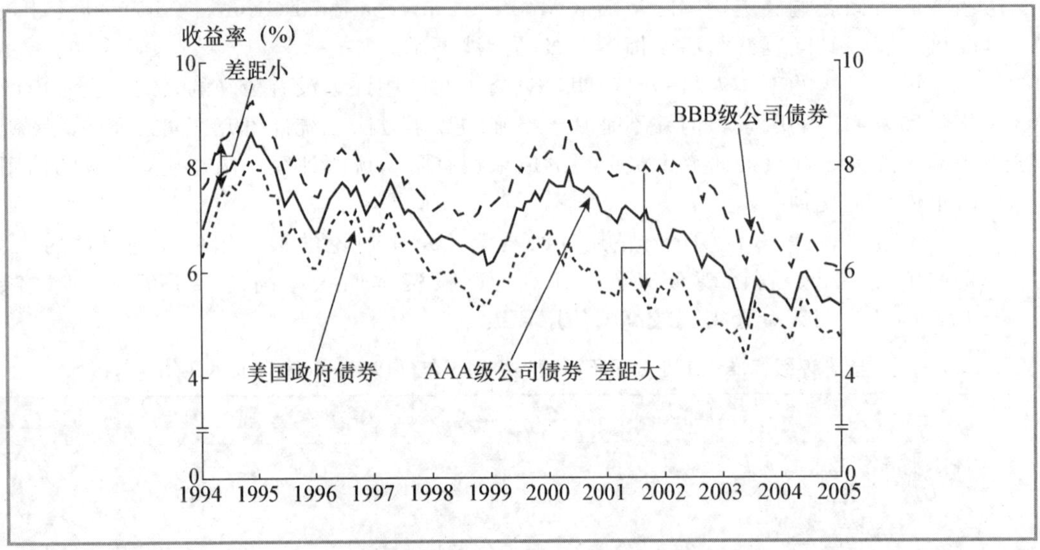

图 7—4　1994—2005 年的长期债券收益率

资料来源：*Federal Reserve Statistical Release*，Selected Interest Rates（Historical Data），http://www.federalreserve.gov/releases/H15/data.htm.

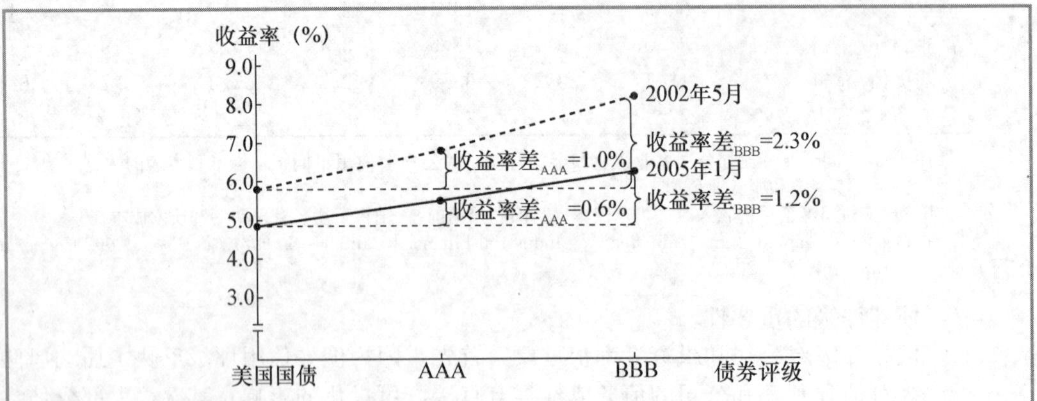

	长期政府债券（无违约风险）(1)	AAA 级公司债券 (2)	BBB 级公司债券 (3)	收益率差 AAA (4)＝(2)－(1)	收益率差 BBB (5)＝(3)－(1)
2002 年 5 月	5.8%	6.8%	8.1%	1.0%	2.3%
2005 年 1 月	4.8%	5.4%	6.0%	0.6%	1.2%

图 7—5　债券评级与收益率的关系（2002 年和 2005 年）

资料来源：*Federal Reserve Statistical Release*，Selected Interest Rates（Historical Data），http://www.federalreserve.gov/releases/H15/data.htm.

评级变动

公司债券等级的变化对公司举借债务的能力和资本成本都有影响。评级机构定期对已发行的债券重新评价，有时会根据发行人情况的变动调高或调低债券等级。例如，2005 年 2 月 10 日，标准普尔的 *Credit Week Focus* 报告，盖普公司（Gap Inc.）的信用等级从 BB＋调整为 BBB－。这一变动使得盖普公司的债券进入投资级。信用等级提升反映了盖普公司经营业绩的改善和持续的强流动性。另外，一个多星期后，*Credit Week Focus* 警告说很可能降低纽约时报公司（New York Times Co.）的债券等级。由于该公司当时在为一项并购活动举借大量债务，该警告反映了市场的恐慌心理。此后一个月，该公司需要强化资产负债表来避免降级。

总体来看，应该承认评级机构对债券信用风险的评估做得不错，当它们察觉到信用质量发生变化时尽力修正了信用评级。不过，信用质量的变化不会立即引起信用等级的调整，有时信用质量变化和评级变化之间有很长的时滞。例如，评级机构对安然的快速衰落措手不及。安然在 2001 年 12 月的一个星期天宣布破产，但直到接下来一周的星期五，其债券仍显示为投资级。

破产和重组

当公司濒于破产时，意味着它没有足够的现金来偿付利息和本金。此时必须决定是对公司进行清算，还是允许其重组。这些问题在联邦破产法的第 7 章和第 11 章进行了阐述，由联邦破产法庭的法官做出最终裁决。

公司到底是破产清算还是允许其重组，主要取决于公司重组的价值是否大于将其资产逐批卖掉的收益。在重组时，公司债权人与管理层就潜在的重组条款进行协商。重组计划可能需要重组债务，此时利息得到减免，到期日得以推迟，或者部分债务可以转换成权益。债务重组的要点是减少公司的财务支出，使其达到公司现金流可以负担的程度。当然，普通股股东也必须“理发”——由于会将新增股份授予债权人以减少债务本金和利息，因此普通股股东的股权比例会被稀释。法庭可能会指定一个受托人来监督重组，但通常情况下现有管理层可以继续控制公司。

如果公司终结会比继续经营下去更有利，那么会对公司进行清算。如果破产法庭宣布清算，根据破产法第 7 章的规定，资产将被拍卖，得到的现金按法律规定分配。到目前为止，你应该了解：（1）联邦破产法对清算和重组均有规定；（2）破产经常发生；（3）当分配被清算公司的财产时，特定求偿权拥有优先权；（4）债券持有人的权利取决于债券条款的约定；（5）由于公司的财产通常少于所欠债务，股东一般在重组中得到的很少，在清算中则可能什么也得不到。

7.9 债券市场

公司债券通常在场外市场交易。大部分债券由大型金融机构持有和交易（例如，人寿保险公司、共同基金、养老基金等都进行大量证券交易），场外债券的经销商很容易在较少的债券持有者之间组织大批量债券转让。与之相比，在拥有数以百万计的大小股东的股票市场上，进行类似的操作就非常困难，所以股票交易大部分发生在交易所。

场外市场债券交易的信息并不公开，但有部分债券在 NYSE 的债券专区上市并交易。表 7—4 摘自《华尔街日报》的“公司债券”部分，按照交易量降序排列了 2005 年 3 月 11 日 40 个交易最活跃的债券。

表 7—4　　40 个交易最活跃的固定利率公司债券（2005 年 3 月 11 日）

公司债券
2005 年 3 月 11 日，星期五
40 个交易最活跃的公司债券

公司	票面利率	到期日	上一笔交易价格	上一笔交易的收益率	EST 利差[a]	UST[b]	预计交易量（千美元）
General Motors（GM）	8.375	2033 年 7 月 15 日	94.965	8.861	405	30	207 068
Sprint Capital（FON）	8.750	2032 年 3 月 15 日	132.794	6.226	141	30	156 583
General Motors Acceptance（GM）	6.750	2014 年 12 月 1 日	94.652	7.534	300	10	145 696
Ford Motor Credit（F）	7.000	2031 年 11 月 1 日	100.588	6.907	236	10	106 708
Pacific Gas and Electric（PCG）	6.050	2034 年 3 月 1 日	104.102	5.757	95	30	85 516
General Motors Acceptance（GM）	8.000	2031 年 11 月 1 日	96.463	8.331	352	30	84 803
Albertson's Inc（ABS）	8.000	2031 年 5 月 1 日	121.594	6.303	149	30	84 000
Ford Motor Co（F）	7.450	2031 年 7 月 16 日	93.804	8.017	320	30	78 926
Ford Motor Credit（F）	5.800	2009 年 1 月 12 日	98.514	6.240	205	5	71 546
HSBC Bank USA（HSBC）	3.875	2009 年 9 月 15 日	96.930	4.639	44	5	71 375
General Motors Acceptance（GM）	7.250	2011 年 3 月 2 日	99.433	7.368	317	5	70 058
Morgan Stanley（MWD）	5.300	2013 年 5 月 1 日	101.377	5.087	55	10	69 205
General Motors（GM）	8.250	2023 年 7 月 15 日	95.261	8.772	396	30	68 514
Kinder Morgan Energy Partners L. P.（KMP）	5.800	2035 年 3 月 15 日	97.477	5.982	116	30	63 000
Kerr-McGee（KMG）	6.875	2011 年 9 月 15 日	108.357	5.336	114	5	62 105
Time Warner（TWX）	5.625	2005 年 5 月 1 日	100.295	3.239	n. a.	n. a.	61 500
Countrywide Home Loans（CFC）	4.125	2009 年 9 月 15 日	97.255	4.811	61	5	61 470

续前表

公司	票面利率	到期日	上一笔交易价格	上一笔交易的收益率	EST 利差[a]	UST[b]	预计交易量（千美元）
JP Morgan Chase and Co (JPM)	4.000	2008 年 2 月 1 日	99.081	4.342	42	3	61 410
Washington Mutual Bank, FA (WM)	5.125	2015 年 1 月 15 日	98.566	5.311	77	10	59 725
Albertson's Inc (ABS)	7.450	2029 年 8 月 1 日	114.438	6.284	147	30	57 484
Ford Motor Credit (F)	7.875	2010 年 6 月 15 日	104.880	6.751	255	5	56 819
JP Morgan Chase and Co (JPM)	3.500	2009 年 3 月 15 日	96.301	4.522	35	5	52 930
BellSouth Corp (BLS)	5.200	2014 年 9 月 15 日	100.309	5.158	65	10	51 834
Consolidated Edison of New York Inc (ED)	5.300	2035 年 3 月 1 日	97.175	5.493	68	30	50 500
GE Global Insurance Holding (GE)	7.500	2010 年 6 月 15 日	110.655	5.154	97	5	50 000
Washington Mutual (WM)	5.625	2007 年 1 月 15 日	102.678	4.088	38	2	48 055
General Motors Acceptance (GM)	6.875	2011 年 9 月 15 日	97.625	7.341	314	5	47 654
General Motors Acceptance (GM)	6.125	2006 年 9 月 15 日	101.448	5.108	140	2	47 287
General Motors Acceptance (GM)	6.125	2007 年 8 月 28 日	100.993	5.683	197	2	46 932
Pulte Homes (PHM)	6.000	2035 年 2 月 15 日	95.201	6.360	154	30	46 005
Wells Fargo (WFC)	4.125	2008 年 3 月 10 日	99.370	4.352	43	3	45 120
Bear Stearns Companies (BSC)	5.700	2007 年 1 月 15 日	102.767	4.112	39	2	44 251
Ford Motor Credit (F)	7.375	2011 年 2 月 1 日	102.930	6.760	256	5	43 960
Kerr-McGee (KMG)	7.875	2031 年 9 月 15 日	118.156	6.438	162	30	43 000
Markel Corp (MKL)	7.350	2034 年 8 月 15 日	112.682	6.388	157	30	43 000
Credit Suisse First Boston (USA) (CRDSUI)	6.500	2012 年 1 月 15 日	109.112	4.912	40	10	42 290
JP Morgan Chase and Co (JPM)	5.250	2007 年 5 月 30 日	102.399	4.098	39	2	41 825

续前表

公司	票面利率	到期日	上一笔交易价格	上一笔交易的收益率	EST利差[a]	UST[b]	预计交易量（千美元）
Merck (MRK)	4.750	2015年3月1日	96.769	5.168	65	10	41 265
Pitney Bowes Inc (PBI)	4.750	2018年5月15日	95.344	5.243	71	10	41 010
Boston Scientific Corp (BSX)	5.450	2014年6月15日	102.040	5.169	66	10	41 000
HSBC Finance Corp (HSBC)	4.125	2008年12月15日	98.602	4.533	62	3	40 912

注：交易量代表每笔交易的数量加总；价格/收益率数据取自100万美元及以上的交易。a. 预计利差是与2年期、3年期、5年期、10年期或30年期交易活跃的国债对比的基点（100个基点等于1个百分点）。2年期国债为2007年2月到期，票面利率3.375%；3年期国债为2008年2月到期，票面利率3.375%；5年期国债为2010年2月到期，票面利率3.500%；10年期国债2015年2月到期，票面利率4.000%；30年期国债2031年2月到期，票面利率5.375%。b. 可比美国国债期限。

资料来源："Corporate Bonds," *The Wall Street Journal*, March 14, 2005, p. C12.

由表7—4可知，通用汽车（GM）的债券在2005年3月11日交易最活跃。该债券票面利率是8.375%，将在2033年7月15日到期。2005年3月11日，债券价格是面值的94.965%，或0.949 65×1 000=949.65美元，其到期收益率是8.861%。（所以在3月11日，信用等级和期限相近的债券的票面利率需要达到大概8.86%，才能以面值出售。）债券与30年期国债相比的利差是405基点。（如果你查阅2005年3月14日的《华尔街日报》，就会发现在3月11日，2031年到期、票面利率为5.375%的国债收益率为4.81%，8.86%－4.81%=4.05%，这就是表7—4中列示的405基点利差的由来。）最后一列给出了3月11日的预计交易量，为207 068 000美元。

如果你仔细观察表7—4，会发现通用汽车的债券不但处在第一行，还具有最高的收益率以及与国债间最大的利差。这反映出两个问题：第一，处在表格最上方的通用汽车债券期限很长——2033年到期，而且当收益曲线向上倾斜幅度较大时，长期债券会有很高的收益率。但是，债券期限无法解释与国债间的高利差——这实际上是由于通用汽车正陷于财务困境（2005年），其债券刚被降低到垃圾级。表7—4中还列出了通用汽车公司的另外七个债券，这些债券都有与期限相关的较高收益率和利差。表中也列出了福特公司的几个债券，其利差仅次于通用汽车，反映了公司的不良财务状况。

时代华纳（Time Warner）处于另一个极端，其收益率只有3.239%，利差小到几乎无法计量。公司的债券还有六个星期到期，投资者认为公司在这么短的时间内不可能破产。表中所有其他数据都可以用类似的逻辑来解释。

正如前文所述，票面利率的水平通常反映了债券发行日的“现行利率”。如果利率设定过低，那么投资者不会以面值1 000美元来购买债券，公司就无法筹集到所需资金。所以债券在发行日通常以面值出售，但此后会随着利率变动而发生价格波动。因此表中的债券价格差异很大，福特公司最低，为93.804（占面值的比例），信特资本（Sprint Capital）最高，为132.74。信特资本的债券发行时收益率很高，之后实力不断增强（与通用汽车相反），所以收益率下降，债券价格上升。

小结

本章介绍了政府债券和公司债券的不同类别，说明了如何确定债券价格，以及投资者如何估计债券收益率。同时，本章还说明了投资者购买债券时面对的各种风险。

当投资者购买公司的债券时，是在为公司提供资本。所以，当公司发行债券时，投资者要求的报酬代表了公司的债务资本成本。第10章将进一步分析这一点，本章的概念将有助于确定公司的总资本成本，这是资本预算的基本组成部分。

近年来，很多公司通过零息债券筹集了数亿美元的巨额资本，所以对公司和投资者来说破产都是一个需要考虑的重要问题。

练习题

1. 当前收益率和到期收益率

某10年期债券面值为1 000美元，票面年利率为7%，售价为985美元。

a. 债券的当前收益率是多少？

b. 债券的到期收益率是多少？

c. 假定到期收益率在未来3年保持稳定，3年后的价格是多少？

2. 赎回收益率

6年前，Singleton Company发行了20年期、票面年利率为14%、面值为1 000美元的债券。债券赎回溢价为9%，赎回保护期为5年。现在公司准备赎回债券。如果投资者在发行时购买了债券，并一直持有至赎回，其实现的收益率是多少？

3. 当前收益率、资本利得收益率和到期收益率

Hooper Printing Inc. 一笔发行在外的债券还有9年到期。债券票面年利率为8%，一年前以面值1 000美元发行，随着利率变动，债券当前的市场价格为901.40美元。去年的资本利得收益率为−9.86%。

a. 到期收益率是多少？

b. 今年的预期当前收益率和预期资本利得收益率是多少？

c. 如果利率波动，实际实现的收益率是否会等于预期收益率？如果不会，为什么？

4. 债券估值

债券X不可赎回，距到期日还有20年，票面年利率为9%，面值为1 000美元。你对该债券要求的回报率为10%，如果你买入该债券，将持有5年。你和市场都预期，5年后，风险相似的15年期债券的到期收益率为8.5%。当前你能接受的该债券价格是多少？（提示：你需要知道5年后债券的价格。）

答案

1. a. 7.11%；b. 7.22%；c. −988.46美元

2. 15.03%

3. a. 9.69%；b. 预期当前收益率＝8.875%，预期资本利得收益率＝0.816%

4. 987.87美元

第8章 风险和报酬率

8.1　独立风险

《韦氏词典》对**风险**（risk）的定义是“危险，将面临损失或伤害”，所以风险指的是某些不利情况发生的可能性。如果你去跳伞，就是在拿生命冒险——跳伞非常危险。如果你赌马，就是在用钱冒险。

前面章节中提到，个人和公司当前的投资都是为了在未来得到更多回报。债券的收益率很低，但风险很小——至少在你坚持投资国债或高等级公司债券时是这样。股票提供了获得更高收入的机会，但如第 2 章所述，股票的风险高于债券。如果你投资于投机性股票（实际上投资于任何股票都一样），你会为了获得高回报而承担极大风险。

资产的风险可以从两个角度分析：（1）独立来看，单独评价某项资产；（2）组合来看，将资产作为组合中的一个项目来评价。因此，资产的**独立风险**（stand-alone risk）是投资者仅持有该项资产时需要承担的风险。显然大多数资产都属于某个投资组合，但是为了理解资产组合风险，首先需要认识独立风险。

为了解释独立风险，假定一位投资者购买了 100 000 美元的短期国债，预期收益率为 5%。此时可以准确估计该项目的报酬率为 5%，并且可以认为基本无风险。假定这位投资者还购买了一家公司 100 000 美元的股票，该公司是为了开发大西洋中部的石油而刚刚组建的。该股票的回报很难预测。在不好的情况下，公司可能破产，投资者将失去所有投资，报酬率为−100%。在好的情况下，公司会发现大量石油，投资者将得到高额正回报。在评价该项投资时，投资者可能通过分析从统计上判定预期报酬率是 20%，也可能将报酬率设定为从−100%到+1 000%的区间。由于实际收益很可能远低于预期回报，因此该股票的风险非常高。

只有在预期报酬率能够补偿投资者的风险时，投资才会发生。在本例中，如果该勘探公司股票的报酬率等于国债的报酬率，那么即使有人愿意投资购买它的股票，人数也会很少。

风险高的资产很少能够创造等于预期水平的回报——一般情况下，高风险资产的回报总是高于或低于初始预期。如果资产的回报总是能够等于预期水平，那么它就不是高风险资产。投资风险与实际获得低回报或负回报的可能性有关——获得低回报或负回报的可能性越大，投资风险越高。下一节将阐述风险的更为精确的定义。

概率分布

事件的概率指的是事件发生的可能性。例如，天气预报可能称，“今天的降水概率是 40%。”如果给出所有可能的事件或结果，并且给每一事件确定概率，这一列表就叫做**概率分布**（probability distribution）。我们可以为天气预报建立下面的概率分布：

结果（1）	概率（2）
有雨	0.4=40%
无雨	0.6=60%
	1.0=100%

第一列显示了可能的结果，相应的概率显示在第二列，既可以表示为小数，也可以表示为百分数。需要注意的是，各概率之和必须等于 1 或 100%。

也可以为某项投资可能实现的产出赋予概率——这种情况下的产出就是回报。如果你准备购买一种一年期债券并持有至到期，你将获得债券的利息并收回本金，这些款项为你提供了投资报酬。该项投资的可能结果包括：(1) 发行人履行支付约定；(2) 发行人违约。违约的概率越高，债券风险越高，而且风险越高，必要报酬率越高。如果你投资于股票而不是债券，也会预期获取收益，股票的回报来自股利和资本利得。与债券一样，股票风险越高——意味着公司无力支付股利和无法满足预期资本利得的概率越高，必要报酬率必须越高，以吸引投资者购买股票。

记住这一点后，可以分析购买马丁产品公司（Martin Products Inc.）或美国水务公司（U. S. Water Company）10 000 美元股票后未来一年的可能报酬率（股利加上资本利得或损失）。马丁产品公司生产并分销电脑终端和设备，这些产品面向快速发展的数据传输行业。由于该行业竞争激烈，公司的新产品在市场上的地位可能有利也可能不利，因此无法准确预测未来的收益。一些新公司可能开发出更好的产品并迅速挤垮马丁产品公司。美国水务公司提供的是基本生活服务，并拥有经营特许权，这会保护其竞争地位，公司的收入和利润都相对稳定并可预测。

两家公司收益率的概率分布如表 8—1 所示。经济走强、需求旺盛的可能性为 30%，此时公司收益很高，可以支付高股利并获得资本利得。需求一般且回报一般的可能性为 40%，需求不旺的概率为 30%，此时意味着低利润、低股利和资本损失。但是需要注意，马丁产品公司的报酬率分布比美国水务公司更分散。马丁产品公司的股票很可能大幅下跌，造成 70%的损失，而美国水务公司的最差情况是获得 10%的收益。

表 8—1　　马丁产品公司和美国水务公司的概率分布

对公司产品的需求	需求发生的概率	需求发生时股票的报酬率	
		马丁产品公司	美国水务公司
强	0.3	100%	20%
一般	0.4	15%	15%
弱	0.3	(70%)	10%
	1.0		

期望报酬率

如果我们将每种可能的结果乘以其对应的发生概率，然后将这些乘积加总，就可以得到如表 8—2 所示的加权平均回报。权重就是概率，加权平均的结果就是**期望报酬率**（expected rate of return），用 $\hat{r}$ 表示。由表 8—2 可知，马丁产品公司和美国水务公司的期望报酬率都是 15%。这种表格叫做支付矩阵。

表 8—2　　期望报酬率的计算：支付矩阵

对公司产品的需求 (1)	需求发生的概率 (2)	马丁产品公司		美国水务公司	
		需求发生时的报酬率 (3)	乘积 (2)×(3)=(4)	需求发生时的报酬率 (5)	乘积 (2)×(5)=(6)
强	0.3	100%	30%	20%	6%
一般	0.4	15%	6%	15%	6%
弱	0.3	(70%)	(21%)	10%	3%
	1.0		$\hat{r}$=15%		$\hat{r}$=15%

期望报酬率也可以用公式表示，其含义与支付矩阵相同：

$$期望报酬率 = \hat{r} = P_1r_1 + P_2r_2 + \cdots + P_Nr_N$$
$$= \sum_{i=1}^{N} P_ir_i \qquad (8\text{—}1)$$

式中，r_i表示第 i 种可能的结果；P_i表示第 i 种结果的概率；N 表示可能结果的数量。所以当每种结果的权重等于其发生概率时，$\hat{r}$ 就是所有可能结果（r_i价值）的加权平均值。代入马丁产品公司的数据，我们可以得到下面的期望报酬率：

$$\hat{r} = P_1r_1 + P_2r_2 + P_3r_3$$
$$= 0.3 \times 100\% + 0.4 \times 15\% + 0.3 \times (-70\%)$$
$$= 15\%$$

美国水务公司的期望报酬率也是 15%：

$$\hat{r} = 0.3 \times 20\% + 0.4 \times 15\% + 0.3 \times 10\%$$
$$= 15\%$$

我们可以将可能的报酬率画成如图 8—1 所示的柱状图。每一个柱形的高度表明了特定结果发生的可能性。马丁产品公司可能产生的报酬介于－70%～100%之间，期望报酬率是 15%。美国水务公司的期望报酬率也是 15%，但可能产生的报酬区间跨度更小。

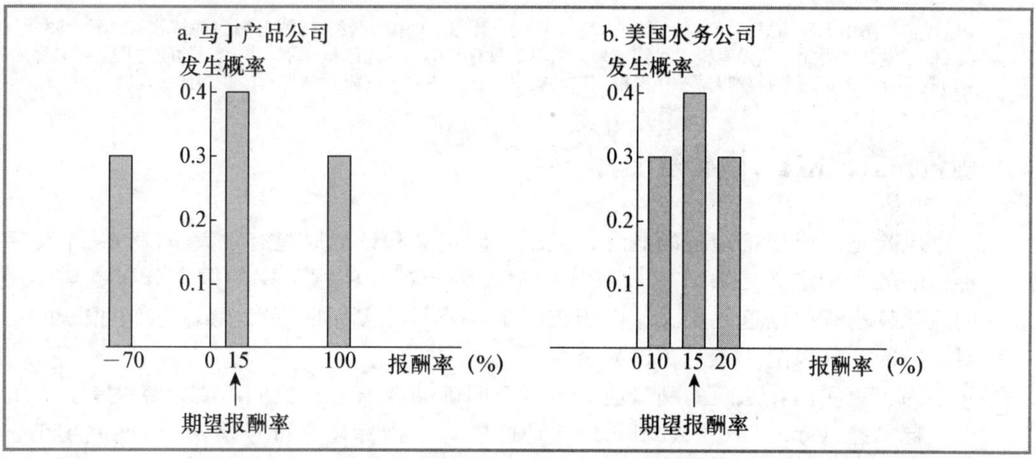

图 8—1 马丁产品公司和美国水务公司报酬率的概率分布

到目前为止，我们假定只可能发生三种情况：需求强、一般、弱。实际上，需求可能从极弱到极强，在此区间有无限种可能性。假定我们有足够的时间和耐心确定每种概率下的需求水平（所有概率之和仍等于 1），并给每种需求水平下的每只股票确定报酬率。我们将得到一个类似于表 8—1 的表格，其中每一列将有更多项。可以按照前面的方法用这个表格来计算期望报酬率，概率和结果可以用图 8—2 中的连续曲线来表示。我们现在改变了假设，所以马丁产品公司的报酬率不会低于－70%或高于 100%，美国水务公司的报酬率不会低于 10%或高于 20%，但实际上在这一区间出现任何回报都有可能。概率分布越集中（或更高耸），实际结果越接近于期望价值，也就是说实际报酬越不会大幅低于期望报酬。所以概率分布越集中，股票持有者的风险越低。由于美国水务公司的概率分布很集中，因此与马丁产品公司相比，它的实际报酬率会更接近于 15%的期望报酬率。

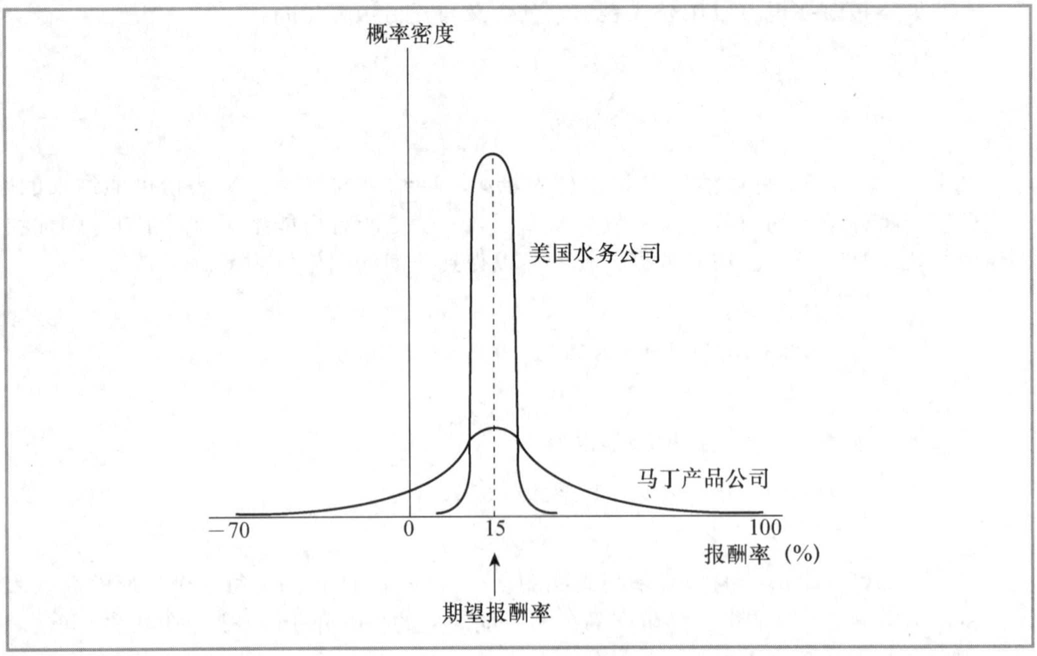

图 8—2　马丁产品公司和美国水务公司报酬率的连续概率分布

注：本图中不同结果的概率假设与图 8—1 不同。图 8—1 中，获得 15%报酬率的概率是 40%，本图中则比 40%低得多，因为此时假设有很多可能结果，而不是只有三个。在连续概率下，更恰当的问题是至少取得某一报酬率的概率有多大，而不是取得某一精确报酬率的概率。这一内容可在统计学课程中找到详细说明。

衡量独立风险：标准差

风险是一个很难理解的概念，关于如何定义和计量风险有很大争议。一个可用于多种目的的常用定义是如图 8—2 所示的概率分布：期望报酬率的概率分布越集中，投资的风险越小。根据这一定义，由于美国水务公司的实际报酬大幅低于期望报酬的可能性更小，因此其风险小于马丁产品公司。

为了更实用，风险的衡量应该有一个明确的数值——我们需要计算概率分布的集中度。**标准差**（standard deviation）就是这样一个指标，其符号是 σ。标准差越小，概率分布越集中，股票的风险越小。为了计算标准差，我们可以遵循表 8—3 所示的步骤。

表 8—3　　计算马丁产品公司的标准差

$r_i-\hat{r}$ (1)	$(r_i-\hat{r})^2$ (2)	$(r_i-\hat{r})^2P_i$ (3)
100−15=　85	7 225	7 225×0.3=2 167.5
15−15=　0	0	0×0.4=　0.0
−70−15=−85	7 225	7 225×0.3=2 167.0
		方差$=\sigma^2=$4 335.0
		标准差$=\sigma=\sqrt{\sigma^2}=\sqrt{4\ 335}=65.84\%$

1. 计算期望报酬率：

$$期望报酬率 = \hat{r} = \sum_{i=1}^{N} P_i r_i$$

前面已经计算出马丁产品公司的 $\hat{r}=15\%$。

2. 用每个可能结果（r_i）减去期望报酬率（$\hat{r}$）得到如表8—3第一列所示的对 $\hat{r}$ 的偏离：

$$偏差_i = r_i - \hat{r}$$

3. 将每个偏差求平方，然后乘以对应的发生概率，再将这些乘积加总得到如第二、第三列所示的概率分布的**方差**（variance）：

$$方差 = \sigma^2 = \sum_{i=1}^{N}(r_i - \hat{r})^2 P_i \tag{8—2}$$

4. 最后，求出方差的平方根，得到标准差：

$$标准差 = \sigma = \sqrt{\sum_{i=1}^{N}(r_i - \hat{r})^2 P_i} \tag{8—3}$$

因此，标准差是偏离期望价值差异的加权平均数，它反映了实际报酬高于或低于期望报酬的情况。如表8—3所示，马丁产品公司的标准差 $\sigma=65.84\%$。使用同样的方法，我们可以计算出美国水务公司的标准差是3.87%。马丁产品公司的标准差很高，意味着其报酬率的波动很大，也就是说期望报酬率很可能无法实现。因此，当分别单独持有时，马丁产品公司的投资风险高于美国水务公司。

如果概率分布呈"正态"，实际报酬会有68.26%的可能性处于期望报酬 $\pm 1\sigma$ 范围之内。图8—3说明了这一点，并且给出了 $\pm 2\sigma$ 和 $\pm 3\sigma$ 的状态。马丁产品公司的 $\hat{r}=15\%$，$\sigma=65.84\%$，美国水务公司的 $\hat{r}=15\%$，$\sigma=3.87\%$。所以如果是两个正态分布，马丁产品公司的实际报酬有68.26%的可能性处于15±65.84%之间，即−50.84%～80.84%。对

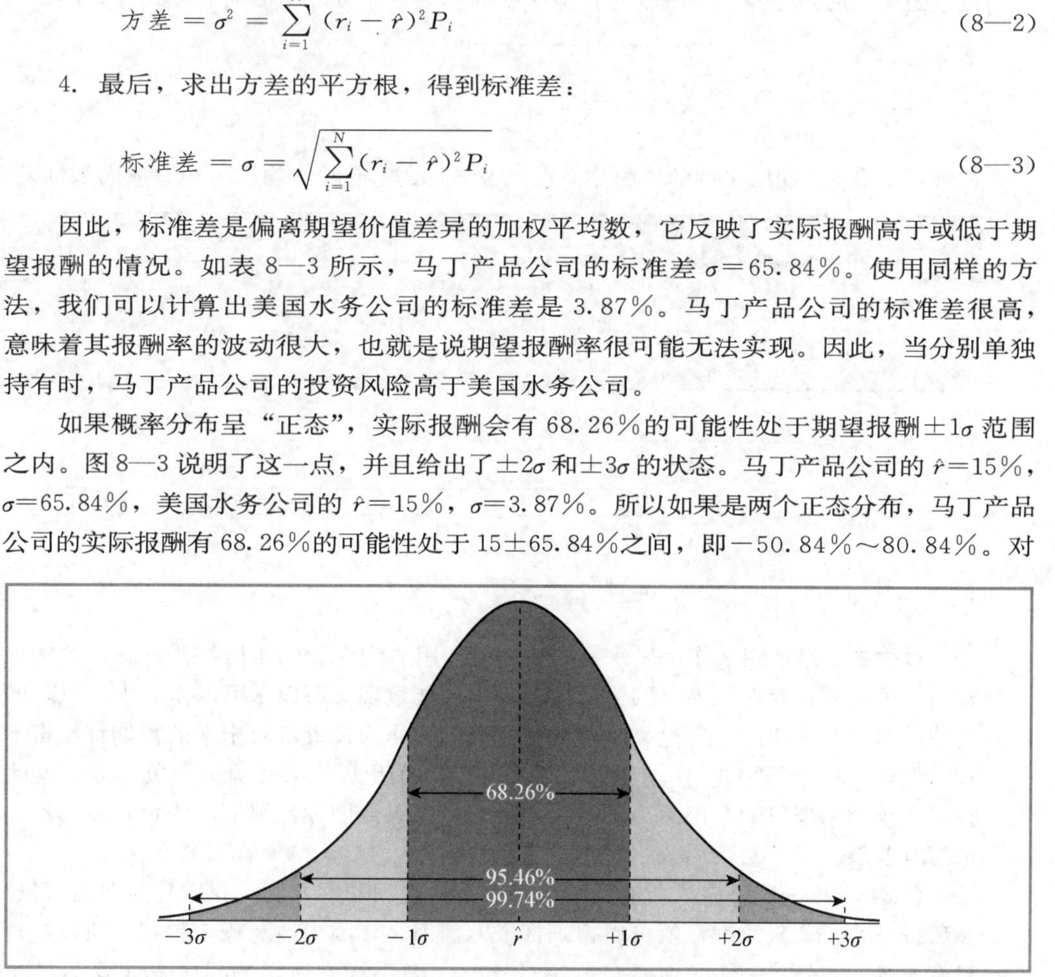

图8—3 正态分布的概率范围

注：a. 正态曲线下的区域总是等于1.0或100%。所以，不论分布曲线陡峭还是平坦，同一比例图中正态曲线下的面积都相等。

b. 正态曲线下方的一半区域位于均值左侧，说明实际结果有50%的可能性小于均值，而 $\hat{r}$ 右侧的一半说明有50%的概率大于均值。

c. 曲线下方的区域中，有68.26%位于均值 $\pm 1\sigma$ 范围之内，说明实际结果有68.26%的可能性落在 $\hat{r}\pm 1\sigma$ 之间。

d. 还有类似的方法可以计算其他范围的概率。可以在统计课程中学到这些方法。

e. 对正态分布来说，σ 越大，实际报酬变动的概率越大，所以很可能会大大低于期望报酬。由于实际报酬大幅小于期望报酬的可能性可以作为风险的一个定义，而且 σ 可以度量这种可能性，因此我们可以把 σ 作为风险的一个度量指标。但是，如果我们观察分散投资中的某项资产，这个定义可能并不合适。本章稍后将介绍与此有关的内容。

美国水务公司来说，有68.26%的可能性处于15±3.87%之间，即11.13%～18.87%。由于σ很小，美国水务公司几乎不可能出现实际报酬大幅小于期望报酬的情况，股票风险不高。近年来，在纽约证券交易所上市的公司的σ一般为35%～40%。

使用历史数据衡量风险

在前述例子中，我们介绍了给出概率分布时如何计算均值和标准差。只有在可以取得过去某一期间的样本报酬率时，报酬率的标准差才可以用下面的公式计算：

$$估计的\sigma=S=\sqrt{\frac{\sum_{t=1}^{N}(\bar{r}_t-\bar{r}_{Avg})^2}{N-1}} \tag{8—3a}$$

式中，$\bar{r}_t$ 表示 t 期已实现的报酬率；$\bar{r}_{Avg}$ 表示过去 N 期的年均报酬率。下面举例说明：

年份	$\bar{r}_t$（%）
2003	15
2004	−5
2005	20

$$\bar{r}_{Avg}=\frac{(15\%-5\%+20\%)}{3}=10.0\%$$

$$估计的\ \sigma(或\ S)=\sqrt{\frac{(15\%-10\%)^2+(-5\%-10\%)^2+(20\%-10\%)^2}{3-1}}$$

$$=\sqrt{\frac{350\%}{2}}=13.2\%$$

过去的σ经常用来作为未来σ的估计值。用$\bar{r}_{Avg}$作为预期未来报酬率$\hat{r}$的估计值则较为少见，并且存在误差。因为历史波动很可能重现，所以σ可以作为未来风险的很好的估计值。但是使用任何过去时段的平均报酬率作为投资者对未来的预期都显得不够合理。例如，2000—2002年，标准普尔500指数的历史平均报酬率为负，如果据此假定投资者预期未来报酬率仍然为负就很不合理。如果他们预计报酬率为负，显然不会买入或持有股票。

公式（8—3a）已嵌入所有的财务计算器，使用非常方便。我们只需要输入报酬率，然后按下S（或S_x）键，就可以得到标准差。但是，因为涉及概率数据，所以计算器中没有嵌入σ的公式。你必须根据表8—3和公式（8—3）所示的程序来计算σ，Excel和其他电脑表格程序的情况与之相同。这两种版本的标准差在解释和使用上完全相同——唯一的不同是它们的计算过程。

衡量独立风险：变异系数

假定必须在两个投资项目中做出选择，这两个项目的期望报酬率相同但标准差不同，大部分人会选择标准差较小的项目，因为其风险较低。同理，假定两个投资项目风险（标准差）相同但期望报酬率不同，投资者会选择报酬率较高的项目。对大部分人来说这是一种常识——回报高、风险低更优，所以投资者尽可能选择有更多回报和更少风险的项目。但是如果两个投资项目中一个的期望报酬率较高，另一个的标准差较小，我们该如何选择？为了回答这一问题，我们使用另一个风险指标——**变异系数**（coefficient of variation，CV），该系数等于标准差除以期望报酬率：

$$变异系数 = CV = \frac{\sigma}{\hat{r}} \tag{8—4}$$

变异系数反映了单位回报的风险，当两个备选项目的期望报酬率不同时，它提供了一个更好的风险度量指标。由于美国水务公司和马丁产品公司的期望报酬率相同，因此本例中不需要计算变异系数。马丁产品公司的标准差较大，其变异系数一定也较大。实际上，马丁产品公司的变异系数是 65.84/15＝4.39，美国水务公司是 3.87/15＝0.26。根据这一标准可知，马丁产品公司的风险是美国水务公司的 17 倍。

以图 8—4 中的项目 X 和 Y 为例看一下需要计算变异系数的情况。这两个项目的期望报酬率和标准差都不同。X 项目的期望报酬率为 60%，标准差为 15%，Y 项目的期望报酬率为 8%，标准差为 3%。是否因为 X 项目的标准差更大而认为它的风险更高？如果我们计算这两个项目的变异系数，就会发现 X 项目的变异系数是 15/60＝0.25，Y 项目是 3/8＝0.375。也就是说，尽管 X 项目的标准差更大，但 Y 项目单位回报的风险高于 X 项目。因此，虽然 Y 项目的标准差较小，但根据变异系数可知 Y 项目的风险更高。

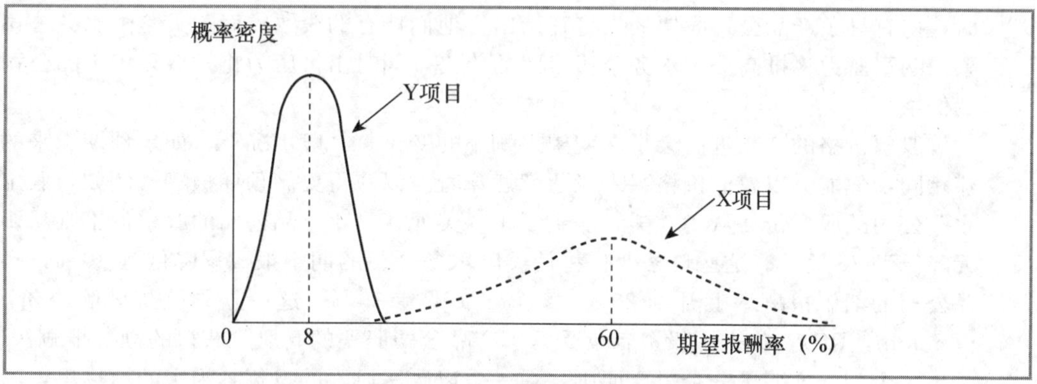

图 8—4 X 项目、Y 项目的概率分布和报酬率的对比

Y 项目的标准差较小，概率分布更为集中，但由图 8—4 可以清楚地看到，X 项目的期望报酬率非常高，所以 Y 项目出现较低回报的可能性大大高于 X 项目。由于变异系数同时反映了风险和回报的效果，因此它在评价期望报酬率不同的投资项目时更为有效。

风险规避和必要报酬

假定你工作勤勉，积攒了 100 万美元，现在你准备进行投资，并在退休后以该投资的收益为生。你可以购买利率为 5%的美国国债，一年后你肯定可以得到 105 万美元，等于初始投资 100 万美元加上 50 000 美元利息。你还可以选择购买研发型公司的股票。如果研发项目成功，你的股票价值会上涨到 210 万美元。但如果研发失败，你的股票将一钱不值，你会一无所有。你认为研发成功和失败的可能性各为 50%，那么你的投资的预期价值就是 0.5×0＋0.5×2 100 000＝1 050 000 美元。减去 100 万美元的股票成本后，预计回报为 50 000 美元，或者说期望（但风险很高）的报酬率为 5%，与国债相同：

$$\begin{aligned}\text{期望报酬率} &= \frac{\text{预计期末价值}-\text{成本}}{\text{成本}}\\ &= \frac{1\,050\,000-1\,000\,000}{1\,000\,000}\\ &= \frac{50\,000}{1\,000\,000}=5\%\end{aligned}$$

此时你需要做出选择：是选择 50 000 美元确定的国债收益（报酬率为 5%），还是选择 50 000 美元的风险性股票回报（报酬率也是 5%）？如果你选择风险较低的投资，就是在规避风险。大部分投资者确实都在规避风险，以使他们的“宝贵资金”远离风险。由于这是普遍认同的事实，本书中的讨论都假定投资者是**风险规避**（risk aversion）型的。

风险规避对证券价格和报酬率有什么意义呢？答案是：在其他情况相同时，证券的风险越高，则其价格越低、必要报酬率越高。为了说明风险规避如何影响证券价格，可以看一下图 8—2 中美国水务公司和马丁产品公司的股票。假定每只股票的售价都是每股 100 美元，期望报酬率都是 15%。由于投资者都不喜欢风险，此时他们会更偏好美国水务公司的股票。他们会去购买美国水务公司而不是马丁产品公司的股票，与此同时，持有马丁产品公司股票的人将开始出售他们持有的股票转而购买美国水务公司的股票。购买压力将推高美国水务公司股票的价格，同时出售压力将拉低马丁产品公司股票的价格。

股票价格的变化进而会带来期望报酬率的变化。一般情况下，如果预期未来的现金流相同，你能够以较低价格买入股票就意味着可以获得更高预期报酬。例如，假定美国水务公司的股票价格从 100 美元涨到了 150 美元，马丁产品公司的股票价格则从 100 美元降低到 75 美元。这些价格变化将使美国水务公司的期望报酬率降低到 10%，马丁产品公司的期望报酬率上升到 20%。20%－10%＝10%，这一差异就是**风险溢价**（risk premium，RP），代表了投资者承受马丁产品公司股票的高风险获得的额外报酬。

这个例子说明了一个重要原则：在一个以厌恶风险的投资者为主的市场里，风险高的证券必须比风险低的证券有更高的报酬率，这一报酬率应符合投资者的预期。如果这种情况不存在，市场中将持续发生买卖活动直到达成均衡。在我们了解了分散投资如何影响风险度量后，后续章节中将讨论高风险的证券必须达到的报酬率水平。

8.2 证券组合的风险

到目前为止，我们一直考虑的是单项资产的风险。现在，我们将分析证券组合的风险。我们会发现，当一项资产处于证券组合中时，其风险会小于单独持有的风险。由于投资者不喜欢风险，而且可以通过证券组合——分散投资——降低风险，因此实际上绝大部分金融资产都以组合形式持有。法律规定，银行、养老基金、保险公司、共同基金和其他金融机构必须持有多样化的证券组合。即使是个人投资者——至少是那些将大部分财产用于证券投资的人——也通常持有证券组合，而不是只买一家公司的股票。所以，某个特定股票的价格变动并不是特别重要——重要的是投资者所持有的证券组合带来的回报及其风险。基于这一原因，在分析某个证券的风险与收益时，应该考虑它给所在的投资组合带来的风险和收益。

例如，Pay Up Inc. 是一家为其他公司代收欠款的公司，在全国有 37 个分支机构。公司的知名度不高，股票的流动性不强，过去的利润也一直波动较大。以上情况说明该公司风险较高，其必要报酬率 r 应该较高。但实际上 Pay Up Inc. 2005 年的必要报酬率与其他公司相比很低（其他年份也是一样）。这说明尽管该公司的利润很不确定，投资者仍认为它是一家低风险公司。出现这种情况的原因与分散投资及其对风险的影响有关。该公司在经济萧条时收益增加，此时绝大部分公司由于经济下滑而利润下降。所以该公司的股票相当于火灾保险——当其他公司经营状况不好时，它会使公司获益。因此，将它纳入一个“正常的”投资组合会使该组合的收益更稳定，从而使组合的风险更小。

投资组合的期望报酬率

投资组合的期望报酬率（expected return on a portfolio）$\hat{r}_p$ 等于组合中各项资产期望报酬率的加权平均数，权数等于各项资产占组合总资产的比重。

$$\hat{r}_p = w_1\hat{r}_1 + w_2\hat{r}_2 + \cdots + w_N\hat{r}_N = \sum_{i=1}^{N} w_i\hat{r}_i \qquad (8\text{—}5)$$

式中，$\hat{r}_i$ 表示每只股票的期望报酬率；w_i 表示权重；该组合中有 N 只股票。需要注意：（1）w_i 等于该资产组合投资于股票 i 的比重（即用股票 i 占用的资金除以组合的总价值）；（2）w_i 的和必须等于 1.0。

假定在 2005 年 3 月，分析师认为四家大公司的股票预期报酬率如下：

	预期报酬率 $\hat{r}$（%）
微软	12.0
通用电气	11.5
辉瑞	10.0
可口可乐	9.5

如果我们构建一个 100 000 美元的投资组合，给每只股票投资 25 000 美元，该组合的期望报酬率将会是 10.75%：

$$\begin{aligned}\hat{r}_p &= w_1\hat{r}_1 + w_2\hat{r}_2 + w_3\hat{r}_3 + w_4\hat{r}_4\\ &= 0.25\times12\% + 0.25\times11.5\% + 0.25\times10\% + 0.25\times9.5\%\\ &= 10.75\%\end{aligned}$$

当然，一年后每只股票**实际实现的报酬率**（realized rate of return）$\bar{r}_i$ 很可能与期望报酬率不同，也就是说 $\bar{r}_p$ 不等于 $\hat{r}_p$（=10.75%）。例如，可口可乐的价格可能翻番，提供+100%的回报，而微软可能处境艰难，股价下跌，报酬率只有−75%。需要注意的是，这两个事件会互相抵消，所以即使每只股票的回报与预期价值相去甚远，整个组合的回报也很可能与预期回报非常接近。

投资组合的风险

虽然一个投资组合的期望报酬率等于组合中每项资产预期报酬率的加权平均数，投

资组合的风险 σ_p 却不等于每项资产标准差的加权平均。投资组合的风险水平一般情况下低于每项资产标准差的平均数。

为了分析资产组合的影响，考虑图 8—5 所示的情况。图中的下半部分给出了股票 W 和股票 M 各自的报酬率，也给出了两只股票各占 50%时投资组合的报酬率。图中最上方的三幅小图按时间顺序给出了各回报数据的点图，中间部分的三幅小图给出了回报的概率分布，假定未来将与过去相同。这两只股票如果被分别持有都会带来很高风险，但当它们共同构成组合 WM 时，就一点风险都没有了。（注意：这些股票之所以名为 W 和 M，是因为图 8—5 中它们的报酬率图形与 W 和 M 很像。）

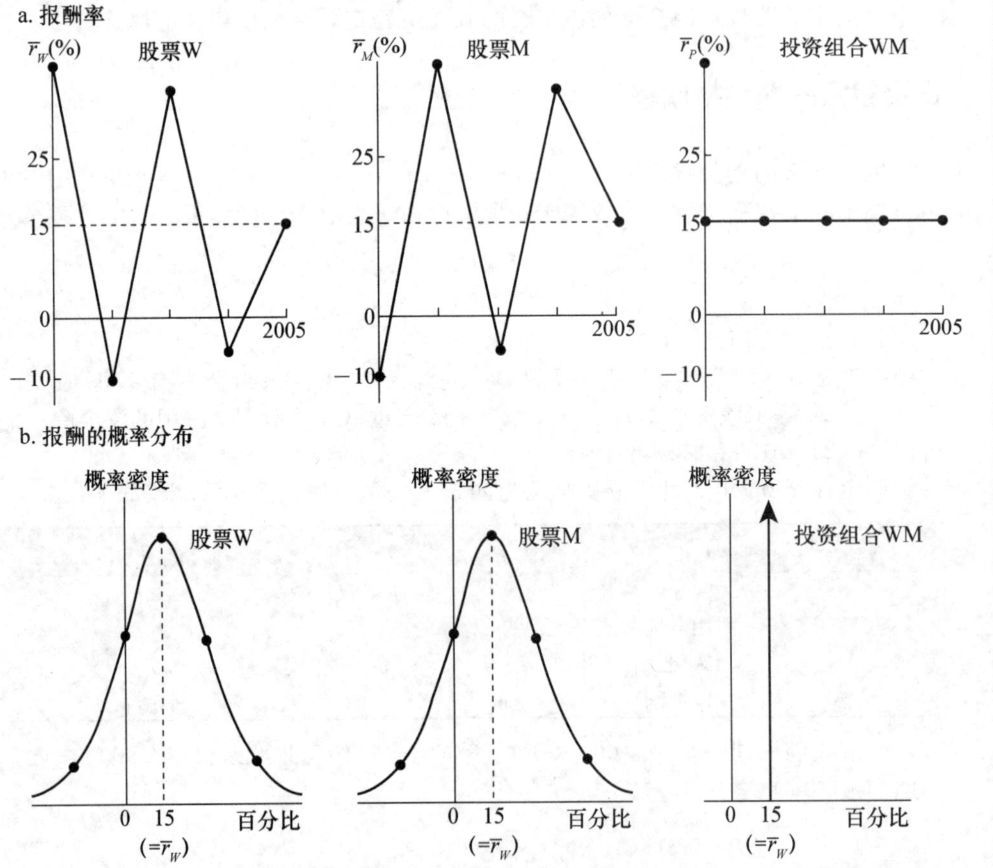

年份	股票 W $\bar{r}_W$（%）	股票 M $\bar{r}_M$（%）	投资组合 WM $\bar{r}_p$（%）
2001	40.0	(10.0)	15.0
2002	(10.0)	40.0	15.0
2003	35.0	(5.0)	15.0
2004	(5.0)	35.0	15.0
2005	15.0	15.0	15.0
平均报酬率	15.0	15.0	15.0
标准差	22.6	22.6	0.0

图 8—5　两只完全负相关股票（$\rho=-1.0$）及投资组合 WM 的报酬率分布

股票 W 和股票 M 的收益变动完全相反，所以可以构建一个毫无风险的投资组合——当股票 W 的回报减少时，股票 M 的回报增加，反之亦然。两个变量同时变动的趋势可以称为**相关性**（correlation），**相关系数**（correlation coefficient）ρ 可以度量这种趋势。根据统计概念，我们可以称股票 W 和股票 M 的回报完全负相关，即 $\rho=-1.0$。

与完全负相关 $\rho=-1.0$ 相反的是完全正相关 $\rho=+1.0$。两个完全正相关的股票（M 和 M′），其价格的上涨和下跌完全同步，由这样两只股票构成的投资组合与单只股票有相同的风险。由图 8—6 可知，投资组合的标准差等于单只股票的标准差。也就是说，如果投资组合中的股票完全正相关，那么分散投资并不能降低风险。

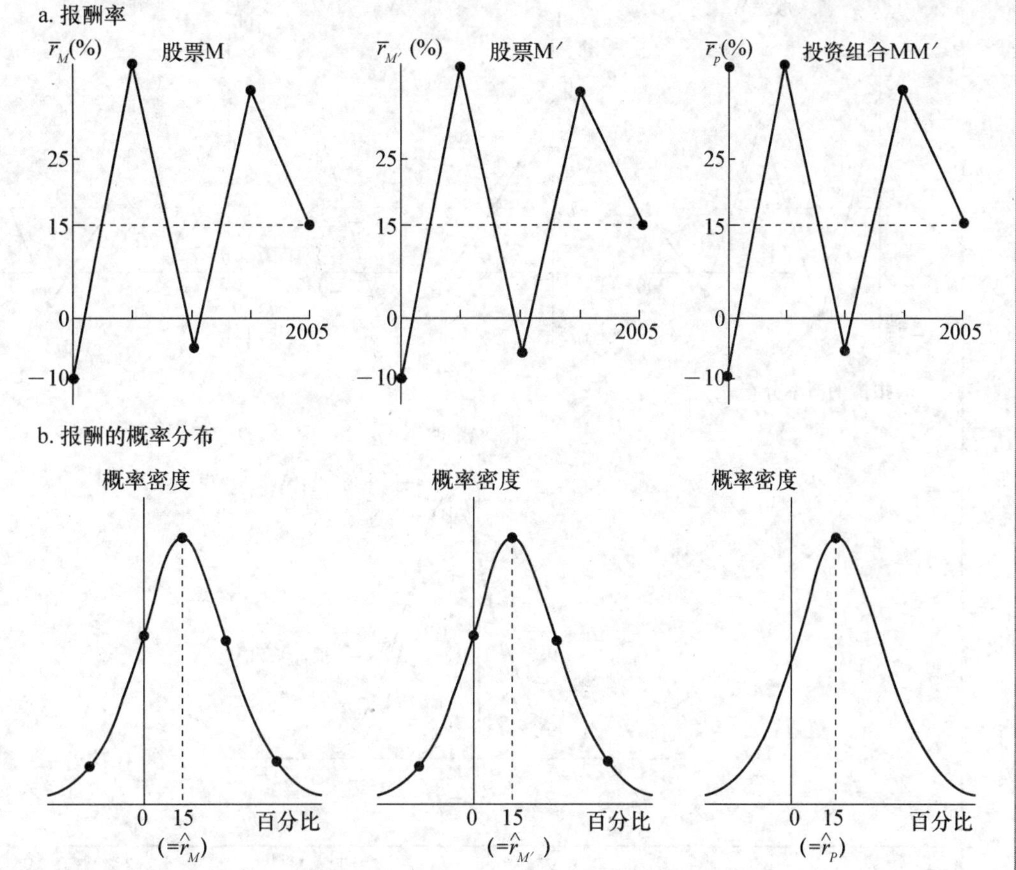

年份	股票 M $\bar{r}_W$（%）	股票 M′ $\bar{r}_{M'}$（%）	投资组合 MM′ $\bar{r}_p$（%）
2001	(10.0)	(10.0)	(10.0)
2002	40.0	40.0	40.0
2003	(5.0)	(5.0)	(5.0)
2004	35.0	35.0	35.0
2005	15.0	15.0	15.0
平均报酬率	15.0	15.0	15.0
标准差	22.6	22.6	22.6

图 8—6　两只完全正相关股票（$\rho=+1.0$）及投资组合 MM′的报酬率分布

图 8—5 和图 8—6 说明，如果股票完全负相关（$\rho=-1.0$），所有的风险都可以分散掉，但如果股票完全正相关（$\rho=+1.0$），分散投资不起作用。现实中几乎所有股票都是正相关的，但并不完全正相关。已有研究发现，两只随机选择的股票的月度报酬率的相关系数平均为 0.3。在这种情况下，构建投资组合能够降低风险，但不能完全消除风险。图 8—7 中描述了相关系数为 $\rho=+0.35$ 的两只股票。该投资组合的平均报酬率为 15%，与例子中另外两个组合的报酬率完全相同，但其标准差为 18.6，介于另外两个组合的标准差之间。

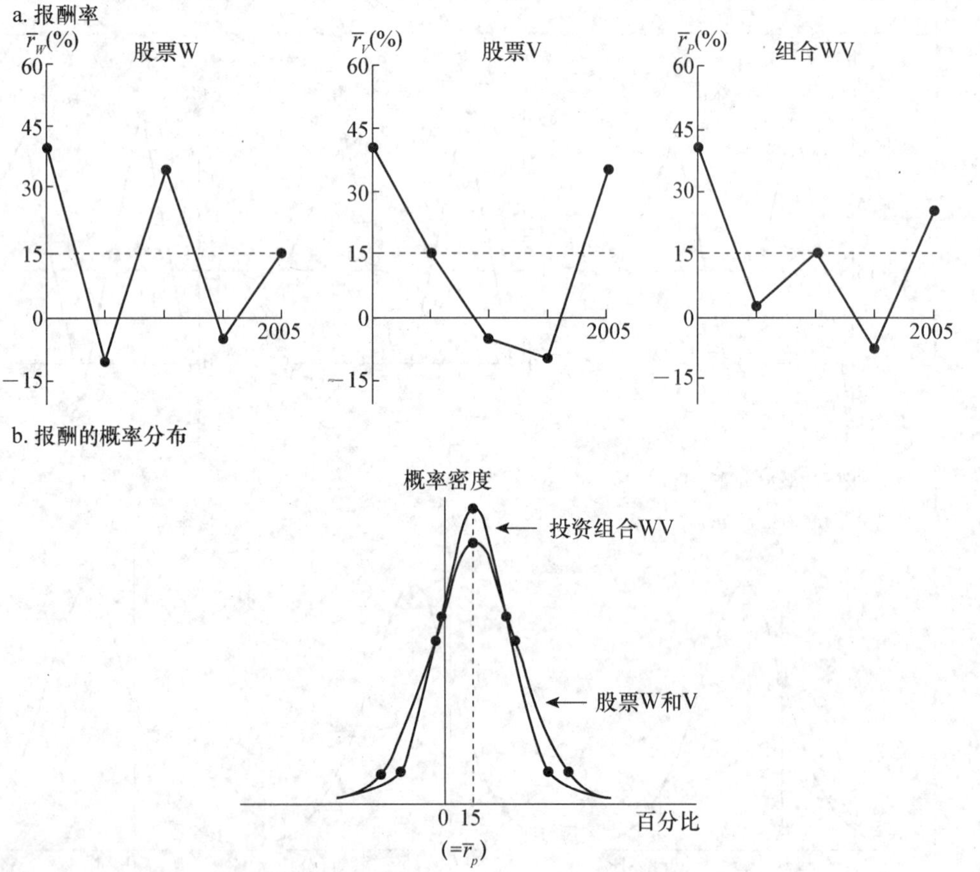

年份	股票 W $\bar{r}_W$（%）	股票 V $\bar{r}_V$（%）	投资组合 WV $\bar{r}_p$（%）
2001	40.0	40.0	40.0
2002	(10.0)	15.0	2.5
2003	35.0	(5.0)	15.0
2004	(5.0)	(10.0)	(7.5)
2005	15.0	35.0	25.0
平均报酬率	15.0	15.0	15.0
标准差	22.6	22.6	18.6

图 8—7　两只部分相关股票（$\rho=+0.35$）及投资组合 WV 的报酬率分布

这些例子说明：在一种极端情况下（$\rho=-1.0$），风险可以全部抵消；在另一种极端情况下（$\rho=+1.0$），分散投资不起作用。现实世界处于这两种极端之间，投资组合可以降低风险，但不能完全消除单只股票具有的风险。而且，在现实世界中不可能找到像 W 和 M 这样完全负相关的股票，也就是说不可能构建完全没有风险的投资组合。分散投资可以降低风险但不能消除风险，所以现实世界与图 8—7 中描绘的情况相似。

如果我们的投资组合中有两只以上的股票会怎么样？随着投资组合中股票数量的增加，组合的风险会降低。如果我们纳入足够多的部分相关的股票，是否可以完全抵消风险？一般来说答案是否定的，但有两点需要注意：

1. 在投资组合中通过增加股票数量来降低风险的程度取决于这些股票的相关性：相关系数越小，组合的风险越低。如果我们能够找到一些相关系数为零或为负的股票，所有的风险都能抵消。但现实中股票的相关系数通常为正但小于 1，所以只能部分降低风险而不能完全消除风险。

2. 某些股票本身的风险较高，所以能够在降低投资组合风险上起更大的作用。这一点将在下一节讨论，我们将在投资组合范围内度量股票风险。

我们来检验一下你对这一要点的掌握情况：你认为是同一行业中的两家公司的相关性更高，还是不同行业中的两家公司的相关性更高？比如，究竟是福特和通用汽车的股票相关性更高，还是福特或通用汽车与可口可乐公司的股票相关性更高？这些相关性会如何影响股票所在的投资组合的风险呢？

答案是：福特和通用汽车的回报高度相关，因为它们都受到相同因素的影响。这两只股票都与可口可乐公司股票正相关，但是由于不同行业受到的影响不同，因此相关性比福特和通用汽车的相关性要弱。例如，当利率上升时，人们会更倾向于减少汽车的购买而不是可口可乐的消费。

含义：由福特和通用汽车公司股票构成的投资组合，其风险分散程度小于福特或通用汽车与可口可乐公司股票构成的投资组合。也就是说，为了降低风险，应在不同行业中进行投资组合。

可分散风险和市场风险

如前文所述，找到两只完全负相关的股票非常困难，几乎不可能，因为大部分股票都会在经济向好时表现好，而在经济下行时表现差。虽然一个庞大的投资组合仍有较大风险，但会小于将所有资金投资于一只股票的风险。

为了更具体地分析组合的规模如何影响风险，我们来看一下图 8—8，图中显示了当逐渐增加从纽约证券交易所中随机选取的股票时，投资组合的风险会发生什么变化。图中标出了绘制该图时证券交易所上市的 1 只股票投资组合、2 只股票投资组合直到 2 000 只股票投资组合的标准差。该图说明，包含大公司股票的投资组合的风险会降低，并会随着组合规模的扩大达到风险最低点。根据近年的数据，1 只股票投资组合的标准差 σ_1 约为 35%。包含所有股票的投资组合叫做**市场组合**（market portfolio），其标准差 σ_M 会很低，约为 20%，如图 8—8 中的水平虚线所示。

所以，一般而言，如果股票以一种较为合理的组合形式持有，单只股票的内在风险将有一半被抵消，这样的组合应至少包括 40 只以上的股票。但一些风险仍然存在，也就是说，因为市场变动几乎会影响所有的股票，所以不可能把整个股票市场变动的影响完全分散掉。

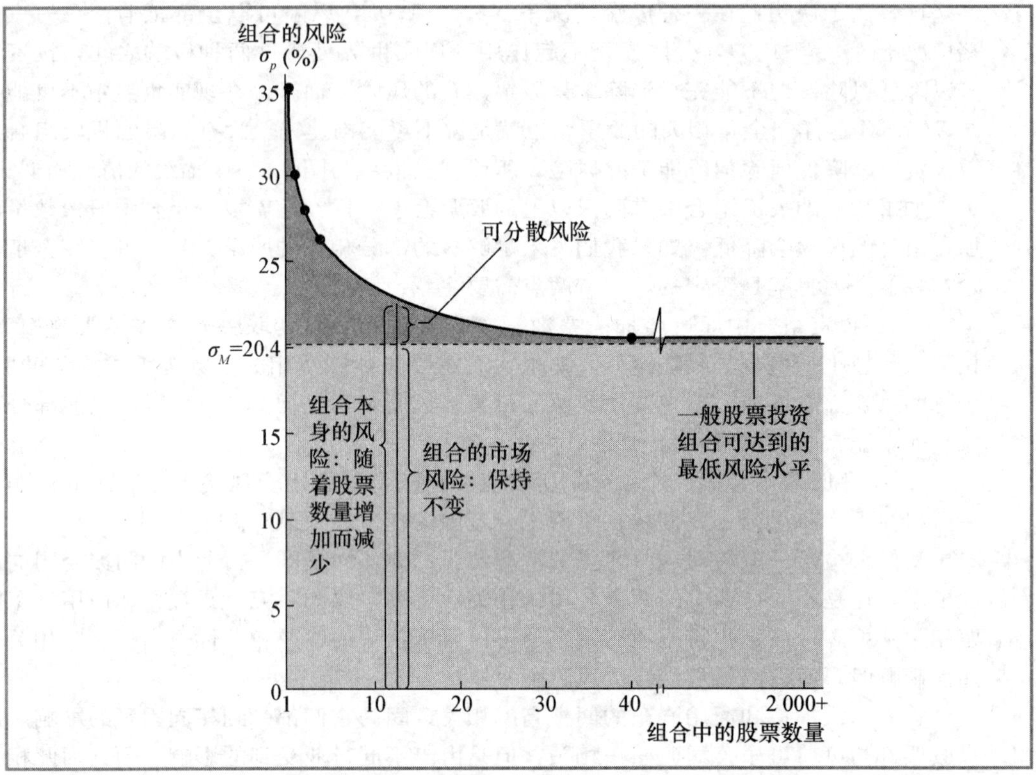

图 8—8　投资组合规模对一般股票投资组合风险的影响

能被分散的股票风险叫做**可分散风险**（diversifiable risk），不能分散的风险叫做**市场风险**（market risk）。可分散风险由一些偶然事件引起，如诉讼、罢工、成功或失败的营销、得到或失去重要合同，或其他只对特定公司有影响的事件。由于这些事件非常偶然，它们对投资组合的影响可以通过分散投资来消除——某个公司中的负面事件会被其他公司中的正面事件抵消。另外，市场风险来自对绝大多数公司有影响的系统因素：战争、通货膨胀、萧条、高利率。由于大部分股票会受到这些因素的负面影响，因此无法通过分散投资消除这些风险。

我们知道投资者会对所承担的风险要求获得回报，也就是说股票风险越高，其期望报酬率必须也越高，这样才会有投资者愿意购买（或持有）。但是理性投资者会更关注其投资组合的整体风险而不是组合中某只股票的风险，所以对某只股票的风险的评价应该基于其对所在组合的影响。这种风险可通过**资本资产定价模型**（capital asset pricing model，CAPM）来确认，该模型描述了风险和报酬率之间的关系。根据 CAPM 模型，某股票的风险等于其对一个充分分散的投资组合的贡献。换言之，对于一位持有包括 40 只股票的投资组合的医生，或者一位管理包括 150 只股票的投资组合的信托经理而言，通用电气股票的风险等于其对投资组合风险的贡献。如果单独持有，该股票的风险会很高，但如果可以通过分散投资消除一半风险，那么以对组合风险的贡献度量的**相关风险**（relevant risk）就比其独立风险大大降低了。

可以通过一个简单的例子来说明这一情况。假定你有一次掷硬币的机会。如果正面朝上，你可以赢得 20 000 美元，如果反面朝上，你将输掉 16 000 美元。这是一个很好的赌注——因为预期回报是 $0.5\times20\,000+0.5\times(-16\,000)=2\,000$ 美元。但这个建议的风险很高，因为你有 50%的可能性输掉 16 000 美元。所以你最好不要打这个赌。换个方式，如果你有机会掷 100 次硬币，如果每次正面朝上，你将赢得 200 美元，如果每次反面朝上，你将输掉 160 美元。最终的结果可能是每次正面朝上，你将赢得 20 000 美元，也可能是每次反面朝上，你将输掉 16 000 美元，但实际上更大的可能性是 50 次正面朝上、50 次反面朝上，你总共赢得 2 000 美元。尽管每次掷硬币都是一次有风险的赌注，但由于掷硬币的次数很多，可以分散掉大部分风险，从整体上看风险很低。这就是不能只持有一只股票而要持有投资组合的原因，但并不是所有的风险都可以通过分散投资来抵消——即使在一个高度分散的组合中，那些由股票市场上的大范围、系统性变动所带来的风险仍然存在。

不同股票的风险相同吗？也就是说，将不同股票纳入一个分散较好的组合后，这些股票对该组合风险的影响一样吗？答案是否定的。不同股票对投资组合的影响不同，所以不同的股票具有不同程度的相关风险。怎样度量股票的相关风险呢？如前所述，除了与整个市场变动有关的风险外，所有的风险都能够并且会被大部分投资者分散掉。既然如此，没有必要接受能被轻易消除的风险。分散投资后仍然存在的风险是市场风险或者市场内在风险，该风险可以由某一股票随着市场上涨或下跌的幅度来度量。我们将在下一节解释如何度量股票的市场风险，在后面的章节中介绍在给定市场风险时，计算股票必要报酬率的模型。

贝塔的概念

某股票随着市场的波动而上涨或下跌的可能性即市场风险，可以用该股票的**贝塔系数**（beta coefficient）b 来表示。贝塔是 CAPM 模型的关键要素。一只平均风险水平的股票可以定义为随着一般市场的波动而上涨或下跌的股票，该市场可以用一些指数来度量，如道琼斯工业指数（Dow Jones Industrials）、标准普尔 500 指数、纽约证券交易所指数等。符合这一定义的股票的贝塔系数为 1.0。一般情况下，对于 $b=1.0$ 的股票，如果市场上涨 10%，该股票也上涨 10%，如果市场下跌 10%，该股票也下跌 10%。由 $b=1.0$ 的股票构成的投资组合会随着市场平均趋势变动，也就是说其风险处于平均水平。如果 $b=0.5$，则股票的波动水平只有市场波动水平的一半——该股票的上涨和下跌幅度只有市场的一半——由这样的股票构成的投资组合的风险只有由 $b=1.0$ 的股票构成的投资组合的一半。如果 $b=2.0$，股票的波动性会是平均水平的两倍，所以由这样的股票构成的投资组合的风险会是一般投资组合的两倍。此类投资组合的价值可能在短期内翻番或减半，如果持有这样的投资组合，你可能很快会成为百万富翁或变得一贫如洗。

图 8—9 中画出了三只股票的报酬率来说明其波动性。图下方的数据显示，在第一年，由所有股票构成的投资组合即“市场”，其整体回报（现金股利加上资本利得）水平为 $r_M=10\%$，股票 H，A，L（代表高风险、平均风险和低风险）的报酬率也是 10%。第二年，市场快速上涨，$r_M=20\%$。三只股票的报酬率也很高：股票 H 上涨到 30%；股票 A 为 20%，与市场相同；股票 L 为 15%。第三年，市场急剧下降，$r_M=-10\%$。三只股票的报酬率也下降了，股票 H 为 −30%，股票 A 为 −10%，股票 L 为 0%。可见三只股票都与市场同方向变动，但股票 H 的波动性最大，股票 A 与市场的波动性相同，股票 L 的波动性最小。

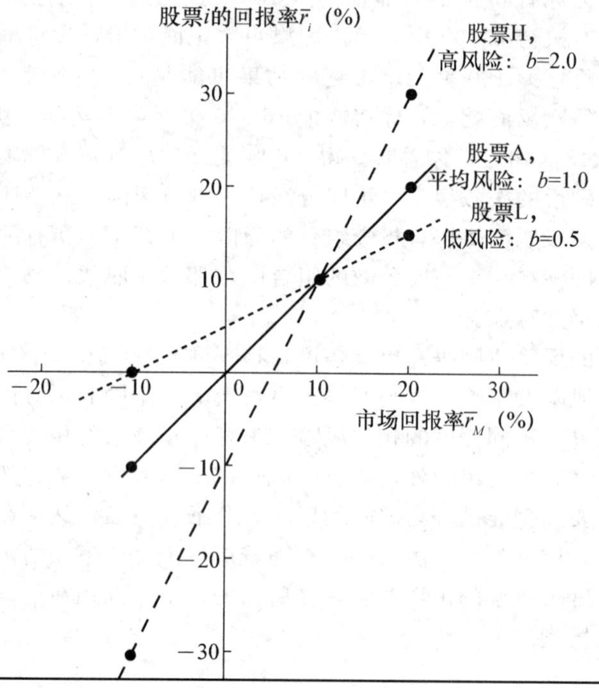

年次	$\bar{r}_H$（%）	$\bar{r}_A$（%）	$\bar{r}_L$（%）	$\bar{r}_M$（%）
1	10	10	10	10
2	30	20	15	20
3	(30)	(10)	0	(10)

图 8—9　股票 A，H，L 的相对波动性

注：三只股票的数据点都刚好在其回归线上，这意味着它们只受市场风险的影响。专门投资于贝塔系数等于 2，1 和 0.5 的股票的共同基金会有类似于本图的形状。

贝塔衡量了某只股票相对于一般股票的波动性。一般股票的贝塔系数为 1.0，某只股票的贝塔系数可以通过在图 8—9 中绘制直线来计算。直线的斜率说明了股票如何随着市场趋势变动——此类“回归直线”的斜率可以定义为股票的贝塔系数。美林、价值线公司和其他组织定期计算并发布公司的贝塔系数，表 8—4 中列出了一些知名公司的贝塔系数。大部分股票的贝塔系数介于 0.5～1.5 之间，理论上讲，所有股票的平均贝塔系数为 1.0。

表 8—4　　贝塔系数示例

股票	贝塔系数
美林	1.50
eBay	1.45
通用电气	1.30
百思买	1.25
微软	1.15
埃克森美孚	0.80

续前表

股票	贝塔系数
佛罗里达电力和照明	0.70
可口可乐	0.60
宝洁	0.60
亨氏	0.55

资料来源：Adapted from *Value Line*，March 2005.

理论上讲，某只股票的贝塔系数可能为负。此时虽然其他股票在下跌，该股票却在上涨。但我们从未在那些机构公布的贝塔系数报告中看到负值。进一步来看，尽管某只股票长期贝塔系数为正，但公司的个别问题仍可能在市场走强时导致该公司的实际报酬率下降。如果贝塔系数大于 1 的股票被纳入一个 $b_p=1.0$ 的投资组合，那么该组合的贝塔系数及风险都会增大。相反，如果贝塔系数小于 1 的股票进入这样的组合，那么该组合的贝塔系数和风险都会减小。由于股票的贝塔系数度量了它对组合风险的贡献，因此从理论上讲贝塔系数是度量股票风险的正确指标。

前文对投资组合范围内的风险进行的分析属于资本资产定价模型的一部分，我们可以将其总结如下：

1. 一只股票的风险由两部分构成，即市场风险和可分散风险。

2. 可分散风险可通过分散投资消除，具体做法可以是持有较大规模的投资组合，或者投资于共同基金。由市场波动引起的市场风险反映了系统性事件对大部分股票的影响，如战争、萧条、通货膨胀。一个理性的多元投资者面对的相关风险只有市场风险，因为他们会消除可分散风险。

3. 投资者承担的风险必须得到补偿——股票的风险越大，其必要报酬率越高。但是只有不能通过分散投资消除的风险才能得到补偿。如果某股票的可分散风险具有风险报酬，那么对经验丰富的投资者来说该股票就成为一个交易目标。他们会开始购买这只股票，推高其价格，股票的最终（均衡）价格将达到只反映不可分散的市场风险的预期报酬。

下面举例说明。假定 A 股票的风险中有一半是市场风险（因为 A 股票随着市场趋势上涨和下跌），另一半是可分散风险。你考虑购买 A 股票并将该股票单独作为一个投资组合持有，此时你会面对它所有的风险。作为对承担这些风险的补偿，你要求在 6%的国债利率的基础上再得到 8%的风险报酬，所以你要求的必要报酬率为 $r_A=6\%+8\%=14\%$。假定包括你的老师在内的其他投资者更擅长分散投资，他们也在观察 A 股票，但他们将 A 股票纳入投资组合中持有，消除了可分散风险，他们承担的风险只有你的一半。因此，他们的风险报酬也只有你的一半，他们的必要报酬率为 $r_A=6\%+4\%=10\%$。

如果该股票的价格很低，能带来你要求的 14%的回报，包括你的老师在内的分散投资者将争相购买。该股票价格将上涨，报酬率下降；你无法以较低价格买入该股票来得到 14%的回报。最后你必须接受 10%的回报或者把钱存入银行。所以，在一个由理性的分散投资者构成的市场中，风险报酬只能针对市场风险。

4. 股票的市场风险由贝塔系数来度量，反映了股票的相对波动性。一些标杆性的贝塔值如下：

$b=0.5$：股票波动性或风险只有一般股票的一半。

$b=1.0$：股票具有平均风险。

$b=2.0$：股票的波动性或风险是一般股票的两倍。

5. 由低贝塔系数的股票构成的投资组合，其自身的贝塔系数也较低，这是因为组合的贝塔系数等于其中每只股票贝塔系数的加权平均数：

$$b_p = w_1b_1 + w_2b_2 + \cdots + w_Nb_N = \sum_{i=1}^{N} w_ib_i \tag{8—6}$$

式中，b_p 是投资组合的贝塔系数，表明了组合的波动性如何与市场相关；w_i 表示第 i 只股票在投资组合中所占的比重；b_i 表示第 i 只股票的贝塔系数。例如，如果一个投资者持有3只股票构成的100 000美元的投资组合，每只股票的投资额为33 333.33美元，每只股票的贝塔系数是0.7，那么该组合的贝塔系数也是0.7：

$$b_p=0.333\,3\times0.7+0.333\,3\times0.7+0.333\,3\times0.7=0.7$$

该组合的风险低于市场，其价格波动幅度很小，报酬率的波动也较小。由图8—9可知，其回归直线的斜率是0.7，小于一般股票组合。

假定组合中的一只股票被出售，并购入 $b_i=2.0$ 的另外一只股票。该行动会使该组合的贝塔系数从 $b_{p1}=0.7$ 上升到 $b_{p2}=1.13$。

$$b_{p2}=0.333\,3\times0.7+0.333\,3\times0.7+0.333\,3\times2.0 =1.13$$

假定新加入的股票的贝塔系数为0.2，投资组合的贝塔系数将从0.7下降到0.53。也就是说，加入低贝塔系数的股票会降低组合的风险。总之，改变组合中的股票会改变组合的风险。

6. 由于股票的贝塔系数决定了股票对投资组合风险的影响，因此任一股票风险的最相关度量指标就是贝塔系数。

8.3 风险与报酬率的关系

前一节说明，根据CAPM模型，贝塔系数是关于股票相关风险最恰当的度量指标。下一个问题是：对于由贝塔系数度量的某一风险水平，如何确定投资者应得的报酬率？首先定义一些概念：

$\hat{r}_i$＝第 i 只股票的预期报酬率。

r_i＝第 i 只股票的必要报酬率。如果 $\hat{r}_i$ 小于 r_i，投资者将不会购买该股票，如果他已经持有这只股票，那么会选择卖出股票。如果 $\hat{r}_i$ 大于 r_i，投资者会买入股票，因为有利可图。如果 $\hat{r}_i=r_i$，投资者将保持中立。

$\bar{r}$＝已实现的报酬率。投资者在考虑买入股票时，显然不知道 $\bar{r}$ 是多少。

r_{RF}＝无风险报酬率。r_{RF} 通常以美国长期国债回报来度量。

b_i＝第 i 只股票的贝塔系数。一般股票的贝塔系数为 $b_A=1.0$。

r_M＝包含所有股票在内的投资组合的必要报酬率，即市场组合的必要报酬率。r_M 也是一般股票（$b_A=1.0$）的必要报酬率。

$RP_M=(r_M-r_{RF})$＝市场风险溢价，也

是一般股票的风险溢价。表示假定在平均风险水平下，投资者除无风险报酬外应得的额外回报。平均风险意味着对于某股票有 $b_i = b_A = 1.0$。

$RP_i = (r_M - r_{RF})b_i = RP_M b_i =$ 第 i 只股票的风险报酬。股票的风险报酬是小于、大于还是等于平均风险溢价 RP_M，取决于其贝塔系数是小于、等于还是大于 1.0。如果 $b_i = b_A = 1.0$，那么 $RP_i = RP_M$。

市场风险溢价（market risk premium，RP_M）代表投资者为承担平均风险而要求的溢价。该溢价的大小取决于投资者如何评价股票市场的风险以及他们的风险规避程度。假定当前国债收益率为 $r_{RF} = 6\%$，一般股票的必要报酬率为 $r_M = 11\%$。因此，市场风险溢价为 5%，计算公式如下：

$$RP_M = r_M - r_{RF} = 11\% - 6\% = 5\%$$

需要说明的是，市场风险溢价（$r_M - r_{RF}$）实际上很难度量，因为几乎不可能准确估计未来的市场回报 r_M。由于很难预测未来的市场回报，因此分析师经常通过分析历史数据来估计市场风险溢价。历史数据说明，由于投资者的风险规避程度不同，市场风险溢价每年都在变化，但通常介于 4%～8%之间。

虽然历史估计值可能是估计市场风险溢价的很好起点，但如果投资者对风险的态度随着时间推移发生了变化，这样的估计就可能出现错误。实际上，很多分析师认为近年来市场风险溢价在下降。如果这一观点正确，市场风险溢价将比根据历史数据估计得到的低得多。

单只股票的风险报酬与市场风险溢价不同，呈现出有规律的变化。例如，如果某只股票的风险是另一只股票的两倍，其风险报酬也将为两倍；如果某只股票的风险只有另一只股票的一半，则其风险报酬也只有一半。进一步来看，我们可以通过股票的贝塔系数度量其相关风险。如果知道市场风险溢价 RP_M 以及股票贝塔系数 b_i，我们可以计算股票的风险报酬为 $RP_M b_i$。例如，如果 $b_i = 0.5$，$RP_M = 5\%$，那么 RP_i 为 2.5%：

$$\begin{aligned} \text{股票 } i \text{ 的风险报酬} &= RP_i = RP_M b_i \qquad (8\text{—}7) \\ &= 5\% \times 0.5 \\ &= 2.5\% \end{aligned}$$

如第 6 章所述，某只股票的必要报酬率可以表示如下：

股票的必要报酬率＝无风险报酬＋股票的风险报酬

这里的无风险报酬包括对预期通货膨胀的补偿，如果我们假定股票具有相似的期限和流动性，股票 i 的必要报酬率可以用**证券市场线公式**（security market line（SML）equation）来表示：

股票 i 的必要报酬率＝无风险利率＋市场风险溢价×股票 i 的贝塔系数

$$\begin{aligned} r_i &= r_{RF} + (r_M - r_{RF})b_i \qquad (8\text{—}8) \\ &= r_{RF} + RP_M b_i \\ &= 6\% + (11\% - 6\%) \times 0.5 \\ &= 6\% + 5\% \times 0.5 \\ &= 8.5\% \end{aligned}$$

如果另一只股票 j 的贝塔系数为 2.0，则比股票 i 的风险高，其必要报酬率将是16%：

$$r_j = 6\% + 5\% \times 2.0 = 16\%$$

一般股票的贝塔系数为1.0，必要报酬率为11%，与市场回报相同：

$$r_A = 6\% + 5\% \times 1.0 = 11\% = r_M$$

将SML公式绘制成图，就称为**证券市场线**（security market line，SML）。$r_{RF}=6\%$，$r_M=11\%$时的情况如图8—10所示。

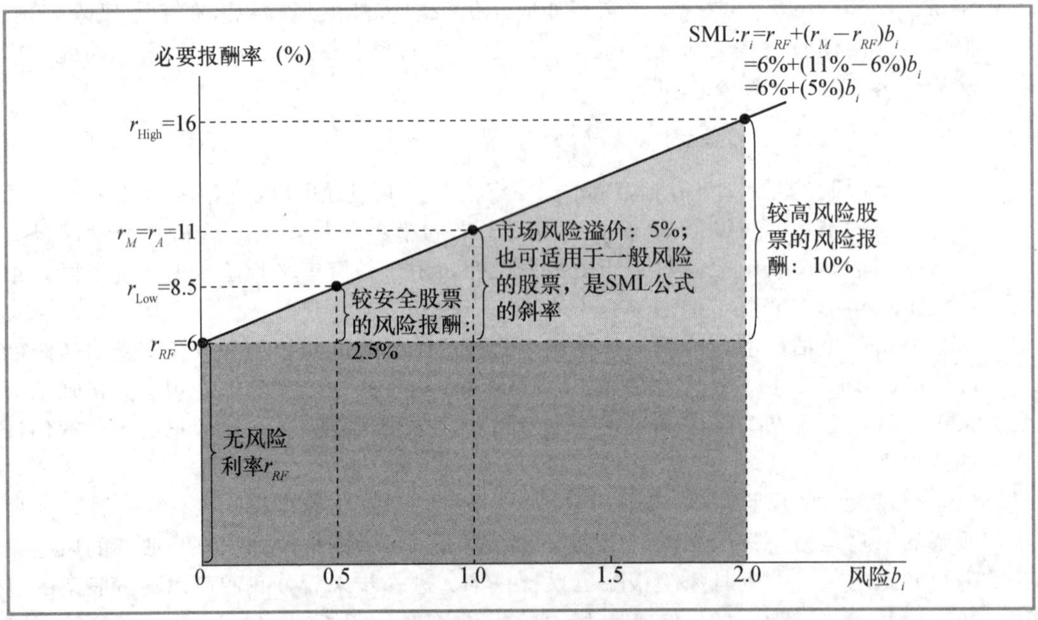

图8—10 证券市场线

注意以下要点：

1. 纵轴表示必要报酬率，横轴表示风险，用贝塔系数度量。此图与图8—9完全不同，图8—9中纵轴表示单只股票的报酬率，横轴表示市场回报。图8—9中三条线的斜率用来计算三只股票的贝塔系数，而图8—10中这些贝塔系数标示在横轴上。

2. 无风险证券的$b_i=0$，因此r_{RF}在图8—10中显示为纵轴的截距。如果我们可以构建一个贝塔系数等于零的投资组合，其预期报酬率等于无风险报酬率。

3. SML的斜率（图8—10中为5%）反映了经济生活中的风险规避程度——投资者平均风险规避程度越高，则：(a)该线的斜率越大；(b)所有股票的风险溢价越高；(c)所有股票的必要报酬率越高。下一节中将继续讨论这些要点。

4. 我们计算出的$b_i=0.5$，$b_i=1.0$和$b_i=2.0$的股票价值与图中r_{Low}，r_A和r_{High}一致。

随着利率水平、投资者风险规避程度、公司贝塔系数的变化，证券市场线和公司在证券市场线中的位置也不断变化。下一节中将讨论这些变化。

通货膨胀的影响

如第6章所述，利息相当于借款的“租金”或货币的价格，所以r_{RF}是一个无风险的债权人要求的货币价格。由美国国债度量的无风险利率叫做名义或给定利率，包含两个要素：（1）真实的不考虑通货膨胀的报酬率 r^*；（2）通货膨胀补偿 IP，等于预期通货膨胀率。所以 $r_{RF}=r^*+IP$。历史上长期国债的真实利率介于 2%～4%之间，均值约为 3%。因此，如果预期没有通货膨胀，长期国债的收益率约为 3%。但是，如果预期通货膨胀率上升，为了补偿投资者的购买力损失，必须在真实无风险报酬率的基础上加上风险溢价。因此，图 8—10 中 r_{RF} 为 6%，包含 3%的真实无风险报酬率加上 3%的通货膨胀补偿：$r_{RF}=r^*+IP=3\%+3\%=6\%$。

如果预期通货膨胀率上升 2%，达到 3%＋2%＝5%，就会使 r_{RF} 上升到 8%，如图 8—11 所示。因为无风险资产和风险资产的必要报酬率中包含的通货膨胀补偿相同，所以根据 CAPM，r_{RF} 的上升会带来所有风险资产报酬率的上升。例子中的平均股票报酬率 r_M 从 11%上升到 13%，其他风险证券的报酬率也上升了 2 个百分点。

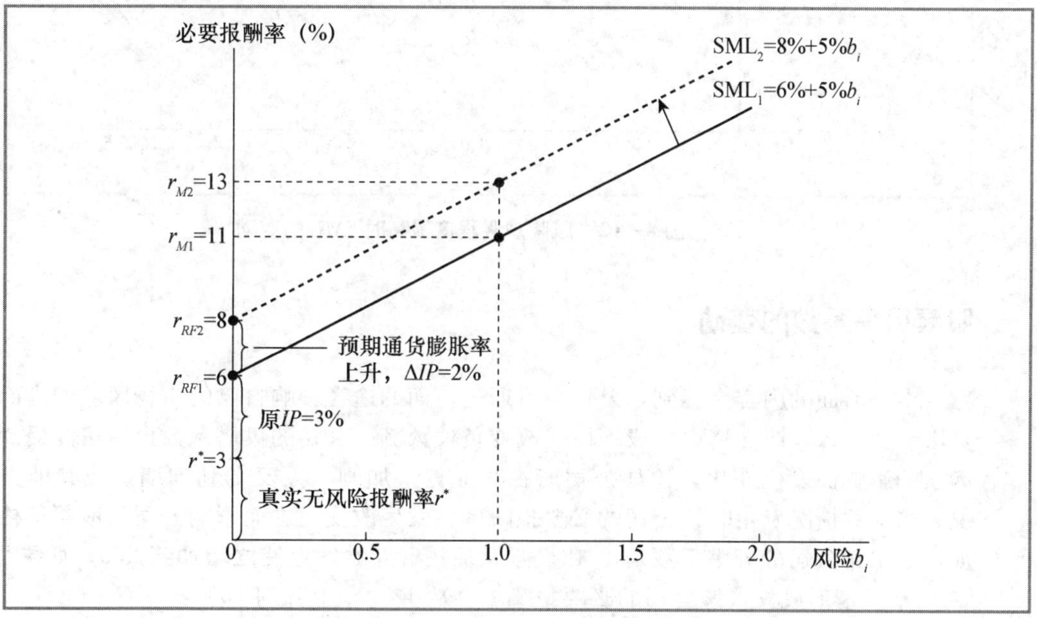

图 8—11　通货膨胀率上升时 SML 的变动

风险规避程度的变化

证券市场线的斜率反映了投资者的风险规避程度——市场线越陡峭，投资者对承担风险要求的回报越高，意味着风险规避程度越高。现在假设投资者对风险毫不关心，也就是说他们一点都不讨厌风险。不存在风险规避时就不存在风险溢价，如果 r_{RF} 为 6%，那么风险资产的必要报酬率也是 6%，此时 SML 就成为一条水平直线。但是投资者实际上在规避风险，所以存在风险溢价，而且风险规避程度越高，SML 越陡峭。

图 8—12 说明了风险规避程度提高的情况。市场风险溢价从 5%上升到 7.5%，使 r_M 从 $r_{M1}=11\%$ 提高到 $r_{M2}=13.5\%$。其他风险资产的回报也在增加，风险规避程度的变动对高风险证券的影响更加明显。例如，$b_i=0.5$ 的股票的必要报酬率只上升了 1.25 个百分点，从 8.5%增加到 9.75%，但 $b_i=1.5$ 的股票的必要报酬率会上升 3.75 个百分点，从 13.5%增加到 17.25%。

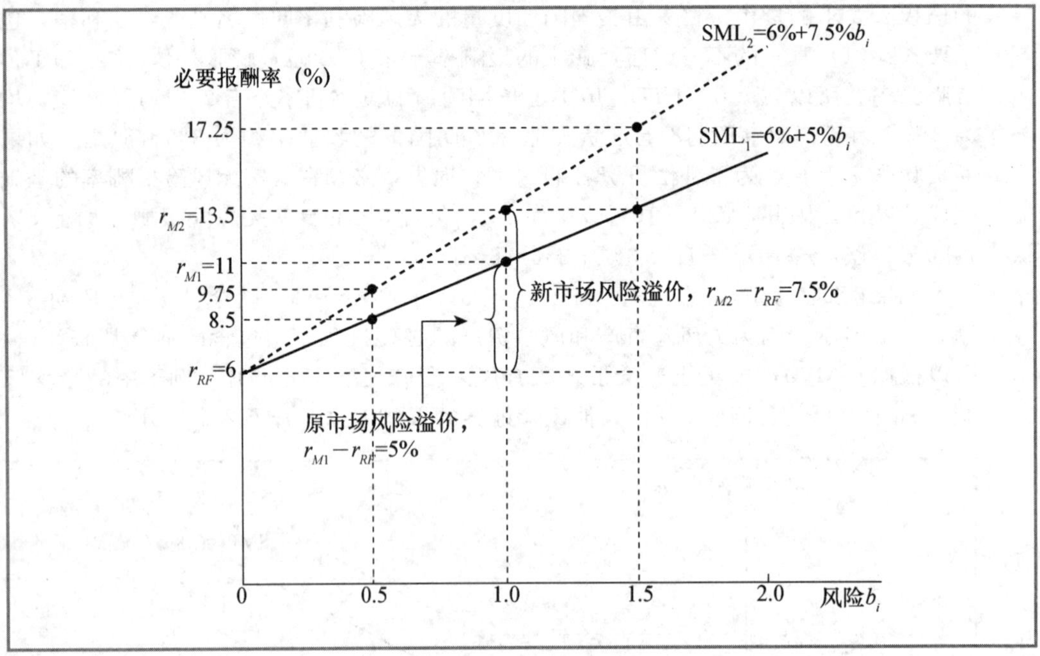

图 8—12 风险规避程度提高时 SML 的变动

股票贝塔系数的变动

本书后面的内容会提到，公司可以通过下面的途径影响自己的市场风险，进而影响贝塔系数：（1）改变资产构成；（2）改变负债数额。公司的贝塔系数也有可能受到外部因素的影响而发生变化，比如公司所在行业竞争加剧、主要专利到期，或其他类似情况。当这些情况发生时，公司的必要报酬率会发生改变，进而影响公司的股票价格。例如，艾来德公司的贝塔系数是 1.48，假设某些事件的发生使之增加到 2.0。如果图 8—10 所示的情形成立，该公司的必要报酬率会从 13.4%上升到 16%：

$$
\begin{aligned}
r_1 &= r_{RF} + (r_M - r_{RF})b_i \\
&= 6\% + (11\% - 6\%) \times 1.48 \\
&= 13.4\% \\
r_2 &= 6\% + (11\% - 6\%) \times 2.0 \\
&= 16\%
\end{aligned}
$$

在第 9 章中，我们会看到这一变动会对艾来德公司的股票价格产生负面影响。

8.4 对贝塔系数和 CAPM 模型的思考

资本资产定价模型（CAPM）不仅是课本中描述的一个抽象理论——它很有吸引力，而且被分析师、投资者、公司广泛应用。但是，近期的大量研究引起了人们对其有效性的关注。例如，芝加哥大学的尤金·法马（Eugene Fama）和达特茅斯学院的肯尼思·弗伦奇（Kenneth French）发现股票回报和贝塔系数之间没有历史关联，验证了一些教授和股票市场分析师长期持有的观点。

作为对传统 CAPM 的替代，研究人员和实务工作者一直在开发比贝塔系数更有说服力的模型。这些多变量模型是对传统 CAPM 模型内涵的很好归纳，即市场风险——不可分散的风险——构成了资产价格的基础。不同于 CAPM 模型只考虑了与市场组合回报有关的风险，多变量模型假定风险来自大量不同的因素。这些多变量模型代表了金融理论方面的重要进步，不过在实际应用中也有一些缺陷。所以基本的 CAPM 模型仍然是估计股票必要报酬率时使用最广泛的模型。

8.5　一些结论：对公司管理者和投资者的启示

风险和报酬之间的联系是一个非常重要的概念，对于管理者和投资者来说都很有启发。在后续章节中我们会看到，公司管理者花费了大量时间评估某个项目的风险和回报。为什么花这么多时间讨论股票的风险？为什么不从观察厂房、设备等企业资产的风险入手呢？这是因为，对基本目标为股票价格最大化的管理者来说，公司股票的风险最重要，与实物资产有关的风险都需要通过该资产对股票风险的影响来度量。例如，假定轮胎公司固特异（Goodyear）正在考虑投资一种新产品——翻新的轮胎。该产品的销售乃至新项目的盈余都很不确定，所以单独来看这个新项目的投资风险非常高。但是假定翻新轮胎这一项目与固特异的其他经营活动负相关——当经济状况好的时候，人们有很多钱，会购买安装了新轮胎的新车，但是当经济状况不好的时候，人们会继续用旧车，购买翻新的轮胎。所以在经济增长时期，一般项目的回报高而翻新轮胎项目的回报低，但经济萧条时期的情况刚好相反。这一结果就像图 8—5 中描述的股票 W 和 M 一样。因此，单独来看风险高的投资项目如果放到公司整体当中评价，可能风险就不那么高了。

这一分析可以扩展到企业的股东。由于固特异的股票被股东分散持有，管理者每次做出投资决策时面对的问题是：该投资会如何影响股东的风险？上述情况可能再次发生，即单独来看项目的风险很高，但如果将项目放到对股东风险产生影响的范畴里，风险就不那么高了。第 12 章会再次讨论这一问题，并将检验资本预算对公司贝塔系数乃至股东风险的影响。

这些概念对个人投资者来说显然非常重要，对公司管理者来说实际上也非常重要。下面总结了所有投资者都应该考虑的一些要点。

1. 需要权衡风险和收益。一般而言，投资者都喜欢高回报而厌恶风险。所以风险高的投资项目需要给投资者带来更高的预期回报。换句话说——如果你想得到高回报，就必须承担更高的风险。

2. 分散投资至关重要。通过明智地分散投资，投资者可以在不减少预期回报的前提下显著降低风险。不要把你所有的资金投向一只或两只股票，也不要仅仅投入一两个行业。很多人常犯的一个错误是投入大量资金买进自己所在公司的股票。如果公司破产，这些人不仅会失去工作，而且会亏掉投入的资金。没有股票是完全无风险的，所以你可以通过持有合理分散的投资组合来缓解冲击。

3. 真实回报才是值得关注的。所有的投资者都应该理解名义回报和真实回报之间的关系。进行绩效评估时，真正起作用的是真实回报（扣除通货膨胀后的回报）。所以随着预期通货膨胀增加，投资者需要更高的名义回报。

4. 一项投资的风险通常取决于你打算持有它的时间。例如，普通股对短期投资者来说风险非常高。不过从长期来看，如果将股票作为长期组合的一个组成部分，风险实际上并不高。宾夕法尼亚大学杰里米·西格尔（Jeremy Siegle）在他的畅销书《股票——长线法宝》（*Stocks for the Long Run*）中提出："从保持购买力的角度出发，最安全的长期投资是股票，而不是债券。"

5. 尽管历史让我们了解了不同投资中风险和回报的关系，但未来并不一定重复历史。近年来表现好的股票可能暴跌，而那些表现不好的股票可能会反弹。把股票市场看做一个整体时也是如此。西格尔虽然宣称历史证明股票是很好的长期投资品，但也承认无法确保股票未来的表现与过去一样好。更重要的是，买入股票时你总是要问一句："该股票的估值合理吗？当前价格是不是太高了？"下一章将更全面地讨论这一问题。

小结

本章分析了风险和报酬之间的关系。介绍了如何为单项资产和投资组合计算风险和报酬，并且区分了独立风险和投资组合中的风险，进而说明了分散投资的优点。还介绍了CAPM模型，该模型描述了风险如何度量以及如何影响报酬率。在后续章节中，将进一步介绍估计公司普通股必要报酬率的方法，并说明如何用该报酬率和债券收益率计算公司的资本成本。你将看到，资本成本是资本预算中的关键。

练习题

1. 期望报酬率和必要报酬率

假定无风险利率为5%，市场风险溢价为6%。整个市场的期望报酬率是多少？贝塔系数为1.2的股票的必要报酬率是多少？

2. 期望报酬

股票X、股票Y的预期未来收益的概率分布如下：

概率	股票X	股票Y
0.1	(10%)	(35%)
0.2	2%	0%
0.4	12%	20%
0.2	20%	25%
0.1	38%	45%

a. 计算股票Y的期望报酬率 $\hat{r}_Y$。($\hat{r}_X=12\%$。)

b. 计算股票X的期望报酬率的标准差 σ_X。($\sigma_Y=20.35\%$。) 计算股票Y的变异系数。大部分投资者是否认同股票Y的风险低于股票X？为什么？

3. CAPM模型和必要报酬率

A，B两家公司的贝塔系数分别为1.45和0.85。市场回报为12%。无风险利率为5%。A公司的必要报酬率比B公司高多少？

4. 投资组合的贝塔系数

假定你持有一个由20只股票构成的投资组合，每只股票的投资额为7 500美元，该组合的贝塔系数为1.12。你现在准备卖出1只贝塔系数为1.0的股票，并用所得的7 500美元买入另一只贝塔系数为1.75的股票。计算投资组合的新的贝塔系数。

5. CAPM模型和投资组合回报

你管理一个500万美元的投资组合，贝塔系数为1.25，必要报酬率为12%。当前的无风险利率为5.25%。假定你得到另外50万美元。如果你将这些资金投向一只贝塔系数为 0.75 的股票，你持有的 550 万美元的投资组合的必要报酬率是多少？

答案

1. r_M=11%，r=12.2%
2. a. $\hat{r}_Y$=14%；b. σ_X=12.20%
3. 4.2%
4. b_N=1.16
5. r_p=11.75%

第9章

股票及其估值

9.1　普通股股东的法律权利和优先权

普通股股东是公司的所有者，因此他们拥有本节所述的特定权利。

公司的控制权

一家公司的普通股股东有选举出董事的权利，而董事又会选举出公司的管理者。在一家小公司中，主要股东通常也是董事会的董事长和主席。在大型上市公司中，经理虽然也拥有一些股票，但是他们的股份一般并不足以使他们控制选举。因此，如果管理团队没有效率，大多数上市公司的管理人员会被股东解聘。

美国州及联邦法规定了如何行使股东控制权。首先，公司必须定期进行董事选举，通常是在每年一次的年度会议上投票选举。每年会选举出三分之一的董事，任期三年。每股股票有一份投票权，因此，持有1 000股股票的股东就对选举每个董事有1 000份投票权。普通股股东可以参加年度会议并亲自投票，但通常他们会通过**委托书**（proxy）将投票权转给他人。管理者一般会成功获得股东的委托投票权。但是，如果公司的盈利状况不好，股东并不满意，外部团体就会努力获得委托投票权并撤换管理者来实现对企业的控制。这种现象叫做**委托投票权争夺战**（proxy fight）。

近年来控制问题已经成为财务领域的核心问题。争夺委托投票权的事件频频发生，公司试图通过购买另一家公司发行在外的大多数股份来对其进行接管的案例也越来越多。这种行为称为**收购**（takeover）。一些著名的案例包括：KKR公司收购雷诺兹-纳贝斯克（RJR Nabisco），雪佛龙（Chevron）收购海湾石油（Gulf Oil），以及QVC与维亚康姆（Viacom）争夺收购派拉蒙（Paramount）。

没有获得多数控制权（占公司股票份额50%以上）的经理会非常关注委托投票权的争夺和收购，他们中的很多人会试图获得股东的支持来修改公司章程，以使并购变得更困难。例如，很多公司已经获得股东的同意：（1）每年选举出三分之一的董事（而不是选举出全部董事）；（2）须获得75%（而不是50%）的股东支持才能进行企业合并；（3）投票支持“毒丸计划”，这个计划将允许被收购公司的股东以较低的价格购买收购方的股票。毒丸计划使收购失去吸引力，从而避免敌意收购。管理层作出这些改变是因为害怕公司被廉价收购，但事实证明维护个人利益是他们更重要的一个出发点。

管理层力图使并购更加困难，这受到了股东（特别是大的机构投资者）的强烈反对，股东们并不希望存在旨在保护无能管理者的阻力。例如，作为最大机构投资者之一的加利福尼亚公务员退休系统（Calpers）曾试图争夺被其评定为财务表现不佳的几家公司的委托投票权。Calpers想让公司给予外部董事（非管理层）更多的影响力并迫使经理们对股东的不满作出更好的回应。

在1993年之前，SEC规定禁止像Calpers这样的大投资者联合起来强制公司管理者改变公司政策。但是，SEC在1993年修改了这项规定，现在大型投资者可以联合起来迫使管理层进行变革。这项规定使管理层更关注股东的需求，即股票价格最大化。

优先认股权

普通股股东通常有**优先认股权**（preemptive right）来购买公司新发行的股票。关于优先认股权的条款在有些州自动包含在公司章程中，在其他州则必须将其专门写入公司章程。

设置优先认股权有两个目的。第一，可以防止公司管理层大量发行并购买股票，否则管理层会因此掌握公司的控制权并无视当前股东的意愿。第二，更重要的是，可以保护股东的价值不被稀释。例如，假设公司有1 000股发行在外的普通股股票，每股价格为100美元，公司价值是100 000美元。如果新发行1 000股股票，每股价格为50美元，即总价值是50 000美元，将使公司的总市值上升至150 000美元。用新的总市值除以发行在外的总股数，得到每股价值为75美元。老股东每股损失25美元，而新股东马上每股获利25美元。因此，以低于现有市场价值的价格卖出普通股股票将会降低股票市价，并将财富从老股东转移给可以购买新发行股份的股东。设置优先认股权可避免此类问题的发生。

9.2 普通股的种类

尽管大多数公司只拥有一种普通股，但在某些情况下**分类股**（classified stock）可以满足特别需要。当我们使用特别分类时，通常可以把一种股票指定为A类，把另一种指定为B类，依此类推。一些寻求外部投资的新成立的小公司经常会发行不同种类的普通股。例如，基因概念公司（Genetic Concept）不久前公开上市，该公司的A类股票出售给公众并发放股利，但这类股票在5年之内没有投票权。而公司的B类股票由公司的发起人持有，在5年之内有完全的投票权。但根据法律规定，只有当公司的留存收益达到规定水平时，才能对B类股票发放股利。设置分类股能使公众投资者在不牺牲收入的同时，在成长性公司中占有一席之地，而发起人可以在公司至关重要的早期发展阶段保留对公司的绝对控制权。同时，这也可以保护外部投资者，防止公司发起人过度抽离资金，所以B类股票通常也称为**发起人股份**（founders' shares）。

值得注意的是，“A类”、“B类”并没有标准的含义。大多数公司都没有分类股，设有分类股的公司可以将B类股指定为发起人股份，将A类股指定向公众发行，但也可以相反。此外，有很多公司将股票分类用于其他用途。例如，当通用汽车以50亿美元的价格收购休斯飞机（Huges Aircraft）时，其中部分款项用一种称为GMH的新型H类股票支付。这种股票的投票权受限，且其股利水平与作为通用汽车子公司的休斯飞机的业绩挂钩。通用汽车设立这种新型股票的原因在于：（1）管理层对潜在的收购可能性非常关注，因而希望限制这种新型股票的投票权；（2）休斯飞机的员工希望其收益直接与休斯飞机自身的业绩挂钩，而不是与通用汽车的股市表现相联系。当2003年通用汽车卖掉休斯飞机时，H类股票也随之消失。

9.3 普通股的估值

普通股代表了公司的所有者权益，但是对于投资者来说，一股普通股只是一张有两个功能的纸：

1. 股票赋予股东获得股利的权利，但前提是公司有能力支付股利，并且管理层选择发放股利而不是将全部盈余用于再投资。债券承诺支付利息，普通股则没有此类承诺——如果你是股东，你希望获得股利的愿望不一定得到满足。举例来说，长岛供电公司（Long Island Lighting Company，LILCO）已经发放了 50 多年的普通股股利，股民也希望公司继续发放。但几年前公司遇到严重问题后就停止股利发放了。不过公司仍继续支付债券利息，因为如果它不这样做就得宣布破产，债权人就会接管公司。

2. 股票可以转让，当然理想情况是以高于买入价的价格转让。如果股票确实能以高于买入价的价格出售，投资者就会获得资本利得。一般来说，当投资者买入股票时，他们期望获得资本利得，否则就不会购买股票。但他们也可能最终以资本损失而不是利得收场。LILCO 的股价在一年之内从每股 17.5 美元跌到了 3.75 美元，所以投资者的预期股票收益变成了巨大的资本损失。

股票估值模型中术语的定义

普通股会带来未来现金流量，股票的价值就是其未来现金流量的现值，包括：(1) 每年的预期股利；(2) 投资者卖出股票的预期价格。最终股票售价包括原始投资加上预期资本收益。

由第 1 章可知，管理者应努力使公司股票价值最大化。因此，管理者需要知道不同的行为如何影响公司股价，下面我们建立一些模型来帮助说明如何确定股价。首先要定义以下概念：

D_t＝股东预期每 t 年年末可以收到的股利。D_0 是最近一期已经支付的股利；D_1 是预期第一笔股利，将在当年年末发放；D_2 是预期第二年年末发放的股利；依此类推。D_1 表示买入股票后收到的第一笔现金。刚支付过的股利 D_0 是确定的，但所有未来的股利都只是预期值，不同的投资者有不同的预期，这些差异会导致对股票内在价值的估计有所不同。

P_0＝股票当前的实际市场价格。

$\hat{P}_t$＝每 t 年年末预期股票价格。$\hat{P}_t$ 表示特定投资者认定的股票内在价值；$\hat{P}_1$ 表示第一年的预期价格；依此类推。需要注意的是，$\hat{P}_0$ 表示特定投资者以预期现金股利和风险为基础估计的当前股票的内在价值。所以，虽然市场价格 P_0 是确定的，并且对所有投资者都一样，但 $\hat{P}_0$ 根据投资者对公司的看法而存在差异。某投资者估计的当前股票内在价值 $\hat{P}_0$ 可能高于或低于当前市场价格 P_0。投资者只有在 $\hat{P}_0$ 等于或大于 P_0 时才会买入股票。

因为市场上有很多投资者，所以会有很多 $\hat{P}_0$ 值。不过我们可以考虑有效投资者概念，即那些真正影响市场价格的投资者。对有效投资者来说 P_0 必须等于 $\hat{P}_0$，否则就会出现不均衡，市场中的买卖行为会改变 P_0，直到 $P_0=\hat{P}_0$。

g＝边际投资者估计的股利预期**增长率**（growth rate）。如果预期股利稳定增长，g 就等于盈余和股票价格的预期增长率。不同的投资者会使用不同的 g 来为公司股票估值，不过市场价格 P_0 以边际投资者预期的增长率为基础确定。

r_s＝考虑风险和投资于其他项目可能获得的收益后，投资于股票的最低或**必要报酬率**（required rate of return）。这一概念也和边际投资者有关。r_s 的影响因素包括真实回报率、预期通货膨胀和第 8 章中讨论过的风险。

$\hat{r}_s$＝投资者购买股票后预计未来可获得的期望报酬率。$\hat{r}_s$ 可能高于或低于 r_s，但投资者只有在 $\hat{r}_s$ 等于或大于 r_s 时才应该买入股票。

$\bar{r}_s$＝**实际（真实）报酬率**（actual (realized) rate of return）。如果你今天买入股票，可能预期获得 $\bar{r}_s=10\%$ 的回报，但如果市场走弱，你明年的实际报酬率可能会非常低，甚至为负。

D_1/P_0＝下一年度股票的预期**股利收益率**（dividend yield）。如果预期未来12个月股票支付的股利为 $D_1=1$ 美元，当前的价格为 $P_0=20$ 美元，那么预期股利收益率就是 $1/20=0.05=5\%$。

$\frac{\hat{P}_1-P_0}{P_0}$＝下一年度股票的预期**资本利得收益率**（capital gains yield）。如果股票当前价格为20美元，预计一年后上涨到21美元，那么预期资本利得就是 $\hat{P}_1-P_0=21-20=1$ 美元，预期资本利得收益率＝$1/20=0.05=5\%$。

预期总报酬率＝$\hat{r}_s$＝预期股利收益率（D_1/P_0）加上预期资本利得收益率［$(\hat{P}_1-P_0)/P_0$］。在本例中**预期总报酬率**（expected total return）＝$\hat{r}_s=5\%+5\%=10\%$。

预期股利是股票估值的基础

在关于债券的讨论中，我们发现债券的价值等于未来各期利息支付额的现值加上到期偿还本金的现值之和：

$$V_B=\frac{INT}{(1+r_d)^1}+\frac{INT}{(1+r_d)^2}+\cdots+\frac{INT}{(1+r_d)^N}+\frac{M}{(1+r_d)^N}$$

股票价格同样也由未来现金流量的现值决定，并且基本股票估值公式与债券估值公式类似。公司提供给股东的现金流是什么呢？首先，想象你自己是一个购买股票并将（在家庭中）永远持有它的投资者。在这种情况下，你（和你的后代）将得到的全部是股利现金流，所以今天股票的价值就等于未来股利现金流的现值：

$$\begin{aligned}\text{股票价值}=\hat{P}_0&=\text{预期未来股利的现值}\\&=\frac{D_1}{(1+r_s)^1}+\frac{D_2}{(1+r_s)^2}+\cdots+\frac{D_\infty}{(1+r_s)^\infty}\\&=\sum_{t=1}^{\infty}\frac{D_t}{(1+r_s)^t}\end{aligned}\tag{9—1}$$

举一个更典型的例子，如果你持有股票一段时间后卖掉，那么 $\hat{P}_0$ 的价值是多少呢？除非公司可能被清算或出售并因此消失，不然股票的价值仍可以由公式（9—1）计算得出。证明如下：对每个投资者来说，预期未来现金流量包括预期股利和预期未来股票售价。但当前投资者卖出股票时得到的价格又取决于未来投资者预期得到的股利。因此对所有投资者来说，预期未来现金流必须基于预期未来股利。从另一个角度看，除非公司被清算或出售，否则它提供给股东的现金流只包括股利现金流。因此，公司每股股票的价值一定取决于预期股利现金流的现值。

公式（9—1）也可以用以下过程证明。假设我买了一股股票并持有一年时间，在这一年中我将会得到股利以及年末卖掉股票获得的 $\hat{P}_1$。但 $\hat{P}_1$ 是由什么决定的呢？它等于第二年预期股利的现值加上第二年年末股票售价的现值，而第二年年末的股票售价也可以依此类推。这一过程可以无限进行下去，最终得到公式（9—1）。

9.4 固定增长的股票

公式（9—1）是基本股票估值模型，它假设股利 D_t 可以随时间的推移而自由变动，也就是说 D_t 可以随时间的变化而增加、减少或随机波动，甚至可以在一段时间内为零，公式（9—1）依然成立。我们可以在电子表格中使用这一公式，非常容易地计算出支付各种股利的股票的内在价值。在实务中，最难的问题是如何获得对未来股利的准确预期。

在许多情况下，人们预期股利现金流以固定增长率增长。此时公式（9—1）就可以写为：

$$\hat{P}_0 = \frac{D_0(1+g)^1}{(1+r_s)^1} + \frac{D_0(1+g)^2}{(1+r_s)^2} + \cdots + \frac{D_0(1+g)^\infty}{(1+r_s)^\infty}$$
$$= \frac{D_0(1+g)}{r_s - g} = \frac{D_1}{r_s - g} \qquad (9—2)$$

公式（9—2）称为**固定增长模型**（constant growth model），又称为 Gordon 模型，这是以它的建立和推广者迈伦 · J · 戈登（Myron J. Gordon）的名字命名的。

固定增长股票举例

假定艾来德公司刚刚支付了 1.15 美元的股利（即 D_0＝1.15 美元）。该股票的必要报酬率 r_s＝13.4%，且投资者期望未来该股利会保持 8%的固定增长率。一年后的预期股利将是 D_1＝1.15×1.08＝1.24 美元，两年后的预期股利为 1.34 美元，则五年后的预期股利为 1.69 美元：

$$D_5 = D_0(1+g)^5 = 1.15 \times 1.08^5 = 1.69(\text{美元})$$

我们可以用这种方法计算未来的每期股利，然后用公式（9—1）求出股票的现值 $\hat{P}_0$。换句话说，我们能求出未来每期预期股利并计算其现值，然后将所有现值相加得到股票的内在价值。

这一过程很复杂，我们可以将数据代入简化的公式（9—2），得到股票的内在价值为 23 美元：

$$\hat{P}_0 = \frac{1.15 \times 1.08}{0.134 - 0.08} = \frac{1.242}{0.054} = 23(\text{美元})$$

但需要注意，推导公式（9—2）的必备条件是必要报酬率 r_s 大于股利长期增长率 g。如果在 r_s 小于 g 的情况下运用该公式，结果会是错误的、无意义的，并可能会误导使用者。

固定增长模型的价值变动过程可以用图 9—1 表示。股利以 g＝8%的速度增长，但因为 $r_s > g$，所以未来每期股利的现值都在下降。例如，第一年股利是 $D_1 = D_0(1+g)^1$＝1.15×1.08＝1.242 美元。在折现率为 13.4%时，其现值 $PV(D_1)$＝1.242/1.134^1＝1.095 美元。第二年预期股利增长到 1.242×1.08＝1.341 美元，但其现值却降至 1.043 美元。接下来可得，D_3＝1.449 美元，$PV(D_3)$＝0.993 美元，其他各期同理。因此，虽然预期股利在增长，但因为股利增长率（8%）小于股利折现率（13.4%），所以每期股利的现值在不断下降。

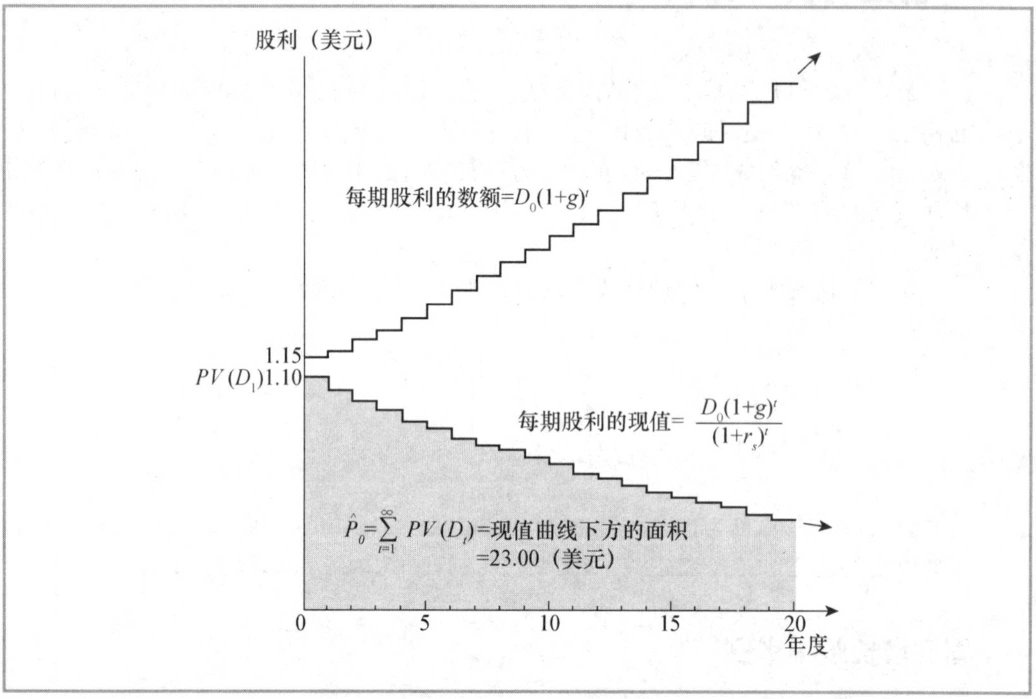

图 9—1　固定增长股票的股利现值（D_0＝1.15 美元，g＝8%，r_s＝13.4%）

如果我们将未来每期股利的现值加总，其总和就是股票的价值 $\hat{P}_0$。当 g 固定不变时，未来股利的现值总和就等于公式（9—2）中的 $D_1/(r_s-g)$。因此，如果我们将图 9—1 中的低阶跃函数曲线的区间拓展至无穷，并将未来每期股利的现值加总，其总和同样等于根据公式（9—2）计算得到的 23 美元。

如果股利增长率超过了必要报酬率，未来每期股利的现值 PV 将大于前一年的股利现值。如果在图 9—1 中画出这种情况，两个阶跃函数曲线都将不断上升，表明股票的价格无穷大。而且，用公式（9—2）计算出的股票价格将为负。显而易见，股票价格既不会无穷大也不会为负，这也说明了为什么公式（9—2）只能在 $r_s>g$ 时运用。在本章中，我们还会继续讨论该问题。

股利与盈余增长

股利的增长通常源于每股收益（*EPS*）的增加。每股收益的增长则是多因素共同作用的结果，包括：(1) 公司将盈余留存并用于再投资的数量；(2) 公司的净资产收益率（*ROE*）；(3) 通货膨胀。出现通货膨胀时，如果产出（产量）不变，但通货膨胀导致销售价格和投入成本都增加，则每股收益也会增加。即使不存在通货膨胀，利润再投资也会带来每股收益增加。如果公司的盈余不是全部作为股利发放（即盈余的一部分被留存），每股股票所代表的投资将会随着时间的推移而增加，这将进一步带来盈余和股利的增长。

尽管股票的价值取决于预期股利，但这并不意味着公司仅仅通过增加当期股利就能提高股票价格。股东关注所有股利，除当期股利外，还关注未来预期股利。所以公司需要在当期股利和未来股利之间权衡。将大部分盈余以股利形式发放的公司显然不能留存很多盈余用于再投资，这将会减少未来的盈余和股利。所以要考虑以下问题：股东喜欢的是未来低股利为代价的当期高股利，还是未来增长性好的当期低股利，抑或是他们对增长性和股利都不关心？我们将会在有关股东分配的章节中发现，这个问题没有简单的答案。如果公司有获得高利润回报的投资机会，股东会更期望公司留存盈余，支付较少的当期股利。但如果没有好的投资机会，股东会更期望公司支付股利。当然还要考虑税收的因素，因为资本利得可以延迟纳税，而股利收入要立即纳税。这也可能使公司更倾向于将盈余留存并实现增长，而不是现在就发放股利。在本书的第5部分，我们将详细讨论股利政策。

何时能使用固定增长模型

固定增长模型更适用于成熟的公司，这些公司在过去和可预见的未来都能实现稳定增长。预期增长率因公司而异，但成熟公司的股利往往以与名义国内生产总值（实际GDP加通货膨胀）相同的增长率增长。在此基础上，人们可能预期公司平均的或“正常”的股利增长率为每年5%～8%。

公式（9—2）也适用于**零增长股票**（zero growth stock），这时预期股利固定不变。如果 $g=0$，公式（9—2）可以简化为公式（9—3）：

$$\hat{P}_0=\frac{D}{r_s} \tag{9—3}$$

从概念上看，这与第5章中永续年金的公式相同，就是简单地用当期股利除以折现率。

9.5 固定增长股票的期望报酬率

我们可以用公式（9—2）求得 r_s，并且仍在 r 上标出“ˆ”来表示求的是期望报酬率：

期望报酬率＝预期股利收益率＋预期增长率或预期资本利得收益率

$$\hat{r}_s=\frac{D_1}{P_0}+g \tag{9—4}$$

因此，假设你以 $P_0=23$ 美元的价格买入股票，如果你预期这只股票从现在起第一年支付股利 $D_1=1.242$ 美元，且未来股利以 $g=8\%$ 的速度稳定增长，那么你可以计算出该股票的期望报酬率为13.4%：

$$\hat{r}_s=\frac{1.242}{23}+8\%=5.4\%+8\%=13.4\%$$

式中，$\hat{r}_s$ 是预期总报酬率，它包括预期股利收益率 $D_1/P_0=5.4\%$，以及预期股利增长率或者资本利得收益率 $g=8\%$。

假设购买日是2006年1月1日，则 $P_0=23$ 美元是2006年1月1日的股价，$D_1=1.242$ 美元是2006年年末预期股利。那么2006年年末的预期股价是多少？我们仍用公式（9—2）来计算，但这次将使用股利 $D_2=D_1(1+g)=1.242\times1.08=1.3414$ 美元：

$$\hat{P}_{12/31/06}=\frac{D_{2007}}{r_s-g}=\frac{1.3414}{0.134-0.08}=24.84(\text{美元})$$

24.84 美元比 2006 年 1 月 1 日的股价 23 美元高 8%：

$$23\times1.08=24.84(\text{美元})$$

因此，2006 年预期获得的资本利得为 24.84－23＝1.84 美元，即资本利得收益率为 8%：

$$\text{资本利得收益率}_{2006}=\frac{\text{资本利得}}{\text{期初价格}}=\frac{1.84}{23}=0.08=8\%$$

我们将以上情况进行拓展，在未来，每年预期资本利得收益率都等于预期股利增长率 g。例如，2007 年的股利收益率估算如下：

$$\text{股利收益率}_{2007}=\frac{D_{2007}}{\hat{P}_{12/31/06}}=\frac{1.3414}{24.84}=0.054=5.4\%$$

同理，可计算出 2008 年的股利收益率，也等于 5.4%。因此，固定增长股票必须具备以下条件：

1. 预期股利收益率固定；
2. 预期股利以一个固定不变的增长率 g 增长；
3. 股价增长率与股利增长率相等；
4. 预期资本利得收益率固定不变，且也等于 g。

这里，我们解释一下“预期”这个词，它意味着一种概率意义上的期望，是指统计期望的结果。因此，当我们说预期增长率保持 8%不变时，意指未来每一年增长率的最佳预测结果都是 8%，而不是仅仅从字面上讲预期未来每年的增长率刚好为 8%。所以对于许多大型成熟公司来说，固定增长这一假设是合理的。

9.6 预期非固定增长股票的估值

对许多公司来说，假设股利固定增长并不合适，因为公司的增长率会随着其所处生命周期阶段的不同而变化。在早期阶段，公司的增长速度通常会快于经济发展速度，然后相等，最后则会慢于经济发展速度。20 世纪 20 年代的汽车公司、20 世纪 80 年代的计算机软件公司（如微软公司）以及 21 世纪早期的无线网络公司，都是处于公司早期发展阶段的例子，这些公司就是所谓的**超常（非固定）增长**（supernormal（nonconstant）growth）公司。非固定增长及其与正常增长、零增长和负增长的对比如图 9—2 所示。

在图 9—2 中，超常增长公司的股利预期在前三年以 30%的增长率增长，之后下降到 8%，我们假定 8%是经济的平均增长率。与其他资产相同，公司股票的价值等于根据公式（9—1）计算得到的未来预期股利的现值。当 D_t 稳定增长时，可以把公式（9—1）简化为 $\hat{P}_0=D_1/(r_s-g)$。但在超常情况下，预期增长率不是一个常数——在超常增长期之后，增长率会大幅降低。

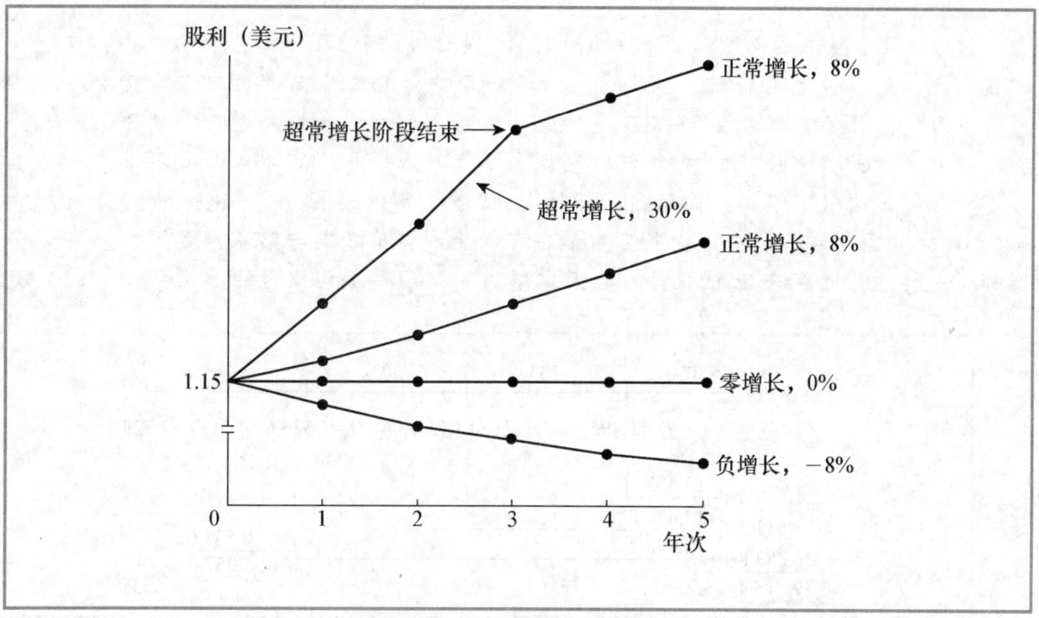

图 9—2　股利增长率示例

公式（9—2）要求增长率固定不变，我们显然不能将它用于非固定增长的股票估值。但是，假定当前超常增长的公司不断放缓增长速度，并最终变成固定增长，我们可以将公式（9—1）和公式（9—2）结合起来形成公式（9—5）来进行估值。

首先，假定股利在 N 年中以非固定增长率增长（通常是相对较高的增长率），之后它以固定增长率 g 增长。N 通常称为**节点日**（terminal date），或者**分界日**（horizon date）。然后，可以运用度量固定增长的公式（9—2）求得 N 期后该股票的分界点价值或节点价值：

$$\text{分界点价值}=\hat{P}_N=\frac{D_{N+1}}{r_s-g}$$

当前股票的内在价值 $\hat{P}_0$ 等于非固定增长期股利的现值加上分界点价值的现值：

$$\hat{P}_0=\underbrace{\frac{D_1}{(1+r_s)^1}+\frac{D_2}{(1+r_s)^2}+\cdots+\frac{D_N}{(1+r_s)^N}}_{\text{非固定增长期股利的现值},t=1,\cdots,N}+\underbrace{\frac{D_{N+1}}{(1+r_s)^{N+1}}+\cdots+\frac{D_\infty}{(1+r_s)^\infty}}_{\text{分界点价值}=\text{固定增长期股利的现值},t=N+1,\cdots,\infty}$$

$$=\underbrace{\frac{D_1}{(1+r_s)^1}+\frac{D_2}{(1+r_s)^2}+\cdots+\frac{D_N}{(1+r_s)^N}}_{\text{非固定增长期股利的现值},t=1,\cdots,N}+\underbrace{\frac{\hat{P}_N}{(1+r_s)^N}}_{\text{分界点价值的现值 }\hat{P}_N:\frac{[(D_{N+1})/(r_s-g)]}{(1+r_s)^N}}\qquad(9—5)$$

我们应按以下三个步骤来运用公式（9—5）：

1. 计算非固定增长期每期股利的现值并加总。

2. 计算非固定增长期期末股票的预期价格，在这一点股票已实现固定增长，所以可以用固定增长模型来估值，然后将这一价格折现到当前点。

3. 将上述两部分相加得到股票内在价值 $\hat{P}_0$。

非固定增长股票的估值过程如图 9—3 所示。我们的假设条件如下：

r_s＝股东要求的必要报酬率＝13.4%。这一比率用来折现现金流。

N＝非固定增长期年限＝3。

g_s＝非固定增长期的盈余与股利增长率＝30%。这一比率直接标示在时间轴上。（注意：非固定增长期中，增长率可能每年都不一样。可能存在几个不同的非固定增长期，例如，第一个 3 年的增长率为 30%，第二个 3 年的增长率为 20%，然后进入固定增长期，增长率为 8%。）

g_n＝非固定增长期之后的正常、固定增长率＝8%。这一比率也标示在时间轴上，在第 3 期与第 4 期之间。

D_0＝公司支付的上期股利＝1.15 美元。

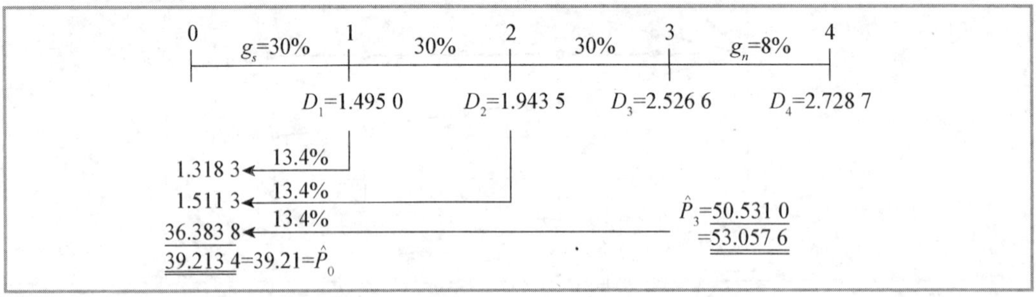

图 9—3　计算非固定增长股票价值的过程

注：

第 1 步　计算非固定增长期每年年末的预期股利。第 1 期股利 $D_1=D_0\times1+g_s=1.15\times1.30=1.4950$ 美元。此处 g_s 是 3 年非固定增长期的增长率 30%。1.495 0 美元作为第 1 期的现金流标示在时间轴上。然后计算 $D_2=D_1(1+g_s)=1.4950\times1.30=1.9435$ 美元，$D_3=D_2(1+g_s)=1.9435\times1.30=2.5266$ 美元。这两个结果作为第 2 期和第 3 期的现金流标示在时间轴上。要注意，D_0 仅用来计算 D_1。

第 2 步　股票价格等于第 1 期股利及此后所有股利的现值，所以从理论上讲可以通过计算 D_4 及后续股利的正常增长率 g_n 来预测每期股利。但是，我们知道当 D_3 支付后，股票变为固定增长，所以可以用固定增长模型求出 $\hat{P}_3$，也就是在第 3 期期末估计第 4 期及此后所有股利的现值。

首先，计算 $D_4=2.5266\times1.08=2.7287$ 美元，然后计算 $\hat{P}_3$ 如下：

$$\hat{P}_3=\frac{D_4}{r_s-g_n}=\frac{2.7287}{0.134-0.08}=50.5310(\text{美元})$$

我们将 50.531 0 美元标示在第 3 期作为该期间的第二笔现金流量。这意味着股东可以在第 3 期以 50.531 0 美元的价格卖出股票，也意味着 50.531 0 美元是第 4 期及此后所有股利的现值。第 3 期的总现金流为 $D_3+\hat{P}_3=2.5266+50.5310=53.0576$ 美元。

第 3 步　现在现金流都已标示在时间轴上，我们将每笔现金流用折现率 $r_s=13.4\%$进行折现。可以用每笔现金流除以 1.134^t，在第 1 期 $t=1$，在第 2 期 $t=2$，在第 3 期 $t=3$。时间轴左侧下方给出了现值，这些现值的和就是非固定增长股票的价值 39.21 美元。

还可以使用计算器的现金流（CFLO）记录器计算这些现金流的现值。为CF_0 输入 0，因为在第 0 期没有现金流入，然后输入$CF_1=1.495$，$CF_2=1.9435$，$CF_3=2.5266+50.5310=53.0576$，$I/YR=13.4$，然后按下 NPV 键，就可以得到股票价值 39.21 美元。

图 9—3 所示的估值过程在时间轴下方的各步骤中做出了详细说明。非固定增长股票的价值是 39.21 美元。

为了简化，本例假定时间跨度很短，只有 3 年。现实中在对股票估值时，许多分析师会使用更长的时间跨度（如 10 年）来估算其内在价值。此时需要更多的计算，但分析师可以使用电子表格，所以计算并不是问题。在实务中，其难点在于得到对未来增长率的可靠预测。

9.7　对整个公司进行估值

我们已经讨论了用股利折现的方法来对公司普通股股票进行估值。这种方法虽然广泛使用，但是它要求分析师能够合理、准确地预测公司未来股利。对于那些过去稳定地发放股利的成熟公司来说，这是可行的。这个模型也可用于不派发股利的公司，但需要预测公司开始发放股利的时间、第一次发放股利的数量，以及当它们开始发放股利时的股利增长率，这些需要以对公司未来销售、成本和资本需求的预测为基础。

还有一种方法即**公司估值模型**（total company or corporate valuation model），它可在未来股利不易预测时用于估算公司的价值。假定成立一家公司研发和营销一种新的产品。一般在最初的几年，公司刚开始开发并营销其产品，销售额会比较低。如果这种产品走俏，销售额会在几年里快速增长。例如，eBay 于 1998 年上市时，销售额是 4 800 万美元，但在 1999 年增长了近 400%，并在 2005 年达到了 45 亿美元。显然，eBay 比大多数新公司都成功，但 100%，500%甚至 1 000%的增长率在公司的早期发展阶段并不罕见。

销售额的增长需要额外的资产支持，eBay 不可能在资产不增加的情况下实现销售额的大幅增长。在 1999—2004 年的 5 年间，eBay 的销售额增长了 658%，公司的资产也增加了 583%。资产的增长需要进行融资，所以 eBay 的负债和所有者权益也相应增长了 583%来维持资产负债表的平衡。

小公司通常都会从银行借入一部分资金，但银行要求其负债/权益比率必须保持合理的水平，这就意味着公司的所有者权益也必须不断增加。但是，小公司进入股市的机会很少甚至几乎没有，只能通过保留盈余来增加所有者权益，所以它们在快速发展期间不能支付或只能支付很少的股利。最终，大部分成功的企业会支付股利，且股利会首先快速增长，然后在企业接近成熟期时趋于稳定。对于预期要经历这样一个发展过程的公司来说，预测未来的股利现金流非常困难，对于思科、戴尔、苹果等从不发放股利的大公司，预测它什么时候开始发股利以及发多少并不容易。

另一个问题是：在某些情况下，我们需要计算某个部门的价值，而不是整个公司的价值。例如，大型石油化工公司凯尔-麦基（Kerr-McGee）在 2005 年决定卖掉旗下的化工子公司。由于母公司多年来持续发放股利，因此可以使用股利折现模型进行估值。但是其化工子公司并没有发放股利的历史，而且可能被其他化工公司购买后与购买方的其他业务合并，该怎样对凯尔-麦基的化工子公司进行估值呢？答案就是使用公司估值模型。

公司估值模型

第 3 章解释了公司的价值取决于其现在和未来产生现金流的能力。因此，公司市场价值可表示如下：

$$\begin{aligned}\text{市场价值}=V_{company}&=\text{公司预期未来自由现金流的现值}\\&=\frac{FCF_1}{(1+WACC)^1}+\frac{FCF_2}{(1+WACC)^2}+\cdots+\frac{FCF_\infty}{(1+WACC)^\infty}\end{aligned}\qquad(9—6)$$

式中，FCF_t 表示 t 期的自由现金流；$WACC$ 表示公司加权平均资本成本。

第 3 章提到，自由现金流就是某一期间的现金流入减去为增加必要资产进行融资所需的现金流出。因为非现金支出在计算税后净营业利润（$NOPAT$）时曾被扣除，所以现金流入等于税后净营业利润加上非现金支出（折旧和摊销）。必要的资产增加等于资本性支出加上净经营性营运资本增加，在第 3 章中我们得出以下公式：

$$自由现金流量=[EBIT(1-T)+折旧和摊销]-(资本支出+净经营性营运资本变动)$$

将折旧和摊销从第一个括号移到第二个括号（并改成负号），第一个括号变成 $EBIT(1-T)$，即 $NOPAT$，第二个括号变成新增净经营性资本投资（而不是毛投资）。这样就得到公式（9—7），自由现金流量等于税后净营业利润减去新增净经营性资本：

$$FCF=NOPAT-新增净经营性资本 \qquad (9—7)$$

再来看看折现率 $WACC$。自由现金流量是指没有向投资者——普通股股东、优先股股东和债券持有人——进行任何支付之前产生的现金流量，但实际上现金流必须为所有这些投资者带来回报。每个投资者群体都会有一个基于投资风险的必要报酬率，这些必要报酬率的加权平均数就是 $WACC$，我们将在第 10 章讨论这一点。

在这个背景下，我们来总结一下使用公司估值模型的步骤。这种分析不仅可以由公司内部财务人员进行，还可以由外部的证券分析师进行，他们通常是特定行业的专家且对公司的历史和未来的计划非常熟悉。为便于说明，我们讨论由苏珊·巴斯布里克（Susan Busbirk）完成的一项分析，她是摩根士丹利投资管理公司的高级食品分析师。表 9—1 总结了她的分析，该表使用 Excel 完成。

表 9—1　　艾来德公司：自由现金流量估值

	A	B	C	D	E	F	G	H
133	第一部分 关键指标输入					预测年度		
134				2006	2007	2008	2009	2010
135	销售增长率			10.0%	9.0%	9.0%	9.0%	8.0%
136	营业成本占销售收入的百分比			87.0%	87.0%	86.0%	85.0%	85.0%
137	经营性资本增长率			8.0%	8.0%	8.0%	8.0%	8.0%
138	折旧占经营性资本的百分比			6.0%	8.0%	7.0%	7.0%	7.0%
139	税率			40%				
140	WACC			10%				
141	长期FCF增长率g_{LR}			6.0%				
142								
143	第二部分 预测非固定增长期的现金流量							单位：美元
144			历史数据			预测年度		
145			2005	2006	2007	2008	2009	2010
146								
147	销售收入		3 000.0	3 300.0	3 597.0	3 920.7	4 273.6	4 615.5
148	营业成本		2 616.2	2 871.0	3 129.4	3 371.8	3 632.6	3 923.2
149	折旧		100.0	116.6	168.0	158.7	171.4	185.1
150	EBIT		283.8	312.4	299.6	390.2	469.6	507.2
151	NOPAT=EBIT×(1−T)		170.3	187.4	179.8	234.1	281.8	304.3
152								
153	总经营性资本		1 800.0	1 944.0	2 099.5	2 267.5	2 448.9	2 644.8
154	新增净经营性资本		280	144.0	155.5	168.0	181.4	195.9
155	自由现金流FCF		−109.7	43.4	24.3	66.1	100.4	108.4
156	FCF的现值		N.A.	39.5	20.1	49.7	68.6	67.3
157								
158	第三部分 节点价值（TV）和内在价值估计							
159	估计分界点的价值，2010年					$FCF_{2010}(1+g_{LR})$		
160	自由现金流（2011）			114.9				
161	2010年的分界价值			2 872.7		$TV_{2010}=\frac{FCF_{2011}}{WACC-g}$		
162	2010年TV的现值			1 783.7		$TV/(1+WACC)^N$		
163								
164	计算公司内在价值							
165	2006—2010年FCFs的现值合计			245.1				
166	2010年TV的现值			1 783.7				
167	公司总价值			2 028.8				
168	减去：债务和优先股的市场价值			860.0				
169	普通股的内在价值			1 168.8				
170	发行在外的股数（百万）			50.0				
171								
172	每股内在价值			23.38				

- 基于艾来德公司的历史以及自己对公司商业计划的了解，苏珊估算了5年内公司每年的销售额、成本以及现金流量。在这5年中，公司的增长率不断变化，但是她假设增长将趋于稳定并在5年后保持不变。如果她认为公司需要更长时间才能达到稳定增长的状态，就需要预测更多年的变动情况。
- 然后，苏珊计算了非固定增长的5年中每年的预期自由现金流量（*FCF*），并且用 *WACC* 折现来求出现金流量的现值。
- 她假设5年后 *FCF* 稳定增长，因此可以使用固定增长模型来计算艾来德公司在第5年的总市场价值。这个分界点或节点价值是公司从第6年开始的所有预期自由现金流量用 *WACC* 折现到第5年的现值之和。
- 她将第5年的价值折现到第0年求出其现值。
- 接下来，她将所有现值相加，即非固定增长期每年现金流量的现值加上分界点价值的现值，求出公司的预计总价值。
- 然后减去债务和优先股的价值，求出普通股的价值。
- 最后，用股权价值除以发行在外的普通股数量，得到的结果就是她估计的艾来德公司每股股票的内在价值。这个价值非常接近股票的市场价格，所以她断定艾来德公司的股票定价处于均衡水平。因此，她提出了“持有”股票的建议。如果估计的内在价值显著低于其市场价值，她就会建议“卖出”股票。反之，她就会建议“买入”股票。

公司估值模型与股利增长模型的比较

对处于稳定期且发放股利的公司，分析师在估值时既可以使用股利折现模型也可以使用公司估值模型，但对不派发股利的公司或者公司中的某个部门，则只能使用公司估值模型。理论上讲，用不同的模型应该得出相同的内在价值，实际上却经常存在差异。当出现冲突时，应重新检查公司估值模型中的假设，如果分析师确定它们都是合理的，就可以采用模型的结果。在艾来德公司的例子中，两种模型的结果非常相近，股利增长模型预测的股票价格是每股23美元，公司估值模型的结果是每股23.38美元，都近似等于艾来德公司的实际股价23美元。

在实务中，两个模型所估算出的内在价值以及它们与实际的股票价格所存在的偏离，使得不同的分析师对同一种股票的吸引力会得出不同的结论。分析师越出色，他的估值就越倾向于正确，但是未来有太多随机和不可预测的因素存在，所以没人可以做出完美的预测。鉴于此，应该使用公司估值模型还是股利增长模型来对股票进行估值这个问题很重要吗？我们想说，是的。如果我们要对100家预期未来股利稳定增长的成熟公司进行估值，可使用股利增长模型。此时，我们将只需估算股利增长率，而不需估算全套的财务报表，所以使用股利模型更可行。

但是，如果我们研究一家或几家公司，特别是那些仍处于高速增长阶段的公司，在预估未来股利之前需要先预测公司的未来财务报表。之后，因为我们已经预测了未来的财务报表，所以接下来将应用公司估值模型。英特尔公司的季度股利为8美分，相对应的季度盈余为1.24美元，两个模型都可以对该公司进行估值，但我们认为公司模型更好。

现在假设你要预估一家从不发放股利的公司的价值，比如eBay，或者一家要上市的新公司，或者凯尔-麦基将要出售的化工公司。在这种情况下，使用公司估值模型会更好。即使一家公司支付稳定的股利，但由于使用公司估值模型会了解到更多东西，因此现在分析师在所有类型的估值中都使用公司模型。预测公司未来财务报表的过程可以揭示大量关于公司经营和融资的需求。同时，这样的分析也能使我们更加了解公司将要采取的增加其价值的行为。因此，它在规划和预测的过程中不可或缺，在后面的章节中我们将对此进行讨论。

9.8 股票市场均衡

股票 X 的必要报酬率 r_X 可以用第 8 章资本资产定价模型中的证券市场线公式计算：

$$r_X = r_{RF} + (r_M - r_{RF})b_X = r_{RF} + (RP_M)b_X$$

如果无风险利率是 6%，市场风险溢价是 5%，股票 X 的贝塔系数是 2，则边际投资者将要求 16%的股票报酬率：

$$\begin{aligned} r_X &= 6\% + 5\% \times 2.0 \\ &= 16\% \end{aligned}$$

16%的报酬率就是图 9—4 中 SML 线上贝塔系数等于 2 时所对应的那一点。

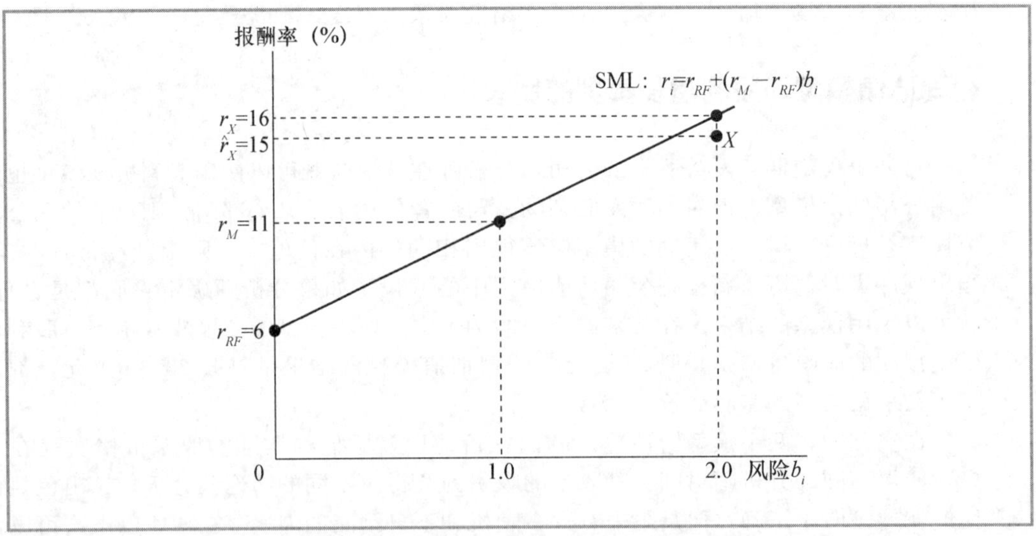

图 9—4 股票 X 的预期报酬率和必要报酬率

如果股票 X 的预期报酬率大于 16%，则**边际投资者**（marginal investor）将会选择买入股票；如果其预期报酬率小于 16%，边际投资者将会卖出股票；如果其预期报酬率等于 16%，边际投资者既不买进也不卖出而继续持有。假设投资者的投资组合中包含股票 X，他分析了其发展前景并认为它的盈余、股利和价格每年保持 5%的稳定增长。上一期的股利 D_0＝2.857 1 美元，所以下一年的预期股利为：

$$D_1 = 2.857\,1 \times 1.05 = 3(\text{美元})$$

投资者发现股票当前的价格 P_0 为 30 美元，他是应该买入、卖出还是维持现状呢？投资者可计算股票 X 的预期报酬率如下：

$$\hat{r}_X = \frac{D_1}{P_0} + g = \frac{3}{30} + 5\% = 15\%$$

这一点在图 9—4 中表示为 X 点，在 SML 线下方。因为预期股票报酬率小于必要报酬率，所以许多投资者都将卖掉股票，只有很少一部分人愿意以 30 美元的价格买入股票。因此，除非降低股价，否则股票持有者将找不到买家。此时股价会下降，并一直降到 27.27 美元。在这一点股票处于**均衡**（equilibrium）状态，即用预期报酬率得到的定价等于用必要报酬率得到的定价。

$$\hat{r}_X=\frac{3}{27.27}+5\%=11\%+5\%=16\%=r_X$$

如果股票的最初价格低于 27.27 美元，比如等于 25 美元，则结果相反。因为预期报酬率会超过必要报酬率，投资者将期望购买股票，买家蜂拥而至，股票价格会上涨到 27.27 美元。

总之，要达到均衡状态需要具备两个条件：

1. 边际投资者观察到的预期报酬率必须等于其必要报酬率：$\hat{r}_i=r_i$。

2. 股票的实际市场价格必须等于边际投资者估算的内在价值：$P_0=\hat{P}_0$。

当然，一些个人投资者可能认为某只股票 $\hat{r}_i>r_i$ 且 $\hat{P}_0>P_0$，因此将大部分资金投向这只股票，而其他的投资者会持相反的观点并因此卖掉他们的股票。但是，边际投资者确定了实际的市场价格，对于这些投资者，应满足条件 $\hat{r}_i=r_i$ 且 $P_0=\hat{P}_0$。如果不具备条件，交易会持续下去直到这些条件成立。

股票价格均衡的改变

股价并非固定不变，它们有时会剧烈波动。例如，1997 年 10 月 27 日，道琼斯工业指数暴跌 544 点，跌幅达 7.18%。更糟糕的是，1987 年 10 月 19 日，道琼斯工业指数暴跌 508 点，导致当天股票的价值平均损失了 23%，个别股票甚至缩水 70%。为了追溯变化发生的原因，我们假设股票 X 处于均衡状态，每股售价 27.27 美元。如果公司按正常预期发展，下一年股价将涨到 28.63 美元，涨幅达 5%。但假设条件发生了变化，如下表第二列所示：

	变量值	
	改变前	改变后
无风险回报率	6%	5%
市场风险溢价 r_M-r_{RF}	5%	4%
股票 X 的贝塔系数 b_X	2.0	1.25
股票 X 的预期增长率 g_X	5%	6%
D_0	2.857 1 美元	2.857 1 美元
股票 X 的价格	27.27 美元	?

现在你可以做个测试：变量变化时如何影响股价，新价格是多少呢?

单独来看，每个变化都会导致股价上涨。前三项变化会使 r_X 从 16%下降到 10%：

$$原\ r_X=6\%+5\%\times2.0=16\%$$

$$新\ r_X=5\%+4\%\times1.25=10\%$$

用新的必要报酬率和新的 g 计算，我们得出 $\hat{P}_0$ 从 27.27 美元涨到 75.71 美元，涨幅达 178%：

$$原\ \hat{P}_0=\frac{2.857\,1\times1.05}{0.16-0.05}=\frac{3}{0.11}=27.27(美元)$$

$$新\ \hat{P}_0=\frac{2.857\,1\times1.06}{0.10-0.06}=\frac{3.028\,5}{0.04}=75.71(美元)$$

在新价格时点，预期报酬率和必要报酬率相等：

$$\hat{r}_X=\frac{3.028\,5}{75.71}+6\%=10\%=r_X$$

事实证明：当基本情况变动时，股票价格会迅速调整，特别是大公司的股票价格。这些股票被许多证券分析师密切关注，所以股价会随着情况的变化而迅速变化。因此，股票通常都处于均衡状态，预期报酬率和必要报酬率接近相等。当然，股价肯定会改变，有时变化剧烈且迅速，但这只反映了不断变化的情况与预期。有时对于某些有利或不利的事态发展，股票上的反应会持续几个月，但这并不意味着对某一信息做出长期调整。相反，它只是说明随着公开可用的信息越来越多，市场会不断做出调整。

9.9 投资于国际股票

如第8章所述，美国股市份额只占全球股市的40%，所以很多美国投资者都持有外国股票。分析师长期以来大肆宣扬海外投资的好处，他们认为持有外国股票既能实现多样化又能提供良好的成长机会。例如，在20世纪80年代美国股市年均增长17.5%，许多分析师认为美国股市在90年代会进行一个调整，因而建议投资者增加外国股票的持有量。

但出乎意料的是，在20世纪90年代美国股票的表现远好于外国股票，美国股票一年获利15%而外国股票只有3%。但是2002—2004年，道琼斯斯托克指数（Dow Jones STOXX Index，追踪了600只欧洲股票）的表现要强于标准普尔500指数。表9—2给出了2004年不同国家的股票表现。第二列显示了每个国家的股票用美元计价时表现如何，第三列显示了不同国家的股票用本国货币计价时表现如何。例如，2004年，巴西股票上涨了25.12%，且巴西货币对美元升值超过11%。因此，如果美国投资者购买了巴西的股票，他们在巴西将获利25.12%，将巴西货币兑换成美元又获利11.1%，有效报酬率是36.22%。所以国外投资的回报一定程度上取决于汇率。事实上当你进行海外投资时，你就下了两个赌注：（1）外国股票在当地市场价格上涨；（2）你将得到的货币对美元升值。对于巴西和表9—2中所列的大部分国家来说，这两种情况在2004年都出现了。

表9—2　　2004年道琼斯全球指数（按以美元计价的表现排序）

国家及地区	以美元计价的表现（%）	以当地货币计价的表现（%）
奥地利	+67.96	+55.61
南非	+52.17	+28.12
墨西哥	+46.53	+45.12
挪威	+46.47	+32.96
比利时	+43.07	+32.55
希腊	+40.02	+29.72

续前表

国家及地区	以美元计价的表现（%）	以当地货币计价的表现（%）
爱尔兰	+37.91	+27.77
巴西	+36.22	+25.12
瑞典	+33.50	+23.15
印度尼西亚	+31.84	+45.30
菲律宾	+30.09	+31.46
新西兰	+30.03	+17.87
丹麦	+28.75	+19.01
澳大利亚	+28.69	+23.38
意大利	+27.59	+18.21
西班牙	+26.07	+16.80
智利	+25.59	+17.68
韩国	+23.99	+7.63
加拿大	+21.98	+12.61
葡萄牙	+21.24	+12.32
新加坡	+19.09	+14.49
中国香港	+17.99	+18.13
法国	+17.07	+8.47
英国	+16.93	+8.92
日本	+16.62	+11.27
德国	+14.29	+5.89
瑞士	+14.18	+4.78
荷兰	+11.84	+3.62
马来西亚	+11.11	+11.12
美国	+10.16	+10.16
中国台湾	+10.03	+2.68
芬兰	+5.84	−1.94
泰国	−8.77	−10.55
委内瑞拉	−18.83	+31.12
世界水平	+14.47	—
世界水平（不含美国）	+19.23	—

资料来源：Craig Karmin，"Currency Effect Enhances Overseas Returns，" *The Wall Street Journal*，January 3，2005，p. R6.

尽管近些年美国股票比外国股票表现好，但这并不表明投资者要避免买入外国股票。持有部分外国股票会增加多样性，且在一段时间内必定会出现外国股票强于美国股票的情况，2002—2004 年就是如此。当这种情况发生时，美国投资者就会庆幸他们将部分资金投入海外股市。

9.10 优先股

优先股是一种混合产物，它在某些方面与债券类似，在某些方面又与普通股相同。

当我们尝试根据优先股与债券、普通股的关系来对其进行归类时，这种混合的性质就更加明显。与债券相同，优先股有票面价值和固定股利，且其股利需要在普通股之前支付。但是公司也可以不发放优先股股利，这不会使公司破产。所以尽管优先股像债券一样要求固定回报，但不支付优先股股利并不会使公司破产。

如前文所述，优先股股东有定期获得固定回报的权利。如果回报一直持续下去，就相当于永续年金，其价值 V_p 的计算过程如下：

$$V_p=\frac{D_p}{r_p} \tag{9—8}$$

式中，V_p 是优先股的价值；D_p 是优先股的股利；r_p 是优先股的必要报酬率。艾来德公司没有发行在外的优先股，现假设它有，并且每股优先股每年支付 10 美元股利。如果它的必要报酬率为 10.3%，则优先股的价值将是 97.09 美元，计算如下：

$$V_p=\frac{10}{0.103}=97.09(\text{美元})$$

处于均衡状态时，预期报酬率 $\hat{r}_p$ 必须等于必要报酬率 r_p。因此，如果知道优先股的当前价格和股利，就能求出预期报酬率：

$$\hat{r}_p=\frac{D_p}{V_p} \tag{9—8a}$$

一些优先股有到期日，一般是 50 年。假设例子中优先股的有效期是 50 年，每年支付股利 10 美元，且必要报酬率为 8%。我们可以通过以下过程求得它的价格：输入$N=50$，$I/YR=8$，$PMT=10$，$FV=100$。然后，按 PV 键得到价格 $V_p=124.47$ 美元。如果 $r_p=10\%$，令 $I/YR=10$，此时 $V_p=PV=100$ 美元。如果你知道每股优先股的价格，就可以求解 I/YR 来得到预期报酬率 $\hat{r}_p$。

小结

公司应该根据备选方案将如何影响公司价值来进行决策分析。但是，在试图衡量某项决策如何影响公司价值之前，需要首先了解股票价格的确定。本章讨论了普通股股东的权利，说明了如何确定股票价值，解释了投资者怎样估计股票内在价值和期望报酬率。

本章介绍了两种股票估值模型：股利折现模型和公司估值模型。股利模型适用于成熟、稳定的公司，操作相对简单，但公司模型更灵活且对那些不发放股利或很难预测股利发放的公司更为有用。

本章还介绍了优先股，这是一种混合证券，兼具普通股和债券的某些特征。优先股的估值模型类似于永续年金和“一般”债券。

本章还说明了市场均衡，股票的均衡意味着价格等于边际投资者估计的内在价值，边际投资者观察到的期望报酬率和必要报酬率必须相等。最后提到，股票可以在全球范围内交易，美国市场在全球股票价值中的占比不到一半，美国投资者可以从全球分散投资中受益，但同时国际化投资也具有风险，对大部分个人投资者来说应该通过共同基金进行投资，基金经理应具有外国市场的专业知识。

练习题

1. 固定增长估值

假定今年 Thomas Brothers 将支付每股 0.5 美元的股利（即 $D_1=0.5$ 美元），此后股利预期以 7%的速度固定增长。股票的必要报酬率 r_s 为

15%。求股票的每股价值。

2. 非固定增长估值

Hart Enterprises 刚刚支付的股利 D_0 为 1.25 美元，预计公司将连续两年以 20%的速度增长，此后进入固定增长期，增长率为 5%。公司的必要报酬率为 10%。

a. 距节点日还有多长时间?

b. 公司的分界点价值是多少?

c. 公司当前的内在价值 $\hat{P}_0$ 是多少?

3. 非固定增长

Microtech Corporation 扩张迅速，需要保留所有盈余，所以不支付股利。但是投资者预期公司 3 年后将发放每股 1 美元的股利。股利在第 4 年和第 5 年将迅速增加——每年增长 50%，第 5 年后每年固定增长 8%。如果公司的必要报酬率为 15%，股票现在的价值是多少?

4. 公司估值模型

假定今天是 2005 年 12 月 31 日，Vermeil Airlines 的信息如下：

- 预计 2006 年的税后净营业利润为 5 亿美元。
- 预计 2006 年的折旧费用为 1 亿美元。
- 预计 2006 年的资本支出为 2 亿美元。
- 预计净经营性营运资本没有变化。
- 预计自由现金流每年稳定增长 6%。
- 权益的必要报酬率为 14%。
- *WACC* 为 10%。
- 公司负债的市场价值为 30 亿美元。
- 发行在外的股票为 2 亿股。

使用自由现金流量法，公司今天的股票价格是多少?

答案

1. $\hat{P}_0$=6.25 美元

2. b. 37.8 美元；c. 34.09 美元

3. P_0=19.89 美元

4. 35 美元

第 4 部分

长期资产投资：资本预算

第 10 章 资本成本

10.1 加权平均资本成本概述

图 10—1 显示了公司使用的资本的类型。债务资金的典型筹集方式是发行债券或者向金融机构（如银行）借款。一些公司也通过发行优先股筹资。第三种资本类型是普通股权益，由公司的普通股股东提供，可通过以下两种方式筹集：(1) 发行新的普通股；(2) 留存收益（也就是不把利润全部作为股利支付）。通过出售新发行的股票筹集的权益叫做外部权益，而留存收益叫做内部权益。无论来自内部还是外部，所有的权益都有成本，但是新发行股份的成本要高于留存收益的成本，因为必须向协助销售新股的投资银行支付一定的发行费用。

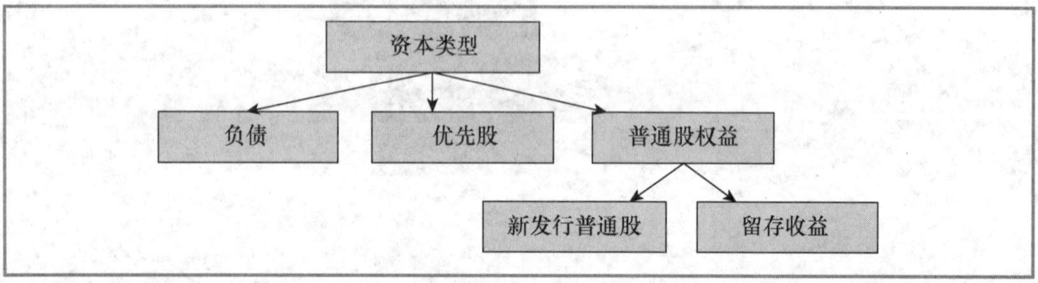

图 10—1 资本类型

一家公司的总资本成本是其不同类型资本成本的加权平均数。仍以艾来德公司为例。艾来德公司的债务成本为 10%，没有优先股，普通股权益成本为 13.4%，即股东要求的必要报酬率。现在假设艾来德公司决定举借债务为第二年的项目融资。因为公司将只通过举借债务来为这些项目融资，所以有人认为这些项目的资本成本也是 10%。但是这样的想法并不合理。如果艾来德公司通过举借债务为一系列项目融资，则会消耗未来举借债务的能力。由于公司未来仍要扩张，因此在某一时刻公司不得不发行更多的权益来防止债务比例过高。

例如，假设艾来德公司在 2006 年以 10%的成本举借大量债务——这是它全部的借债能力，为收益率为 11.5%的项目筹资。2007 年，公司有了新的收益率为 13%的项目，收益高于 2006 年的项目，但是公司不能接受这个项目，因为此时必须以 13.4%的成本进行权益融资。为了避免此类问题，艾来德公司和其他公司会从长远考虑，而且不论在某一年度用于项目融资的具体方式如何，资本成本都以一段时期内不同类型资本成本的加权平均数或者其他综合的方式来计算。

10.2 基本概念

一家公司资产负债表右半部分的项目——不同类型的负债、优先股以及普通股权益——叫做**资本要素**（capital component）。总资产的任何增长必须依靠增加资本要素中的一项或多项来融资。每一部分的成本叫做该特定类型资本的要素成本，例如，如果艾来德公司以 10%的成本借债，则债务的要素成本为 10%。在本章中，我们关注三种主要的资本要素——负债、优先股以及普通股权益，下面的符号分别代表每一项的成本：

r_d = 公司新的负债的利率 = 负债要素的税前成本。

$r_d(1-T)$ = 负债要素的税后成本，T 表示公司的边际税率。$r_d(1-T)$ 是在计算加权平均资本成本时使用的债务成本。债务的税后成本要低于税前成本，因为利息费用可以在税前扣除。

r_p = 优先股的要素成本。由于优先股股利不能在税前扣除，因此优先股的税前成本和税后成本相同。

r_s = 普通股权益的要素成本，该普通股权益来自留存收益或者内部权益。它与在第8、第9章中定义的 r_s 相同，是指投资者对公司普通股要求的报酬率。大多数公司在成立之后，新的权益都来自留存收益，因此 r_s 也就是权益资本的成本。

r_e = 外部权益的要素成本，或者通过发行新股筹集的普通股权益的要素成本。r_e 等于 r_s 加上发行新股的成本。我们注意到像艾来德公司这样成立较长时间的公司很少发行新股，因此我们很少考虑 r_e，除非是新建的公司。

我们将在有关资本结构的章节中看到，每一家公司都有最优资本结构，也就是有能够使股票价格最大化的负债、优先股以及普通股权益的组合。因此，一家追求价值最大化的公司需要估计**最优资本结构**（optimal capital structure），并以此为**目标**（target），通过特定方式筹集新的资本，以使实际资本结构向目标资本结构靠拢。在本章中，我们假设公司已经明确了最优资本结构，并且将其作为目标，公司在融资中将坚持这一目标。

债务的目标比例（W_d）、优先股的比例（W_p）、普通股权益的比例（W_c）和这些要素的成本一起用来计算公司的**加权平均资本成本**（weighted average cost of capital, WACC）。我们假设所有新的普通股权益都来自留存收益，大多数公司也确实如此，因此普通股权益成本为 r_s。

$$WACC = \text{债务比例} \times \text{税后债务成本} + \text{优先股比例} \times \text{优先股成本} + \text{普通股权益比例} \times \text{普通股权益成本}$$
$$= W_d r_d(1-T) + W_p r_p + W_c r_s \quad (10—1)$$

本章稍后还会以艾来德公司为例来讨论这些定义和概念。在接下来有关资本结构的章节，我们将进一步探讨如何使用证券组合来使公司的资本成本最小、公司价值最大。

10.3 债务成本

用来计算加权平均资本成本的**税后债务成本**（after-tax cost of debt）$r_d(1-T)$，等于债务的利息率 r_d 减去利息税前扣除带来的纳税抵减。

$$\text{税后债务成本} = \text{利息率} - \text{纳税抵减}$$
$$= r_d - r_d T$$
$$= r_d(1-T) \quad (10—2)$$

由于债务利息可以在税前扣除，因此政府承担了一部分债务成本。如果艾来德公司能够以10%的成本借债，其边际联邦税率加上州税率为40%，那么其税后债务成本将为6%：

$$\text{税后债务成本} = r_d(1-T) = 10\% \times (1.0-0.4)$$
$$= 10\% \times 0.6$$
$$= 6.0\%$$

在计算 WACC 时使用税后债务成本，是因为我们关注公司股票价值最大化，而股票的价格取决于税后现金流。同时，因为我们考虑的是税后现金流，而且现金流和报酬率需要相配比，所以将利息率调低来体现债务在减少税收方面所起的作用。

要注意的是，债务的成本是新增债务的利息率，而不是已发行债务的利息率。我们对新增债务的成本感兴趣，是因为我们希望使用资本成本来进行资本预算决策。例如，一台新的机器能否带来比买入这台机器需要支付的资本成本更高的收益？在回答这个问题时，公司过去借债的利息率与之并不相关——我们需要知道新增资本的成本。

10.4 优先股成本

用来计算加权平均资本成本的**优先股成本**（cost of preferred stock）r_p，等于优先股的股利 D_p 除以优先股的当前股价 P_p。

$$\text{优先股成本} = r_p = \frac{D_p}{P_p} \qquad (10\text{—}3)$$

艾来德公司没有发行在外的优先股，但是假设公司计划在未来发行一些优先股，那么目标资本结构中就需要包含优先股。艾来德公司会将这些股票出售给一些规模较大的养老基金，每股股利为 10 美元，每股价格为 97.5 美元。因此，艾来德公司的优先股成本为 10.3%：

$$r_p = 10/97.5 = 10.3\%$$

由公式（10—3）可看出，计算优先股的成本比较简单。对于无限期支付固定股利的一般优先股来说的确如此。但是在第 9 章中，我们曾提到一些优先股有明确的到期日，并且介绍了如何计算这些优先股的预期报酬率。此外，优先股可能包含转换成普通股的期权，这也使计算优先股成本变得更复杂。我们把这些更复杂的情况留在高级课程中学习，这里只研究一般的优先股。

不同于债务利息，优先股股利不能在税前扣除，使用优先股不会伴随着纳税抵减，所以在计算 r_p 时不需要考虑税收调整。

10.5 留存收益成本

债务和优先股的成本以投资者在这些证券上要求的报酬率为基础。同理，普通股权益的成本以投资者对公司普通股要求的报酬率为基础。筹集新的普通股权益有两种方式：（1）留存当年的一部分利润；（2）发行新的普通股。新股发行时会产生发行成本，所以发行新股的筹资成本高于留存收益的成本。因此，一旦公司走过了初创期，一般都会通过留存收益来获取全部新权益。我们用 r_s 表示**留存收益成本**（cost of retained earnings），用 r_e 表示**新股成本**（cost of new common stock）或者外部权益的成本。

因为留存收益是支付股利之后的剩余部分，所以我们可能会认为留存收益“没有成本”。然而，虽然通过留存收益筹集的资本确实没有直接成本，但是它仍然有成本。这主要是基于机会成本原则的考虑。公司的税后利润属于股东。由于债券持有人得到利息，优先股股东得到优先股股利，因此扣除利息和优先股股利之后剩余的收益都属于普通股股东，作为使用普通股股东资本的补偿。管理层可以将这些收益作为股利支付给股东，也可以将它们留下来用于企业再投资。如果管理层决定留存这部分收益，就存在机会成本——股东如果以股利形式收到这部分收益，就可以投资于其他股票、债券、房地产，或者其他任何东西。所以，公司在留存收益上获得的盈利，至少应该与股东自己在其他可比风险水平的投资上能获得的收益相等。

股东在相同风险水平的投资上的期望报酬率是多少呢？第 9 章中介绍过，股票通常处于均衡状态，即期望报酬率和必要报酬率相等：$\hat{r}_s = r_s$。也就是说，艾来德公司的股东可以期望他们的投资获得的回报为 r_s。因此，如果公司不能将留存收益用于投资且获得至少为 r_s 的回报，就应该将这些资金支付给股东，让他们直接投资于能给他们带来这些收益的资产。

债务和优先股受到合同约束，它们的成本在各自的合同中有明确的约定，然而普通股却没有约定类似的成本，这就使衡量 r_s 变得很困难。不过我们可以用第 8 章和第 9 章中的方法对权益成本进行较为合理的估计。在此之前先回顾一下，如果股票处于均衡状态，它的必要报酬率 r_s 必须等于预期报酬率 $\hat{r}_s$。另外，它的必要报酬率等于无风险利率 r_{RF} 加上风险报酬率 RP，而预期报酬率是它的股利收益率 D_1/P_0 加上期望增长率 g。因此我们可以写出下面的等式，使用等式左边、右边或者两边同时来估计 r_s：

$$\text{必要报酬率} = \text{预期报酬率}$$

$$r_s = r_{RF} + RP = D_1/P_0 + g = \hat{r}_s \tag{10—4}$$

换句话说，我们可以用 $r_s = r_{RF} + RP$ 或者 $\hat{r}_s = D_1/P_0 + g$ 来估计 r_s。

资本资产定价模型法

计算普通股权益成本最常用的方法就是第 8 章中介绍的资本资产定价模型，具体步骤如下：

第 1 步：估计无风险利率 r_{RF}。许多分析师使用 10 年期国债利率作为无风险利率，也有人使用短期国债利率。

第 2 步：估计股票的贝塔系数 b_i 并将之作为股票的风险指标。i 表示第 i 家公司。

第 3 步：估计预期的市场风险溢价。前文提及，市场风险溢价就是投资者要求的股票平均报酬率与无风险利率之间的差额。

第 4 步：将上述数值代入资本资产定价模型公式，计算某一股票的必要报酬率。

$$\begin{aligned} r_s &= r_{RF} + (RP_M)b_i \\ &= r_{RF} + (r_M - r_{RF})b_i \end{aligned} \tag{10—5}$$

由公式（10—5）可知，使用资本资产定价模型估计出的 r_s 等于无风险利率 r_{RF} 加上用贝塔系数调整后的风险溢价 $r_M - r_{RF}$，其中贝塔系数反映了特定股票的风险。

假定今天的市场中 $r_{RF} = 6\%$，市场风险溢价 $RP_M = r_M - r_{RF} = 5\%$，艾来德公司的贝塔系数为 1.48。使用资本资产定价模型可以计算艾来德公司的权益成本如下：

$$r_s = 6\% + 5\% \times 1.48$$
$$= 13.4\%$$

尽管看起来资本资产定价模型得到了对 r_s 的准确估计，但实际上仍存在一些潜在问题。首先，第8章提及，如果一家公司的股东并没有很好地分散投资，他们就必须考虑公司的特有风险而不仅仅是市场风险。在这种情况下，公司真正的投资风险将不能以其贝塔系数来衡量，资本资产定价模型也将低估真正的 r_s。另外，即使资本资产定价模型有效，精确估计模型所需的数据也非常困难，这是因为：（1）究竟使用长期国债利率还是短期国债利率作为 r_{RF} 存在争议；（2）很难估计公司未来的预期贝塔系数；（3）很难估计适当的市场风险溢价。如前所述，尽管资本资产定价模型最常用，但是由于存在上述问题，分析师通常会同时使用其他方法对权益成本进行估计。

股利收益率加增长率法或现金流折现法

在第9章中，我们看到普通股的股价和预期报酬率最终取决于股票的预期现金流。对于预期将会永续经营的公司，现金流就是股利。如果投资者预期公司将会被其他公司收购或者清算，那么现金流就是一定时期的股利加上公司被收购或者清算时的最终价格。为了简化问题，我们假设公司预期会永续经营，在这种情况下，可使用下面的公式：

$$P_0 = \frac{D_1}{(1+r_s)^1} + \frac{D_2}{(1+r_s)^2} + \cdots + \frac{D_\infty}{(1+r_s)^\infty}$$
$$= \sum_{t=1}^{\infty} \frac{D_t}{(1+r_s)^t} \qquad (10—6)$$

式中，P_0 是股票的当前价格；D_t 是预期在第 t 年末将会发放的股利；r_s 是必要报酬率。如果股利预期以固定增长率增长，那么如第9章提到的，公式（10—6）可简化如下：

$$P_0 = \frac{D_1}{r_s - g} \qquad (10—7)$$

我们可以通过整理公式（10—7）来求出普通股权益的必要报酬率 r_s，对于边际投资者来说，它仍等于预期报酬率。

$$r_s = \hat{r}_s = \frac{D_1}{P_0} + \text{预期的 } g \qquad (10—8)$$

所以，投资者期望得到的总报酬率 $\hat{r}_s$ 等于股利收益率 D_1/P_0 加上资本利得收益率 g，而且在均衡状态下，该期望报酬率也等于必要报酬率 r_s。这种估计权益成本的方法叫做现金流折现法。从现在起，我们将一直假定均衡状态成立，r_s 和 $\hat{r}_s$ 将交替使用。

计算股利收益率很容易，但是找到合适的增长率却很难。如果过去的利润和股利增长率相对稳定，并且投资者预期过去的趋势将会持续，那么 g 可以以公司的历史增长率为基础。然而，如果公司本身的境况或者一般经济环境的波动造成过去的增长率过高或过低，投资者都不会基于过去的增长率预期未来。在这种情况下，必须采用其他方法估计 g。

证券分析师常常在考虑了预期销售收入、利润率以及竞争等因素之后，对盈利与股利的增长做出预测。例如，在很多图书馆都可以查到，价值线公司提供了1 700家公司的增长率预测，美林、美邦以及其他一些公司也做相似的预测。因此，在估计一家公司的权益成本时，可以将这些分析师的预测进行平均，使用这个平均数作为一般投资者预期增长率的代理变量，然后将这个 g 与当前股利收益率相加来估计 $\hat{r}_s$：

$$\hat{r}_s=\frac{D_1}{P_0}+\text{证券分析师预测的增长率}$$

要再次强调，预期 g 在未来保持稳定时可以采用这种方法估计 $\hat{r}_s$，否则必须使用预期未来增长率的平均值。

另外一种估算 g 的方法需要首先预测公司未来的平均股利支付率及其留存收益率，然后将留存收益率与公司预期的平均净资产收益率（ROE）相乘：

$$g=\text{留存收益率}\times ROE=(1-\text{股利支付率})\times ROE \tag{10—9}$$

显然，保留较大比例利润用于再投资的盈利公司，其增长率将会高于盈利较少或者支付较大比例股利的公司。证券分析师常使用公式（10—9）来估计增长率。例如，假设一家公司预期 ROE 稳定在 13.4%，并且预期公司会将利润的 40%用来发放股利，其余 60%留存。在这种情况下，预期增长率将会是 $g=0.60\times 13.4\%=8.0\%$。

为了说明现金流折现法，假设艾来德公司的股票价格为 23 美元，下一期的预期股利为 1.24 美元，预期增长率为 8%。艾来德公司的期望报酬率及必要报酬率就是留存收益的成本，将会是 13.4%：

$$\begin{aligned}\hat{r}_s=r_s&=1.24/23+8.0\%\\&=5.4\%+8.0\%\\&=13.4\%\end{aligned}$$

13.4%是管理层期望通过留存收益获取的最小收益率，这样就能为将利润用于再投资而不是以股利的形式发放给股东提供理由。从另一个角度看，如果收益以股利的形式发放给投资者，他们将有机会获得 13.4%的收益率，那么，留存收益的机会成本就是 13.4%。

在这个例子中，无论使用资本资产定价模型还是现金流折现法，艾来德公司的权益成本都是 13.4%。因此，我们可以将 13.4%作为艾来德公司留存收益的预期成本。然而在大多数情况下，这两种方法不会得到完全相同的结果，这就需要管理者通过专业判断来得到适当的 r_s。有时他们会使用两种估计结果的平均值，或者选择他们认为最合适的方法计算出的结果。例如，如果一家公司不支付股利，很可能会使用资本资产定价模型；如果这家公司支付稳定的股利，但是贝塔系数似乎与行业内其他公司差距较大，就可能主要使用现金流折现法。

在估计权益成本方面有经验的人士认为，谨慎的分析和合理的判断都非常重要。忽略判断的必要性，选择一种简单而又精确的计算权益成本的方法听起来不错，但遗憾的是，这并不可能。财务管理中需要做出大量判断，我们必须面对这一现实。

债券收益率加风险溢价法

在无法得到资本资产定价模型和现金流折现法中需要的合理变量值的情况下，分析师还会使用一种更加主观的方法来估计权益成本。对投资组合管理者的调查及经验研究表明，一家公司股票的风险溢价一般超过自身债券 3～5 个百分点。基于这一点，分析人员通常只在公司自身长期债务利率的基础上加上 3%～5%的风险溢价来估算权益成本。风险高、信用级别低的公司会有较高的负债利率，同时也必然会有高风险、高成本的权益，在公司容易观测的债务成本的基础上计算权益成本就是依据这一逻辑。例如，艾来德公司的债券收益率为 10%，它的权益成本可以估算如下：

$$r_s = \text{债券收益率} + \text{风险溢价} = 10\% + 4\% = 14\%$$

一家高风险公司的债券的收益率可能为 12%，在这种情况下，其权益成本估计会达到 16%：

$$r_s = 12\% + 4\% = 16\%$$

4%的风险溢价是一种判断性的估计，r_s 的值也是如此。因此，分析师可以使用 3%～5%的风险溢价计算出艾来德公司 13%～15%的权益成本区间。采用这种方法虽然不能得到权益成本的精确值，但可以指明大致准确的范围。

10.6 新发行普通股的成本

当一家公司发行普通股或优先股时，一般都会与投资银行合作，有时发行债券也会借助投资银行。作为对所获佣金的回报，投资银行帮助公司设计条款并设定发行价格，然后向投资者出售证券。投资银行收取的佣金叫做发行成本，所筹集资本的总成本反映了投资者要求的必要报酬加上发行成本。

对于大多数公司来说，发行成本在多数情况下并不会高到令人担忧，因为：（1）大部分权益来自留存收益；（2）大部分债务来自银行和定向债务融资，因此不包含发行成本；（3）很少发行优先股。所以在接下来的讨论中，我们将忽略发行成本。不过，发行成本有时可能很高，它取决于发行规模以及筹集资本的类型。当公司通过投资银行筹集资本时，可以用下面两种方法来计算发行成本。

将发行成本加入项目成本

第一种方法是将每一个项目估计的发行成本加入项目的初始成本。在下一章中，我们会发现资本预算中通常包含一项初始现金流出，随后是一系列的现金流入。我们可以将为某项目筹资所发行的债务、优先股及普通股的必要发行成本之和，加入该项目的初始投资成本。此时初始投资成本变得更高，项目的预期报酬率和净现值则会下降。例如，考虑一个一年期的项目，其初始成本（不包含发行成本）为 1 亿美元。一年之后，项目预期会产生 1.15 亿美元的现金流入。因此，其预期报酬率为 115/100－1＝0.15＝15%。然而，如果该项目要求公司筹集 1 亿美元资本时发生的发行成本为 200 万美元，则总的初始成本会增加到 1.02 亿美元，预期收益率将会降至 115/102－1＝0.127 5＝12.75%。

增加资本成本

第二种方法是调整资本成本而不是增加项目成本。如果公司打算在未来继续使用某项资本，比如权益资本，那么第二种方法在理论上更优。调整过程是基于以下逻辑：如果存在发行成本，发行公司只收到投资者投入资金的一部分，剩余的部分属于承销商。

考虑到公司可以使用的资金少于投资者投入的资金，那么为了达到投资者所要求的报酬率，公司所收到的每一美元资金必须得到“更好的运营”，也就是说，它必须实现比投资者的必要报酬率更高的收益率。例如，假设投资者对其投资要求 10%的报酬率，但是公司实际上得到并用于投资的只有投资者所投资本的 90%。在这种情况下，公司将不得不在可用的资本上赚取大概 11%的收益，才能满足投资者 10%的必要报酬率。这个较高的报酬率就是调整了发行成本之后的权益成本。

现金流折现法可以将发行成本考虑进去，使用下面的公式来计算新发行普通股的成本 r_e：

$$\text{新发行普通股的权益成本}=r_e=\frac{D_1}{P_0(1-F)}+g \tag{10—10}$$

式中，F 表示发行新股时**发行成本**（flotation cost）的百分比，所以 $P_0(1-F)$ 是公司所得的每股股票的净价。

假设艾来德公司的发行成本为 10%，其新发行普通股的权益成本 r_e 计算如下：

$$\begin{aligned} r_e &= \frac{1.24}{23\times(1-0.10)}+8.0\% \\ &= \frac{1.24}{20.70}+8.0\% \\ &= 6.0\%+8.0\%=14.0\% \end{aligned}$$

投资者期望该股票的必要报酬率达到 13.4%。然而，由于发行成本的存在，公司必须在所收到的资本净额上赚取超过 13.4%的收益，才能给投资者提供 13.4%的回报。而且，只有公司使用发行新股获得的资金赚取 14%的收益，每股收益和股利才能保持预期水平，股价才不会下降。如果公司的收益率低于 14%，那么盈利、股利以及增长率都将低于预期水平，股价也会下跌。如果公司的收益率高于 14%，那么股价会上涨。

什么时候必须使用外部权益

由于存在发行成本，通过发行新股筹集的资本必须比来自留存收益的资本得到“更好的运营”。而且，由于没有发行成本，留存收益的资本成本低于新股。因此，公司应该尽可能地利用留存收益。然而，如果一家公司有更好的投资机会，而且所需的资金已经超过了留存收益及留存收益带来的债务支持，公司就应该发行新股。**留存收益分离点**（retained earnings breakpoint）可以定义为必须发行新股时公司已筹集的资本量。

$$\text{留存收益分离点}=\frac{\text{留存收益增量}}{\text{权益比例}} \tag{10—11}$$

艾来德公司 2006 年留存收益增量预计为 68 百万美元，其目标资本结构中包含 45%的债务，2%的优先股，53%的权益。因此，其留存收益分离点为：

$$\text{留存收益分离点}=\frac{68}{0.53}=128(\text{百万美元})$$

如果艾来德公司的资本预算要求 128 百万美元，那么 0.45×128=57.6 百万美元需要通过债务融资，0.02×128=2.6 百万美元需要通过优先股融资，0.53×128=67.8 百万美元需要通过来自留存收益的权益融资。然而，如果资本预算超过 128 百万美元，公司将不得不通过发行高成本的新股来获得资金。

10.7 综合资本成本或加权平均资本成本

艾来德公司的目标资本结构要求45%的负债、2%的优先股和53%的普通股权益。已知艾来德公司的税前债务成本为10%，税后债务成本为 $r_d(1-T)=10\%\times0.6=6.0\%$，优先股成本为10.3%，来自留存收益的普通股权益成本为13.4%，边际税率为40%。当公司所有新的普通股权益都来自留存收益时，可以用公式（10—1）计算加权平均资本成本：

$$\begin{aligned} WACC &= W_d r_d(1-T)+W_p r_p+W_c r_s \\ &= 0.45\times10\%\times0.6+0.02\times10.3\%+0.53\times13.4\% \\ &= 10.0\% \end{aligned}$$

此时，艾来德公司筹集的每一美元的新资本将包含45美分税后成本为6%的债务资金、2美分成本为10.3%的优先股资金，以及53美分成本为13.4%的普通股权益（全部来自留存收益增量）。每一美元的平均成本（或者 *WACC*）为10%。

如果艾来德公司保持其目标资本结构，且税后债务成本为6%、优先股成本为10.3%、来自留存收益的普通股权益成本为13.4%，那么其加权平均资本成本将保持10%。筹集的每一美元将会包含一些负债、一些优先股以及一些普通股权益，并且每一美元的成本都将是10%。

在估计艾来德公司的加权平均资本成本时，我们假设该公司的普通股权益全部来自留存收益。如果艾来德公司发行新的普通股来替代留存收益，由于存在发行成本，其 *WACC* 将会略高一些。

10.8 影响加权平均资本成本的因素

资本成本受到一系列因素的影响，一些是公司不能控制的，另一些则受到公司融资和投资决策的影响。

公司不能控制的因素

公司不能直接控制的两个最重要的因素是利率和税率。如果在当前经济条件下利率上涨，债务成本将会增加，这是因为公司在借债时将不得不向债券持有者支付更多的钱。同样，在资本资产定价模型的讨论中曾提到，高利率也会增加普通股和优先股的成本。近些年通货膨胀率有所下降，因而利率也有下降的趋势。这使所有公司的资本成本有所下降，鼓励公司投资。

在计算负债的要素成本时需要用到税率，所以税率对资本成本具有重要影响。税率还会以其他不太明显的方式影响资本成本。例如，近来股利税率和资本利得税率相对于利息收入的税率有所下调，这使股票变得更有吸引力，同时也降低了相关权益成本及 *WACC*。此外，在有关资本结构的章节中我们会发现，较低的股利和资本利得税率将导致最优资本结构的改变——趋向于更少的债务，更多的权益。

公司可以控制的因素

公司可以从三方面直接影响其资本成本：(1) 改变资本结构；(2) 改变股利支付政策；(3) 改变资本预算决策规则，接受风险高于或低于以往项目的新项目。

在考虑资本结构时，我们假设公司都有给定的目标资本结构，并用该目标权重计算 *WACC*。然而，如果公司改变了目标资本结构，那么用来计算 *WACC* 的权重也将改变。由于债务的税后成本低于权益成本，目标债务比例的上升将使 *WACC* 下降，反之亦然。不过债务的增加将会加大债务与权益的风险，从而提高它们的要素成本，这会抵消权重变化的影响，使 *WACC* 保持不变甚至更高。在有关资本结构的章节中，我们会更深入地讨论这些影响。

股利政策会影响到公司可以使用的留存收益的数量，进而影响发行新股的潜在需要及发行成本。这一点表明：股利支付率越高，留存收益的增量越小，权益成本越高，从而使 *WACC* 越高。不过，投资者希望公司支付更多的股利，所以降低股利支付率可能会导致公司权益的必要报酬率提高。在有关股利的章节中我们会看到，决定最优股利政策是一件复杂的事情，会对资本成本产生重大影响。

公司的资本预算决策也会影响其资本成本。在估算资本成本时，我们以发行在外的股票和债券的必要报酬率作为起点。这些成本率反映了公司现有资产的风险。因此，这里已经暗含了一个假设，即新筹集的资本将投资于与现有资产类型相同、风险相同的资产。这一假设一般情况下是正确的，大多数公司确实投资于与目前运营相似的资产。但是，如果公司决定投资于一项全新的、高风险的业务，那么其债务和权益的要素成本以及 *WACC* 都会增加。例如，国际电话电报公司（ITT）最近卖掉了它的财务公司，购买了经营博彩业务的恺撒世界（Caesar's World）。经营重心的这一戏剧性转变肯定会影响 ITT 公司的资本成本。投资决策对资本成本的影响将在下一节深入讨论。

10.9 为风险因素调整资本成本

在接下来有关资本预算的章节中可以看到，资本成本是资本预算过程中的关键因素。当且仅当一个项目的预计收益超过它的资本成本时，该项目才应该被接受。所以，资本成本是“最低必要报酬率”——一个项目的预期报酬率必须“跨过了这个门槛”才能被接受。而且，投资项目的风险越高，投资者要求的报酬率越高。因此，投资于高风险项目的公司，其资本成本要高于投资更安全的项目的公司。

风险和资本成本之间的权衡关系如图 10—2 所示。L 公司的行业风险较低，加权平均资本成本为 8%，而 H 公司的行业风险较高，加权平均资本成本为 12%。所以，如果一个项目的预期报酬率超过 8%，L 公司就可以接受，而 H 公司相应的最低必要报酬率为 12%。

非常重要的一点是，图 10—2 中的 *L* 点和 *H* 点的资本成本代表的是这两家公司整体的或者说综合的加权平均资本成本，仅适用于每家公司的“典型”项目。即使对同一家公司来说，不同的项目也具有不同的风险。因此，每一个项目的最低必要报酬率应该反映该项目本身的风险，而不是在综合的 *WACC* 中反映出来的公司平均风险。例如，假设 L 公司和 H 公司都在考虑 A 项目。这一项目的风险比 L 公司的典型项目高，比 H 公司的典型项目低。如图 10—2 所示，A 项目的预期报酬率为 10.5%。最初，我们可能会暂时得出结论：A 项目的报酬率（10.5%）高于 L 公司的加权平均资本成本（8%），所以 L 公司应该接受 A 项目；因为其报酬率低于 H 公司的加权平均资本成本（12%），所以 H 公司应该拒绝该项目。但这个结论是错误的。根据图 10—2 的加权平均资本成本线，相关的最低必要报酬率应该是该项目的 *WACC*（10%）。由于项目的收益率超过其 10%的成本，L 公司和 H 公司都应该接受。

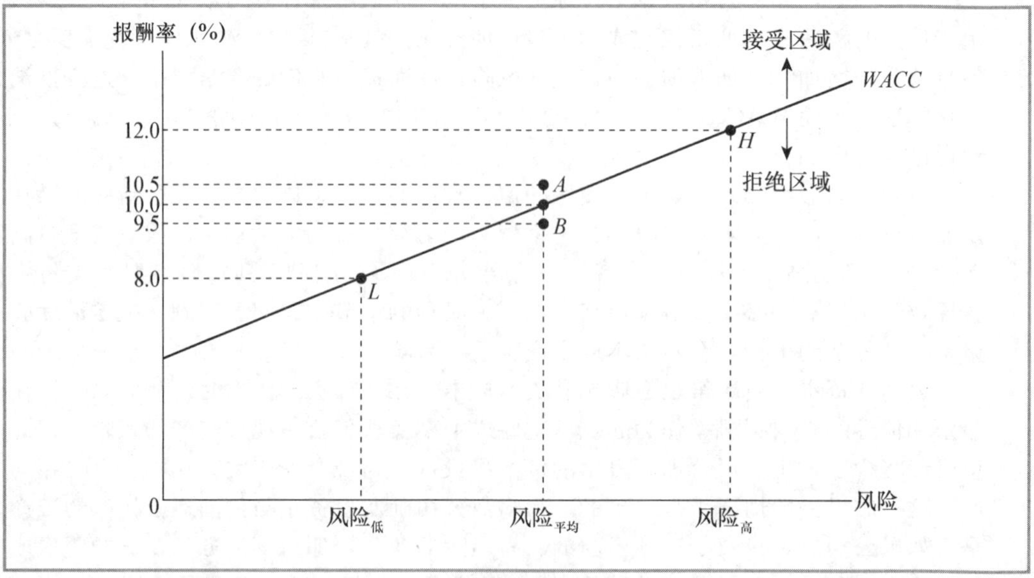

图 10—2　风险和资本成本

接下来考虑 B 项目。B 项目与 A 项目风险相同，但其预期报酬率为 9.5%，成本为 10%。因为收益率不足以弥补风险，所以两家公司都应该拒绝 B 项目。

可见，应用于每一个项目的最低必要报酬率应该反映项目本身的风险，而不是公司在其 *WACC* 中反映的整体风险。经验研究证明，公司确实会考虑单个项目的风险，但大部分公司将大多数项目的风险视为与公司现有资产的平均风险一致。因此，加权平均资本成本可用来评价大多数项目，但是如果一个项目的风险特别高或特别低，就必须调高或者调低 *WACC* 来将这一因素考虑进去。我们将在第 12 章详细讨论这一点。

相同的论点也可应用于多部门公司的资本成本。考虑图 10—3 中的 A 公司，它有两个部门 L 和 H。L 部门风险较低，如果独立运营，其 *WACC* 将会是 7%。H 部门风险较高，其部门资本成本为 13%。如果两个部门规模相同，A 公司的 *WACC* 将会是 0.50×7%+0.50×13%=10%。但是对任一部门来说，使用 10%的加权平均资本成本都是错误的。为了证明这一点，假设 L 部门正考虑一个低风险项目，其预期报酬率为 9%，而 H 部门正考虑一个高风险项目，其预期报酬率为 11%。如图 10—3 所示，因为 L 部门项目的报酬率高于基于其风险的资本成本，所以应该接受该项目，H 部门的项目则应该被拒绝。如果每一部门都使用公司 10%的加权平均资本成本，决策就会相反，H 部门会错误地接受项目，而 L 部门会错误地拒绝项目。一般情况下，不对风险因素进行调整会导致公司接受很多高风险的项目，拒绝很多安全的项目。经过一段时间后，公司的风险会变得很高，其加权平均资本成本也会增加，同时，股东价值会受到不利影响。我们将在第 12 章说明如何评估项目风险并正确地对其进行解释。

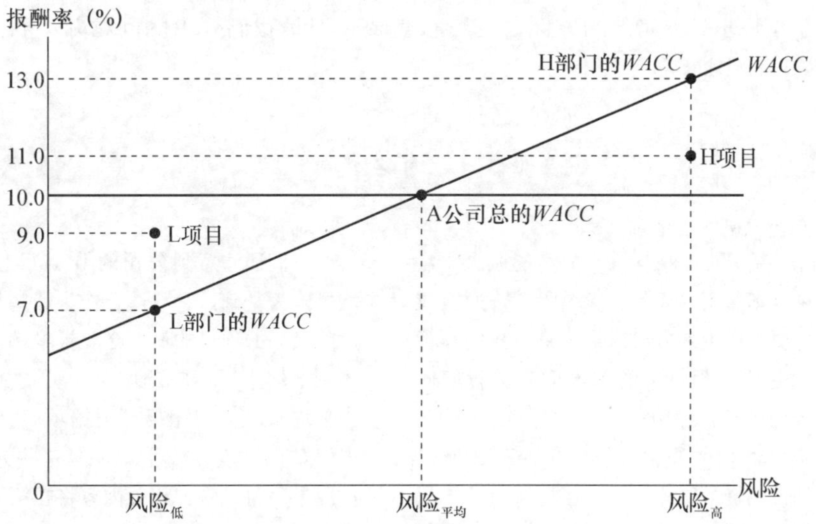

图 10—3　部门资本成本

10.10　资本成本估算的其他问题

在本章中，关于资本成本的有些问题并未涉及，这些专题将在高级财务管理课程中讨论。但在这里应该提及这些专题，一方面需要提醒你注意潜在的危险，一方面可以简单介绍高级财务管理课程中的一些问题。

1. 折旧产生的资金。对于许多公司来说，资本最大的单一来源就是折旧，但到目前为止，我们还没有讨论这个渠道的资金成本。简言之，折旧现金流既可以用于再投资，也可以返还给投资者（股东和债权人）。折旧产生的资金成本约等于来自留存收益、优先股及债务的加权平均资本成本。

2. 非上市公司。我们对于权益成本的讨论主要集中于上市公司，关注的是公众股东要求的报酬率。但这里存在一个很严重的问题，即怎样计算那些股票并不公开交易的公司的权益成本。此时，税率问题也非常重要。而且在一般情况下，虽然非上市公司和上市公司计算资本成本时可以使用相同的方法，但是变量值的获取在某种程度上并不相同。

3. 计量问题。在估计权益成本时，我们不得不承认会遇到很多实际问题。无论是资本资产定价模型的变量值，还是公式 $\hat{r}_s = D_1/P_0 + g$ 中的 g，抑或是公式 $r_s =$ 债券收益率＋风险溢价中的风险溢价，都很难取得。所以，我们无法确认自己对资本成本的估计有多准确。

4. 风险水平不同的项目的资本成本。衡量项目的风险很难，因此对不同风险水平的资本预算项目的资本成本进行调整也非常困难。

5. 资本结构权重。在本章中，我们认为目标资本结构已知，并用其计算 *WACC*。在有关资本结构的章节中我们会发现，建立目标资本结构本身就是一项重要任务。

尽管这一系列问题看起来很难解决，但是资本成本的估计并非处境不佳。本章中概括出的程序可以用来估算资本成本，从实用角度看其结果已足够准确，这里列出的问题只是指出了进一步完善的方向。完善很重要，但是我们列出的问题并不否定本章概括出的过程的有用性。

小结

本章首先介绍了加权平均资本成本的概念，然后说明了三种资本要素（债务、优先股和普通股权益）和估计各要素成本的方法。接下来，我们计算了 *WACC*，这是资本预算中的关键问题。我们假定目标资本结构已知，并用这一结构计算 *WACC*。但是，目标资本结构的变化会影响 *WACC*，所以下一章会详细说明资本结构。

我们还注意到公司的 *WACC* 以整个公司的平均风险为基础，它只适合作为那些与公司现有资产风险相同的项目的最低必要报酬率。如果项目风险高于平均水平，应调增 *WACC*；如果项目风险低于平均水平，则相反。根据项目风险调增或调减 *WACC* 的幅度比较主观，但有些方法可以帮助我们度量项目风险，相关内容将在第12章加以说明。

练习题

1. 有无发行成本时的权益成本

Javits & Sons 的普通股当前价格为每股30美元。公司预计当年将每股支付股利3美元（$D_1=3$ 美元），固定增长率为5%。

a. 如果所有权益都来自留存收益，公司的普通股权益成本是多少？

b. 如果公司准备发行新股，发行成本为10%。新股的权益成本是多少？

2. 普通股权益成本和 *WACC*

Patton Paints Corporation 的目标资本结构为40%负债、60%权益，没有优先股。公司税前债务成本为12%，边际税率为40%。当前股票价格为 $P_0=22.50$ 美元。上期股利为 $D_0=2$ 美元，预计将以7%的速度稳定增长。公司的普通股权益成本和 *WACC* 各是多少？

3. *WACC*

MEC公司只使用债务和普通股权益融资。公司目标资本结构为45%负债、55%普通股权益。只要保持这一结构，公司就可以一直以10%的利率借入资本。公司上期股利为2美元，预期固定增长率为4%，普通股价格为20美元。公司税率为40%。目前有两个项目备选：A项目的报酬率为13%，B项目的报酬率为10%。两个项目风险相同，并与公司现有资产风险相似。

a. 公司的普通股权益成本是多少？

b. *WACC* 是多少？

c. 公司应选择哪个项目？

4. 普通股权益成本

Bouchard Company 2005年的每股收益为6.5美元，2000年为4.42美元。公司将40%的盈余发放股利，普通股价格为36美元。

a. 计算过去的股利增长率。（提示：这是一个5年的增长期。）

b. 上期股利为 $D_0=0.4\times6.5=2.6$ 美元。计算下一期预计股利 D_1，假定仍保持过去的增长率。

c. 公司留存收益的成本 r_s 是多少？

答案

1. a. $r_s=15\%$；b. $r_e=16.11\%$

2. $r_s=16.51\%$，$WACC=12.79\%$

3. a. $r_s=14.4\%$；b. $WACC=10.62\%$；c. A项目

4. a. $g=8\%$；b. $D_1=2.81$ 美元；c. $r_s=15.81\%$

第 11 章 资本预算基础

11.1 为资本项目提供创意

在证券估值中使用的一般概念同样也适用于**资本预算**（capital budgeting），但是它们有两个主要的不同点。其一，股票和债券存在于证券市场中，投资者会从中选取可行的组合，而资本预算项目是公司自己创造的。其二，证券市场中的大多数投资者并不能影响他们的投资产生的现金流，而公司能对其项目结果产生重大影响。但无论是证券估值还是资本预算，我们都要首先预测一系列的现金流，然后求得现金流的现值，并只在现金流入量的现值大于投资成本时进行投资。

一个公司的发展，乃至它保持竞争和生存的能力，都依赖于持续不断的新创意，即如何开发新产品、如何改进现有产品、如何使经营更有效。因此，管理完善的公司都竭尽全力提出好的资本预算方案。例如，一家成功公司的执行副总裁告诉我们，他的公司采取以下步骤来产生项目创意：

> 我们的研发部门不断寻找新的产品以及改进现有产品的方法。另外，我们的执行委员会由营销、生产、财务方面的高层管理者组成，他们了解公司应该参与竞争的产品和市场，并且为每个部门建立了长期目标。这些写入公司**战略计划**（strategic business plan）的目标能够为必须完成目标的公司经营管理人员指明方向。他们努力开发新产品，为现有产品制定扩张计划，并寻求降低生产及分销成本的办法。由于奖金和激励措施以各单位达到或超额完成目标的能力为基础，因此会鼓励我们的经营管理人员寻找有利可图的投资机会。
>
> 我们根据整个业务单元的业绩好坏来评价和奖励高层管理者，所以他们如果能够提出使投资盈利的建议，就能得到奖金和股票期权。此外，公司会留出一部分盈利分配给非管理员工，我们有一个员工持股计划（ESOP）来提供进一步的激励。我们的目的就是要鼓励各个层面的员工留意那些好的特别是能带来资本投资的想法。

如果公司拥有能力超群、想象力丰富的管理者和员工，而且它的激励体系运转良好，就会产生很多资本投资的创意。有些设想很好，但有些并不好。所以必须建立相应程序来识别项目，这就是本章的基本主题。

11.2 项目分类

分析资本支出方案并非没有成本——我们能获得收益，但分析也会产生成本。对于特定类型的项目来说，较为详细的分析可能非常必要；但对其他的项目，只需用简单的程序分析即可。因此，公司一般先对项目进行分类，然后分析每类项目存在什么不同：

1. 更换：满足继续推进当前活动的需要。这一类别包括为了维持盈利产品的生产而需要更换已磨损或损坏的设备产生的支出。这里需要回答的问题是：是否需要继续经营该业务？如果需要，公司是否应该继续使用相同的生产工艺？如果问题的答案都是“是”，那么项目会得到批准而不必经过一个复杂的决策过程。

2. 更换：降低成本。这一类别包括因更换可用但已经过时的设备来降低成本而产生的支出。这类决策具有一定的自主性，且一般需要相当详细的分析。

3. 现有产品和市场的扩张。这类支出源于公司增加现有产品的产出或扩大零售网点及市场服务设施。做出扩张决策非常复杂，需要清晰地预测未来需求的增长，所以必须有更加详细的分析。这种决策一般由公司更高层级的人员做出。

4. 引入新的产品或进入新的市场。这类投资涉及新的产品或地理区域，而且这一类别中的战略决策能够影响企业的基本状态。这类决策同样需要详尽的分析，而且一般由公司的最高管理层做出。

5. 安全和环保项目。这一类别包括为了遵守政府规定、劳动合同或保险条款而发生的支出。这类项目如何处理取决于它们的规模大小，小的项目与第一种情况的处理方法类似。

6. 其他。其他项目包罗万象，包括办公楼、停车场、商务飞机等。它们的处理方法因公司而异。

一般来说，做出更换决策，特别是对盈利设备的维护性投资决策，只需要非常简单的计算和少量的支持文件。那些精简成本、扩大现有生产线，特别是投资新产品或新领域的项目，则需要更详细的分析。在每一类别中，还可按项目成本进一步分类：大的投资项目需要更详细的分析和公司内部更高层的批准。一个工厂经理可能获得授权批准 10 000 美元以下的维修支出，因为它的决策分析相对简单。董事会批准的都是金额超过 100 万美元的项目或者涉及扩展新产品、新市场的决策。

值得注意的是，“投资”这个词不只涉及建筑物和设备。可以用来管理库存的软件和一些重大营销项目的成本等都属于投资。这些是“无形的”资产，但我们对它们进行投资决策的分析方法与建筑物、设备和其他有形资产相同。下面，我们将检验用于评估资本预算项目的具体方法。

11.3　净现值标准

净现值法（net present value（NPV）method）能够估算潜在项目对股东财富的影响程度，它是资本预算决策的基本标准。在本节中，我们将使用图 11—1 中项目 S 和 L 的现金流数据来解释如何计算 *NPV*。S 表示短期，L 表示长期：S 项目是短期项目，所以它的现金流入比 L 项目快。这里我们假定两个项目风险相同，且现金流已经调整了税收、折旧和残值的影响。此外，因为很多项目需要同时投资于固定资产和营运资本，所以用 CF_0 表示的投资支出包括所有必要的经营资本支出。最后，我们假定所有的现金流都发生在年末。

单位：美元

年次（t）	预期税后现金净流量		
	S 项目	L 项目	
0	−1 000	−1 000	第一年的初始成本
1	500	100	
2	400	300	
3	300	400	
4	100	675	

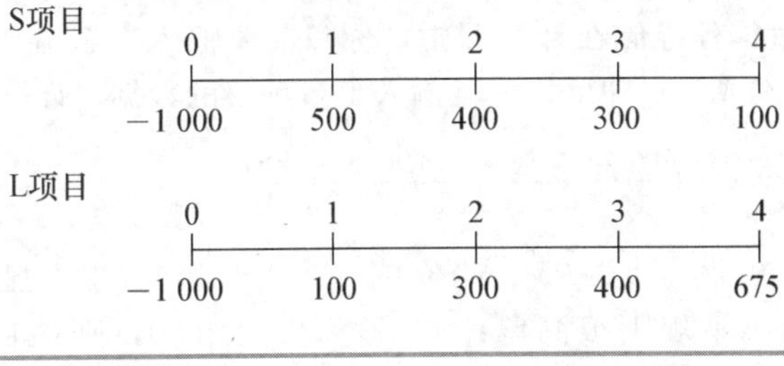

图 11—1　S 项目和 L 项目的净现金流量

NPV 能够直接衡量项目对股东财富的贡献，是主要的评估标准。可以用如下步骤计算 NPV：

1. 将项目资本成本作为折现率，求出包括成本在内的每笔现金流的现值。
2. 将各现金流现值加总得到项目的 NPV。

NPV 的计算公式如下：

$$NPV = CF_0 + \frac{CF_1}{(1+r)^1} + \frac{CF_2}{(1+r)^2} + \cdots + \frac{CF_N}{(1+r)^N}$$
$$= \sum_{t=0}^{N} \frac{CF_t}{(1+r)^t} \qquad (11—1)$$

式中，CF_t 表示 t 时点的预期净现金流量；r 表示项目资本成本（或 $WACC$）；N 表示项目寿命周期。现金流出（例如，研发产品、购买生产设备、建设工厂以及库存储备）都是负的现金流。对项目 S 和 L 来说，只有 CF_0 是负的，但对于像波音 7E7 这样的大项目来说，在产生现金流入前需要经历若干年的现金流出。

当资本成本是 10%时，S 项目的 NPV 为 78.82 美元：

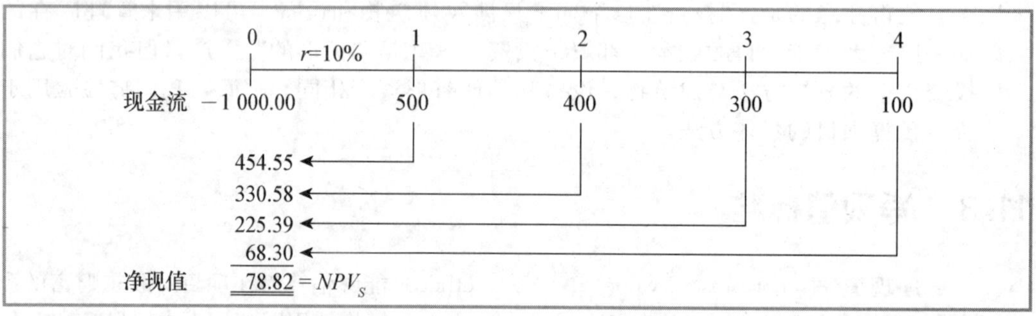

同理，NPV_L＝100.40 美元。

如果项目互斥，则具有较高 NPV 的项目将被采纳，而其他项目将被拒绝。由于 L 项目的净现值更高，因此 L 项目排在 S 项目前面，可以接受。**互斥项目**（mutually exclusive projects）意味着如果一个项目被采纳，其他的项目就必须被拒绝。例如，在仓库里用传送带还是用叉车来移动货物就是一个互斥项目——接受了一个就得拒绝另一个。**独立项目**（independent projects）是那些现金流独立于其他项目的项目。如果沃尔玛想在博伊西和亚特兰大新建商场，那么这两个项目相互独立。如果 S 项目和 L 项目相互独立，它们都可以接受，因为它们的 NPV 都为正，能够给公司带来价值增量。如果它们互斥，我们应该选择 L 项目，因为它的 NPV 更高。

计算如图中时间轴所示的 NPV 并不困难，只需带入公式（11—1）并使用一般的计算器即可，但使用财务计算器会更加高效。不同计算器的设置有所不同，但如第 5 章所述，它们都有一个“现金流记录器”可以用来评价如项目 S 和 L 中所示的不均匀的现金流。公式（11—1）通过编程存储在计算器中，你只需要输入现金流（需要注意符号是否正确）和 $r=I/YR$（资本成本）即可。一旦输入了 S 项目的数据，计算器里的公式就等于：

$$NPV_S = -1\,000 + \frac{500}{1.10^1} + \frac{400}{1.10^2} + \frac{300}{1.10^3} + \frac{100}{1.10^4}$$

这里只有一个未知数，即 NPV，当你按下 NPV 键，屏幕会显示答案 78.82。

净现值法的决策规则很简单：如果 NPV 大于 0，则项目会增加公司价值；如果 NPV 小于 0，则项目会减少股东财富。在例子中，L 项目可以使股东财富增加 100.40

美元，S 项目可以使股东财富增加 78.82 美元。

$NPV_L=100.40$(美元)

$NPV_S=78.82$(美元)

用这种方法，我们很容易了解净现值法的逻辑，也很容易明白为什么两个项目为独立项目时都应被接受，而为互斥项目时应选择 L 项目。

11.4　内含报酬率

当评估一个潜在项目时，了解投资最可能获得的报酬率非常有用。在第 7 章中我们讨论了债券的到期收益率——如果你投资一种债券并持有至到期，就会获得到期收益率（*YTM*）。到期收益率被定义为使现金流入量的现值等于债券价格的折现率。当我们计算**内含报酬率**（internal rate of return，IRR）时，可以在资本预算中使用同样的方法。*IRR* 被定义为使项目的 *NPV* 等于 0 时的折现率。我们只需将公式（11—1）分母中的 r 替换为 *IRR*，并指定 *NPV* 必须等于 0，即可得到计算 *IRR* 的公式（11—2）。我们求出使 *NPV* 等于 0 的收益率，就是 *IRR*：

$$NPV=CF_0+\frac{CF_1}{(1+IRR)^1}+\frac{CF_2}{(1+IRR)^2}+\cdots+\frac{CF_N}{(1+IRR)^N}=0$$

$$=\sum_{t=0}^{N}\frac{CF_t}{(1+IRR)^t}=0 \qquad (11—2)$$

像波音 7E7 客机这样的项目，在现金开始流入之前会有持续多年的成本发生，但这并不影响该公式的有效性，它只意味着我们有不止一个负的现金流。

对于 S 项目来说，下列图示展示了这一过程：

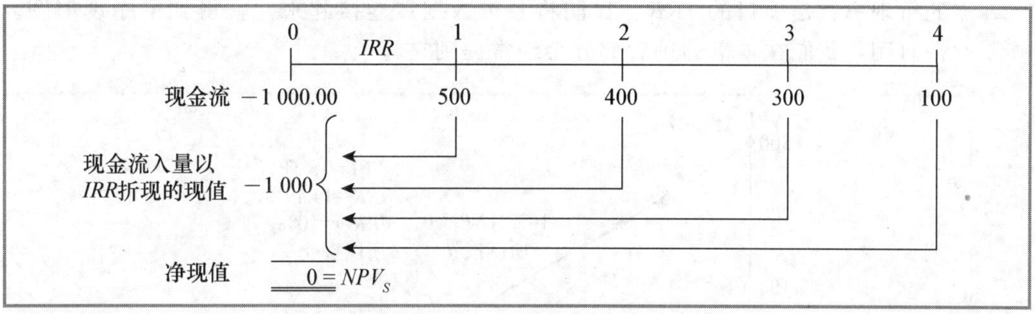

方程中只有一个未知数 *IRR*，我们能通过解方程来求出 *IRR*。在没有计算器时，可以通过试误法解方程（11—2）——将几个折现率代入方程，看计算结果是否等于 0，如果不等于 0，则继续试不同的折现率，直到方程等于 0 为止，这个比率就是 *IRR*。就长期项目来说，试误法非常浪费时间，但用财务计算器可以更快求出 *IRR*。就像计算 *NPV* 那样，我们只需将现金流输入现金流记录器，然后按 IRR 键即可。项目 S 和 L 的 IRR 如下所示：

$IRR_S=14.49\%$

$IRR_L=13.55\%$

为什么这个使现金流入量的现值等于项目成本的折现率如此特别？原因很简单：*IRR* 是项目的预期报酬率。如果报酬率超过了项目投资的成本，超额部分就属于公司股东。另外，如果内含报酬率低于资本成本，亏损就需要股东来弥补，这会使股价下跌。正是这种“保本”的特性使 *IRR* 非常有用。

请再看一下内含报酬率的公式（11—2），实际上就是令公式（11—1）中 *NPV* 等于0时求出特定折现率。因此，两种方法的公式相同，只不过净现值法是已知折现率求 *NPV*，而内含报酬率法是令 *NPV* 等于0然后计算报酬率。

11.5 净现值法和内含报酬率法的比较

净现值法在许多方面要优于内含报酬率法，所以明智的做法是重点介绍 *NPV* 在项目决策中的应用，然后进入下一主题。但是，很多公司管理者比较熟悉 *IRR*，它在工业企业中应用广泛，而且有助于人们了解一个项目可能产生的报酬率。此外，净现值法和内含报酬率法在评估互斥项目时会产生冲突。因此，非常有必要理解内含报酬率法，了解它与净现值的关系，以及为什么有时在互斥项目中需要选择 *IRR* 相对较低的项目而不是较高的项目。

净现值图

描述净现值与折现率关系的图叫做**净现值图**（net present value profile），图11—2显示的就是S项目的净现值图。我们使用图11—1中S项目的数据来画该图，首先按照不同折现率计算 *NPV* 并列示在图11—2下方，然后在图形中画出这些值所对应的点。当资本成本等于0时，*NPV* 就是未折现现金流的总和，即300美元。这个值就是纵轴的截距。前文提及，当折现率等于 *IRR* 时，*NPV* 等于0。因此，净现值曲线与横轴交点的折现率就是项目的 *IRR*。我们将各个数据点连接起来，就得到了净现值图。该图非常有用，我们在本章的稍后部分会经常提到它。

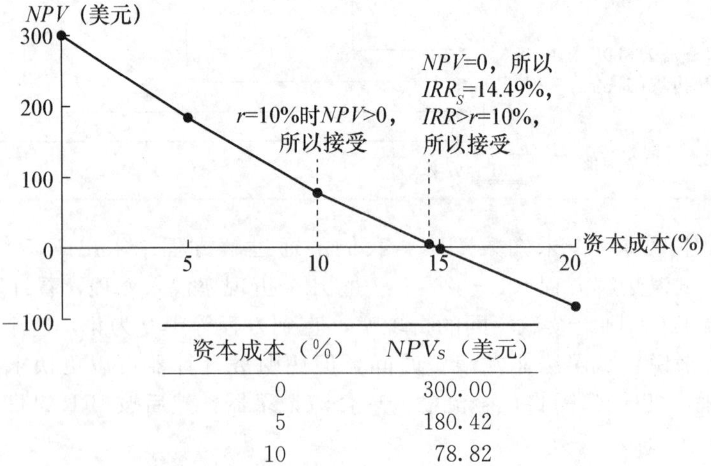

资本成本（%）	NPV_S（美元）
0	300.00
5	180.42
10	78.82
IRR_s=14.49	0.00
15	−8.33
20	−83.72

图11—2　S项目的净现值图

净现值决策取决于资本成本

现在看一下图 11—3，图中给出了 S 项目和 L 项目的净现值图。需要注意的是，*IRR* 是固定的，且在不考虑资本成本时 S 项目的 *IRR* 更高。但是，*NPV* 会随着资本成本的变化而变化，究竟哪个项目的 *NPV* 较高实际上取决于资本成本。具体来说，当资本成本低于 11.97%时，L 项目的 *NPV* 更高，而当资本成本高于这一数值时，S 项目的 *NPV* 更高。两线交点的折现率（11.97%）称为交叉率。

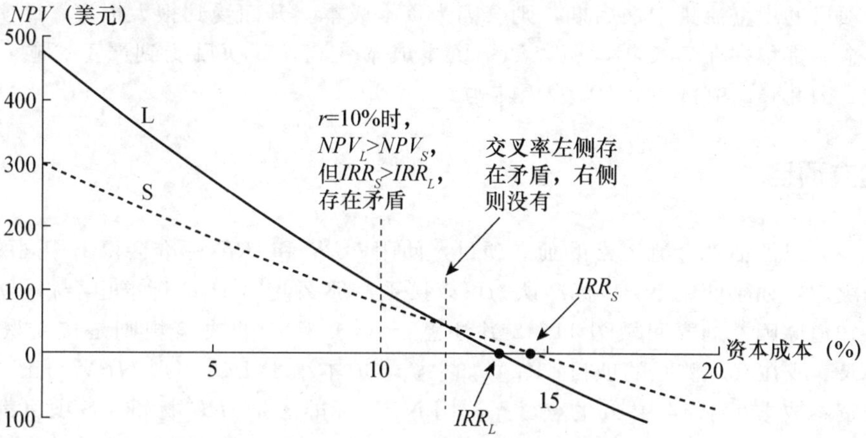

资本成本（%）	NPV_S（美元）	NPV_L（美元）
0	300.00	475.00
5	180.42	268.21
10	78.82	100.40
交叉率＝11.97	42.84	42.84
IRR_L＝13.55	15.64	0.00
IRR_S＝14.49	0.00	−24.37
15	−8.33	−37.26
20	−83.72	−151.33

图 11—3　S 项目和 L 项目的净现值图

请注意表示 L 项目的线更陡峭，意味着资本成本的增长会使其 *NPV* 下降得更快。为什么 L 项目更敏感？首先，L 项目的现金流入比 S 项目晚，L 是长期项目而 S 是短期项目。然后，回顾一下净现值的公式：

$$NPV=CF_0+\frac{CF_1}{(1+r)^1}+\frac{CF_2}{(1+r)^2}+\cdots+\frac{CF_N}{(1+r)^N}$$

资本成本的增加对远期现金流的影响要大于近期现金流，如下例所示：

1 年期 100 美元在 $r=5\%$ 时的现值：$\frac{100}{1.05^1}=95.24$（美元）

1 年期 100 美元在 $r=10\%$ 时的现值：$\frac{100}{1.10^1}=90.91$（美元）

资本成本上升带来的现值降低率 $=\frac{95.24-90.91}{95.24}=4.5\%$

$$20\text{ 年期 100 美元在 } r=5\% \text{ 时的现值：} \frac{100}{1.05^{20}}=37.69(\text{美元})$$

$$20\text{ 年期 100 美元在 } r=10\% \text{ 时的现值：} \frac{100}{1.10^{20}}=14.86(\text{美元})$$

$$\text{资本成本上升带来的现值降低率}=\frac{37.69-14.86}{37.69}=60.6\%$$

可见，对于 1 年期的现金流来说，折现率增长一倍只使现值降低 4.5%，而对 20 年期的现金流来说，折现率相同倍数的增长却导致现值降低超过 60%。因此，如果一个项目的现金流集中在早期，则其 *NPV* 不会因为资本成本的增长而大幅下降；如果一个项目的现金流集中在后期，则会因为资本成本上升而受到很大损失。L 项目的大部分现金流都集中在后几年，所以如果资本成本变高，L 项目受到严重影响，S 项目则不会。因此，L 项目的 *NPV* 线更陡峭。

独立项目

如果评估现金流正常的独立项目，使用 *NPV* 和 *IRR* 标准会得出相同的接受或拒绝的决定：如果使用 *NPV* 标准认为可以接受，那么使用 *IRR* 标准也会得出相同的结论。要知道原因，则要回顾图 11—2 并注意：（1）*IRR* 的决策规则是接受资本成本小于 *IRR*（或在其左侧）的项目；（2）如果资本成本小于 *IRR*，则 *NPV* 为正。因此，在任何资本成本小于 14.49%的点，无论用 *NPV* 标准还是 *IRR* 标准，S 项目都可接受。资本成本大于 14.49%时，两种方法都会拒绝这个项目。此图也适用于 L 项目和任何其他常规项目，所得到的结论相同。因此，对于常规项目来说，如果以 *IRR* 为标准时项目可以接受，那么使用 *NPV* 也会得到相同的结论。

互斥项目

现在我们假定 S 项目和 L 项目互斥而非独立。也就是说，我们可以选择 S 项目或者 L 项目，或者两个都拒绝，但不能两个都接受。现在观察图 11—3，资本成本大于交叉率 11.97%时，两种方法都推荐 S 项目：$NPV_S > NPV_L$ 且 $IRR_S > IRR_L$。因此，如果 r 大于交叉率，两种方法不会产生矛盾冲突，都选择 S 项目。但如果资本成本小于交叉率，就会产生矛盾：L 项目的 *NPV* 更大，但 S 项目的 *IRR* 更高。

有两个基本原因使净现值线相交并因此产生冲突：

1. 存在时间差异，即一个项目的现金流产生较早而其他项目较晚，就像 S 项目和 L 项目一样。

2. 存在规模差异，即一个项目的投资额大于另一个项目。

当时间差异或规模差异存在时，公司对互斥项目作出不同选择后，在不同的年份会有不同数量的资金用于投资。例如，如果公司选择了 S 项目，则它在第一年会有更多资金可用于投资，因为 S 项目在这一年产生的现金流比 L 项目大。同样，如果一个项目的投资额大，则当公司选择投资小的项目时，就可以在 $t=0$ 时有更多资金投资于其他项目。在这种情况下，现金流再投资后能获得什么样的收益率就成了一个关键问题。

解决互斥项目间冲突的关键在于：如果公司选择了时间更短或投资更小的项目，

它收到的不同现金流再投资后能够获得什么样的报酬率？也就是说，它们的再投资收益率有多大？净现值法隐含的假定是**再投资收益率**（reinvestment rate）等于资本成本，而内含报酬率法假定再投资收益率就是 *IRR* 本身。要了解其原因，可以回顾第 5 章中的货币时间价值。现在假定有 100 美元，它能够以 $I\%$的收益率投资 N 年。还假定每年收到的利息也会在随后的时间里获得 $I\%$的收益率。因此，假定收入被再投资后又获得 $I\%$的收益，我们可以用（$1+I$）不断复利求得其终值。当我们要计算现值时，可以将这一过程反过来，以 $I\%$为折现率来求得给定终值的现值。我们得出了这样的结论：当我们要计算现值时，隐含的假定是现金流会被再投资，且它的收益率为 $I\%$。

这可以得出另一个重要结论：当我们计算 *NPV* 时，可以将 *WACC* 作为折现率，这意味着净现值法自动假定现金流的再投资收益率为 *WACC*。但当我们计算 *IRR* 时，可以用能使 *NPV* 等于 0 的折现率折现，这意味着内含收益率法假定现金流的再投资收益率是 *IRR* 本身。

哪个假设更实际呢？对大多数公司来说，获得等于 *WACC* 的再投资收益率更实际，因为如果一家公司进入资本市场，它可以以当前成本筹集资金，本例中为 10%。由于公司能以 10%的成本筹集资金，因此如果存在报酬率超过 10%的投资机会，它就可以用成本为 10%的外部资本来进行投资。如果它选择使用以前项目产生的内部现金流而不是外部资本，就会节省这 10%的资本成本，相当于以 10%的资本成本再投资。

如果公司没有利用外部资本的渠道而且有很多 *IRR* 较高的项目，则假定项目以接近 *IRR* 的比率再投资是合理的。但是这种情况很少出现，因为有良好投资机会的公司一般都会借助债务和股票市场。因此，净现值法的基本假设更有效。

我们需要再次强调，在判断独立项目时，*NPV* 和 *IRR* 能得出相同的接受或拒绝的结论。但在评估互斥项目，特别是那些存在时间或规模差异的项目时，净现值法更优。

11.6　多个内含报酬率

如果一个项目在一个或多个现金流出后会产生一系列现金流入，则可以认为这个项目具有常规现金流。但有些项目会在现金开始流入之后又出现现金流出，意味着现金流的符号会发生多次变化，这时项目就具有非常规的现金流。

例如：

常规项目：　－　＋　＋　＋　＋　＋　或　－　－　－　＋　＋　＋　＋　＋

非常规项目：－　＋　＋　＋　＋　－　或　－　＋　＋　＋　－　＋　＋　＋

如果项目的现金流异于常规，则它会有两个或两个以上的内含报酬率，也就是**多个内含报酬率**（multiple IRRs）。产生这一结果的原因是，当我们解方程（11—2）求出这类项目的内含报酬率时，会得到多个解。

为了说明这一问题，我们假定一家公司要开发露天煤矿（M 项目）。这个煤矿将耗费 1.6 百万美元，在第一年年底它会产生 10 百万美元的现金流入，然后在第二年，公司必须花费 10 百万美元将土地恢复原状。因此，这个项目的预期净现金流（单位：百万美元）如下：

预期净现金流量

0	第一年末	第二年末
−1.6	+10	−10

我们将这些数值代入公式（11—2），求得 IRR：

$$NPV=\frac{-1.6}{(1+IRR)^0}+\frac{10}{(1+IRR)^1}+\frac{-10}{(1+IRR)^2}=0$$

当 $IRR=25\%$ 或 $IRR=400\%$ 时，NPV 都等于 0。由不同折现率对应的 NPV 值可以得到图 11—4，如图所示，M 项目有 25% 和 400% 两个内含报酬率，我们不知道应该用哪一个。请注意，如果用净现值法就不会出现这种情况，我们只需使用公式（11—1）求出 NPV，并用它来评估项目即可。如果 M 项目的资本成本是 10%，则它的 NPV 为 −0.77 百万美元，项目将被拒绝。如果 r 在 25%～400% 之间，NPV 就会为正。

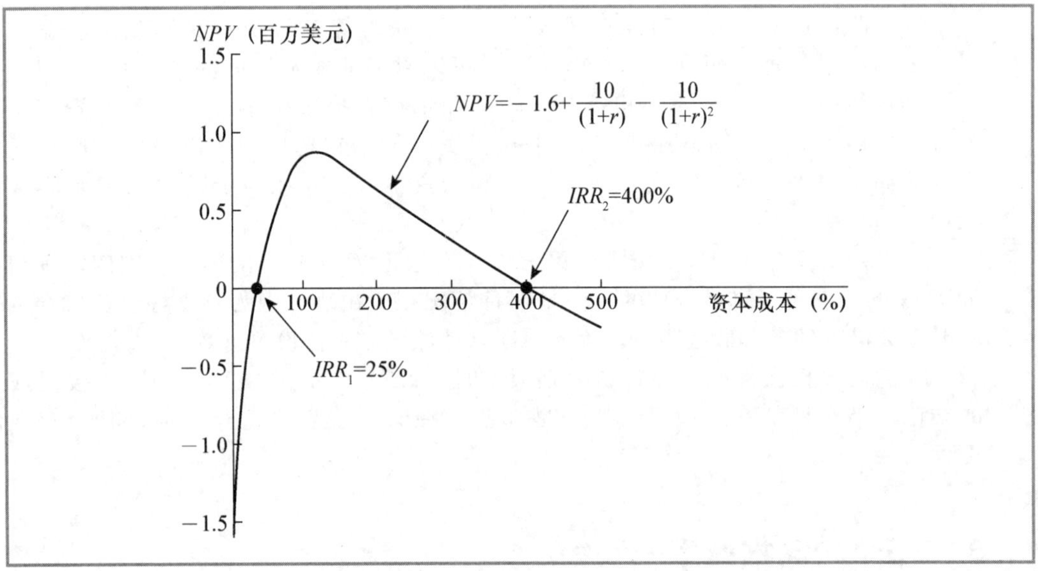

图 11—4 M 项目的净现值图

再举个多个内含报酬率的例子：一家加利福尼亚的大银行从一家保险公司借入资金并用它们（加上自己的初始投资）买入一批喷气发动机，然后租给一家大航空公司。银行期望在前几年获得正的现金流（租金减去保险公司贷款利息），然后在偿还保险公司贷款时产生几个大的负现金流，最后在租赁期满把发动机卖掉获得大量的现金流入。这家银行发现有两个 IRR，并且不知道哪一个是正确的。但它不能忽略 IRR 而仅使用 NPV，因为该银行的贷款委员会和联邦储备银行的检查员都想知道租赁所能产生的回报。这家银行的解决办法就是计算并使用“修正的内含报酬率”，下一节将讨论这一问题。

11.7 修正的内含报酬率

管理者都希望知道项目预期能够产生的报酬率。常规的 IRR 假定现金流将以内含报酬率再投资，但这可能并不准确。此外，项目可能存在不止一个 *IRR*。鉴于这些问题，我们能找到一个优于常规 *IRR* 的评估值吗？答案是肯定的——我们可以修正 *IRR*，使它成为一个更好的相对获利率指标，并且不存在多个 *IRR* 的问题。这个新的指标称为**修正的内含报酬率**（modified IRR，MIRR），定义如下：

$$\text{成本现值}=\text{最终价值的现值}$$

$$\sum_{t=0}^{N}\frac{COF_t}{(1+r)^t}=\frac{\sum_{t=0}^{N}CIF_t\,(1+r)^{N-t}}{(1+MIRR)^N}$$

$$\text{成本现值}=\frac{TV}{(1+MIRR)^N} \tag{11—2a}$$

式中，*COF* 表示现金流出（负值，或与项目有关的成本）；*CIF* 表示现金流入（正值）。等式左边是以资本成本折现的投资支出的现值，等式右边的分子是现金流入的复利值，它假定现金流入会以资本成本再投资。现金流入的复利值也称最终价值（*TV*）。使最终价值的现值等于成本现值的折现率就是 *MIRR*。

如果与图 11—1 中的项目 S 和 L 一样，投资成本都在 $t=0$ 的时点发生，且第一笔经营现金流入发生在 $t=1$，则代入公式后如下：

$$\text{成本}=\frac{TV}{(1+MIRR)^N}=\frac{\sum_{t=1}^{N}CIF_t\,(1+r)^{N-t}}{(1+MIRR)^N} \tag{11—2b}$$

我们可以以 S 项目为例计算如下：

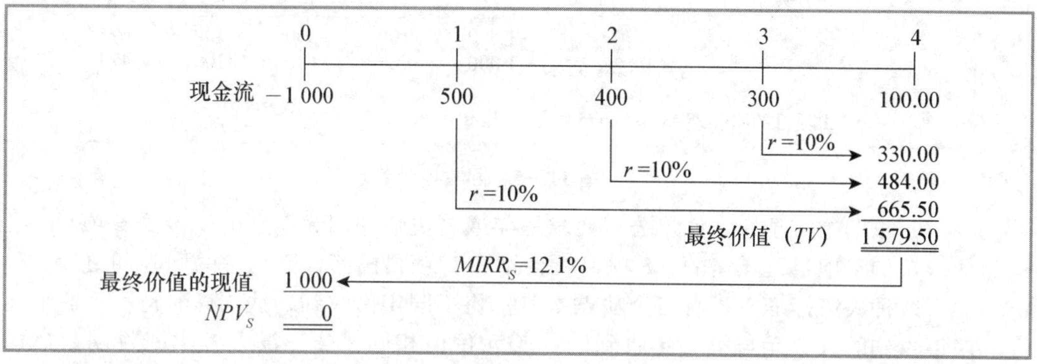

利用时间轴中标出的现金流，首先计算在资本成本为 10%时现金流入的复利终值。然后输入 $N=4$，$PV=-1\ 000$，$PMT=0$，$FV=1\ 579.5$，按 I/YR 键求出 $MIRR_S=12.1\%$。同理，我们可以得出 $MIRR_L=12.7\%$。

MIRR 相对于常规的 *IRR* 有两个显著优点。第一，常规 *IRR* 假定每个项目的现金流都会以它的内含报酬率进行再投资，而 *MIRR* 假定现金流会以资本成本再投资。如前所述，以资本成本进行再投资更为合理，所以 *MIRR* 相对于 *IRR* 能更好地反映项目的真实获利水平。第二，*MIRR* 也能解决出现多个 *IRR* 的问题——不会出现不止一个 *MIRR* 的情况，而且在决定是否接受某项目时能够将它与资本成本相比较。

那么在选择互斥项目时 *MIRR* 是不是和 *NPV* 一样好用呢？一般来说，答案是否定的。如果项目的规模或周期不同，矛盾还会产生。因为根据 *NPV* 做选择能够使价值最大化，所以在这些情况下仍然是 *NPV* 更优。

我们的结论是：*MIRR* 优于常规 *IRR*，它能够更好地反映项目的真实回报率。但

在选择互斥项目时 *NPV* 仍是最好的指标，因为它能够说明每个项目给公司带来的价值增加。

11.8 投资回收期

净现值法和内含报酬率法是当前最常用的方法，但最早的决策标准是**投资回收期**（payback period），它被定义为用经营现金流偿还投资成本所需的年限。它的计算公式为公式（11—3），计算过程如图 11—5 所示。我们从项目的投资成本入手，每年增加现金流入直到累计现金流变正为止。回收期等于现金全部收回前的年数加上一个分数，该分数等于现金全部收回前一年年末尚未收回的现金数额除以全部收回那一年的现金流。

$$\text{投资回收期}=\text{现金全部收回前的年数}+\frac{\text{现金全部收回那一年年初尚未收回的现金}}{\text{该年的现金流}} \quad (11—3)$$

S项目	年度	0	1	2	3	4
	现金流	−1 000	500	400	300	100
	累计现金流	−1 000	−500	−100	200	300
S项目的回收期=2+100/300=		2.33				

L项目	年度	0	1	2	3	4
	现金流	−1 000	100	300	400	675
	累计现金流	−1 000	−900	−600	−200	475
L项目的回收期=3+200/675=		3.30				

图 11—5　回收期计算示例

回收期越短越好。如果公司要求三年或者更短的回收期，就要接受 S 项目、拒绝 L 项目，如果项目是互斥的，S 项目就会排在 L 项目前面，因为它的回收期更短。

这种决策标准主要有三个缺点：（1）将不同年份收到的钱同样看待——它假定在第四年收到的一美元与第一年收到的一美元价值相同。（2）没有考虑回收期之后的现金流，不管它们有多大。（3）它不像净现值那样能告诉我们项目对投资者财富的贡献有多大，也不像内含报酬率那样能告诉我们项目可以获得多少超过资本成本的收益，回收期仅仅告诉我们可以多久收回投资。它在回收期和投资者财富最大化之间没有建立必要的联系，因此我们不知道怎样确定“正确”的回收期，不论是两年、三年还是其他的节点都带有太多的主观性。

针对第一个缺点，投资者开发了**折现回收期**（discounted payback），即先将现金流用 *WACC* 折现，再计算回收期。因此，折现回收期被定义为用折现现金流偿还投资成本所需的年限。假定资本成本为 10%，图 11—6 显示了 L 项目和 S 项目的折现回收期的计算过程。每笔现金流入都除以 $(1+r)^t=1.10^t$，式中，t 是现金流发生的年份；r 是项目的资本成本。我们使用这些现值来计算投资回收期。S 项目的折现回收期小于 3 年，而 L 项目差不多要 4 年。

S项目	年度	0	1	2	3	4
	现金流	−1 000	500	400	300	100
	折现现金流	−1 000	455	331	225	68
	累计折现现金流	−1 000	−545	−215	11	79
S项目的折现回收期=2+215/225=		2.95				

L项目	年度	0	1	2	3	4
	现金流	−1 000	100	300	400	675
	折现现金流	−1 000	91	248	301	461
	累计折现现金流	−1 000	−909	−661	−361	100
L项目的折现回收期=3+361/461=		3.78				

图 11—6　资本成本为 10%时回收期的计算

回收期从某种意义上讲是一种“保本”的计算，如果现金流以期望的速度流入直到回本的那一年，项目就会盈亏平衡。但由于常规的回收期没有考虑资本成本，因此不能得出明确的保本年份。折现回收期虽然考虑了资本成本，但仍然忽略了回收期之后产生的现金流，这是一个重大缺陷。同时，它没有说明能够使股东财富最大化的回收期最短应该是多少。

尽管作为决策标准，两种计算回收期的方法都有缺点，但它们都能说明资金在一个项目上占用的时间。在其他条件不变的情况下，回收期越短，项目的流动性越好。这个因素对那些还没准备好进入资本市场的小企业来说通常非常重要。此外，远期现金流的风险要大于近期现金流，所以投资回收期可以作为一个风险指标。

11.9　资本预算方法的结论

我们讨论了资本预算的五个决策标准——*NPV*，*IRR*，*MIRR*，回收期和折现回收期。我们对比了这些方法的优点和缺点。在这个过程中，我们可能产生这样的想法，即“专业”的公司应该在决策时只使用 *NPV* 这一种方法。但事实上，所有的资本预算决策都可以用电脑来分析，所以同时采用五种标准也很简单。因为每种指标都能提供某些不同的信息，所以在做出接受或拒绝的决策时，像通用电气、波音和空中客车这样的大型专业公司，一般将五种指标都计算出来。

NPV 很重要，这是因为它能够直接度量项目给股东带来的收益，所以我们认为它是衡量盈利性的最好指标。*IRR* 和 *MIRR* 也能衡量盈利性，但表示为决策者感兴趣的报酬率。此外，*IRR* 和 *MIRR* 包含了有关项目“安全边际”的信息。举例来说，有两个项目，项目 SS（规模小）的成本为 10 000 美元，第一年年末期望报酬为 16 500 美元，项目 LL（规模大）的成本为 100 000 美元，第一年年末期望报酬为 115 500 美元。项目 SS 的 *IRR* 和 *MIRR* 较大，为 65%，而项目 LL 的 *IRR* 和 *MIRR* 较小，为 15.6%。*NPV* 描述的情况有所不同——在资本成本为 10%时，项目 SS 的 *NPV* 为 5 000 美元，而项目 LL 为 5 045 美元。按照 *NPV* 的规则，我们应该选择项目 LL。但是项目 SS 的 *IRR* 和 *MIRR* 显示它有更大的边际利润来应对可能出现的错误：即使它的实际现金流比预测的 16 500 美元低 39%，公司仍会收回 10 000 美元的投资。而如果

项目 LL 的现金流入比预期的 115 550 美元低 13.5%，公司就无法收回投资。此外，如果两个项目都不能产生现金流，公司选择项目 SS 将仅损失 10 000 美元，选择项目 LL 则将损失 100 000 美元。

修正的 *IRR* 具备 *IRR* 的所有特点，但它有一个更好的再投资收益率假设，而且能避免多个内含报酬率问题。因此，如果决策者想知道项目的报酬率，*MIRR* 比常规的 *IRR* 更好。

回收期和折现回收期能说明公司的流动性和风险。长的回收期意味着投资现金会被占用多年，表明项目的流动性较差，而且由于必须对远期现金流做预测，也使得回收期长的项目比回收期短的项目风险更高。以债券估值为例，由于债券的风险与它的期限显著相关，因此投资者不应该在忽略到期期限的情况下比较两种债券的到期收益率。资本项目同样如此。

总之，不同的指标提供了不同类型的信息。由于它们的计算都很简便，因此在进行资本预算决策时应该把它们都考虑进来。就大多数决策而言，净现值法应该占主导地位，但忽视其他方法提供的信息是非常愚蠢的。

11.10 实践中用到的决策标准

探究管理者实际使用哪个标准的调查已经持续了很多年。在 1999 年之前的调查主要是要求公司列出使用的主要标准（即它们用得最多的方法），在 1999 年所做的调查则是请管理者给出计算和使用的一种或几种方法。表 11—1 显示了一些有趣的趋势。

表 11—1　实务中使用的资本预算方法

	主要标准			计算和使用
	1960 年	1970 年	1980 年	1999 年
净现值法	0%	0%	15%	75%
内含报酬率法	20%	60%	65%	76%
回收期法	35%	15%	5%	57%
折现回收期法	NA	NA	NA	29%
其他方法	45%	25%	15%	NA
合计	100%	100%	100%	

资料来源：The 1999 data are from John R. Granham and Campbell R. Harvey，"The Theory and Practice of Corporate Finance：Evidence from the Field"，*Journal of Financial Economics*，2001，pp. 187－244. Data from prior years are our estimates based on averaging data from these studies：J. S. Moore and A. K. Reichert，"An Analysis of the Financial Management Techniques Currently Employed by Large U. S. Corporations"，*Journal of Business Finance and Accounting*，1983，pp. 623－645；M. T. Stanley and S. R. Block，"A Survey of Multinational Capital Budgeting"，*The Financial Review*，1984，pp. 36－51.

第一，*NPV* 标准在 20 世纪 80 年代并不常用，但到了 1999 年，它几乎用得最多。而且与公司的非正式交流表明，如果可以得到 2005 年的数据，净现值法将成为最常用的方法。第二，内含报酬率法也广泛应用，但它近年来的发展不如净现值法那样引人注目。第三，在 40 年前回收期是最重要的标准，但在 20 世纪 80 年代它作为基础标准的地位急剧下降。公司仍使用回收期的原因是它计算简便而且确实能提供一些信息，但今天它不再作为主要的标准。第四，与 *NPV* 或 *IRR* 有关的“其他方法”，正随着 *IRR* 特别是 *NPV* 的广泛使用而逐渐没落。

这个趋势与我们对各种方法的评价相一致。*NPV* 是最好的单一标准，但所有的标准都能提供一些有用信息且计算简便，所以基于个人判断和常识，所有方法都可以采用。当我们学习现金流时，会继续讨论上述问题。

11.11 在其他情况下使用资本预算方法

本章中提到的方法也可以用来帮助投资者做其他方面的决策，并购分析就是其中之一。企业经常通过并购的方式来获得低成本的生产设备，提高生产能力，或者打入新市场，且企业并购用到的分析方法和资本预算非常相似。假定美洲银行开始扩大其北卡罗来纳州的基地，它可以选择全部新建，也可以并购其他银行。它的选择是并购其他银行，而且它的管理者在决策时使用的方法与我们在资本决策中用到的相同。

管理者在决定是否精简业务或卖掉部分资产时，也会使用类似方法。与资本预算一样，它要求评估这些举措对公司现金流的影响。在公司缩减规模时，公司通常会付遣散费（相当于投资）给解雇的员工，但公司会从未来的低薪酬成本中获益。在卖掉资产时，这类现金流的特点与典型的资本预算决策相反——开始时会有正的现金流入，但公司牺牲了继续使用资产而带来的未来现金流。所以，在决定是否变卖资产时，管理者会将现在收到的现金与未来可能损失的现金的现值相比较。如果净现值为正，卖掉资产将会增加股东价值。

11.12 事后审计

资本预算过程的一个重要步骤就是**事后审计**（post-audit），其中包括：（1）将实际结果与项目的预测结果进行对比；（2）解释存在误差的原因。例如，许多企业都要求业务部门在项目投产后的前六个月提供月度报告，之后要提供季度报告，直到项目的结果符合预期。从那以后，与其他业务一样，项目的经营报告会进行常规定期审查。

事后审计有两个主要目的：

1. 改进预测。如果要求决策制定者必须将预测结果与实际结果相比较，他们就会对预测不断进行改进。观察并消除有意识或无意识的偏见；在需求驱动下不断开发出新的方法；如果人们知道自己的行为一直被关注，就会努力将事情（包括预测）做得更好。如果你知道永远不用考试，还会努力、有效地学习吗？

2. 改进经营。企业由人来运营，而且人们的工作效率可高可低。当部门的团队做出一项投资预测时，从某种意义上讲小组成员将自己的声誉作为了赌注。因此，如果出现成本高于预期、销售收入低于预期等情况，生产、营销和其他领域的管理者就会努力改善经营，使实际结果与预期相符。在相关讨论中，一位管理者曾这样说过："学者们只关注做出好的决策，而在企业中，我们还要关注把决策执行得更好。"

事后审计不是一个简单的过程，很多因素都会引发矛盾。第一，我们必须认识到现金流预测的每个因素都不确定，所以任何公司的项目都会存在一定的误差。在评价运营主管的资本支出绩效时，必须考虑这些因素。第二，有时项目与期望不符的原因是某些因素超出了运营主管的可控范围，或者根本无法预测。例如，2005 年油价的意外上涨对很多项目产生了不利影响。第三，将一项投资的经营成果从一个系统中分离出来非常困难。尽管一些项目是独立的，可以单独确认收入和成本，但一些资产（如新型电脑）

带来的成本节约很难度量。第四，很难对负责某个项目的主管提出批评或表扬，因为在获知项目结果时他们可能已经离开原职。

基于这些困难，很多企业想要淡化事后审计的重要性。但是，企业和政府部门的观察表明，最杰出的公司都是那些重视事后审计的公司。因此，我们将事后审计视为一个好的资本预算系统的重要元素之一。

小结

本章介绍了五个指标——*NPV*，*IRR*，*MIRR*，回收期和折现回收期——用来评价资本预算项目。*NPV* 是最好的单项指标，应用广泛。但是，其他指标也能提供有用信息，而且在当前的电脑时代，计算非常简便。所以，管理者在做出采纳与否的决策以及在互斥项目中进行选择时，通常会观察五个指标。

本章简化了很多复杂的情形，特别是将现金流和调整风险后的资本成本都作为已知条件，只对项目做出评价。但是，资本预算中最困难的实际上是估计现金流和风险。在介绍现金流时会说明这些问题。

练习题

1. *IRR*

K项目的成本为52 125美元，预期净现金流量为每年12 000美元，持续8年。项目的 *IRR* 是多少？

2. 资本预算原则：伦理思考

某矿业公司在考虑一个新项目。公司已经得到许可，所以项目是合法的，但项目会对附近的河流造成严重污染。公司准备在第0期额外投入10百万美元解决环境问题，但公司并不是必须这样做。项目成本（不含环境投入）为60百万美元，预期每年的净现金流量为20百万美元，持续5年。如果公司投入环境保护资金，每年的流入将为21百万美元。风险调整后的 *WACC* 为12%。

a. 分别计算投入和不投入环境保护资金情况下的 *NPV* 和 *IRR*。

b. 在评估该项目时，应该如何处理环境问题？

c. 是否应采纳该项目？如果采纳，公司是否应该投入环境保护资金？

3. 资本预算原则：互斥项目

某公司的 *WACC* 为10%，正在考虑下面两个互斥项目：

A项目需投入400美元，第1～第3年每年产生净现金流量55美元，第4～第5年为225美元。B项目需投入600美元，5年的净现金流量分别为300美元、300美元、50美元、50美元和49美元。

你推荐哪个项目？为什么？

4. *NPV* 和 *IRR*

某店铺在一个商场里的铺位租期还有5年。租金每月2 000美元，还需要支付60次租金，距下一次支付还有一个月。商场的所有者将来准备卖掉该建筑，所以现在想提高租金，以使该建筑看起来更值钱。因此，该店铺捡了一个“大便宜”，得到了一个5年期的新的租赁合约。新合约中约定，前9个月不需支付租金，之后的51个月每月支付2 600美元。该合约不能解除，店铺的 *WACC* 是12%（或每月1%）。

a. 是否应该接受新的租赁合约？（提示：*WACC* 为每月1%。）

b. 如果店主决定与商场所有者讨价还价，什么样的租赁合约将使店主觉得新旧合约无差异呢？（提示：计算出旧合约总成本在 $t=9$ 时的终值，然后将这一终值作为第10～第60个月的51期年金的现值。）

c. 店主对12%的 *WACC* 不太确定——可能偏高或偏低。当名义 *WACC* 为多少时，店主将认为新旧合约无差异？（提示：计算两个现金流的差异，然后计算 *IRR*。）

答案

1. IRR＝16％

2. a. 不投入环境保护资金时：NPV＝1 210 万美元；投入环境保护资金时：NPV＝570 万美元

3. A 项目，NPV_A＝30.16 美元

4. a. 不接受，$PV_{旧}$＝－89 910.08 美元，$PV_{新}$＝－94 611.45 美元；b. 2 470.80 美元；c. 22.94％

第 12 章

现金流估计和风险分析

12.1　项目背景

在第 11 章中，我们发现做出项目采纳与否的决策时可以采用净现值法，并用内含报酬率法和其他一些方法做补充。理论上讲，决策很简单：项目当且仅当 *NPV* 为正时才能为股东创造价值，所以公司应该接受 *NPV* 为正的项目，拒绝 *NPV* 为负的项目。虽然从理论上讲很容易，但实际操作中很难估计现金流量，需要谨慎地做出判断。只要我们遵循本章介绍的基本原则，就可以得到合理的现金流，从而得到可信的 *NPV*。

我们以基地在亚特兰大的 BQC 技术公司的一个新项目为例介绍资本预算的过程。BQC 公司研发部门微处理器技术方面的专家开发了能够控制家用电器的小型电脑。该电脑可以自动控制取暖、空调、安全系统，以及热水器、烤箱，甚至包括咖啡机在内的小家电。通过提高家庭能源效率，该电脑可以节约居民的开支，三年内的节约额就足够支付它的售价。这个项目的开发已经进入了必须决定是否投入批量生产的阶段。BQC 公司现在有一个依靠生产机械型（不同于电脑）控制器获利的部门，这些控制器可以完成新系统的部分工作。但是新系统会比现有的产品好得多，能够帮助 BQC 公司扩大在家用控制器市场中所占的份额。

新型电脑的创意实际上是其他项目的副产品。研发经理发现了它的潜力，并批准投入 50 万美元来观察新型电脑控制器的可行性。这一成本发生于 2005 年，计入了公司研发费用项目，并出于税收方面的考虑在 2005 年做了费用处理。

BQC 公司的营销副总裁相信，如果他们给新产品定价为 3 000 美元一个，那么每年的销售量可以达到 2 万个，年销售收入预计将达到 60 百万美元。BQC 公司需要扩大生产能力，它可以投入 12 百万美元购买一栋建筑来满足这一需要。这栋房子的价款将在 2006 年 12 月 31 日支付，考虑税收因素后选择加速折旧法（MACRS），在 39 年的寿命周期内摊销。BQC 公司还有一栋未使用的建筑物可以用于新项目，但项目经理认为准备购买的那栋房子会更适用。

2006 年下半年，公司需要购入并安装必要的设备。设备将采用加速折旧法在 5 年内折旧完毕，包括运输和安装费用在内的总成本为 8 百万美元。

项目还需要 6 百万美元的净营运资本投资，这笔投资也将在 2006 年 12 月 31 日发生，会在项目结束时收回。

项目将于 2007 年 1 月开始，预期寿命为 2007—2010 年共 4 年。在 2010 年年底，厂房的市场价值将为 7.5 百万美元，账面价值为 10.91 百万美元，设备的市场价值将为 2 百万美元，账面价值为 1.36 百万美元。

单位产品的变动制造成本预计为 2 100 美元，不包括折旧在内的固定总成本为每年 8 百万美元。折旧费用如表 12—1 的第 2 部分所示。

BQC 公司的边际联邦和州税率为 40%，公司的 *WACC* 为 12%，为了便于进行资本预算，公司假定营业现金流量都发生在每年年末。由于厂房将于 2007 年 1 月 1 日开始用于生产，因此第一笔营业现金流量将发生在 2007 年 12 月 31 日。

还有以下几点需要注意：（1）BQC 是一家规模很大的公司，销售额超过 40 亿美元，每年都进行多项投资。所以，即使电脑控制器项目不见效，也不会使公司破产——这不是一个“赌上公司全部性命的项目”。（2）如果项目被接受，公司将受到合同的约束（来自零部件供应商），经营期必须满 4 年。不过公司可以通过谈判来放松这一限制。（3）项目的回报很可能与 BQC 公司其他项目的运营结果正相关，同时与股票市场正相关，也就是说，如果整体经济走强，公司其他项目运营良好，这个项目也会不错。

假设你是公司的财务人员，必须进行资本预算分析。假定该项目的风险为 BQC 公司项目的平均风险水平，所以使用公司 12%的 *WACC*。

12.2 项目分析

资本预算项目可以用计算器或 Excel 之类的电子表格进行分析。不管使用哪种方法，必须对表 12—1 中的第 1 部分到第 5 部分进行分析。为了通过考试，你可能不得不使用计算器来完成分析。但当我们完成全部分析后就会发现电子表格效率更高，在实务中使用更广。不过，不管使用计算器还是电脑，分析的步骤几乎完全一样。

表 12—1 给出了模型的结果，分为五部分：（1）输入数据；（2）折旧计划；（3）残值计算；（4）现金流预测；（5）项目评价。

表 12—1　　项目分析的结果　　单位：千美元

	A	B	C	D	E	F	G	H	I
15	第1部分 输入数据								
16									
17	厂房成本（折旧基数）			12 000					
18	设备成本（折旧基数）			8 000		厂房2010年的市场价值			7 500
19	净经营性营运资本			6 000		设备2010年的市场价值			2 000
20	第一年销售量（个）			20 000		税率			40%
21	销量增长率			0.0%		WACC			12%
22	销售单价			3.00		单价增长率			0.0%
23	单位变动成本			2.10		单位变动成本增长率			0.0%
24	固定成本			8 000		固定成本增长率			0.0%
25									
26	第2部分 折旧计划[a]				年份				
27					2007	2008	2009	2010	
28	厂房折旧率				1.3%	2.6%	2.6%	2.6%	
29	厂房折旧费用				156	312	312	312	
30	累计折旧				156	468	780	1 092	
31	期末账面价值：成本－累计折旧				11 844	11 532	11 220	10 908	
32	设备折旧率				20.0%	32.0%	19.0%	12.0%	
33	设备折旧费用				1 600	2 560	1 520	960	
34	累计折旧				1 600	4 160	5 680	6 640	
35	期末账面价值：成本－累计折旧				6 400	3 840	2 320	1 360	
36	a.用折旧基数（厂房为12 000美元，设备为8 000美元）								
37	乘以折旧率等于当年的折旧费用。								
40	第3部分 残值计算								
41					厂房	设备	总计		
42	预计2010年的市场价值				7 500	2 000			
43	2010年的账面价值[b]				10 908	1 360			
44	预期收益或损失[c]				−3 408	640			
45	纳税负债或抵免				−1 363	256			
46	残值净现金流量[d]				8 863	1 744	10 607		
47									
48	b.账面价值等于折旧基数（本例中为初始成本）减去加速折旧法下的累计折旧。								
49	厂房的累计折旧为1 092千美元，所以账面价值等于10 000－1 092=10 908千美元。								
50	设备的累计折旧为6 640千美元，所以账面价值等于8 000－6 640=1 360千美元。								
51									
52	c.厂房：市场价值7 500－账面价值10 908=－3 408千美元，计为损失。也就是说相对于“真实”								
53	折旧，企业计提的折旧偏少，该损失在2010年作为营业费用。设备：市场价值2 000－账面价值								
54	1 360=640千美元利得。设备的折旧超过了“真实”折旧，该差异叫做“折旧收回”。								
55	2010年该利得将作为利润纳税。								
56									
57	d.残值的净现金流量等于残余（市场）价值减去纳税额。对厂房来说，损失带来了纳税抵免，								
58	所以净残值=7 500－（－1 363）=8 863千美元。								

续前表

	A	B	C	D	E	F	G	H	I
60	第4部分 现金流预测					年度			
61									
62					0 2006	1 2007	2 2008	3 2009	4 2010
63	0时点的投资支出								
64	厂房				−12 000				
65	设备				−8 000				
66	净营运资本增加				−6 000				
67									
68	项目寿命周期内的营业现金流量								
69	销售量					20 000	20 000	20 000	20 000
70	单价					3.00	3.00	3.00	3.00
71									
72	销售收入					60 000	60 000	60 000	60 000
73	变动成本					42 000	42 000	42 000	42 000
74	固定营业成本					8 000	8 000	8 000	8 000
75	折旧（厂房）					156	312	312	312
76	折旧（设备）					1 600	2 560	1 520	960
77	EBIT					8 244	7 128	8 168	8 728
78	营业利润税率（40%）					3 298	2 851	3 267	3 491
79	NOPAT					4 946	4 277	4 901	5 237
80	折旧加回					1 756	2 872	1 832	1 272
81	营业现金流量					6 702	7 149	6 733	6 509
82									
83	终结现金流量								
84	净营运资本收回[e]								6 000
85	净残值								10 607
86	终结现金流量合计								16 607
87									
88	预期现金流量（现金流时间轴）				−26 000	6 702	7 149	6 733	23 116
89									
90	e.由于存货出售、应收账款收回，所以净营运资本								
91	在2010年底项目营运结束时收回。								
93	第5部分 项目评价								
94									
95	NPV（以12%为折现率）			5 166					
96	IRR			19.33%					
97	MIRR			17.19%					
98	回收期（Excel函数）			3.23					

表中给出了行和列的名称，表中的单元格可以用“D17”这样的代码来表示。可以在“第 1 部分　输入数据”中看到，单元格 D17 中显示的是厂房成本。如果删掉行和列的名称，表格看上去就与计算器的分析一样，计算器可以得到完全相同的答案。

第 1 部分　输入数据

该部分提供了分析所用的基本数据。输入的都是假定数字——假定可以以单价 3 000 美元销售 20 000 个产品。有些数据的确定性较大——比如 40%的税率几乎不可能发生变化。有些数据则含有更多猜测——销售量和变动成本都属于此类。显然，如果销售收入和成本与预期水平不同，那么利润和现金流也会不同，*NPV* 和其他的结果都会与原来计算的数字不同。本章稍后会分析输入数据的变动将如何影响结论。

第 2 部分　折旧计划

该部分计算项目在 4 年寿命周期内的折旧。第 28 行到第 31 行显示了厂房的数据。第 28 行说明了采用加速折旧法的折旧率。第 29 行显示了折旧费用，等于折旧率乘以资产的折旧基数，本例中这一基数为原始成本。第 30 行显示了累计折旧，第 31 行显示了每年末的账面价值，等于最初的折旧基数减去累计折旧。第 32 行到第 35 行显示了设备的相应信息。

第 3 部分　残值计算

该部分给出了当公司处理厂房和设备时预计得到的现金流。第 42 行显示了 4 年后公司卖出每项资产的预期市场（残余）价值。第 43 行显示了第 2 部分中计算出的第 4 年年末的账面价值。第 44 行显示了预期收益或损失，等于市场价值和账面价值之差。

收益和损失将作为一般收入，而不是资本利得或损失。收益将带来纳税义务，而损失可以抵减税收，等于收益或损失乘以 40%的税率，列示在第 45 行。最后，第 46 行显示了公司处理资产时预期得到的税后现金流量，等于残余价值减去纳税额或加上抵税额。也就是说，BQC 公司预期可以从厂房处置中得到 8 863 千美元的净现金流量，从设备处置中得到 1 744 千美元的净现金流量，总计为 10 607 千美元。

第 4 部分　现金流预测

我们使用第 1～第 3 部分的信息可以计算项目的预期现金流量。从第 0 年（2006 年）到第 4 年（2010 年）共有 5 个期间的结果。第 0 年需要支付的现金列示在 E 列第 88 行，总计为－26 000 千美元。随后四列计算营业现金流量。我们先查看销售量（每年 20 000 个），然后查看销售单价、销售收入，销售收入等于销售量乘以销售单价。接下来减去变动成本，变动成本等于每个产品的变动成本 2 100 美元乘以 20 000 个。然后减去固定营业成本和厂房、设备折旧，得到息税前利润 *EBIT*。因为在现金流折现中考虑了利息成本，所以这里不需要再减去利息。不过必须减掉税金（按照 40%的税率），之后就得到税后净营业现金流 *NOPAT*。

我们计算的是现金流，而不是会计利润。BQC 公司需要以现金支付货款、税金，以及除折旧之外的其他所有费用。因此，第 4 部分“营业现金流量”中的每个项目都代表了现金，只有折旧除外，折旧属于非现金费用。由于折旧不是现金支出，因此需要加回来（第 80 行）得到第 81 行显示的营业现金流量。

当项目在第 4 年年底结束时，公司会收到第 84～第 86 行所示的“终结现金流量”。第 66 行显示，BQC 公司必须在第 0 年投入 6 000 千美元的营运资本——存货加上应收账款减去应付项目和应计项目。不过在第 4 年时，经营逐渐结束，存货将出售并不再采购，应收账款将收回并不再产生，这些活动都会带来现金。最终的结果是公司将在最后一年收回投放在营运资本上的 6 000 千美元。此外，当公司在第 4 年年末处置厂房和设备时，将收到表中第 3 部分预计的 10 607 千美元净残值。所以，第 86 行显示全部的终结现金流量是 16 607 千美元。把第 4 部分的每列加总，就得到第 88 行所示的预期现金流。根据这些现金流可以画出与第 11 章中一样的现金流时间轴，我们将在第 5 部分对其进行评价。

第 5 部分　项目评价

根据第 88 行的现金流，可以在表中的第 5 部分计算主要的决策指标——*NPV*，

IRR，*MIRR* 和回收期。*BQC* 公司主要关注 *NPV*，由于 *NPV* 的计算结果为正，因此项目可以接受。其他的结果也都支持这一结论——*IRR* 和 *MIRR* 都超过了 12%的 *WACC*，项目将在 3.23 年收回投资。因此，根据截至目前的分析，可以接受该项目。不过我们一直假设这个新项目与平均项目的风险相同。如果发现项目的风险高于平均水平，就需要提高 *WACC*，这可能会导致 *NPV* 为负，*IRR* 和 *MIRR* 低于提高后的 *WACC*。因此，我们在评估项目的风险之前，还不能做出最终的决策。12.4 节会介绍项目风险的有关问题。

12.3　现金流分析的其他要点

以 BQC 公司的资本预算为例，我们说明与计算现金流有关的其他要点。

现金流和会计利润

我们计算了 BQC 公司的预期现金流，而不是净利润。净利润以公司会计人员选择采用的折旧率为基础，不需要与美国国税局允许采用的折旧率完全一致。而且净利润代表了股东的收益，而不是所有投资者的收益，所以需要减去利息费用。此外，计算净利润时不需要扣减营运资本投资，也无须在收回时加以考虑。基于以上和其他的一些原因，净利润与现金流截然不同。两者在财务管理中都很重要，但在资本预算中项目现金流比净利润更重要。

现金流的时间

利润表覆盖了年度或月度区间，所以不能反映现金收入和费用发生的确切时点。由于存在货币时间价值，因此从理论上讲现金流应该在发生时就纳入资本预算分析。最佳方法是估计每天的现金流，但这样做的预测成本太高，而且也未必比年度预测更准确，实际上我们根本无法准确预测每日现金流。不过对某些项目来说，假定现金流在年中或者季度、月度发生，将会更有用。

增量现金流

项目的**增量现金流**（incremental cash flow）指的是当公司采纳这一项目时才会发生的现金流。表 12—1 中列示的所有现金流显然都是增量现金流——BQC 公司如果不接受这个项目，就不会在厂房、设备、营运资本上进行投资，也不会收到表中的营业现金流量。但是有些项目的情况并不这么明显，接下来我们会进行讨论。

更新项目

BQC 公司的项目是一个全新项目，会产出新的产品。但如果需要进行**更新分析**

(replacement analysis)，就会出现一些不同。更新指的是公司替换生产现有产品的设备。虽然这种决策也可能带来产量增加，但其优势主要是节约成本。更新分析所需的数据比新产品分析更容易取得，但分析本身会更加复杂，几乎所有的现金流都是增量现金流，需要用旧成本数据减去新成本数据。例如，一台效率更高的新设备每年需要100 000美元人工成本，旧设备则需要175 000美元。其中的差额75 000美元需要纳入分析。同理，我们还需要找到折旧和其他影响现金流的因素的差异。

沉没成本

沉没成本（sunk cost）过去已经发生，不论是否接受现在的项目都无法收回。在资本预算中，我们关心的是未来的增量现金流量——我们想要了解新投资是否会产生足够的现金流量来支持新增投资。由于沉没成本发生在过去，不论目前是否接受项目都无法改变，因此它们与资本预算无关。BQC公司在2005年支出的与电脑项目有关的500 000美元研发费用就属于沉没成本。该现金流发生在过去——钱已经用掉了，无论BQC公司是否接受新项目，它都不会再回来。

由表12—1的第5部分可知，项目的预期*NPV*是516 600美元。研发支出是500 000美元。即使错误地将研发支出算作这个项目的开支，*NPV*仍然为正，不会改变决策。但假定研发费用为6 000 000美元，将其作为项目的成本时，*NPV*就会变成负数，项目会被拒绝。此时出现了决策错误：真正关键的问题是表12—1中的增量现金流入能否超过增量现金流出，表中的数据说明*NPV*确实为正。所以把沉没成本纳入决策会导致错误。

机会成本

另一个相关的问题是**机会成本**（opportunity cost），指的是公司现有资产如果不用于某项目可能产生的现金流。BQC公司的背景资料中曾提到，公司自己有一栋厂房可以用于电脑项目，但是管理层决定购买新厂房。现在假定公司决定使用自己的厂房。因为公司拥有该建筑，所以不会产生买入新厂房的12 000千美元的现金流出。那么我们是否应该从分析中剔除12 000千美元的支出呢？这样做肯定会使*NPV*高于表12—1中算出的5 166千美元。

答案是：我们应该剔除与新建筑有关的现金流，但是应该考虑与现有厂房有关的机会成本。例如，如果该厂房扣除税收和佣金等费用后的市场价值为13 000千美元，那么BQC公司为了将它用于电脑项目就必须放弃13 000千美元。所以我们应该把13 000千美元纳入项目作为一项机会成本。

外部效应

另一个潜在问题与**外部效应**（externalities）有关，指的是项目给公司其他部门或环境带来的影响。我们在背景部分曾提到，BQC公司现有的机械型产品尚在盈利，新的电脑型产品会影响原业务的盈利状况。也就是说，新项目在带来正现金流的同时，也会减少公司现有的现金流。这种外部效应叫做**相斥效应**（cannibalization effect)，因为新业务会吃掉公司现有的部分业务。失去的现金流应该作为新项目的成本。不过，即使 BQC 公司不生产新产品，其他公司也会生产，所以原来的现金流肯定会失去。从这个意义上讲，不应该给新项目增加这方面的成本。由于需要估计销售和成本的变化及发生的时间，因此很难确定相斥效应。但是相斥效应确实很重要，需要考虑其潜在影响。

需要注意的是，外部效应可正可负。例如，假定 BQC 公司还生产价格很高的对流恒温烤箱，新的控制器将使这些烤箱更高效易用。因此，控制器项目会带来烤箱销售量的增加，炉具部门的部分增量现金流应该归属于控制器项目。我们经常会发现，项目直接的现金流不足以产生正的 *NPV*，但如果加入非直接因素后，就成为一个好项目。

公司还必须考虑环境方面的外部效应。例如，制造新电脑可能排放有害气体，这虽然没有严重到受到政府制裁的地步，但还是会使工厂周围的居民感到不满。这些情绪不会反映在现金流分析中，但应予以考虑。也许一笔小额支出就可以解决这个问题，从而使公司避免在未来出现更加严重的情况。未来的情况很难估计，有可能要付出高昂的代价。

12.4 估计项目风险

虽然风险更高的项目的资本成本也更高，但其实很难估计项目风险。首先需要注意三种不同类型的风险：

1. **独立风险**（stand-alone risk），指的是符合下面两种情况的项目风险：(a) 公司的资产组合中只有一项资产；(b) 投资者的股票投资组合中只有该公司一只股票。独立风险可以通过项目预期回报的方差来度量。

2. **公司风险**（corporate risk）或**公司内部风险**（within-firm risk），指的是当项目只是公司资产组合的一部分时，项目给公司带来的风险。因为项目只是公司资产的一部分，所以项目的一部分风险可以通过公司资产的多样化来抵消。公司风险可以通过项目对公司未来盈余不确定性的影响来度量。

3. **市场风险**（market risk）或**贝塔风险**（beta risk），指的是当持有充分分散化证券的投资者认识到项目只是公司资产的一部分，而公司股票只是其证券组合的很小一部分时，项目具有的风险。市场风险通过项目对公司贝塔系数的影响来度量。

项目的独立风险很高，或公司风险很高，都不会必然对公司的贝塔系数产生影响。不过如果项目回报的不确定性很高，而且与公司其他资产和大部分其他公司的回报正相关，那么项目就具有较高的所有类型的风险。例如，假定通用汽车决定扩张，进入通勤飞机领域。通用汽车不能确定其技术是否适用于大批量生产，所以该项目的风险很高——其独立风险很高。管理层预期，如果经济走强，人们会有更多资金用来购入新飞机，则该项目会非常好。这意味着，如果通用汽车其他部门的业绩好，则该项目也会好，反之亦然，即项目的公司风险很高。最后，因为通用汽车的利润与大部分的其他公司高度正相关，所以项目的贝塔系数也会很高。因此，该项目从上述三个风险的定义来看属于高风险项目。

在这三个度量指标中，市场风险从理论上讲与项目最相关，这是因为它可以在股票价格中得到反映。但遗憾的是，由于项目不具有可以与股票市场回报相关联的“市场价格”，因此市场风险最难估计。大部分决策者需要基于经验判断这三种风险，进行主观分类，然后以 *WACC* 为起点，为每类风险确定**调整风险后的资本成本**（risk-adjusted cost of capital）。例如，公司可能构建了三种风险等级，然后给平均风险水平的项目赋予公司的 *WACC*，为高风险项目确定更高的成本率，为低风险项目确定稍低的成本率。如果公司的 *WACC* 预期为 10%，管理者可以以 10%为标准评估平均风险水平的项目，以 12%评估高风险项目，以 8%评估低风险项目。虽然这种方法比不调整风险要好，但是这些调整都是主观的。遗憾的是，还没有一种完美的方法可以让我们确定调整风险后的资本成本到底是多少。

12.5 度量独立风险

项目的独立风险取决于其现金流的不确定性。表 12—1 第 1 部分中列示的 BQC 公司家用电脑控制器项目的主要数据都具有不确定性。销售收入的基础是以单价 3 000 美元卖出 20 000 个产品。但实际的销售量很可能高于或低于 20 000 个，单价也很可能不是 3 000 美元。与此类似，其他变量也可能与预期值不符。所有的输入变量都是基于概率分布的估计值，会与实际值不一致。

可以使用三种方法评估风险：（1）敏感性分析；（2）情境分析；（3）蒙特卡罗模拟，下面逐一介绍。

敏感性分析

我们知道实际的输入值可能与分析时的估计值不一致，还知道销售量等主要输入变量的变动会导致 *NPV* 的变动。**敏感性分析**（sensitivity analysis）假定其他变量保持不变，度量某一输入变量的变动率带来的 *NPV* 的变动率。

敏感性分析的起点是基准情景，此时每个输入变量都使用预期值。表 12—1 第 1 部分的输入数据就是如此，第 5 部分 *NPV* 为 5 166 千美元的结果就是**基准情境下的 NPV**（base-case NPV）。

当高层管理者重新评估资本预算时，虽然会对基准情景下的 *NPV* 感兴趣，但通常会问一系列“如果……那么……”的问题：“如果销售量比正常水平下降了 15%，情况会怎么样?”“如果销售单价不是 3 000 美元，而是 2 500 美元，结果如何?”“如果变动成本是每件 2 500 美元而不是 2 100 美元，会出现什么情况?”敏感性分析可以为类似问题提供答案。在其他变量保持不变的情况下，每个变量都会比预期值上下变动几个百分点，然后，用这些数据计算 *NPV*。最后，将 *NPV* 值绘入分析图来观察 *NPV* 对每个变量的敏感度。

图 12—1 显示了电脑控制器项目对六个最重要输入变量的敏感度。图下方的表格给出了不同输入值的 *NPV*，根据这些 *NPV* 绘制点图就形成上面的图形。表格最下方的全距以及图中的直线斜率，都反映了 *NPV* 对每一变量变动的敏感性：全距越大，斜率越陡峭，*NPV* 对某变量的变动就越敏感。我们发现 *NPV* 对销售价格和变动成本的变化非常敏感，对增长率和销售量的变动也比较敏感，对固定成本和 *WACC* 的变动不敏感。

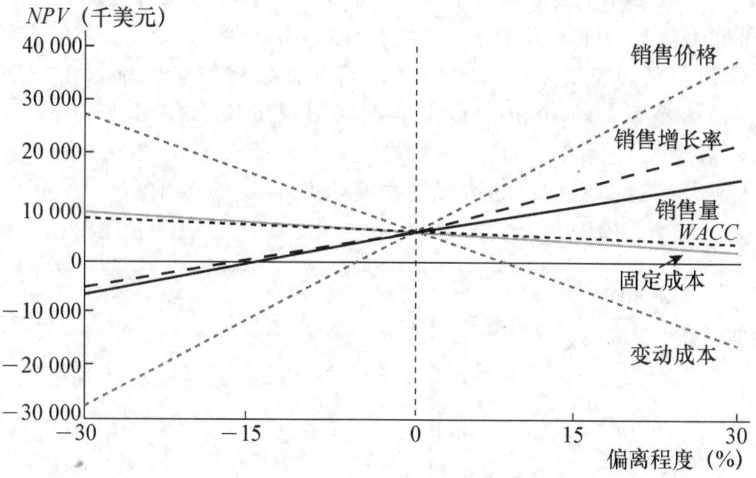

对基准情境的偏离程度（%）	偏离基准情境时的不同 NPV 销售价格	单位变动成本	销售增长率	第 1 年销售量	固定成本	WACC
−30	(27 637)	28 129	(5 847)	(4 675)	9 540	8 294
−15	(11 236)	16 647	(907)	246	7 353	6 674
0	5 166	5 166	5 166	5 166	5 166	5 166
15	21 568	(6 315)	12 512	10 087	2 979	3 761
30	37 970	(17 796)	21 269	15 007	792	2 450
全距	65 607	45 925	27 116	19 682	8 748	5 844

图 12—1　评估风险：敏感性分析（千美元）

如果我们对比两个项目，会发现当其他情况相同时，敏感性分析线越陡峭，项目风险越高，因为这说明了预测时的小错误会带来 *NPV* 的大误差。可见，敏感性分析对说明项目风险很有帮助。

使用电子表格模型进行敏感性分析非常容易。手工计算会非常耗时间，而且即使基本数据发生微小的变动——比如机器成本增加了一点点——所有的计算都必须重做一遍。如果使用电子表格，我们只需要替换原来的输入值，分析结果立即就可以得到调整。

情境分析

在敏感性分析中，我们每次只改变一个变量。不过，分析当所有输入值都发生变化时会对 *NPV* 产生什么影响会更有意义。而且，如果我们可以根据概率确定好、坏和最可能（基准）情境，就可以计算 *NPV* 的期望值和标准差。

情境分析（scenario analysis）考虑主要变量变动的概率，允许我们每次改变多个变量。在情境分析中，财务分析师从**基准情境**（base-case scenario）开始，使用最可能出现的输入值。然后他们询问营销、工程以及其他运营经理来确定**最糟情境**（worst-case scenario）（低销量、低售价、高变动成本等）和**最好情境**（best-case scenario）。

一般情况下，最好和最糟的情境有25%的出现概率，基准情境则有50%的出现概率。实际上还可能出现其他值，但这样的情境构建可以帮助我们专注于风险分析中的核心问题。

BQC公司电脑控制器项目的最好、基准、最糟情境值都列示在图12—2中。如果产品获得极大成功，高售价、低成本、高销量的组合将带来约87 500千美元的高额*NPV*。如果情况很糟糕，*NPV*将是约−43 700千美元。图中的概率分布很广，说明项目风险很高。不过即使糟糕的情况加剧，也并不会使公司破产——因为这只是大公司的一个项目。但是，损失约43 700千美元显然会影响公司的股票价格。

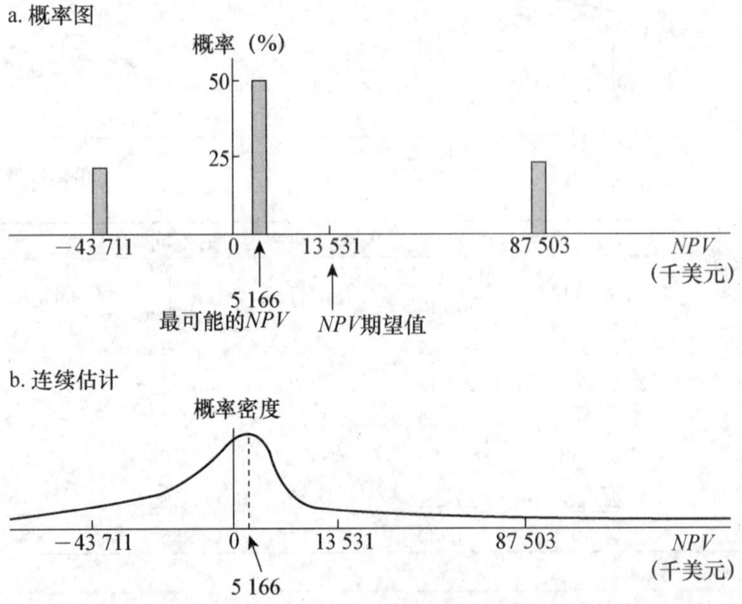

情境	概率（%）	销售量	销售价格	变动成本	*NPV*
最好	25	26 000	3.90	1.47	87 503
一般	50	20 000	3.00	2.10	5 166
最糟	25	14 000	2.10	2.73	(43 711)
			*NPV*期望值＝*NPV*乘以对应概率后加总		13 531
			标准差（在Excel中模型计算）		47 139
			变异系数＝标准差/*NPV*期望值		3.48

图12—2 情境分析（千美元）

我们用每种情境的概率乘以该种情境对应的*NPV*，然后把这些乘积加总，就会得到图12—2下方给出的*NPV*期望值13 531千美元。这个*NPV*的标准差是47 139千美元。我们用标准差除以*NPV*的期望值，得到的变异系数是3.48。BQC公司项目的平均变异系数是2.0，3.48的变异系数说明这个项目比公司其他大部分项目的风险更高。

BQC公司的*WACC*是12%，可以用来计算平均风险水平项目的*NPV*。电脑项目的风险高于平均水平，所以需要使用更高的折现率来计算其*NPV*。但是没有办法确定“正确”的折现率——这需要做出判断。BQC公司的管理层在评估高风险项目时，通常在*WACC*的基础上增加3%作为折现率。如果使用15%的*WACC*重新计算*NPV*，一般情况下的*NPV*将从5 166千美元下降到2 877千美元，*NPV*期望值从13 531千美元下降到10 740千美元。按照*NPV*的判断标准，该项目仍然可以接受。

蒙特卡罗模拟

蒙特卡罗模拟（monte carlo simulation）因分析源于对赌场赌博的数学计算而得名，它仍然属于情境分析，只是此时存在大量情境或“运行过程”。在每个过程中，电脑随机确定每个变量的值——销售量、单价、单位变动成本等，并用这些值计算项目的 *NPV*，保存在电脑中。然后随机选择第二套输入值，计算第二个 *NPV*。这一过程将重复约 1 000 次，产生 1 000 个 *NPV* 及其均值和标准差。均值或平均值用来作为项目的预期获利率指标，标准差（或变异系数）作为项目的风险指标。

蒙特卡罗模拟比情境分析更复杂，但模拟软件可以管理这些计算过程。这些软件可以作为电子表格程序的补充。模拟很有用，但比较复杂，所以详细的讨论放在高级财务管理课程中。

12.6　不同的资本结构

资本预算决策中的折现率是负债和权益成本的加权平均数，如果负债和权益发生变动，*WACC* 也会变化。一般情况下，公司根据第 13 章中讨论的最优资本结构来筹集资金，它们通常假定所有资本预算项目都使用相同的资本结构。但是，如果公司以不同渠道为不同资产筹资，就需要在资本预算中考虑这一问题。例如，一家厨房设备制造商可能有一个零售部门和一个生产部门。零售部门在大型商场或直销折扣店开展业务，会大量投资于房地产，用来为贷款提供抵押。生产部门的大部分资本则与特定设备有关，这些设备很难作为抵押品。所以，零售部门比生产部门更依赖负债筹资。在这种情况下，财务人员应该为两个部门分别计算 *WACC* 用于资本预算。

12.7　实物期权简介

传统的现金流折现分析——预测现金流并将其折现得到预期净现值——自 20 世纪 50 年代以来就是资本预算领域的基石。但是近年来，这一技术因不能总是得到恰当的资本预算决策而受到质疑。

这一技术最初用来评估证券，比如股票和债券。这些证券属于被动投资——一旦买入，大部分投资者对证券产生的现金流无法施加影响。但是实物资产并不是被动投资——管理者通常可以采取行动改变现金流。这些机会称为**实物期权**（real option）——“实物”用来区别于金融期权，例如购买通用电气股票的期权，“期权”说明其提供的是未来采取行动增加现金流的权利而非义务。实物期权是有价值的，这些价值没有在传统的净现值分析中予以考虑，所以必须单独考虑。

实物期权的类型包括：（1）放弃期权，如果现金流很低，可以结束项目；（2）时机选择，可以推迟项目，直到可以获得关于需求和（或）成本的更多信息；（3）扩张期权，如果需求大于预期，可以对项目进行扩张；（4）产出弹性期权，如果市场条件变化，可以改变产量；（5）投入弹性期权，如果原料价格和（或）可得性发生变动，可以改变生产过程中的原料投入（比如发电的煤和油）。下一节介绍放弃期权。

12.8 放弃/关闭期权

在资本预算中，我们一般假设项目的运转持续其整个寿命周期，但这并不总是最佳选择。如果公司在项目的运营期间拥有**放弃期权**（abandonment option），就可以降低风险，增加预期收益率。

本章前面提到，由于受到供应商合约的限制，BQC 公司的电脑控制器项目无法在其 4 年的寿命到期前结束。在这一限制下，我们评估了最好、基准、最糟的情境。表 12—2 的情况 1“不能放弃”中重复了前面的分析。B 列是每种情境的概率。C 列代表时间 0 点，我们发现公司必须投资 26 000 千美元。D 列到 G 列显示了每种情境的年度现金流量，H 列给出了以 12%的 *WACC* 计算的每种情境的 *NPV*。用每种情境的概率乘以对应的 *NPV*，再把乘积相加，就得到 *NPV* 期望值为 13 531 千美元。为了描述项目风险，还计算了标准差和变异系数。这个项目在 12%的 *WACC* 水平上有正的 *NPV* 期望值，但管理层有可能会拒绝这一项目，因为如果情况不佳，公司会严重受损（见表 12—2 的第 20 行）。

表 12—2　　有无放弃期权时的决策树　　单位：千美元

	A	B	C	D	E	F	G	H	I
15	情况1：不能放弃				WACC=12%				
16					期末现金流量			NPV@	
17		概率	0	1	2	3	4	12%	
18	最好情境	25%	−26 000	33 810	34 257	33 841	50 224	87 503	
19	基准情境	50%	−26 000	6 702	7 149	6 733	23 116	5 166	
20	最糟情境	25%	−26 000	−9 390	−8 943	−9 359	7 024	−43 711	
21						NPV期望值		13 531	
22						标准差（SD）		47 139	
23						变异系数（CV）		3.48	
24									
25	情况2：可以放弃				WACC=12%				
26					期末现金流量			NPV@	
27		概率	0	1	2	3	4	12%	
28	最好情境	25%	−26 000	33 810	34 257	33 841	50 224	87 503	
29	基准情境	50%	−26 000	6 702	7 149	6 733	23 116	5 166	
30	最糟情境1	0%	−26 000	−9 390	−8 943	−9 359	7 024	−43 711	不予考虑
31	最糟情境2	25%	−26 000	−9 390	18 244	0	0	−19 840	选择
32						NPV期望值		19 499	
33						标准差（SD）		40 567	
34						变异系数（CV）		2.08	
35									
36			放弃期权的价值						
37			NPV期望值（有放弃期权）					19 499	
38			NPV期望值（没有放弃期权）					13 531	
39			差=放弃期权的价值					5 968	

现在假定结束项目的限制可以放松，公司可以在 $t=1$ 时做出另外的决策，即如果情况变糟就放弃（或关闭）项目。为了观察会发生什么情况，我们给决策树增加如表 12—2 中情况 2 所示的另一个分支。假定当实际生产成本、需求情况的数据可得时，公司可以在第 1 年结束时放弃项目。此后如果情况转好，则项目还会继续。但如果情况持续变糟，BQC 公司会在第 2 年末以 18 244 千美元的账面价值卖掉有关资产，收回现金流。（由于以账面价值出售不会产生利得或损失，因此这里没有考虑税收问题。）这样，第 2 年的现金流量是 18 244 千美元，而如果继续经营则会损失 8 943 千美元。当然，如果项目被放弃，第 3 年和第 4 年的现金流会是零。在这些变化的基础上，我们为底部分

支（或“可以放弃”分支）重新计算 *NPV*。*NPV* 仍然为负，但比没考虑放弃期权之前的最糟情境要好。

放弃期权使 *NPV* 期望值从 13 531 千美元上升到 19 499 千美元，同时也降低了标准差。这些变化共同降低了变异系数。变异系数现在是 2.08，接近公司的平均水平 2.0，说明在考虑放弃期权后项目的风险接近公司的平均风险水平，现在可以使用 12%的 *WACC*。另外需要注意的是，有放弃期权和没有放弃期权两种情况下 *NPV* 期望值的差就是**期权价值**（option value）。根据表 12—2，这一期权价值为 5 968 千美元。

在这种情况下，放弃的权利使 *NPV* 看上去稍好，但并没有扭转接收/拒绝决定。不过很多事实证明，如果我们没有考虑放弃期权，在最糟情境的影响下会使 *NPV* 期望值为负，而考虑该期权后，*NPV* 期望值为正。显然，必须考虑放弃期权才能得到不同项目的有效评估，有机会放弃是减少损失的重要途径。

公司需要在最初决策时就做好安排，以便获得可以放弃的机会。这可能需要与供应商、客户、工会等签订合同，而且为了得到同意可能会付出一些成本。这些成本可以与我们计算的期权价值进行对比，并纳入最初的决策。

12.9　最优资本预算

到目前为止，我们描述了管理者在评估单个项目时需要考虑的不同因素。为了做好计划，管理者必须提前考虑全部资本预算，因为筹集的资金数量会影响 *WACC* 进而影响项目的 *NPV*。我们以制造和销售汽车零配件的 Automotive Products Inc.（API）为例介绍这一过程如何操作。

第 1 步，财务主管估计公司总体的 *WACC*。第 10 章中提到，这一综合 *WACC* 以市场条件、公司资本结构、资产风险情况为基础。API 公司的项目风险每年都基本类似。

第 2 步，调增或调减公司的 *WACC* 来反映每个部门的资本结构和风险因素。例如，API 公司为其稳定、低风险的更换电池部门设定了 0.9 的调整系数，汽车车架部门的系数是 1.1，因为该部门向新车制造商销售产品，这一行业竞争激烈。因此，如果公司的资本成本是 10.05%，那么电池部门的资本成本就是 0.9×10.5%＝9.45%，车架部门则是 1.1×10.5%＝11.55%。

第 3 步，公司每个部门的财务经理估计他们潜在项目的相关现金流和风险。这些预期现金流应该考虑嵌入实物期权，该期权应包括可以在未来某个时点重启项目的机会。然后，每个部门都将项目归为三类——高风险、平均风险、低风险——仍然用 0.9 和 1.1 的系数调整每个项目的资本成本估计。（平均风险项目的系数为 1。）例如，电池部门的一个低风险项目的资本成本是 0.9×9.45%＝8.51%，车架部门的一个高风险项目的资本成本为 1.1×11.55%＝12.71%。

第 4 步，用调整风险后的资本成本确定每个项目的 *NPV*。最优资本预算包括所有 *NPV* 为正的独立项目以及 *NPV* 正值最大的互斥项目。

在估计**最优资本预算**（optimal capital budget）时，我们假定 API 公司能够为所有盈利项目筹得资金。这个假设对于具有良好记录的大规模成熟公司而言是合理的。但是，对那些规模较小、新成立的公司，或者有可疑记录的公司来说，即使项目本身具有较高的正的 *NPV*，筹集资金仍可能存在困难。在这种情况下，公司的资本预算规模受到限制，叫做**资本限量**（capital rationing）。此时资本受限，所以应该以最有效的方式使用资本。在不突破资本合理上限的前提下，有一些方法可以用来配置资本并使公司的 *NPV* 最大。但是这些方法都很复杂，留待高级财务管理课程讲授。

本节介绍的方法无法精确计量，但它们确实能够促使公司认真考虑每个部门的相关风险、部门内每个项目的风险，以及筹集资金总额和资本成本的关系。进一步来看，这些方面都迫使公司调整资本预算来适应资本市场。如果负债和权益资本上升，将反映在评估项目时使用的资本成本中，在资本成本较低时可以接受项目，在资本成本较高时则应拒绝。

小结

资产的价值取决于其预期产生现金流的数量、时间和风险。进行资本预算评估时，我们必须估计项目的现金流和风险。第一，现金流不同于净利润，我们的关注点必须是现金流。第二，我们需要关注增量现金流，即接受项目后新增的现金流。与项目有关的一些成本可能是沉没成本，这些成本已经付出，不应予以考虑。第三，折旧不是现金费用，所以在估计增量现金流时必须加回。第四，确定项目现金流时必须考虑外部效应。相斥效应是一个重要的外部效应，指的是新项目会减少现有项目的销售额和利润。第五，净营运资本投资必须作为初始成本，这些资本收回时应作为项目结束时的现金流入。

知道项目的现金流量后，我们可以计算 *NPV*，*IRR*，*MIRR* 和回收期。但是，由于现金流及其影响下的 *NPV* 和其他获利能力指标并不确定，因此我们必须在决定接受或拒绝某一项目之前进行风险分析。敏感性分析、情境分析、蒙特卡罗模拟是常用的评估项目风险的方法。从理论上讲，只有市场风险相关，但在实务中，还需要考虑独立风险和公司风险。如果项目的风险高于或低于平均水平，那么在分析中应使用调整风险后的 *WACC*。另外，如果不同项目的负债和权益资金构成不同，那么在计算项目的 *NPV* 时应使用不同的 *WACC*。

我们还讨论了实物期权，该期权使管理者在项目开始运营后仍有机会调整现金流量。实物期权会提高而不会降低项目的预期报酬，所以总能起积极作用。管理层应该确认此类期权并纳入分析。本章比较详细地介绍了放弃期权。

最后，简要说明了资本预算规模和 *WACC* 的关系（*WACC* 应在计算 *NPV* 时作为折现率）。

练习题

1. 营业现金流量

Eisenhower Communications 试图估计一个备选项目第一年的营业现金流量。财务人员收集了项目的如下信息：销售收入 10 百万美元，营业成本（不含折旧）7 百万美元，折旧 2 百万美元，利息费用 2 百万美元。公司税率为 40%，*WACC* 为 10%。

a. 项目第一年的营业现金流量是多少？

b. 如果该项目每年会减少其他项目 1 百万美元的税前现金流量，将会对问题 a 的答案产生什么影响？

c. 不考虑问题 b。如果税率降低到 30%，将会对问题 a 的答案产生什么影响？

2. 项目风险分析

Bulter-Perkins Company 必须在两个互斥项目中进行选择。两个项目的成本均为 6 750 美元，预计寿命均为 3 年。年度现金流量在初始投资一年后产生，概率分布如下：

A项目		B项目	
概率	现金流（美元）	概率	现金流（美元）
0.2	6 000	0.2	0
0.6	6 750	0.6	6 750
0.2	7 500	0.2	18 000

公司评估高风险项目时用 12%，评估低风险项目时用 10%。

a. 每个项目的预期年度现金流量是多少？B 项目的标准差 σ_B 为 5 798 美元，变异系数 CV_B 为 0.76，A 项目的 σ_A 和 CV_A 是多少？

b. 根据调整风险后的 NPV，公司应选择哪个项目？

c. 如果你知道 B 项目的现金流与公司其他现金流负相关，A 项目的现金流则与公司其他现金流正相关，这会影响决策吗？如果 B 项目的现金流与国内生产总值负相关，A 项目则为正相关，这会影响风险评估吗？

答案

1. 2.6 百万美元

2. a. 预计 $CF_A = 6\,750$ 美元，$CF_B = 7\,650$ 美元，$CV_A = 0.070\,3$；b. $NPV_A = 10\,036$ 美元，$NPV_B = 11\,624$ 美元

第 5 部分

资本结构和股利政策

第 13 章

资本结构和杠杆

13.1 目标资本结构

公司的**最优资本结构**（optimal capital structure）是指能够使股票价格最大化的资本结构。虽然分析公司的情况并找到最优资本结构非常有用，但实际上很难对资本结构做出确切估计。所以实务中通常把最优资本结构定义为一个区间，而不是一个精确的数字，比如40%～50%的负债，而不是45%的负债。公司一般会研究情况，确定最优结构，然后设定**目标资本结构**（target capital structure），比如负债45%之类的具体数字。如果实际负债比率低于这一目标水平，就通过增加负债筹集资金；反之，如果实际负债比率高于目标水平，就通过权益筹集资金。目标会随着情况的变化而变化，但在任一给定时点，管理层一般都会对结构有一个心理预期。

设定资本结构时需要权衡风险和收益：

- 使用更多负债会增大股东承担的风险。
- 但是，使用更多负债一般会增加权益的预期回报。

更多负债虽然会增大风险，降低股票价格，但是高负债带来的预期报酬率上升又会提高股票价格。因此，我们试图找到一个资本结构以便在风险和回报间取得平衡，使股票价格达到最高。

影响资本结构的四个基本因素包括：

1. 经营风险，或没有负债时公司经营业务的内在风险。公司的经营风险越大，最优负债水平越低。

2. 公司的纳税情况。使用负债的一个重要原因是利息可以在税前扣除，这可以降低负债的有效成本。但是，如果公司的收入通过折旧税盾、现有负债利息或抵减应税所得的以前年度的亏损得到了有效抵减，其税率已经较低，此时额外负债的效果就不会特别明显，不会像具有较高税率的公司那样从负债中得到很大的好处。

3. 财务弹性，或在不利情况下以合理条件筹集资金的能力。公司的财务主管清楚，为了保持稳定经营，非常有必要保持资本的稳定供应，这对于长期成功至关重要。他们还知道，当经济环境中银根收紧或公司陷入经营困境时，举债比获得权益资本更容易，而且债权人更愿意为具有良好资产负债表的公司提供资金。所以，对资金的未来潜在需求以及资金短缺可能带来的结果会影响目标资本结构——未来需要资金的可能性越大，不能得到资金的后果越严重，公司资产负债表中的负债就应该越少。

4. 管理层保守或激进的态度。有些经理人比较激进，愿意通过负债来增加利润。这个因素不会影响真正的最优资本结构或价值最大化的资本结构，但会影响公司的目标资本结构。

这四个要素基本上决定了目标资本结构，但经营状况会使实际资本结构与目标资本结构不同。例如，公司的实际股票价格会由于某些原因低于管理层认定的内在价值。在这种情况下，管理层不愿意通过发行新股来筹资，所以即使此时负债会使公司的债务比率超过目标水平，管理层仍可能使用债务筹资。尽管如此，一旦股票价格接近内在价值，公司还是会采取措施使资本结构回到目标水平。

13.2 经营和财务风险

在第8章，我们从个人投资者的角度评价了风险，然后区分了独立风险和证券组合的风险，前者仅考虑资产本身的现金流，后者需要将大量资产的现金流结合在一起进行综合分析。在投资组合中，我们发现单项资产的风险可以分为两部分：可分散风险，由于可以被分散，所以对大部分投资者没有影响；市场风险，用贝塔系数衡量，反映了市场的波动，不能通过分散投资消除，因此对所有投资者都有影响。在第 12 章，从公司的角度评价了风险，还考虑了资本预算决策如何影响公司风险。

下面介绍两个新的风险维度：

1. 经营风险，不使用负债时公司的资产风险。
2. 财务风险，使用负债后给普通股股东带来的额外风险。

经营风险

经营风险（business risk）可能是决定资本结构的最重要因素。对没有负债的公司来说，经营风险可以用预期总资产收益率（*ROA*）的波动来度量。以黄蜂电子公司（Bigbee Electronics Company）为例，这是一家没有负债（没有杠杆）的公司。由于公司没有负债，它的 *ROE* 等于 *ROA*，都可以用来评估经营风险。图 13—1 给出了该公司经营风险的一些线索。最上面的曲线显示了 1995—2005 年的 *ROE* 走势；这个曲线给证券分析师和黄蜂电子公司的管理层提供了 *ROE* 过去变化的程度以及未来可能出现的波动趋势。下面的曲线显示了以图 13—1 上方的曲线为基础，在年初对公司 2005 年的 *ROE* 进行主观估计的概率分布。曲线说明，黄蜂电子公司 2005 年实际的 *ROE*（8%）低于预期值（12%）。

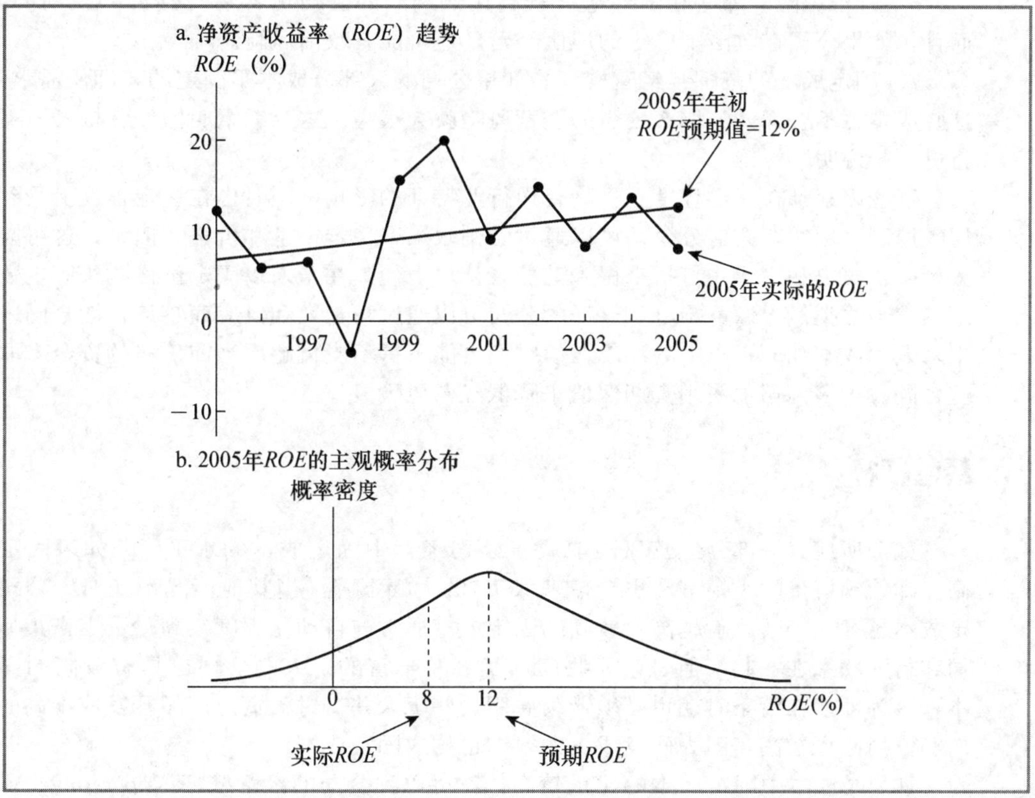

图 13—1 黄蜂电子：1995—2005 年 *ROE* 趋势以及 2005 年预期 *ROE* 的概率分布

黄蜂电子公司的 *ROE* 过去的波动受到很多因素的影响，比如国家经济的繁荣或萧条、公司和竞争对手的新产品开发、工人罢工、公司的主要厂房着火，等等。类似的事件可能会在未来发生，届时实际的 *ROE* 就会高于或低于预期水平。进一步来看，有可能出现长期灾难性事件，对公司的盈利能力造成永久性打击。例如，竞争对手开发了新产品，使黄蜂电子公司的产品完全过时，被排挤出该行业。公司的经营风险越高，未来 *ROE* 的不确定性越大。黄蜂电子公司没有使用负债，所以股东承担了全部的经营风险。

经营风险随行业差异而不同，即使在同一行业内，不同公司的经营风险也不同。而且，经营风险随着时间的推移不断变化。例如，电器行业多年来被认为经营风险很小，但近年发生的一系列事件改变了该行业的处境，使其 *ROE* 大幅下滑，增大了行业风险。当前，食品加工和卫生保健类公司通常成为低经营风险的典型，包括汽车和钢铁在内的周期性制造公司以及很多小规模的新建公司则被认为经营风险很高。

经营风险取决于很多因素，其中比较重要的有：

1. 需求波动。其他情况不变时，公司产品的需求越稳定，经营风险越小。

2. 销售价格波动。与产品价格稳定的公司相比，那些产品市场波动很大的公司的经营风险更高。

3. 原料成本波动。原料成本不确定性越高的公司，经营风险越高。

4. 根据原料成本变动调整产品价格的能力。当成本上升时，一些公司能够提高产品价格。这种随着成本变动调整价格的能力越强，经营风险越低。

5. 在成本有效的前提下及时开发新产品的能力。药品、电脑等领域的高科技公司需要稳定地开发新产品。公司产品过时越快，经营风险越高。

6. 外汇风险。那些在国外获得较高比例利润的公司更容易受到汇率波动的影响。而且，如果公司在政治不稳定的地区经营，还可能有政治风险。

7. 固定成本的范围：经营杠杆。如果公司的大部分成本是固定的，即使需求下降，这些成本也不会降低，那么公司的经营风险就会很高。这个因素叫做经营杠杆，下一节将进一步说明。

这些因素都在一定程度上受到公司行业特征的影响，同时也在一定程度上受到管理层的控制。例如，大部分公司可以通过营销政策来稳定销量和价格。但是，这可能需要大量广告支出和（或）打折来得到消费者认可，使其在未来以固定价格购买固定数量的产品。与之类似，像黄蜂电子这样的公司可以通过与工人和供应商签订长期合同来降低未来人力成本和原料成本的波动，但它们可能不得不支付超出当前价格的资金来取得这些合同。很多公司也使用套期保值来降低经营风险。

经营杠杆

如前所述，一部分经营风险取决于公司经营中固定成本的水平——如果固定成本高，即使销售量的小幅下滑也会带来 *ROE* 的大幅下降。当其他情况不变时，公司的固定成本越高，经营风险越高。较高的固定成本通常与自动化程度较高、资本密集型的公司和行业联系在一起。但是，那些雇用了经验丰富的工人的公司也具有较高的固定成本，因为即使在萧条时期也必须继续雇用这些工人并支付工资。产品开发成本高的公司的经营风险也较高，因为研发成本的摊销也构成固定成本。

如果总成本中固定成本的比重较高，就可以称公司的**经营杠杆**（operating leverage）水平较高。在物理学中，杠杆的含义是借助支点以较小的力量撬起较重的物体。在政治上，如果人们有杠杆，那么他们的只言片语或一举一动都能产生巨大影响。在企业中，其他条件不变，如果经营杠杆高，就意味着销售的小幅变动会带来 *ROE* 的大幅变化。

图 13—2 通过对比黄蜂电子公司使用不同经营杠杆的结果说明了经营杠杆的概念。A 计划要求的固定成本规模很小，只有 20 000 美元。此时公司没有太多自动化设备，所以其折旧、维护、财产税等都会比较低。不过总营业成本线非常陡峭，说明每单位变动成本高于公司使用更高经营杠杆时的变动成本水平。B 计划中固定成本很高，为 60 000 美元。此时公司使用大量自动化设备（在相同人工成本的基础上，每个操作人员可以生产更多产品）。在 B 计划中盈亏平衡点很高——B 计划的盈亏平衡点是 60 000 个，而 A 计划为 40 000 个。

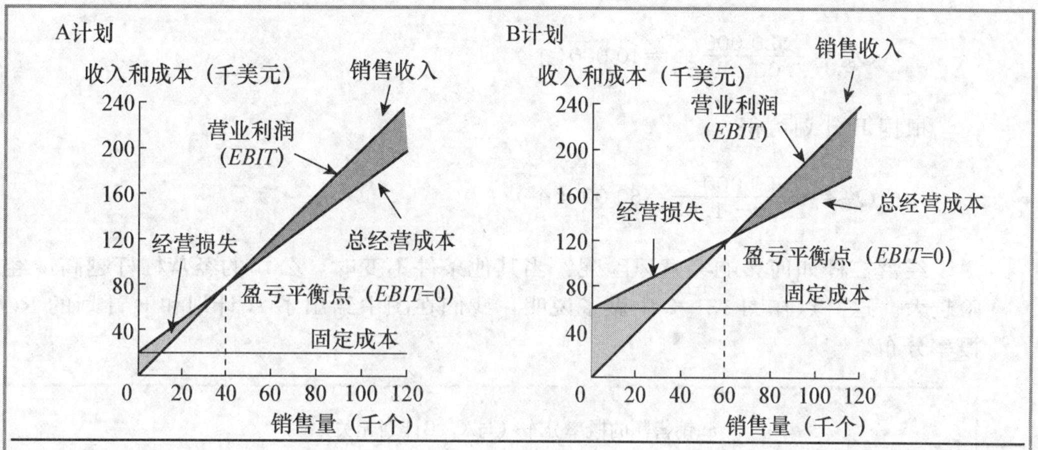

	A 计划	B 计划
单价（美元）	2.00	2.00
变动成本（美元）	1.50	1.00
固定成本（美元）	20 000	60 000
资产（美元）	200 000	200 000
税率	40%	40%

需求	概率	销售量	销售收入	A 计划 营业成本	营业利润（*EBIT*）	净利润（*NI*）	*ROE*	B 计划 营业成本	营业利润（*EBIT*）	净利润（*NI*）	*ROE*
极少	0.05	0	0	20 000	(20 000)	(12 000)	(6.00%)	60 000	(60 000)	(36 000)	(18.00%)
较少	0.20	40 000	80 000	80 000	0	0	0.00	100 000	(20 000)	(12 000)	(6.00)
正常	0.50	100 000	200 000	170 000	30 000	18 000	9.00	160 000	40 000	24 000	12.00
较大	0.20	60 000	320000	260 000	60 000	36 000	18.00	220 000	100 000	60 000	30.00
极大	0.05	200 000	400 000	320 000	80 000	48 000	24.00	260 000	140 000	84 000	42.00
期望值:		100 000	200 000	170 000	30 000	18 000	9.00%	160 000	40 000	24 000	12.00%
标准差:					24 698		7.41%		49 396		14.82%
变异系数:					0.82		0.82		1.23		1.23

图 13—2　经营杠杆举例

注：a. 营业成本=变动成本+固定成本

b. 联邦和州政府税率为 40%，所以 *NI*=*EBIT*（1−税率）=*EBIT*（0.6）。

c. *ROE*=*NI*/权益。公司没有负债，所以资产=权益=200 000 美元。

d. 期望值、标准差和变异系数使用第 8 章的程序计算。

息税前利润（$EBIT$）=0（黄蜂电子公司没有负债，所以此时 ROE 也等于 0）时可视为**盈亏平衡**（operating breakeven），所以我们可以计算盈亏平衡数量如下：

$$EBIT = PQ - VQ - F = 0 \qquad (13\text{—}1)$$

式中，P 为单价；Q 为产量；V 为单位变动成本；F 为固定营业成本。求解盈亏平衡量 Q_{BE}，可以得到：

$$Q_{BE} = \frac{F}{P - V} \qquad (13\text{—}1a)$$

所以根据 A 计划可得：

$$Q_{BE} = \frac{20\,000}{2.00 - 1.50} = 40\,000(\text{个})$$

根据 B 计划可得：

$$Q_{BE} = \frac{60\,000}{2.00 - 1.00} = 60\,000(\text{个})$$

经营杠杆如何影响经营风险呢？当其他条件不变时，公司的经营杠杆越高，经营风险越大。这一点在图 13—3 中做了说明，我们在图中给出了 A 计划和 B 计划的 ROE 的概率分布。

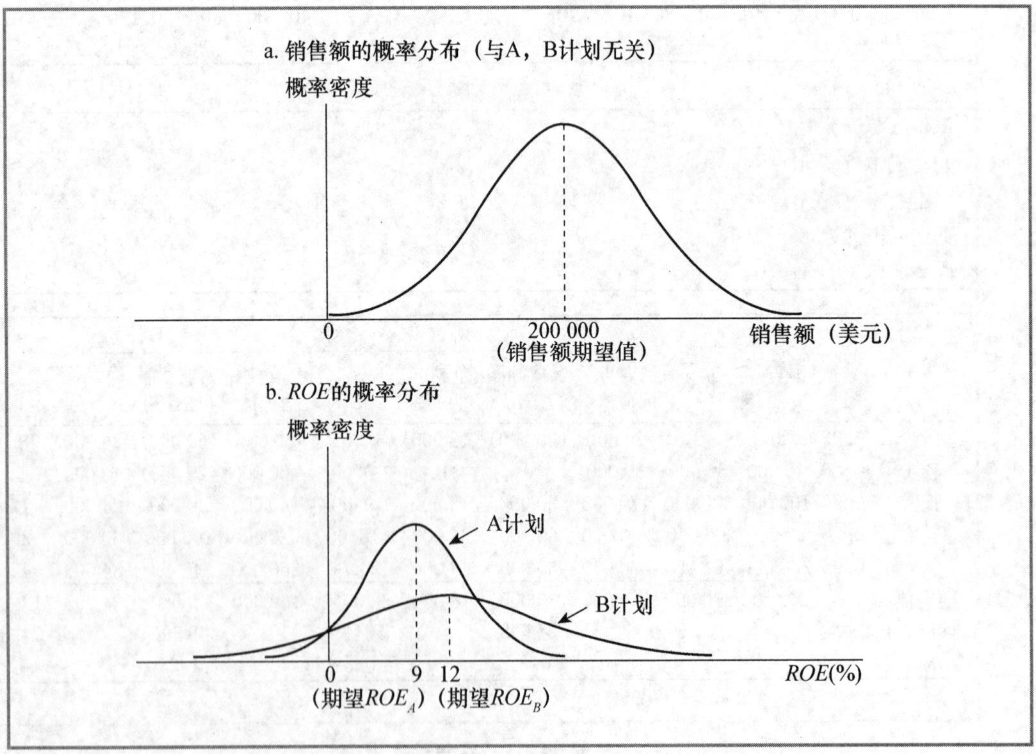

图 13—3 经营风险分析

注：我们用连续分布近似替代图 13—2 中的离散分布。

图 13—3 的上半部分画出了根据图 13—2 中的数据计算的概率分布。销售额的概率分布取决于产品需求的变化，而与根据 A 计划还是 B 计划安排的生产无关。所以，两个生产方案可使用同样的销售额概率分布；该分布的销售额期望值为 200 000 美元，其变动范围为 0～400 000 美元，标准差为 $\sigma_{销售额}=98\ 793$ 美元。

我们可以根据销售额的概率分布和每一销售额水平对应的营业成本画出 A 计划和 B 计划的 *ROE* 概率分布，见图 13—3 的下半部分。B 计划的 *ROE* 期望值更高，但这个计划遭遇损失的可能性也更大。显然，由于 B 计划有更多固定成本和更高的经营杠杆水平，因此风险更高。一般情况下，当其他条件不变时，经营杠杆越大，公司经营风险越高。在下面的讨论中，我们假定黄蜂电子公司决定采用 B 计划，因为管理层相信高额的预期回报足以补偿高风险。

公司可以在多大程度上控制经营杠杆？在很大程度上，经营杠杆取决于技术水平。家用电器、电话、航空、钢铁、化工行业的公司必须大量投资于固定资产，这会产生高额固定成本和经营杠杆。与之类似，制药、汽车、电脑和其他行业的公司必须大量投资开发新产品，产品开发成本增大了经营杠杆。而杂货店的固定成本一般很低，经营杠杆很小。不过，虽然行业因素产生了重大影响，公司对其经营杠杆仍有一定的控制力。例如，一家电力公司可以通过建造燃气或燃煤厂房来扩大生产能力。煤动力的厂房投资更大，固定成本更高，但其变动营业成本会非常低。与之相反，燃气动力的厂房投资较小，固定成本较低，但变动成本（燃气的成本）会很高。所以，公用事业公司（或其他任何一家公司）可以通过资本预算决策影响经营杠杆，进而影响经营风险。

经营杠杆的概念最初用于资本预算。为了生产特定产品，涉及不同技术的互斥项目通常有不同的经营杠杆水平，进而有不同的盈亏平衡点和经营风险。黄蜂电子公司和其他许多公司都会在项目常规资本预算过程中进行盈亏平衡分析（第 12 章中提到的敏感性分析）。一旦公司的经营杠杆得以确立，就会对资本结构决策产生重要影响。

财务风险

财务风险（financial risk）是由于公司通过债务融资而给普通股股东带来的额外风险。从概念上讲，股东需要面对公司经营中内在的一定风险——这是经营风险，指的是未来营业收入的内在不确定性。如果公司使用负债（**财务杠杆**（financial leverage）），将使经营风险集中在普通股股东身上。例如，假定 10 个人准备成立一家公司投资房地产，在业务经营中具有一定的经营风险。如果公司仅采用普通股权益融资，每个人买入 10%的股票，那么每个投资者承担 10%的经营风险。但是，假定公司选择 50%的债务资金和 50%的权益资金，5 名投资者以债务形式投资，另外 5 名以权益方式投资。债权人将在股东得到回报前得到固定回报。如果公司破产，债权人必须在股东获得补偿前得到清偿。因此，那 5 位以权益形式投资的投资者将承担全部的经营风险，普通股的风险将是公司没有负债情况下的两倍。

我们可以扩展黄蜂电子公司的例子来继续说明。到目前为止，公司没有负债，但财务主管在考虑改变资本结构。负债情况的变化会影响每股收益（*EPS*）和风险——这两者又都会影响股票价格。为了理解财务杠杆和 *EPS* 的关系，首先看一下表 13—1，表中说明了如果黄蜂电子公司用不同数量的负债为一项资产提供资金，其债务成本将如何变化。资本结构中负债的比例越高，负债的风险越高，债权人要求的利率越高。

表13—1　　黄蜂电子公司不同资产负债率情况下的利率

债务金额（美元）[a]	资产负债率（%）	所有负债的利率 r_d（%）
20 000	10	8.0
40 000	20	8.3
60 000	30	9.0
80 000	40	10.0
100 000	50	12.0
120 000	60	15.0

a. 我们假定公司借款只能以20 000美元的幅度不断增加，而且由于受到公司章程的限制，不能超过200 000美元资产的60%，即120 000美元。

假定只有两个筹资选择可以考虑——保持100%权益或转为50%负债、50%权益。我们仍假定黄蜂电子公司现在没有负债，只有10 000股发行在外的普通股，如果它决定改变资本结构，可以以当前20美元的价格回购股票。现在看一下表13—2，其中列示了筹资选择如何影响黄蜂电子公司的获利能力和风险。

表13—2　　财务杠杆的影响：黄蜂电子公司零负债或50%负债　　金额单位：美元

第1部分　零负债								
负债率	0%							
资产	200 000							
负债	0							
权益	200 000							
发行在外的股份	10 000							
产品需求 (1)	概率 (2)	*EBIT* (3)	利息 (4)	税前利润 (5)	税费(40%) (6)	净利润 (7)	*ROE*（%） (8)	*EPS*[a] (9)
极少	0.05	(60 000)	0	(60 000)	(24 000)	(36 000)	(18.00)	(3.60)
较少	0.20	(20 000)	0	(20 000)	(8 000)	(12 000)	(6.00)	(1.20)
正常	0.50	40 000	0	40 000	16 000	24 000	12.00	2.40
较大	0.20	100 000	0	100 000	40 000	60 000	30.00	6.00
极大	0.05	140 000	0	140 000	56 000	84 000	42.00	8.40
期望值：		40 000	0	40 000	16 000	24 000	12.00	2.40
标准差：							14.82	2.96
变异系数：							1.23	1.23
第2部分　50%负债								
负债率	50%							
资产	200 000							
负债	100 000							
利率	12%							
权益	100 000							
发行在外的股份	5 000							

产品需求 (1)	概率 (2)	*EBIT* (3)	利息 (4)	税前利润 (5)	税费(40%) (6)	净利润 (7)	*ROE* (%) (8)	*EPS*[a] (9)
极少	0.05	(60 000)	12 000	(72 000)	(28 800)	(43 200)	(43.20)	(8.64)
较少	0.20	(20 000)	12 000	(32 000)	(12 800)	(19 200)	(19.20)	(3.84)
正常	0.50	40 000	12 000	28 000	11 200	16 800	16.80	3.36
较大	0.20	100 000	12 000	88 000	35 200	52 800	52.80	10.56
极大	0.05	140 000	12 000	128 000	51 200	76 800	76.80	15.36
期望值：		40 000	12 000	28 000	11 200	16 800	16.80	3.36
标准差：							29.64	5.93
变异系数：							1.76	1.76

假设：1. 关于经营杠杆，黄蜂电子公司选择的是 B 计划。概率分布和 *EBIT* 取自图 13—2。

2. 销售额、营业成本以及 *EBIT* 都不会受到筹资决策的影响。因此，两种筹资方案下的 *EBIT* 相同，取自图 13—2 中 B 计划的相应栏。

3. 所有的损失都可以抵减以前年度利润。

a. *EPS* 也可以用下面的公式计算，其中分子上的数字构成了给定销售水平下的利润表，不过是横着显示的：

$$EPS=\frac{(\text{销售收入}-\text{固定成本}-\text{变动成本}-\text{利息})(1-\text{税率})}{\text{发行在外的股份数量}}=\frac{(EBIT-I)(1-T)}{\text{发行在外的股份数量}}$$

例如，零负债且销售收入为 200 000 美元时，*EPS* 是 2.4 美元：

$$EPS=\frac{(200\,000-60\,000-100\,000-0)\times 0.6}{10\,000}=2.4(\text{美元})$$

当负债占 50%且销售收入为=200 000 美元时，*EPS* 是 3.36 美元：

$$EPS=\frac{(200\,000-60\,000-100\,000-12\,000)\times 0.6}{5\,000}=3.36(\text{美元})$$

公式中的销售收入、固定成本、变动成本参见图 13—2 下方表格的数据。

首先看一下第 1 部分，这里假定黄蜂电子公司没有负债。因为负债为零，利息也为零，所以税前利润等于 *EBIT*。扣除 40%的税收可以得到净利润，然后除以 200 000 美元的权益可以得到 *ROE*。我们假定黄蜂电子公司的损失可以抵减以前年度的利润，所以如果公司的利润为负（需求严重不足），则可以得到纳税返还。用每一销量的概率乘以对应的 *ROE*，就可以得到 *ROE* 期望值为 12%。这个值与图 13—2 的 B 计划计算得到的相同。

表格的第 1 部分还在假定公司不使用负债的情况下，计算了每一情境中黄蜂电子公司的每股收益（*EPS*）。净利润除以发行在外的 10 000 股普通股就得到 *EPS*。如果需求严重不足，*EPS* 将为−3.6 美元，但如果需求旺盛，*EPS* 会上升到 8.4 美元。在不使用负债的情况下，每一销售水平下的 *EPS* 乘以该水平的概率就得到 *EPS* 的期望值，为 2.4 美元。我们还计算了 *EPS* 的标准差和变异系数，来度量公司在零负债水平下的风险：$\sigma_{EPS}=2.96$ 美元，$CV_{EPS}=1.23$。

接下来观察第 2 部分，黄蜂电子公司采用 50%的负债融资，利率为 12%。这不会影响销售额或营业成本，所以 *EBIT* 与零负债水平下相同。但是公司现在拥有成本为 12%的 100 000 美元负债，所以其利息费用为 12 000 美元。不论经济状况如何，该利息必须支付——如果不支付，公司可能会破产，股东会一无所有。所以我们在第 4 列列示了 12 000 美元的成本，这是一个固定数额，在所有销售水平下都一样。第 5 列给出了税前利润，第 6 列给出了税收，第 7 列给出了净利润。用净利润除以权益投资——现在只有 100 000 美元，因为 200 000 美元的资金需求中有 100 000 美元已经用负债满足——我们可以得到每一需求水平下的 *ROE*。如果需求不旺，销售额为零，就会损失惨重，

ROE 将为-43.2%。但是如果需求旺盛，ROE 将为 76.8%。ROE 的期望值是以概率为权数的加权平均，当公司使用 50%的负债时，这一期望值为 16.8%。

一般来说，使用负债筹资会使投资的期望报酬率提升，但负债也增大了公司所有者的风险，即普通股股东的风险。本例中这一情况也成立——财务杠杆使 ROE 的期望值从 12%上升到 16.8%，但也使以变异系数度量的投资风险从 1.23 上升到 1.76。

图 13—4 将表 13—2 中的数据用图形表示出来。该图从另一个角度说明了使用财务杠杆可以增加 ROE 的期望值，但也会扩大概率分布，增加大额损失的可能性，增大股东承担的风险。

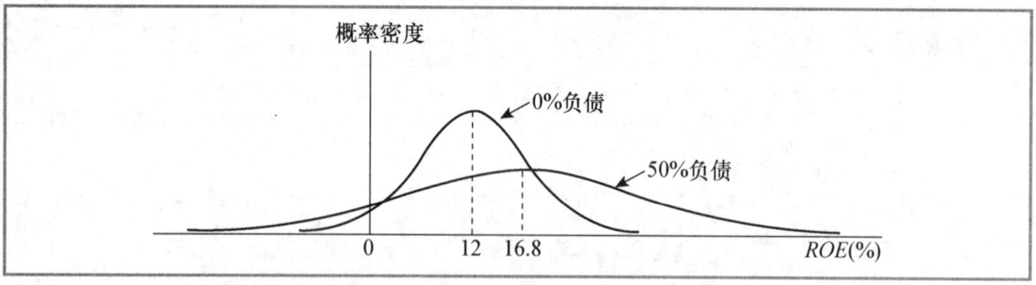

图 13—4　黄蜂电子公司有无负债情况下的概率分布

我们也可以计算黄蜂电子公司采用 50%的负债时的 EPS。当负债为零时，发行在外的股票为 10 000 股，如果一半权益被负债取代（负债=100 000 美元），那么发行在外的股票就是 5 000 股。我们必须计算不同资本结构下每一种可能需求对应的 EPS。没有负债时，如果需求不足，EPS 为-3.6 美元；需求正常时，EPS 为 2.4 美元；需求旺盛时，EPS 为 8.4 美元。负债率为 50%时，如果需求不足，EPS 为-8.64 美元；需求正常时，EPS 为 3.36 美元；需求旺盛时，EPS 为 15.36 美元。EPS 的期望值在没有负债时为 2.4 美元，在负债率为 50%时为 3.36 美元。

这两种财务结构下的 EPS 分布如图 13—5 所示，这里我们使用了不同于表 13—2 中离散分布的连续分布图。尽管 EPS 的期望值在有财务杠杆时很高，但图 13—5 也很清晰地表明，使用负债时出现 EPS 较低或为负的风险大大提高。

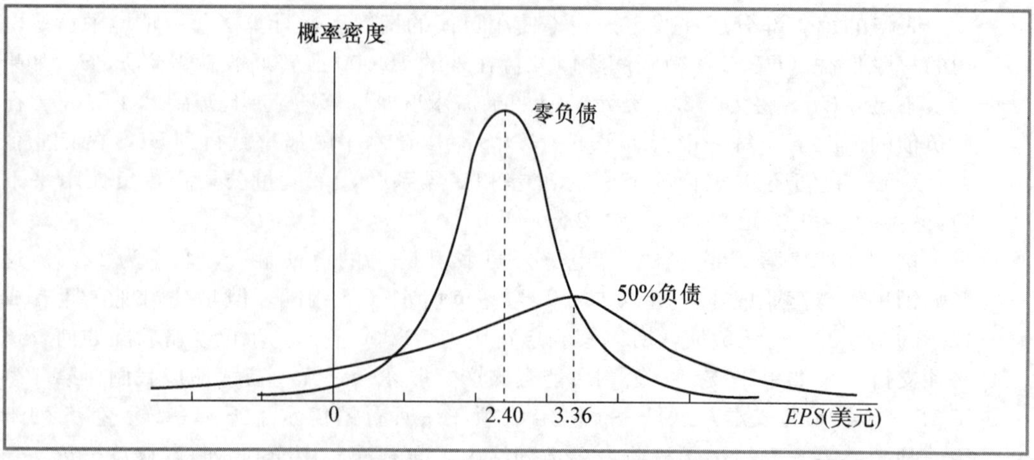

图 13—5　不同财务杠杆水平下 EPS 的概率分布

图 13—6 显示了对 EPS 期望值、风险与财务杠杆之间关系的另一观察角度。图中

下方的数据与表 13—2 中的相同，这些结果在图中得到了反映。我们发现 *EPS* 的期望值在公司负债率为 50%之前一直在上升。利息费用也在上升，但由于债务取代了发行在外的股票，股票数量的减少抵消了利息费用上升的影响。不过，*EPS* 在负债率为 50%时达到最大，此后利息费用迅速上升，尽管发行在外的股份也在减少，但 *EPS* 仍快速下滑。

图 13—6 的右半部分显示，由于负债在取代权益，所以由 *EPS* 的变异系数度量的风险持续上升，并且上升速度逐渐加快。

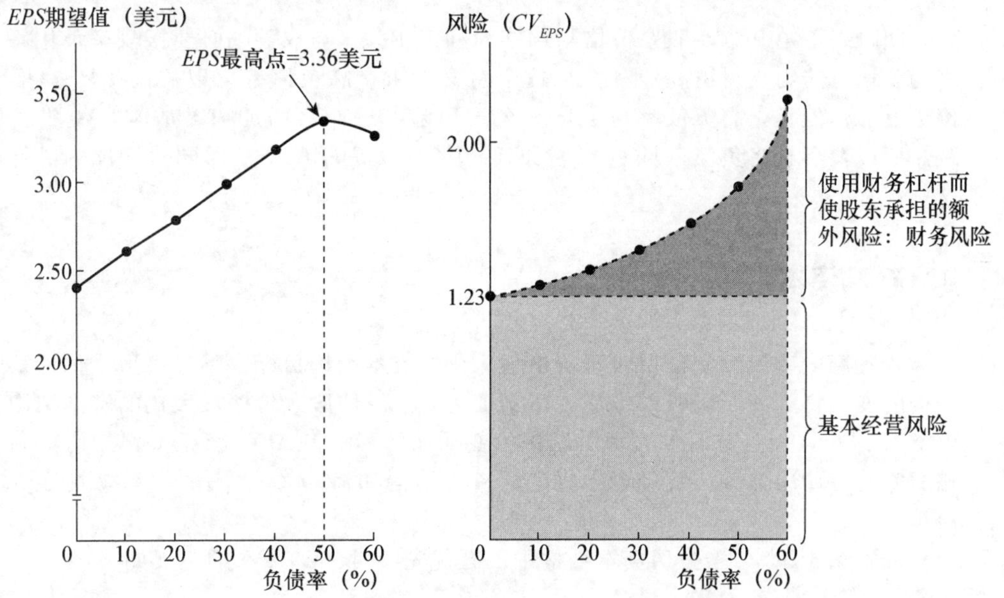

负债率（%）	*EPS* 期望值（美元）	*EPS* 的标准差（美元）	变异系数
0[a]	2.40[a]	2.96[a]	1.23[a]
10	2.56	3.29	1.29
20	2.75	3.70	1.35
30	2.97	4.23	1.43
40	3.20	4.94	1.54
50[a]	3.36[a]	5.93[a]	1.76[a]
60	3.30	7.41	2.25

图 13—6　*EPS* 期望值、风险和财务杠杆的关系

注：a. 负债率为 5%和 50%的数据取自表 13—2。其他负债水平下的指标的计算方式相同。

这三个例子说明使用杠杆同时具有正负两方面的影响：高杠杆增加了 *EPS* 的期望值（在本例中，直到负债率达到 50%之前都是如此），但也增大了风险。在确定最优资本结构时，黄蜂电子公司需要权衡这两方面的影响。下面将继续讨论这一问题。

13.3 确定最优资本结构

如图 13—6 所示，黄蜂电子公司的 EPS 期望值在负债率为 50%时达到最大。这是否意味着该公司的最优资本结构要求 50%的负债呢？答案是否定的——最优资本结构应该能够使股票价格最大化，这通常要求实际负债率低于使 EPS 期望值最大的负债率。

回顾一下第 9 章，股票价格与预期股利正相关，与权益的必要报酬率负相关。盈利高的公司有能力支付更高股利，从这个意义上讲，高负债率可以提高 EPS，推动股票价格上涨。但是，高负债率也会增大公司风险，进而会增加权益成本，使股票价格下跌。所以，尽管将负债率从 40%增加到 50%可以提高 EPS，但同时增加的风险抵消了这一优势。

WACC 和资本结构变动

管理层应该设定使公司股票价格最大化的资本结构目标。不过，很难估计某一资本结构的变动将如何影响股票价格。事实证明，能够使股票价格最大化的资本结构也能使 $WACC$ 最小，而且有时预测资本结构的变动如何影响 $WACC$ 会比预测如何影响股票价格更容易。所以，许多管理者通过估计资本结构和 $WACC$ 之间的关系来指导资本结构决策。

回顾第 10 章，当公司资本结构中没有优先股时，$WACC$ 的定义如下：

$$\begin{aligned} WACC &= w_d(r_d)(1-T)+w_c(r_s) \\ &=(D/A)(r_d)(1-T)+(E/A)(r_s) \end{aligned}$$

式中，D/A 和 E/A 分别表示资产负债率和权益占资产的比率，两者相加等于 1。

如表 13—3 所示，负债率的上升会同时提高债务和权益的成本。（负债成本 r_d 取自表 13—1，但乘以（$1-T$）反映税后情况。）债券持有人认为，如果公司的负债比率很高，就会增大财务管理失败的风险，从而导致较高的利息率。

表 13—3　　不同资产负债率水平下对黄蜂电子公司股票价格和 *WACC* 的估计

资产负债率 (D/A) (%)	负债权益比率 (D/E)[a] (%)	税后 r_d (%)	预期 EPS (DPS)[b] (美元)	预期贝塔系数[c]	$r_s=[r_{RF}+(RP_M)b]$[d] (%)	预期股价[e] (美元)	市盈率 (%)	$WACC$[f] (%)
(1)	(2)	(3)	(4)	(5)	(6)	(7)	(8)	(9)
0	0.00	4.8	2.40	1.50	12.0	20.00	8.33	12.00
10	11.11	4.8	2.56	1.60	12.4	20.65	8.06	11.64
20	25.00	5.0	2.75	1.73	12.9	21.33	7.75	11.32
30	42.86	5.4	2.97	1.89	13.5	21.90	7.38	11.10

续前表

资产负债率 (D/A) (%)	负债权益比率 (D/E)[a] (%)	税后 r_d (%)	预期 EPS (DPS)[b] (美元)	预期贝塔系数[c]	$r_s=[r_{RF}+(RP_M)b]$[d] (%)	预期股价[e] (美元)	市盈率 (%)	$WACC$[f] (%)
(1)	(2)	(3)	(4)	(5)	(6)	(7)	(8)	(9)
40	66.67	6.0	3.20	2.10	14.4	22.22	6.94	11.04
50	100.00	7.2	3.36	2.40	15.6	21.54	6.41	11.40
60	150.00	9.0	3.30	2.85	17.4	18.97	5.75	12.36

注：a. $D/E=\frac{D/A}{1-D/A}$

b. 黄蜂电子公司将全部利润都用于股利发放，所以 $EPS=DPS$。

c. 公司没有杠杆时，贝塔 $b_U=1.5$。按照 Hamada 公式，输入无杠杆贝塔值、税率和负债权益比率就可以得到其他贝塔值。

d. 我们假定 $r_{RF}=6\%$，$RP_M=4\%$，所以当 $D/A=0$ 时，$r_s=6\%+4\%\times1.5=12\%$。其他的 r_s 的计算同理。

e. 因为所有利润都作为股利发放，没有留存收益，所以 EPS 和 DPS 的增长率为零。此时可以用第 9 章的零增长股票估值模型计算黄蜂电子公司的股票价格。例如，当 $D/A=0$ 时，

$$P_0=\frac{DPS}{r_s}=\frac{2.4}{0.12}=20(\text{美元})$$

其他价格的计算同理。

f. 第 9 列使用第 10 章的 $WACC$ 模型计算得到：

$$\begin{aligned}WACC&=w_d r_d(1-T)+w_c r_s\\&=(D/A)(r_d)(1-T)+(1-D/A)r_s\end{aligned}$$

例如，当 $D/A=40\%$时，

$$WACC=0.4\times10\%\times0.6+0.6\times14.4\%=11.04\%$$

此处我们使用账面价值计算权重，但理论上来说使用市场价值计算更合理。参见 Eugene F. Brigham and Phillip R. Daves，*Intermediate Financial Management*，8th ed.(Mason，OH：Thomson/South-Western，2004)，Chapter 9。

在实务中，财务经理使用财务报表预测模型来观察负债率的变动如何影响流动比率、利息保障倍数和 $EBITDA$ 保障倍数。然后，他们会和银行以及债券评级机构讨论预测的财务报表，这些机构会提出问题并做出基于自己判断的调整。银行和评级机构随后会把该公司的指标与同行业其他公司对比，给出评级和相应的利率。此外，如果公司准备向公众发行债券，美国证券交易委员会要求公司向投资者说明在新债券售出后各保障倍数的情况。了解这些之后，专业的财务经理会使用他们的预测指标来估计银行和其他债权人会如何判断公司的风险，如何确定公司债务的成本。根据这些资料，他们可以相当准确地判断出资本结构对债务成本的影响。

Hamada 公式

负债率的提高会增大债券持有人的风险，从而增加负债成本。负债还会增大股东承担的风险，从而增加权益成本 r_s。很难量化杠杆对权益成本的影响，不过可以用一个理论公式帮助度量。

首先回顾第 8 章，对分散化的投资者来说，贝塔系数是风险的相关指标。而且贝塔系数会随着财务杠杆增加而变大，罗伯特·哈马达（Robert Hamada）构建了如下公式

来量化这一影响：

$$b_L = b_U[1+(1-T)(D/E)] \tag{13—2}$$

式中，b_L 为公司当前实际的贝塔系数，这一系数以现有的财务杠杆为基础；b_U 为公司没有负债或杠杆时的贝塔系数。如果公司没有负债，贝塔系数就完全取决于经营风险，是对公司“基本经营风险”的度量。D/E 是财务杠杆，T 是公司税率。

现在回顾一下权益成本的 CAPM 模型：

$$r_s = r_{RF} + (RP_M)b_i$$

需要注意，贝塔系数是权益成本模型中管理层可控的唯一变量，另外两个变量 r_{RF} 和 RP_M 都由市场决定，超出了公司的可控范围。如本章前文所述，b_L 由影响基本经营风险的公司经营决策和 D/A（或 D/E）表示的公司资本结构决策决定。

我们可以用公式（13—2）求出**无杠杆贝塔系数**（unlevered beta）b_U，从而得到公式（13—2a）：

$$b_U = b_L/[1+(1-T)(D/E)] \tag{13—2a}$$

当前的（有杠杆的）贝塔系数、税率、债务权益比率已知，所以我们可以将这些变量的值代入公式求出无杠杆的贝塔系数，然后将无杠杆的贝塔系数用于公式（13—2），为不同的债务水平计算出有杠杆的贝塔系数。这些贝塔系数进而可以用来计算不同负债水平下的权益成本。

下面以黄蜂电子公司为例加以说明。首先，假定无风险回报率 r_{RF} 为 6%，市场风险溢价 RP_M 为 4%。我们需要计算无杠杆的贝塔系数 b_U。由于黄蜂电子公司没有负债，即 $D/E=0$，因此它当前的贝塔系数就是无杠杆的贝塔系数，即 $b_U=1.5$。得到 b_U，r_{RF}，RP_M 后，我们就可以运用公式（13—2）估计不同财务杠杆水平下黄蜂电子公司的贝塔系数以及权益成本。

黄蜂电子公司在不同负债权益比率下的贝塔系数列示在表 13—3 的第 5 列。当前的权益成本为 12%，列示在第 6 列第 1 行：

$$\begin{aligned} r_s &= r_{RF} + \text{风险报酬} \\ &= 6\% + 4\% \times 1.5 \\ &= 6\% + 6\% = 12\% \end{aligned}$$

第一个 6%是无风险利率，第二个 6%是公司的风险报酬。由于黄蜂电子公司当前没有负债，因此没有财务风险。也就是说，6%的风险报酬完全来自经营风险。

如果黄蜂电子公司增加负债来改变资本结构，就会增大股东需要承担的风险，进而带来更高的风险报酬。从概念上讲，存在下面的情况：

$$r_s = r_{RF} + \text{经营风险报酬} + \text{财务风险报酬}$$

图 13—7 以表 13—3 中的第 6 列数据为基础，画出了不同负债水平下黄蜂电子公司的权益成本。如图所示，r_s 包括 6%的无风险利率、6%的固定经营风险报酬以及财务风险报酬，财务风险报酬从零开始，随着负债率的上升而增加。

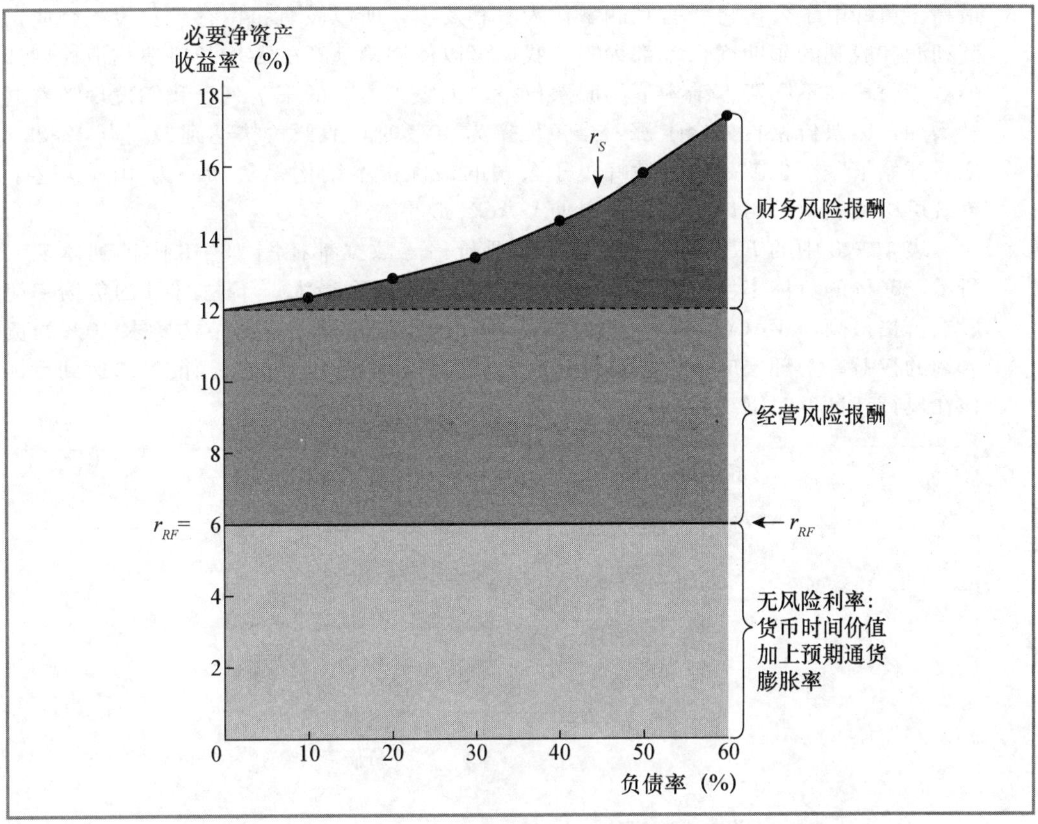

图 13—7　黄蜂电子公司不同负债水平下的必要净资产收益率

最优资本结构

不同资本结构下黄蜂电子公司的 *WACC* 如表 13—3 的第 9 列所示。当前公司没有负债，即负债率为零，$WACC=r_s=12\%$。当黄蜂电子公司开始使用成本较低的负债时，*WACC* 开始下降。不过随着负债率的上升，负债和权益的成本都开始上升，一开始上升速度较慢，随后越来越快。成本的上升抵消了使用低成本负债的作用。当负债率为 40%时 *WACC* 最低，为 11.04%，此后随着负债率的上升 *WACC* 也开始上升。

尽管权益成本高于负债成本，但由于负债对债务和权益成本具有反作用，因此仅使用成本较低的负债并不会使公司价值最大。例如，如果黄蜂电子公司的负债率超过 40%，比如达到 50%，它会有更多更便宜的资本，但负债过多引起的负债和权益成本上升会抵消这一好处。

这些想法在 Georgia-Pacific 公司的声明中得到了印证：

> 以市场价值为基础，我们的债务资本比为 47%。我们相信通过采用这一资本结构，加权平均资本成本降低了大概 10%。尽管减少负债会降低负债的边际成本，但由于我们不得不使用更多高成本的权益，因此反而会使加权平均资本成本上升。

最后，还有一点非常重要，能够使 *WACC* 最小的资本结构也能使公司的股票价格最高。黄蜂电子公司将所有利润都作为股利发放，所以没有将留存收益投入企业，这使其利润和股利的预期增长率都为零。我们可以使用第 9 章的零增长股票估值模型计算黄蜂电子公司在不同资本结构下的股票价格，见表 13—3 的第 7 列。我们发现随着财务杠杆增加，股票价格首先会上涨，当负债率为 40%时，股票价格达到最高点 22.22 美元，之后开始下跌。也就是说，黄蜂电子公司的最优资本结构是负债率为 40%，这个负债率既可以使股票价格最高，也可以使 *WACC* 最小。

表 13—3 中的 *EPS*、资本成本、股票价格等数据都在图 13—8 中得到体现。如图所示，50%的负债率使黄蜂电子公司的预期 *EPS* 达到最大。不过 40%的负债率使预期股票价格最高，*WACC* 最小。所以，黄蜂电子公司的最优资本结构要求 40%的负债和 60%的权益。管理层应该根据这些指标构建目标资本结构，如果当前尚未达到目标，应该在发行新证券时围绕目标调整。

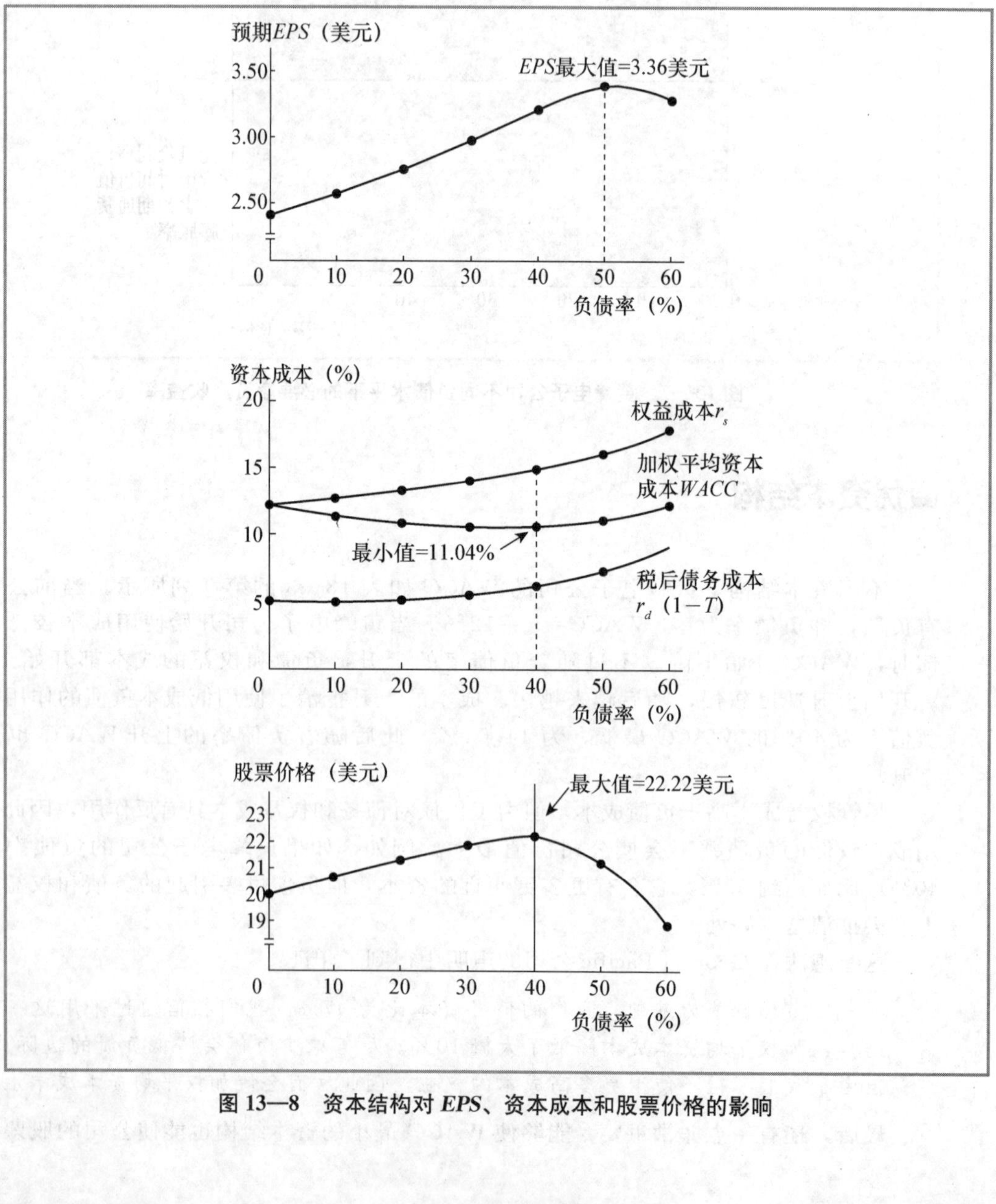

图 13—8　资本结构对 *EPS*、资本成本和股票价格的影响

13.4 资本结构理论

经营风险是最优资本结构的重要决定因素，不同行业的公司有不同的经营风险，所以我们预期不同行业的公司的资本结构差异非常大，事实也确实如此。例如，制药公司和航空公司的资本结构完全不同。此外，同一行业的企业的资本结构也有很大差异，这可能较难解释。什么因素可以解释这些差异呢？为了回答这些问题，学术界和实务界提出了大量理论。

现代资本结构理论于 1958 年提出，弗朗哥·莫迪利亚尼和默顿·米勒（Franco Modigliani and Merton Miller，简称 MM）发表了被认为最具影响力的财务论文。他们证明，在一系列假设的基础上，公司的价值与资本结构无关。从另一个角度看，他们的结论说明公司如何筹集资金无关紧要，所以资本结构不相关。但是，他们的研究假设并不现实，因此他们的结论也受到了质疑。下面是他们提出的部分假设：

1. 没有交易成本。
2. 没有税收。
3. 没有破产成本。
4. 投资者与公司的借款利率相同。
5. 所有投资者和管理者拥有关于公司未来投资机会的相同信息。
6. $EBIT$ 不受负债的影响。

尽管这些假设很不现实，但 MM 的不相关理论却非常重要。他们通过说明资本结构不相关的条件，提供了什么情况下资本结构相关并能影响公司价值的线索。他们的工作标志着现代资本结构研究的开始，此后的研究集中于放松假设来提出更符合现实的资本结构理论。这一领域的研究非常多，下面将总结其中的要点。

税收的影响

MM 最初的论文饱受批评，所以他们于 1963 年发表了另一篇文章，其中放松了没有企业所得税的假设。他们在这篇文章中承认，税法允许公司将利息支出作为费用，但支付给股东的股利不能在税前扣除。这样的区别处理鼓励公司在资本结构中使用负债。实际上，他们宣称如果所有其他假设不变，这一差异会导致最优资本结构为 100%负债。

MM 于 1963 年发表的论文在几年后由米勒进行了修正（莫迪利亚尼没有参与），加入了个人所得税的影响。米勒提出，债券的利息作为个人收入被征收最高 35%的个人所得税，而股票收益一部分来自股利，一部分来自资本利得。长期资本利得的最高税率为 15%，可以递延至股票出售、利得实现时才征收。如果股票持有至投资者去世，就不用支付资本利得税。所以相比之下，普通股收益的有效所得税税率比债权收益要低。

由于税收的影响，米勒认为投资者能够接受股票税前收益低于债券税前收益的情况。例如，一位投资者的税率为 35%，他可能要求从黄蜂电子公司的债券中得到 10%的税前收益，那么其税后收益就是 $10\%(1-T)=10\%\times0.65=6.5\%$。黄蜂电子公司股票的风险比债券高，所以投资者要求较高的税后收益，假定是 8.5%。由于股票收入（不论是股利还是资本利得）都仅征收 15%的个人所得税，因此税前收益要达到 8.5%/

$(1-T)=8.5\%/0.85=10.0\%$，才能使税后收益为 8.5%。在本例中，债券利率为 10%，与股票的必要报酬率 r_s 相同。也就是说，由于对股票收入的税收处理更为有利，因此投资者能够接受股票和债券税前收益相同的情况。

米勒指出：利息可以在税前扣除，所以使用负债有利，但是对股票收入更有利的税收处理降低了股票的必要报酬率，所以使用股票更有利。很难确定这两个因素的净效应。不过，大部分观察者相信利息的减税作用更强，所以我们的税收体系鼓励公司通过负债融资。但是由于股票收益的税率较低，抵减了这一效应。

杜克大学的教授约翰·格雷厄姆（John Graham）预测了负债融资的全部税收优势。他断言，与负债融资有关的税收优势相当于公司平均价值的 7%，所以如果一个没有杠杆的公司决定使用负债筹资，其价值会上升 7%。

我们可以观察税率的重大变化引起的公司融资模式的变化。例如，1993 年利息和股利的最高档个人所得税税率显著上升，但资本利得税率没有上升，这使公司更依赖权益融资，特别是留存收益融资。随后，股利和资本利得税率的下降进一步扩大了权益相对于负债的优势，使公司有更加依赖权益融资的趋势。

潜在破产的影响

MM 的不相关理论还依赖于公司不会破产的假设，即破产成本不相关。但是破产实际存在，而且成本高昂。破产的公司有非常高的法律和会计支出，很难留住客户、供应商和员工。破产还会迫使公司以低于持续经营时的价格清算资产。因为厂房、设备之类的资产适用于公司的特定需求，并且很难分解和移动，所以流动性通常较差。

不仅仅是破产本身，破产的威胁也会带来这些问题。如果对公司的未来产生忧虑，核心员工就会开始跳槽，供应商开始拒绝提供商业信用，客户开始寻找更稳定的供应商，债权人开始要求更高的利率并增加更严格的贷款条件。

公司资本结构中的负债越多，破产的相关问题越多。所以，破产成本迫使公司不会最大限度地使用负债。破产的相关成本包括两部分：（1）破产的可能性；（2）财务困境出现时可能产生的成本。当其他情况相同时，公司的利润波动越大，破产的可能性越大，所以这类公司应该比稳定的公司负债更少。这一点与我们前面的结论一致，即经营杠杆高进而经营风险高的公司，应该限制使用财务杠杆。同理，那些资产流动性较差，可能会以“大甩卖”价格出售的公司也应该限制负债融资的规模。

权衡理论

前面的争论推动了“杠杆权衡理论”的出现，即公司需要在负债融资的税收优势和所带来的潜在破产问题之间进行权衡。图 13—9 给出了**权衡理论**（trade-off theory）的图示，可以根据该图得到下面的结论。

1. 利息作为可抵税费用的事实使得负债比普通股和优先股成本更低。实际上政府承担了负债的部分成本，或者说负债提供了税盾利益，所以使用更多负债可以减税，使公司有更多营业利润流向投资者。MM 关注的这个因素可以提升股票价格。根据他们论文的假设，股票价格将在负债率为 100%时达到最大。图 13—9 中标示为“考虑公司所得税影响后的 MM 结论”的斜线说明了在他们的假设基础上股票价格与负债之间的关系。

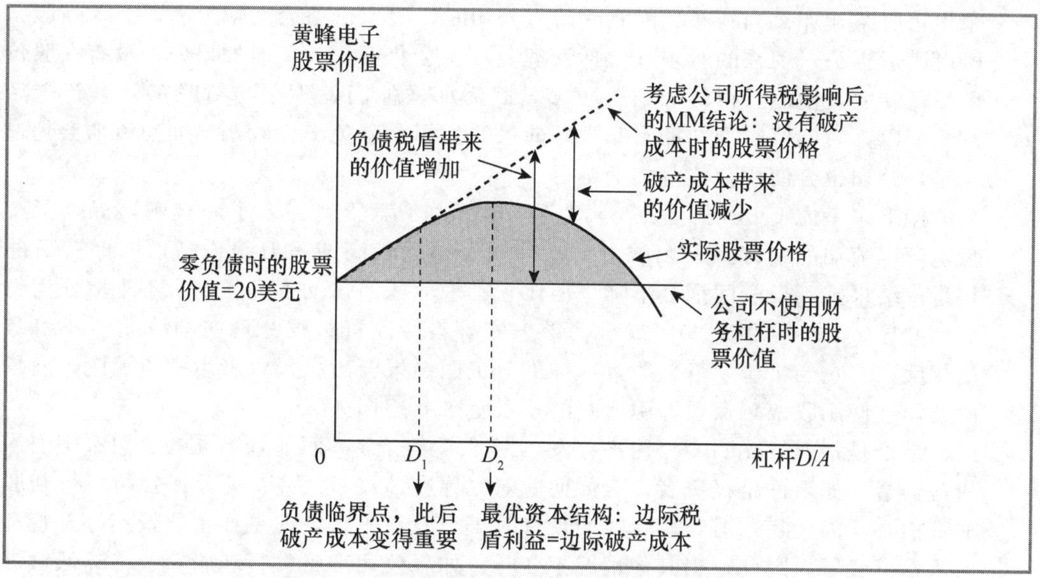

图 13—9 杠杆对黄蜂电子公司股票价格的影响

2. 在实际经济生活中，为了避免潜在破产风险的负面影响，公司的目标债务比率要低于 100%。

3. 图 13—9 中有一些负债的临界值。在 D_1 左侧，破产的可能性很小，不需要考虑。但在 D_1 右侧，破产相关成本的重要性逐渐增加，开始抵减负债的纳税优势。从 D_1 到 D_2，破产成本虽然减少了负债的税收利益，但并没有完全抵消这一利益，所以公司的股票价格随着负债增加仍在上升（但上升速度在下降）。在 D_2 右侧，破产相关成本超过了税收利益，从这一点开始，增加负债会降低股票价格。因此，D_2 是能使股票价格最高的最优资本结构。当然，不同公司的 D_1 和 D_2 都不一样，取决于它们的经营风险和破产成本。

4. 虽然理论和实务支持图 13—8 和图 13—9 中曲线的一般形状，但这些图都是近似的，不是精确定义的函数。图 13—8 中的数字保留了两位小数，但这只是为了举例——此图基于判断估计，这些数字并不准确。

5. 图 13—9 中的资本结构理论还有一个很难解释的问题，即像英特尔和微软这样成功的大型公司使用的负债远小于理论上的建议。这一点推动了信号理论的发展，下面将进行讨论。

信号理论

MM 假定每个人——投资者和管理者等——对公司的未来拥有相同信息，这称为**信息对称**（symmetric information）。但实际上管理者通常比外部投资者拥有更多信息，即**信息不对称**（asymmetric information），这对于最优资本结构具有重要影响。为了说明原因，让我们考虑两种情况。一种情况是公司的经理知道未来前景非常好（F 公司），另一种情况是经理知道未来不容乐观（U 公司）。

现在假定 F 公司的研发实验室刚刚发现了治愈普通感冒的一种新药，尚未申请专利。它们准备尽可能长时间为新产品保密，以推迟竞争对手进入市场的时间。为了制造新产品必须建造新厂房，所以需要筹集资金，但 F 公司应该怎样筹集所需资金呢？如果出售股票，那么当新产品的利润流入公司时，股票价格会大幅上涨，买入新股票的投资者鸿运当头。现在的股东（包括管理者）也会获得收益，但如果公司没有在股价上涨前发行新股，他们获得的收益会更多，因为那样他们就不用与新股东分享新产品的利润。所以，我们可以预期拥有非常好前景的公司会避免出售股票，即使负债会超过目标水平，公司也会使用负债筹集资金。

接下来考虑U公司。假定公司经理知道由于竞争者引入了新技术，提高了产品质量，所以公司的新订单大幅减少。U公司必须以较高成本升级设备，以保持目前的销售量。结果，其投资回报会下降（但比它不采取任何行动下降得少，不采取任何行动将破产并导致100%的损失）。U公司该怎样筹集所需资金呢？现在的情况刚好和F公司的相反——它会希望发行新股，这样部分负面结果会由新投资者承担。因此，前景不佳的公司会使用股票融资，即引入新的投资者来共担损失。

结论是：前景光明的公司不会发行新股筹集资金，而前景不佳的公司希望引入外部权益资金。如果你是投资者，会如何应对？你应该说："如果我看到公司发行新股，会非常担心，因为我知道管理者在前景好时不会发行股票，但是如果前景不好，管理者会希望发行股票。因此，当其他情况不变时，如果公司准备发行新股，我将降低对该公司价值的预期。"

如果你给出这个答案，你的观点就和那些专业的投资经理一致。简言之，宣告发行股票通常是公司管理者不看好未来的**信号**（signal）。当公司宣告发行新股时，其股票价格通常会下跌。经验研究证明这种情况确实存在。

这些讨论对于资本结构决策有什么启示？发行股票释放了负面信号，会打压股票价格，所以即使公司前景很好，公司也应该保留一定的**借款储备能力**（reserve borrowing capacity），以便在有好的投资机会时可以筹集资金。这意味着在一般情况下，公司应该使用比图13—9中税收利益/破产成本权衡模型建议的更多的权益、更少的负债。

使用负债融资限制管理者

第1章提到，如果管理者和股东的目标不同，就会产生利益冲突。当公司的现金超过支持核心业务所需的数额时，更容易出现这种冲突。管理者通常将多余资金用于自己喜欢的项目，比如豪华办公室、公司专机、运动场里的豪华包厢，所有这些都对股票价格毫无益处。相反，如果自由现金流量受限，管理者浪费资金的余地就不多。

公司可以通过各种途径减少多余现金流。一种方式是派发高股利或进行股票回购，将现金返还给股东。另一种方式是调整目标资本结构，增加负债，通过更高的债务条款要求迫使管理者更加遵守纪律。如果不按要求对待债务，公司会破产，管理者会失去工作。所以，如果公司有大量债务约束，管理者购买昂贵的新喷气式飞机的可能性就会变小。

杠杆并购（leveraged buyout，LBO）是减少多余现金流的一种好办法。在杠杆并购中，需要使用负债为购买目标公司较大比例的股权进行融资。实际上，通过减少浪费带来节约的想法推动了很多杠杆并购。杠杆并购后的高负债迫使管理者不得不放弃不必要的支出来储存现金。

当然，增加负债并减少自由现金流也有缺点：增大了破产风险。一位曾经的教授（新任美联储主席）认为，增加公司资本结构中的负债就像在汽车方向盘上放把匕首。匕首——直指你的腹部——虽然促使你更小心地驾驶，但如果有人撞上你，即使你很小心也会受伤。类似的情况也出现在公司：高负债迫使管理者更谨慎地对待股东的钱，但如果发生超出控制的事件，如战争、地震、罢工、经济萧条，即使运转良好的公司也可能会破产。根据这个类比，资本结构决策相当于判断股东应该使用多大的匕首来让管理者循规蹈矩。

如果你发现我们关于资本结构理论的讨论不够准确、令人困惑，这并不奇怪。实际上，没人知道如何确认公司准确的最优资本结构，或如何衡量资本结构变动对股票价格和资本成本的影响。在实务中，资本结构决策必须把判断和数据分析结合起来。不过，理解这里介绍的理论可以帮助你对资本结构问题做出更好的判断。

13.5　资本结构决策的备忘录

除了前面的各种分析，公司通常还会在进行资本结构决策时考虑如下因素：

1. 销售的稳定性。销售稳定的公司可以比不稳定的公司承担更多负债和固定支出。公用事业公司由于需求非常稳定，因此一直比工业公司使用更多的财务杠杆。

2. 资产结构。有些公司的资产适合作为贷款的抵押物，这些公司倾向于使用更多负债。一般性资产可以用于很多企业，是很好的抵押物，专用资产则不是。所以房地产公司通常杠杆很高，技术开发类公司则相反。

3. 经营杠杆。其他情况相同时，经营杠杆较低的公司由于经营风险小而可以承担更多财务杠杆。

4. 成长率。其他情况相同时，高速成长的公司必须更多地依赖外部资本。由于普通股的发行成本高于债券的销售成本，因此高成长公司会更多地使用负债。不过同时，那些不确定性较高的公司使用负债的动机会减弱。

5. 获利能力。投资报酬率高的公司很少使用负债。尽管没有理论上的解释，但实务中认为像英特尔、微软、可口可乐等盈利能力非常强的公司不需要大量债务资金。它们的高回报率使得内部产生的资金基本上能满足需要。

6. 税收。利息可以在税前扣除，对那些税率较高的公司来说这种扣除非常有利。所以税率越高的公司使用负债的优势越大。

7. 控制。负债和股票对管理者控制地位的作用也会影响资本结构。如果现在管理者有投票控制权（超过 50%的股票），但无法买入更多股票，就可能选择债务融资。另外，如果公司的财务状况很差，使用负债会恶化违约风险，管理者就会选择使用权益融资。不过如果使用的负债太少，管理者将面临被并购的危险。可见，能更好地保护管理者的资本方式会随着情况变化而改变，所以出于控制权的考虑，他们既可能选择债务融资也可能选择权益融资。不论何时，如果管理者感到不安全，就会考虑控制情况。

8. 管理者的态度。没人能够证明某种资本结构会带来更高股票价格，所以管理者需要根据自己的判断找到合适的资本结构。有些管理者很谨慎，会使用低于同行业平均水平的负债，那些激进的管理者则会使用更多负债来追求更高利润。

9. 债权人和评级机构的态度。不论管理者自己对公司的合理杠杆因素如何分析，债权人和评级机构的态度都会影响资本结构决策。公司通常与债权人和评级机构讨论资本结构，并很看重它们的建议。例如，日前穆迪和标准普尔通知某大型公用事业公司，如果公司再发行债券，就会调低其债券信用评级。这会影响公司的决策，使之改用发行普通股为扩张计划融资。

10. 市场条件。股票市场和债券市场都在发生长期和短期的各种变化，这会对公司的最优资本结构产生重要影响。例如，随着最近一次信贷紧缩，垃圾债券市场近于枯竭，对BBB级以下的新发行长期债券根本就没有利率"合理"的市场。所以，那些需要资金而信用级别又较低的公司不得不进入股票市场或短期债务市场，而无法考虑目标资本结构。但当情况好转后，这些公司可以通过发行长期债券使资本结构重新回到目标水平。

11. 公司内部情况。公司自身的内部情况同样会影响目标资本结构。例如，假定公司刚刚成功结束一个研发项目，即将获得高额利润。但是，投资者尚未对新利润产生预期，所以这一情况没有反映在股票价格中。该公司将不会发行股票——它会首先考虑负债融资，直到高额利润实现并在股票价格中得到反映。然后公司就可以发行股票，使用所得资金赎回负债，重新回到目标资本结构。这一点在前文介绍信息不对称和信号理论时讨论过。

12. 财务弹性。某位聪明的财务主管对本书作者做了如下陈述：

> 我们公司可以通过良好的资本预算和经营决策赚到比好的融资决策更多的钱。实际上，我们不能确定融资决策如何影响我们的股票价格，但如果资金不足就会减少长期收益，所以我作为财务主管的首要目标是不断为支持经营筹集足够的资金。
>
> 我们还知道，当情况良好时，我们既可以用股票融资也可以用债券融资，但当情况不佳时，我们只有给资金提供者更有利的条件，他们才会更愿意提供资金，这也就意味着负债融资。而且，当我们发行新股时，实际上向投资者释放了负面"信号"，所以像我们这样的成熟公司并不愿意发行新股。

以上这些论点告诉我们需要保持财务弹性，从经营视角来看也就意味着保持完全的"借款储备能力"。"完全"的程度取决于职业判断，这显然与本章讨论的因素（包括公司对资金需求的预期、资本市场的未来情况、管理层对未来的信心、资本短缺的后果等）有关。

13.6 资本结构差异

可以预见，不同行业之间以及同一行业的不同企业之间的财务杠杆差异巨大。表13—4给出了部分行业的区别，按第1列给出的普通股权益比率降序排列。

表13—4　　六个行业2005年的资本结构比率：按普通股权益比率排序[a]

行业	普通股权益比率[b]（%）(1)	长期负债比率（%）(2)	利息保障倍数（%）(3)	净资产收益率（%）(4)
制药	80.65	19.35	31.6	22.00
计算机	76.34	23.66	61.6	15.90
钢铁	67.57	32.43	10.4	39.30
航空	64.10	35.90	4.7	11.60
铁路	59.17	40.83	3.8	9.80
公用事业	40.65	59.35	2.2	10.10

注：a. 资本结构比率按总资本的一定比率计算，总资本等于长期负债加上权益，均按账面价值计算。

b. 这些比率以会计（或账面）价值为基础。如果以市场价值为基础，权益比率会上升，因为大部分股票的价值都大大高于账面价值。

资料来源：*MSN Money*；http://moneycentral.msn.com；June 24，2005.

制药公司和电脑公司很少使用负债，因为其所处行业具有周期性，定位于研究开发，或受制于大量的产品责任诉讼。与之对应，公用事业公司大量使用负债，因为它们的固定资产可以为抵押债券提供担保，而且销售稳定，即使负债超过平均水平也很安全。

利息保障倍数说明了公司多么不愿意出现财务困境。这个指标取决于三个因素：(1) 负债比率；(2) 负债利率；(3) 公司获利能力。一般来看，电脑、制药之类的低杠杆行业会有较高的保障倍数，像公用事业这样的高负债行业则保障倍数较低。

同一行业中的公司差异也很大。例如，尽管制药行业 2005 年平均权益比率约为 81%，但葛兰素史克的比率只有 57.5%。所以，包括管理者态度在内的公司特定条件对确定目标资本结构具有重要影响。

小结

第 10 章介绍资本结构时，企业的融资决策属于已知条件，根据已知的资本结构就可以计算资本成本。第 11 章和第 12 章讲述资本预算过程时，资本成本成为已知条件。资本预算决策决定了公司接受的项目类型，这会影响公司的资产状态和经营风险。本章将这一程序反过来，把公司的资产和经营风险作为已知条件，然后寻找为这些资产融资的最佳方式。值得一提的是，本章验证了财务杠杆对股票价格、每股收益、资本成本的影响，还讨论了各种资本结构理论。

不同的理论可以得出不同的最优资本结构结论，没人能够证明某一理论更优。因此，我们不能精确估计最优资本结构。财务经理通常将最优资本结构确定为一个区间——例如 40%～50% 的负债——而不是一个精确的比率，比如 45%。本章介绍的概念可以作为指导，帮助管理者理解确定目标资本结构时应关注哪些因素。

练习题

1. 最优资本结构

Jackson Trucking Company 正在确定目标资本结构。CFO 认为最优负债比率应介于 20%～50% 之间。她的员工整理了不同负债水平下预期 *EPS* 和股票价格的资料：

负债率（%）	预期 *EPS*（美元）	预期股票价格（美元）
20	3.20	35.00
30	3.45	36.50
40	3.75	36.25
50	3.50	35.50

假定公司只使用负债和普通股权益筹资，公司的最优资本结构是怎样的？负债率为多少时公司的 *WACC* 最低？

2. Hamada 公式

Cyclone Software Co. 正在确定最优资本结构。公司当前的资本结构为 25% 的负债和 75% 的权益，但是 CEO 认为公司应该使用更多负债。无风险利率 r_{RF} 为 5%，市场风险溢价 RP_M 为 6%，公司的税率为 40%。根据 CAPM 模型，公司当前的权益成本为 14%。如果公司将资本结构变为 50% 的负债和 50% 的权益，公司的权益成本预计是多少？

3. 盈亏平衡和杠杆

WCC 公司生产耳机，每副 28.80 美元，今年的销售量预计为 450 000 副。在当前生产条件下，预计销售量对应的变动成本预计为 10 200 000 美元，当前的固定生产成本为 1 560 000 美元。WCC 公司发行在外的债务利率为 8%，金额为 4 800 000 美元。公司有发行在外的普通股 240 000 股，没有优先股。股利支付率为70%，联邦和州政府税率为40%。

公司准备投资7 200 000美元买入新设备。销售量不会增加，但单位变动成本将下降20%。同时，固定生产成本将从1 560 000美元增加到1 800 000美元。公司可以以10%的利率借入7 200 000美元，也可以以每股30美元发行240 000股新股。

a. 下列情况下WCC公司的*EPS*分别是多少：(1) 在原有生产条件下；(2) 在负债筹资的新生产条件下；(3) 在发行新股的新生产条件下。

b. 假定公司准备投资，在何种销售水平上两种筹资方式下的*EPS*无差异？（提示：V=单位变动成本=8 160 000/450 000，$EPS=[(PQ-VQ-F-I)(1-T)]/N$。建立方程$EPS_{股票}=EPS_{负债}$，求解Q。）

c. 销售量分别为多少时，在问题a中的三种情况下$EPS=0$？（提示：$V_{旧}$=10 200 000/450 000，使用问题b的提示，设定*EPS*公式等于0。）

d. 根据问题a到问题c的分析，并且假定新生产条件下经营杠杆更低，哪个方案风险最高？哪个方案预期*EPS*最高？你推荐哪个方案？假定销售量很可能下降到250 000副，计算此时的$EPS_{股票}$和$EPS_{负债}$，以帮助评估两个方案的风险。

答案

1. 30%的负债，70%的权益

2. $r_s=17\%$

3. a. $EPS_{旧}=2.04$美元，新生产条件下：$EPS_{负债}=4.74$美元，$EPS_{股票}=3.27$美元；b. 339 750副；c. 负债筹资的新生产条件下：Q=272 250副；

第 14 章

向股东分配：股利和股票回购

14.1 股利支付与资本利得：投资者更偏好哪一个

在决定将多少现金用于分配时，财务经理必须时刻牢记企业的目标是股东财富最大化。所以，**目标股利支付率**（target payout ratio）——定义为现金股利占净利润的百分比——在很大程度上需要根据投资者对股利支付和资本利得的偏好来确定：投资者是偏好收到股利还是把企业的利润再投入到经营活动中进而产生资本利得？这一偏好可根据股票估值的固定增长模型来讨论。

$$\hat{P}_0 = \frac{D_1}{r_s - g}$$

如果公司提高支付率，则 D_1 上升。当其他变量不变而分子变大时，股票价格将上涨。然而，如果 D_1 上升了，那么可用于再投资的资金减少，这将使预期增长率下降从而使股票价格下跌。因此，任何股利支付政策的改变都会引起两种截然相反的效果，也就是说，**最优股利政策**（optimal dividend policy）必须在当前股利和未来增长间取得平衡，以使股票价格最大化。下面几节中我们将讨论几个主要的代表性理论，这些理论解释了投资者如何看待当前股利和未来增长。

股利不相关理论

米勒和莫迪利亚尼教授（MM）认为，股利政策对股票价格和资本成本都没有影响，即股利政策**不相关**（irrelevant）。MM的理论有一系列严格的假设前提，在这些假设前提下，他们证明了企业的价值只与其基本的盈利能力和经营风险有关。换言之，企业的价值只取决于资产产生的收入，而不受如何在股利和留存收益之间分配这些收入的影响。不过，除了其他假设，MM还假设不需要为股利支付所得税，股票买卖没有交易费用，每个人——投资者和管理者——对企业未来的盈利有相同的信息。

在其假设约束下，MM认为任何股东都能制定他们自己的股利政策。比如，如果一家企业不支付股利，那么股东可以通过卖出5%的股票来“创造”想要的5%的股利。相反，如果一家公司支付了比投资者预期更高的股利，投资者可以用超出预期的股利买入该公司的更多股票。但需要注意，在现实中，个人投资者如果想要得到额外股利，就不得不在卖出股票时承担交易费用，而不想要股利的投资者首先需要为超出预期部分的股利缴纳个人所得税，然后在用税后股利收入买入股票时承担交易费用。正是因为税费和交易费用的存在，股利政策确实与决策相关，投资者会倾向于能够帮助他们避税和降低交易费用的政策。

MM辩称，许多股票由机构投资者持有，它们不用缴纳股利所得税，买卖股票的交易费用也极低。对于此类投资者，股利政策确实可能不相关。如果这类投资者主导市场，并代表着“边际投资者”，那么虽然MM理论的假设很不符合现实，但仍然有效。对于那些需要支付税款的投资者，税费和交易费用的大小取决于投资者的收入以及打算持有股票的时间。所以，当我们考虑投资者的股利偏好时，股利不相关理论无法解释全部问题。下面我们将讨论为什么一部分投资者偏好股利而另一部分投资者偏好资本利得。

偏好股利分配的原因

股利不相关理论最主要的结论是：股利政策不影响股票价格，从而不影响权益的必要报酬率 r_s。最初的批评者提出，相较于不能确定的未来资本利得，投资者更偏好确定的股利。特别是迈伦·戈登和约翰·林特纳（Myron Gordon and John Lintner）认为，相对于股利，投资者对于收到假定来自留存收益的资本利得更加不确定，所以当股利支付增加时，r_s 将降低。

MM 对此并不认同。他们认为 r_s 与股利政策相互独立，意味着投资者对股利与资本利得并不关心，也就是对 D_1/P_0 和 g 并不关心。MM 把戈登与林特纳的观点称为**"一鸟在手"**（bird-in-the-hand），在他们看来，绝大多数投资者计划将他们的股利重新投资于相同或者相近企业的股票，并且从长期来看，企业现金流对于投资者的风险由经营现金流的风险决定，而不是由股利分配政策决定。

但是需要记住，MM 的理论基于没有税费和交易费用的假设，也就是说，偏好股利的投资者每年能够通过卖出一定比例的股票来创造他们自己的股利分配政策。实际上，绝大多数投资者在卖出股票时需要承担交易费用，所以偏好稳定收入的投资者应该更倾向于选择支付定期股利的公司。比如，那些积累了财富并希望从投资中得到年度收益的退休人员就会偏好支付股利的股票。

偏好资本利得的原因

当股利可以帮助那些希望从投资中获得稳定收入流的投资者减少交易费用时，股利还会增加那些对当前收入不感兴趣而偏好为未来储备资金的投资者的交易费用。这些长期投资者希望将他们的股利再投资，这就会产生交易费用。考虑到这一点，许多公司已经制定股利再投资计划，以帮助投资者自动将股利再投资。（我们将在 14.4 节讨论再投资计划。）

另外，也可能更重要的是，税法使许多个人投资者更偏好资本利得。2003 年以前，股利适用高达 38%的普通收入税率，而资本利得的税率是 20%。2003 年以来，股利和长期资本利得税率的最大值被设定为 15%。这一变化减少了股利在纳税上的劣势，但是再投资和随之而来的资本利得仍然在税费上比股利多两个优势。第一，股利必须在收到的当年支付所得税，而资本利得税直到股票卖出才支付。由于时间价值的影响，将来支付的一美元税费的有效成本比今天支付的一美元税费更低。第二，如果股票被某人持有到其去世，就没有资本利得税了——取得股票的受益人可以用原持有人去世日当天的股票价值作为成本基础，所以他们完全避开了资本利得税。

因为这几个优势，一些投资者很可能偏好让公司保留利润。相对于高股利分配的公司，这些投资者可能愿意为相似的低股利分配的公司支付更高股价。

14.2 其他的股利政策问题

在讨论股利政策的实际操作之前，我们需要说明另外两个影响股利政策的问题：（1）信息含量假说或信号效应假说；（2）客户效应。

信息含量假说或信号效应假说

可以看到，股利的增加经常伴随着股票价格的上扬，同时股利的减少则会导致股价的下降。这一观察结果被用来反驳MM的不相关理论——反对者认为，股票价格随着股利支付的变动而改变，说明投资者偏好股利而非资本利得。但是MM有不同的意见。他们认为公司不愿意削减股利，所以除非公司预期在未来能获取更多利润来支持高股利，否则不会提高股利。由此他们提出，超出预期的股利增加对投资者来说是企业管理层表明对未来盈利前景看好的信号。反之，股利减少或低于预期的股利增加，代表管理层对未来盈利悲观的预测。如果MM的观点正确，那么股票价格在股利增减之后的改变并不证明投资者更偏好现金股利，价格变动只是说明股利宣告对未来盈余具有**信息含量**（information content）或**信号效应**（signaling）。

管理者通常比公众投资者对未来股利的情况拥有更多信息，所以股利宣告确实具有信息含量。然而，很难说明股利增减后的股价变动反映出的仅仅是信号效应（MM的观点），还是信号效应和股利偏好的共同作用。当一家企业准备改变股利政策时，信号效应的确应该予以考虑。例如，如果一家企业有很好的长期前景，但需要现金来完成当前投资，它可能减少股利以增加可投资的资金。这一举措可能引起股票价格下跌，因为股利减少被认为是管理层预计未来盈利会下降的信号，而事实正好相反。因此，当管理者确定股利政策时，需要考虑信号效应。

客户效应

如前所述，不同的股东群体或者**客户**（clienteles）偏好不同的股利政策。比如，退休者、养老基金、大学捐助基金通常偏好现金收入，所以它们希望企业能将大部分利润作为股利发放。此类投资者通常是低税甚至免税群体，所以一般不考虑税收影响。另外，那些处于收益高峰阶段的股票持有者更希望进行再投资，因为他们几乎不需要消费当前投资所得的收入，而仅仅是把扣除税收和佣金后的股利进行再投资。

如果一家企业留存利润并进行再投资而不是支付股利，那些需要当前收入的股票持有者将会处于劣势。他们手中股票的价值或许上升了，但是为了得到现金，他们不得不承担卖出部分股份的交易成本。而且，法律禁止一些机构投资者（或者个人投资者的受托人）卖出股票并“消费资本”。另外，那些希望留存收益而不是消费股利的投资者会偏好低股利政策：企业支付的股利越少，这些持有者当前需要支付的税费也会越少，他们把税后股利进行再投资的麻烦和费用也越少。所以，想要将当前的投资收益的投资者应该持有高股利分配政策公司的股票，没有这一需求的投资者应该持有低股利分配政策公司的股票。比如，寻求高现金收入的投资者可以投资于电力公司，这些公司在2004年平均支付股利达到61%。喜好成长型企业的投资者会投资于软件行业，2004年这一行业的支付率只有5%。

这一切都说明了**客户效应**（clientele effect）的存在，也就是说企业有不同的客户，客户又有不同的偏好，所以股利政策的改变可能会使主要的客户感到沮丧从而对股票价格产生消极影响。因此，公司应该保持股利政策稳定从而避免扰乱客户。

14.3　实务中股利政策的建立

比起资本利得，投资者不一定更偏好股利，但是他们几乎都很确定地偏好可预知的股利。在这种情况下，企业应该如何建立其基本的股利政策？特别是公司应该怎样确定具体分配利润的百分比、分配的形式以及这一分配方式随着时间推移的稳定性？本节将讨论大部分公司对这些问题的回答。

设定目标支付率：剩余股利模型

在决定将多少现金分配给股东时，要牢记两点：(1) 最高目标是股东财富最大化；(2) 企业的现金流实际上属于股东。因此，除非管理者再投资的获利高于股东自己的投资报酬率，否则管理层不应该留存利润。另外，第10章提到，内部资金（留存收益）比外部资金（新增普通股）成本更低，因此如果有好的投资机会，留存收益是比发行新股更好的选择。

在确定股利政策时，不能一概而论。一些企业产生大量的现金但投资机会有限——投资机会较少但利润丰厚的成熟企业确实如此。这类企业通常将大部分现金分给股东，所以能够吸引偏好更高股利的投资客户。还有一些企业产生极少现金或没有多余的现金，但有许多好的投资机会。这类企业通常只分配少量现金股利甚至不分配，但收益和股票价格不断提高，所以可以吸引偏好资本利得的投资者。

过去几十年里，股票交易所中不断有高成长性的新公司上市。尤今·法马和肯尼思·弗伦奇最近的一项研究显示，支付股利的企业在这段时间内急剧减少。1978年，在主要交易所交易的企业有66.5%支付了股利。到1999年，这一比例下降到20.8%。法马和弗伦奇分析，造成比例下降的部分原因是在交易所上市的企业的构成发生了改变。他们的分析同时说明，所有企业都变得不愿意支付股利了。

2003年税法的变化使得股利的税率比资本利得的税率更低，许多公司开始增加股利支付。以前，这些公司更倾向于回购股份。2002年，只有113家公司增加或开始发放股利；然而，2003年这一数字翻了一番，达到229家。2004年，2 000家美国本土公司支付了股利，标准普尔500指数中的356家公司支付了股利。

正如表14—1所示，大公司之间的股利支付率、股利收益率差异很大。通常来说，公用事业、食品、烟草等经营稳定、现金流充足的行业的公司会支付相对高的股利。电脑软件、生物技术等高速成长的行业的公司倾向于支付较低的股利。不同国家的平均股利差异也很大。一些国家的股利支付率高的部分原因在于，利润作为现金股利发放时税率较低，用于再投资时税率更高。这使得股利政策倾向于高支付率。

对于某一特定企业，最优支付率是四个变量的函数：(1) 管理层对其投资者的股利和资本利得偏好的看法；(2) 企业的投资机会；(3) 目标资本结构；(4) 外部资本的可获得性和成本。后三个因素在**剩余股利模型**（residual dividend model）中联系在一起。在此模型下，当企业要确立其目标支付率时，需要遵循以下四个步骤：(1) 确定最优资本预算；(2) 给定目标资本结构时，确定满足预算所需的权益资金；(3) 使用留存收益来最大限度地满足权益资金需要；(4) 只有在满足最优资本预算后仍有利润，才进行股利支付。剩余指的是“剩下的”，剩余政策意味着股利用“剩下的”利润来支付。

表14—1 2005年的股利支付

公司	行业	股利支付率（%）	股利收益率（%）
1. 支付高股利的公司			
通用汽车	汽车制造	266.67	5.40
南方电力	电力	73.04	4.20
默克制药	制药	60.56	4.80
威讯通信	通信	54.18	4.70
美洲银行	银行	51.15	4.30
2. 支付低股利或不支付股利的公司			
沃尔玛	零售	24.10	1.20
万豪国际	酒店	15.97	0.60
得州仪器	半导体	9.17	0.30
戴尔	个人电脑	0.00	0.00
eBay	网络软件和服务	0.00	0.00
基因泰克	生物技术	0.00	0.00

资料来源：*NSN Money* Web Site，http://moneycentral.msn.com，July 18，2005.

如果公司严格遵循剩余股利政策，则任一年份的股利支付可用下面的公式表示：

股利＝净利润－需要用于新投资的留存收益
　　＝净利润－目标权益率×总资本预算

比如，假定公司有100百万美元的利润，目标权益率是60%，准备在资本项目上投入50百万美元。此时公司需要50×0.6＝30百万美元普通股权益和20百万美元新债务来为项目融资。这就留下了100－30＝70百万美元可以用于发放股利，所以股利支付率为70%。

资本预算需要的权益资金数量可能超出净利润；在之前的例子中，如果资本预算是100/0.6＝166.67百万美元或者更多，就没有股利可付，公司必须发行新股来保持目标资本结构。

绝大多数企业要求资本结构中必须有一定债务，所以新的资金中部分是债务，部分是权益。只要企业按照最优债务和权益结构融资，并假设只用内部产生的权益（留存收益），则一美元新资本的边际成本将最低。内部产生的权益可用来为特定金额的一些新投资融资，但是超出这一金额后，企业就必须转向成本更高的新的普通股。在必须发行新股时，权益成本将上升，边际资本成本也将上升。

以T&W公司为例，公司的总资本成本是10%。这一成本假定所有的新权益融资都来自留存收益。如果公司必须发行新股，资本成本将上升。T&W公司有60百万美元的净利润，目标资本结构为60%的权益、40%的负债。如果公司不支付现金股利，那么可以支持100百万美元的新投资（除用折旧替换资产之外的投资），包括来自60百万美元的留存收益和40百万美元的新债务，此时边际资本成本为10%。如果资本预算超过100百万美元，所需的权益资金会超过净利润，而留存收益的最大额度无疑就是净利润。此时，T&W公司必须发行新股，进而使资本成本超过10%。

在计划期的开始，T&W公司的财务人员需要评估下一期间所有的项目提案。对于任意一个独立项目，如果估计的*IRR*超过其调整风险后的资本成本，就应该接受。选择互斥项目时，应接受*NPV*正值最高的项目。资本预算代表着所有被接受的项目所需的资本量。如果 T&W 公司严格依据剩余股利模型操作，从表 14—2 中可以发现预计资本预算将对股利支付率产生重大影响。如果缺少投资机会，资本预算只有 40 百万美元。为了保持目标资本结构，需要 0.6×40＝24 百万美元的权益，剩余的 16 百万美元将来自债务。T&W 公司将支付 60－24＝36 百万美元的股利，股利支付率是 36/60＝0.6＝60%。

表 14—2　T&W 公司面对不同投资机会时 60 百万美元净利润的股利支付率　单位：百万美元

	投资机会		
	差	一般	好
资本预算	40	70	150
净利润（*NI*）	60	60	60
所需权益（0.6×资本预算）	24	42	90
支付的股利（*NI*－所需权益）	36	18	(30)[a]
股利支付率（股利/*NI*）	60	30	0

注：a. 如果资本预算为 150 百万美元，T&W 公司将保留所有利润，此外还需要发行 30 百万美元的新股。

如果公司的投资机会一般，资本预算为 70 百万美元。这就要求 42 百万美元的权益，因此股利将是 60－42＝18 百万美元，支付率为 18/60＝30%。最后，如果投资机会非常好，资本预算将是 150 百万美元，需要的权益是 0.6×150＝90 百万美元。全部净利润都将作为留存收益，股利为 0，公司不得不发行新的普通股来维持目标资本结构。

在剩余股利模型中，股利和支付率会随着投资机会的不同而变化，也与利润的变动密切相关。因为投资机会和利润每年都不同，所以严格坚持剩余股利政策将导致股利非常不稳定。企业可能在某一年因为一个很好的投资机会而不支付股利，在下一年因为缺少投资机会，不需要保留很多盈余，从而支付大额股利。与之类似，即使投资机会稳定，但起伏的利润同样导致股利波动。因此，使用剩余股利模型必定会产生波动、不稳定的股利。如果股利波动对投资者没有影响，就不存在什么问题，但由于投资者确实偏好稳定、可靠的股利，因此严格依据剩余股利模型操作并不是最佳选择。企业应当：

1. 估计未来五年或更长期间的平均利润和投资机会。
2. 在计划期内，用预测的信息计算剩余股利模型下的平均股利数量及支付率。
3. 根据预测数据确定目标支付率。

也就是说，企业应该利用剩余股利政策来确定长期目标支付率，而不是在任何年份都将它作为确定支付率的指南。

许多大公司参考剩余股利模型的概念在电脑上运行财务预测模型。模型中需要输入计划的资本支出信息和营运资本需求数据，以及销售预测、利润率、折旧额等其他预测现金流量所需的数据。事先设定好目标资本结构，模型就会生成在保持目标资本结构的前提下满足资本预算要求的负债和权益。

接下来进一步考虑股利支付，支付率越高，需要的外部权益越多。许多公司利用这一模型计算未来预测期（通常是五年）内的股利支付，以便为资本预算提供充足的权益保障而不用再发行新的普通股，也不必使资本结构超出最优区间。最终的结果可能就像 CFO 提交给董事会的备忘录：

我们预测了整个市场对我们产品的需求、我们的市场份额，以及在资本资产和营运资本上的必要投资。根据这些信息，我们编制了2006—2010年的预计资产负债表和利润表。

我们2005年的股利总额为5 000万美元，即每股2美元。根据预测的利润、现金流和资本要求，我们可以每年增加6%的股利，也就是在预测期内平均股利支付率为42%。如果股利增长率超过这一幅度，我们就要发行新的普通股、削减资本预算或者提高负债率。如果股利增长率偏低，则要提升普通股权益比率。因此，我建议董事会在2006年增加6%的股利，达到2.12美元，未来也按此速度增加。

未来五年内的事情无疑会使我们的预测和实际结果之间产生差异。如果发生了这样的事情，就需要重新评估。不过，我很有信心：我们可以用增加借款的方式满足未预期的现金短缺——我们有尚未利用的负债能力，这给了我们解决此问题的弹性。

我们在不同情境下运行了公司模型。如果经济完全崩溃，我们的利润将不能满足股利支付。但是，我们的现金流量在所有可能出现的情境下都能满足所需的股利。我知道董事会不想把股利提高太多，以免在恶劣条件下不得不削减股利。但是根据模型，在所有合理的预测下都能维持2.12美元的股利。如果我们把股利增加到3美元以上，有可能陷入不得不削减它的危险之中。

我还注意到，许多分析报告预测我们的股利增长幅度将为5%～6%。所以，如果股利涨到2.12美元，就会处在这一范围的最高值，这将推动我们的股价上涨。鉴于被并购的传闻散播很广，股价上涨能使大家轻松一些。

最后，我们也考虑了采用股票回购方式来向股票持有者发放现金。这时，我们将降低股利支付率并利用节约下来的资金在市场上购回我们的股票。这一运作有一些优点，但是同样存在缺点。我不建议在此时制定股票回购计划。不过，如果自由现金流超出了我们的预期，我建议用超出的部分回购股票。此外，我会继续考虑一般的回购项目，或许将来会提出相应的建议。

该公司运营非常稳定，所以它有信心将股利提高到一个较高水平。对于其他公司（尤其是那些周期性行业的公司）而言，即使某一股利在经济形势好的时候显得很低，也很难在困难时期继续维持该股利。这类公司通常设立一个十分低的“正常”股利，然后当经济形势好时用“额外”的股利加以补充。通用汽车、福特以及其他汽车公司在过去就执行了**低正常股利加额外股利**（low-regular-dividend-plus-extras）的政策。如果公司宣布有信心“上刀山下火海”来维持低的正常股利，那么股东在任何条件下都能得到该股利。当经济向好并且利润和现金流都很高时，公司会支付事先确定的额外股利。投资者清楚额外股利在将来可能无法持续，所以不会把这些额外股利作为公司长期利润丰厚的信号，也不会把取消额外股利当作消极信号。

利润、现金流和股利

我们通常认为利润是股利的首要决定因素，但在实际中，现金流更为重要。雪佛龙公司1979—2004年的数据如图14—1所示。雪佛龙公司的股利在1979—1981年稳定增长；与石油价格一样，利润和现金流在那一时期都在增加。1981年之后，石油价格急剧下跌，利润随之降低，但每股现金流量（*CFPS*）仍然能够满足股利需要。

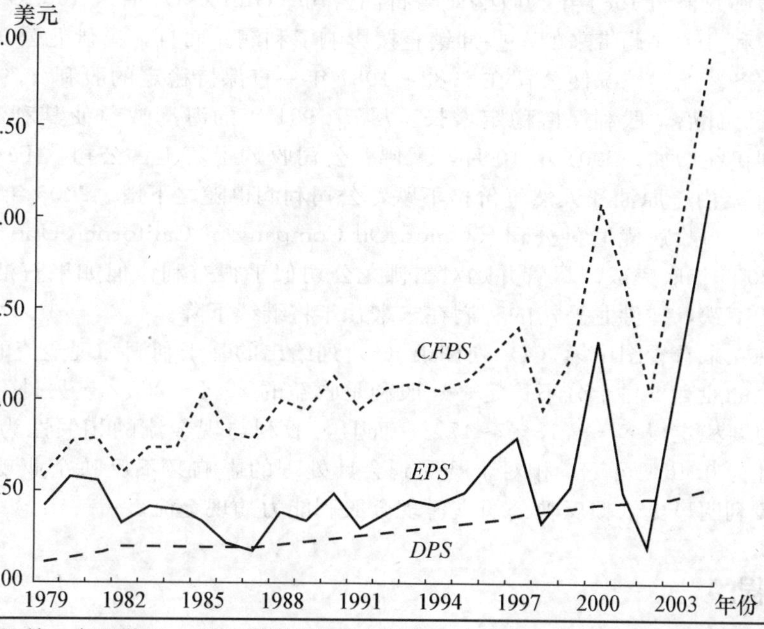

年份	每股股利（美元）	每股收益（美元）	基于利润的股利支付率（%）	每股现金流量（美元）	基于现金流的股利支付率（%）
(1)	(2)	(3)	(4)	(5)	(6)
1979	0.36	1.31	27.78	1.82	19.92
1980	0.45	1.76	25.64	2.32	19.40
1981	0.50	1.74	28.74	2.40	20.83
1982	0.60	1.01	59.55	1.84	32.61
1983	0.60	1.29	46.60	2.23	26.91
1984	0.60	1.24	48.58	2.25	26.67
1985	0.60	1.05	57.28	3.19	18.81
1986	0.60	0.66	91.25	2.47	24.29
1987	0.60	0.53	112.68	2.37	25.32
1988	0.64	1.22	52.47	2.99	21.32
1989	0.70	1.04	67.31	2.83	24.73
1990	0.74	1.51	49.01	3.44	21.51
1991	0.81	0.92	88.04	2.82	28.72
1992	0.83	1.18	70.34	3.22	25.78
1993	0.88	1.40	62.86	3.28	26.83
1994	0.93	1.30	71.54	3.16	29.43
1995	0.96	1.51	63.58	3.34	28.74
1996	1.04	2.03	51.23	3.73	27.88
1997	1.14	2.43	46.91	4.18	27.27
1998	1.22	1.02	119.61	2.80	43.57
1999	1.24	1.57	78.98	3.76	32.98
2000	1.30	3.99	32.58	6.26	20.77
2001	1.33	1.55	85.81	4.88	27.25
2002	1.40	0.54	259.26	2.98	45.98
2003	1.43	3.48	41.09	5.90	24.24
2004	1.54	6.28	24.52	8.67	17.76

图 14—1　雪佛龙公司 1979—2004 年的利润、现金流和股利

注：为了保持可比性，已调整了 1994 年和 2004 年股票分割的影响。

资料来源：Adapted from *Value Line Investment Survey*，various issues.

雪佛龙公司1984年为收购海湾石油公司（Gulf Oil）借入100多亿美元。并购后，债务的利息和并购带来的一些冲销直接影响了利润。而且，雪佛龙公司的管理层想尽快偿还债务。上述情况使公司在1982—1987年一直保持稳定的股利。1988年公司利润急速提升，此后，股利保持稳定增长。尽管1991年的海湾战争使其利润和现金流很差，但股利仍在增加。2001年10月，雪佛龙公司收购了德士古公司（Texaco）。2001年和2002年，由于原油和天然气价格下跌，公司利润也随之下滑。2005年4月13日，雪佛龙公司宣布收购优尼科公司（Union Oil Company of California，Unocal）。该项并购预计在2005年底完成。尽管并购对雪佛龙公司似乎很有利，但如果石油价格从最近的高位开始下跌，雪佛龙公司的利润在未来几年将继续下降。

现在来看看图中第（4）列和第（6）列给出的基于利润和现金流的股利支付率。基于利润的股利支付十分不稳定——股利是收益的25%～260%。另外，基于现金流的股利支付要稳定得多——18%～47%。而且，股利与现金流的相关性为0.78，与利润的相关性为0.46。可见，相对于既受到会计处理的影响又不反映企业现金状况的当前利润，股利明显更依赖反映公司支付现金股利能力的现金流。

支付程序

股利通常按季支付，如果条件允许，股利每年增长一次。例如，2005年Katz公司每季度支付0.5美元股利，即每年支付2美元。用一般的财务语言来说，2005年Katz公司季度正常股利为0.5美元，年度股利为2.00美元。2005年末，该公司董事会举行会议并审阅了2006年的规划，决定2006年保持2美元的股利水平。董事会对外发布了支付2美元股利的信息，所以股东肯定能够收到这些股利，除非公司遭遇意料之外的运营问题。

实际的支付程序如下：

1. 宣告日。在**宣告日**（declaration date）——比如11月8日——董事会举行会议并称发放正常股利，发布类似的公告："2005年11月8日，Katz公司的董事会举行会议并宣布季度正常股利为每股50美分，股东需要在12月8日收盘前进行股权登记，2006年1月3日支付。"出于会计目的，已宣告的股利在宣告日就成为实际的负债。如果编制资产负债表，将0.5美元乘以流通在外的股票数量之积作为流动负债，留存收益将减少相应的数量。

2. 股权登记日。在**股权登记日**（holder-of-record date）（即12月8日）收盘时，公司结束股票交易并制作当天的股东清单。如果原投资者在12月8日下午5点之前卖出Katz公司股票，则买入股票的新投资者将获得当期股利。如果原投资者在12月9日当天或之后卖出股票，则该投资者将获得当期股利。

3. 除息日。假设12月5日，买方简从卖方约翰处购买100股股票。公司能够及时获得通知，将买方作为新股东列入名单并向其支付股利吗？为避免冲突，证券业约定，距股权登记日两个工作日之前持有股票的股东有获得股利的权利；而在股权登记日的前两个工作日内，获得股利的权利不再随着股票变动。股利获取权与股票分离的日子称为**除息日**（ex-dividend date）。上例中，除息日是12月8日的前两天，即12月6日。

如果此日或此日之前购买股票将获得股利	12月5日
除息日：股票购买者不能获得股利	12月6日
股票购买者不能获得股利	12月7日

股权登记日：股东通常不关心　　12 月 8 日

因此，如果股票购买者想要获得股利，他必须在 12 月 5 日或之前买进。如果 12 月 6 日或之后买入，股票卖出者将获得股利，因为他被记载在官方的股东名册中。

Katz 公司的股利达到 0.5 美元，因此除息日非常重要。排除股票市场的起伏波动之后，我们通常预期股价在除息日的下跌约等于股利额。所以，如果公司在 12 月 5 日的收盘价为 30.50 美元，12 月 6 日的开盘价可能是 30 美元。

4. 股利支付日。1 月 3 日即**股利支付日**（payment date），公司将向在册的股东寄出支票。

14.4　股利再投资计划

20 世纪 70 年代，很多大公司启动了**股利再投资计划**（dividend reinvestment plans，DRIPs），即股东自动将股利再投资于该公司的股票。当前，大部分大公司都提供股利再投资计划，并且参股率各不相同。已有超过 1 000 家公司提供这一计划，这一数字还在持续增长。股利再投资计划有两种形式：（1）只涉及已流通在外原有股票的计划；（2）涉及新发行股票的计划。不管是哪一种情况，即使股东收到了股票而非现金，股东也仍然必须为股利纳税。

在两种股利再投资计划下，股东可以选择是继续收到股利支票，还是让公司用股利去购买更多该公司的股票。"旧股"计划中，公司把应该分配给选择了股利再投资计划的股东的钱交给银行，银行作为托管人，用这笔钱在公开市场上购买该公司的股票并且按比例将购买的股票分配到参与该计划的股东账户中。因为购买量大，购买股票的交易成本（佣金）较低，所以这些计划对不需要现金股利用于当前消费的小股东有利。

"新股"的股利再投资计划把股利投资于新发行的股票，所以这些计划为企业增加了新资本。AT&T、施乐以及许多其他公司都曾用新股计划筹集大量的权益资本。此时股东无须承担任何费用，而且有的公司会提供股票实际市场价格 2%～5%的折扣。因为借助投资银行发行新股会产生发行成本，所以公司提供的折扣相当于发行成本。

股利再投资计划一个有趣的方面是，它迫使公司重新审视基本股利政策。如果股利再投资计划的参与率高，那么公司只需削减现金股利，节约股东的个人所得税，就会令股东很满意。很多公司对股东进行问卷调查来了解他们的偏好，以便发现股利政策变化时股东会如何反应。基于这些研究，公司可以对基本股利政策进行更理性的决策。公司是否会从旧股股利再投资计划调整到新股股利再投资计划，取决于公司对权益资本的需求。

提供股利再投资计划的公司中有近 40% 通过改为"开放式登记"的方式来扩展这一项目，也就是任何人都能直接购买企业的股票以避开中介的佣金。埃克森美孚不仅允许投资者购买首次公开发行的股票而不支付任何费用，而且允许他们通过银行自动转账来买入增发股票。包括埃克森美孚在内的一些公司计划为个人退休账户提供股利再投资，包括 U.S. West 公司在内的一些公司计划允许参股人按周或按月而不必按季度进行股利投资。根据以上和其他的计划，股东的投资可以超过他们放弃的股利——他们只需将支票寄给公司来买入股票而不用支付中介佣金。第一芝加哥信托（First Chicago Trust）为 1 300 万股东的股利再投资计划账户处理书面工作，它们称，未来几年内至少一半的股利再投资计划将提供开放式登记、额外购买和其他拓展业务。

14.5 股利政策的影响因素总结

在前几节，我们讨论了投资者股利偏好的理论和股利政策对公司价值的潜在影响，还讨论了如何用剩余股利模型设定企业长期目标支付率。本节将讨论其他一些影响股利决策的因素。这些因素可以分为四大类：（1）股利支付的约束条件；（2）投资机会；（3）备选资本资源的可获得性和成本；（4）股利政策对 r_s 的影响。下面逐一讨论这些因素。

约束条件

1. 债券协议。债务合同通常限制对贷款发放后形成的利润进行股利支付。而且，债务合同通常规定，除非流动比率、利息保障倍数以及其他安全比率超过规定的最低值，否则不能发放股利。

2. 优先股的限制。一般情况下，如果优先股股利未完全支付，普通股股利就不能支付。在普通股股利恢复发放之前，优先股所欠股利必须付清。

3. 资本减损法则。股利支付不能超出资产负债表中的“留存收益”项目。这一法律限制是用来保护债权人的。如果没有这个规则，处于困境中的公司可能将绝大部分资产分配给股东而将债权人排除在外。（清算股利能够用资本清偿，但是必须有事先约定，而且不能将资本减少到债务合同中设定的限度以下。）

4. 现金的可获得性。现金股利只能用现金支付。因此，现金短缺会限制股利支付。不过借款能力能够弥补这一因素。

5. 对不合理累积盈余的处罚性税费。为了阻止富人利用公司来逃避个人所得税，税法对不合理的累积盈余征收特殊的附加税。所以，如果美国国家税务局能够证明公司故意压低股利支付率来帮助股东逃避个人所得税，那么该公司将受到重罚。这一因素对私有公司比较重要。

投资机会

1. 可获利的投资机会数量。我们在剩余股利模型中曾提到，如果一家公司有大量可获利的投资机会，将会降低股利支付率，反之亦然。

2. 加速或者推迟项目的可能性。加速或者延期项目的能力将允许企业遵守更稳定的股利政策。

备选资本资源

1. 发售普通股的成本。如果一家企业需要为既定规模的项目进行融资，既可以使用留存收益，也可以发行普通股。如果发行成本（包括股票发行带来的消极信号影响）高，r_e 将高于 r_s，那么设定低股利支付率从而通过留存收益融资将更好。另外，高股利支付率对于发行成本低的企业是可行的。不同企业的发行成本各异，比如，小企业的发行成本尤其高，所以它们倾向于设定低支付率。

2. 用债务代替权益的能力。一家企业既能用债务也能用权益为既定规模的投资来融资。如前所述，低股票发行成本允许更具弹性的股利政策，因为权益既可以来自留存收益又可以通过发售新股来获得。债务政策与之类似：如果企业能够不通过大幅提高 *WACC* 来调整债务比率，即使增加负债导致利润波动，也能支付预期的股利。

3. 控制。如果管理层关注保持控制权，那么将不愿发售新股，此时公司保留的收益可能比管理层不关注此事的情况下更多。但是，如果股东想要获得更高的股利并且出现代理冲突，那么股利将会增加。

股利政策对 r_s 的影响

股利政策对 r_s 的影响可以从四个方面来考虑：（1）股东期望获得当前收入还是未来收入；（2）股利和资本利得的预期风险；（3）资本利得相对现金股利的税收优惠；（4）股利的信息含量（信号传递）。此前我们已经讨论了这些因素，在此只是强调每个因素的重要性因企业而异，取决于当前和未来可能的股东构成。

显然，股利政策决策更多地基于信息判断，而非数量分析。即使这样，为了制定合理的股利决策，财务经理还是必须考虑之前提到的所有要点。

14.6　股票股利和股票分割

最初，股票股利被缺少现金的企业用来代替常规现金股利。然而现在，它们的首要目的是增加流通在外的股票数量从而降低市场上的股票价格。股票分割的目的与之类似。

我们以波特电子控制公司（Porter Electronic Controls Inc.）为例说明股票股利和股票分割。波特公司是一家电子元器件制造商，资产规模为 7 亿美元。自创立以来，波特公司的市场就不断扩大，销售额和利润也不断增加。它的一些利润用来支付股利，但是还有一些每年都留存下来，推动每股收益和股票价格上涨。公司最初只有几千股股票在外流通，经过几年的成长，公司的股票具有很高的 *EPS* 和 *DPS*。当市盈率为“正常”水平时，股票市场价格已经高到几乎无人买得起“一手”即 100 股。这限制了对股票的需求，也使得公司的总市场价值低于它有更多更低价格流通在外的股票时的价值。为了改变这种现状，波特公司“分割了它的股票”。

股票分割

尽管没有经验证据的支持，但是在财务界广泛流传着这样一种认识：股票存在一个最佳价格区间。“最佳”的意思是如果价格在这个区间内，市盈率以及企业价值将达到最大。包括波特公司管理层在内的许多观察者都相信，大多数股票的最佳区间是每股 20～80 美元。所以，如果波特公司的股票价格涨到 80 美元，管理层很可能会宣布将一股分割成两股的**股票分割**（stock split）方案，使股票流通量翻番，每股收益和股利减半，从而降低股票价格。每位股东都将拥有更多的股票，但是每股的价值减少。如果分割后的价格是 40 美元，波特公司股东的财富将和分割之前一样。但是如果股票价格稳定在 40 美元以上，股东的财富将更多。股票分割可以是任何比例——例如，可以 1 股分割成2股、3股、1.5股，或者其他任意方式。

股票股利

股票股利（stock dividend）与股票分割类似，都是"将馅饼分成更小的块儿"而不影响当前股东的基本地位。5%的股票股利意味着持有100股股票的股东将收到额外的5股（无成本）；如果是20%的股票股利，该股东将获得20股新股；依此类推。由于总股数增加，因此每股收益、股利和价格全都下降。

如果企业想要降低其股票的价格，它们会选择股票分割还是股票股利？股票分割通常用于股价急剧上涨之后，以使股价大幅下跌。股票股利通常基于正常的年度，大致保持对股价的约束。例如，如果公司的利润和股利每年以10%的速度增长，它的股票价格大概也会以相同比率增长，这将很快使股票价格超出期望的价格区间。每年10%的股票股利将使股票价格保持在最佳交易区间。但是需要注意，小额股票股利将产生记账问题和不必要的支出，因此企业采用股票分割远多于股票股利。

对股价的影响

如果公司进行股票分割或者宣告股票股利，会增加股票的市场价值吗？一些经验研究的发现总结如下：

1. 一般来看，在宣布股票分割或股票股利计划之后，公司股票价格短期上升。

2. 股票分割和股票股利导致高股价的原因之一是投资者通常将股票分割和股票股利当做企业未来获得更高收益的信号。因为只有当管理层认为公司情况很好才会倾向于分割股票，所以股票分割被看做利润和现金股利可能提升的信号。也就是说，股票分割、股票股利之所以与股票价格上涨联系在一起，可能是因为传递了利润和股利的有利信号。

3. 如果一家公司宣布股票分割或股票股利计划，它的价格将趋于上升。但是，如果接下来的几个月公司没有宣布利润和股利增加，那么股票的价格将回落到之前的水平。这验证了前文讨论的信号效应。

4. 通过提供更多的股票并降低股票价格，股票分割也可以增加股票的流动性。这将倾向于增加企业价值。

5. 同样有证据表明股票分割改变了股东的组合。股票分割之后，个人投资者在交易中的占比趋于上升，而机构投资者在交易中的占比下降。我们尚不能确定这将如何影响股票价值。

我们能从中得出什么结论呢？股票分割和股票股利为管理层提供了一种以较低成本传递公司良好前景信号的方式。此外，由于几乎没有大型上市公司以几百美元的价格出售股票，因此我们无法了解雪佛龙、微软、施乐、惠普以及其他一些极其成功的公司如果从不分割股票，导致股价达到几千甚至几万美元时会有什么影响。

14.7 股票回购

几年前，《财富》上的一篇文章以"回购股票，战胜市场"为题，探讨了这样一个事实：一年之内，超过600家大公司大量回购了自己的股票。文章还对一些具体的公司回购及其对股价的影响进行了说明。文章的结论是“回购为股东创造了大笔可以带走的巨款”。

最近，微软宣布计划发放股利并回购部分普通股。微软的这一行动是业内领先公司股票回购大潮的一个缩影。股票回购项目如何运转，为什么它们在过去几年里变得如此流行？本节的剩余部分将讨论这个问题。

股票回购（stock repurchase）有三种基本类型：（1）企业有可用来分配给股东的现金，并且可通过回购股份而不是支付现金股利的形式来分配；（2）企业认为资本结构中权益的比例太高，所以发售债券并将收到的款项用来回购股票；（3）企业向员工授予期权，然后从公开市场上回购股票以备期权行权时使用。

被企业回购的股票称为库藏股。如果一些流通在外的股票被回购，将只有更少的股票还在流通。假设回购不会对企业未来的利润产生负面影响，那么剩余股票的每股收益将增加，进而市场价格将上涨。结果是资本利得替代了股利。

股票回购的影响

近年来许多公司都进行了股票回购。20 世纪 80 年代前，绝大多数回购只有几百万美元，但在 1985 年，菲利普斯石油（Phillips Petroleum）宣布了当时最大的回购计划——8 100 万股股票，市值 41 亿美元。更戏剧性的是，微软在 2004 年宣布，将在几年内完成 300 亿美元的回购计划。还有一些大规模的回购，如宝洁、戴尔、家得宝、得州仪器、IBM、可口可乐、固特异、施乐等公司的回购。其实自 1985 年以来，回购的股票比发行的股票要多。

回购的影响可以以 ADC 公司为例加以说明。公司预计 2006 年利润为 4.4 百万美元，其中的 50%也就是 2.2 百万美元将分配给普通股股东。公司有 1.1 百万股股票在外流通，市场价格为每股 20 美元。ADC 公司认为这 2.2 百万美元既可以用于以每股 22 美元的价格回购 100 000 股股票，也可以用于每股发放 2 美元的现金股利。

回购对剩余股票的 EPS 和每股市场价格的影响分析如下：

1. 当前 $EPS=\frac{\text{总利润}}{\text{股票数量}}=\frac{4.4}{1.1}=4$ 美元/股
2. 市盈率（P/E）$=\frac{20}{4}=5$
3. 回购 100 000 股后的 $EPS=\frac{4.4}{1}=4.4$ 美元/股
4. 预期回购后的市场价格＝市盈率×EPS＝5×4.4＝22 美元/股

我们从这个例子中可以看到，不论是每股 2 美元的现金股利还是股票价格增加 2 美元，投资者的税前收益都是每股 2 美元。出现这种结果的原因是：我们首先假设股票肯定能够以每股 22 美元的价格回购，其次假设市盈率保持稳定。如果股票能够以低于 22 美元的价格回购，将对不参与回购的股东更有利，但是如果 ADC 公司不得不支付高于 22 美元的价格，结果就正好相反。进一步来看，市盈率可能会由于回购而发生变动，如果投资者认为有利，市盈率就上升；反之，则下降。

回购的优点

回购有以下优点：

1. 宣告回购可能被投资者当做积极信号，因为当管理层认为公司股票被低估时，通常会启动回购计划。

2. 当企业以回购股票的形式分配现金时，投资者可以选择卖出或者不卖出股票，但是对现金股利而言，股东必须接受股利并支付税费。所以在回购时，需要现金的股东可以卖出他们的股份，不需要额外现金的股东可以保留他们的股份。从交税的立场来看，回购可以帮助两类股东都得到他们想要的东西。

3. 回购能移开“悬于”市场之上的大量股票，控制每股价格。

4. 股利在短期内具有“黏性”，如果股利增加在未来不可持续，管理层就不愿意增加股利——管理层不喜欢削减现金股利，因为这会传递消极信号。因此，如果预期额外的现金流是暂时的，管理层可能偏好选择股票回购，而不是增加不可持续的现金股利。

5. 公司可采用剩余股利模型设定一个目标现金分配水平，然后将其分成股利部分和回购部分。股利支付率可以相对较低，但是非常有保障，并能随着流通在外的股份数量下降而上升。同时，即使股票回购年年不同也不会产生负面信号，所以比起完全分配现金股利，这种方法会使公司在调整总体分配方面有更大的灵活性。这种方式有许多值得推荐的地方，这也是股票回购大量增加的一个重要原因。

6. 回购能够用来大幅调整资本结构。例如，多年前纽约城市电力公司（Consolidated Edison）认为它的负债率太低以至于不能使 WACC 最小化，所以它借入4亿美元回购普通股，使资本结构立刻从非最优变成了最优。

7. 将股票期权作为员工报酬重要组成部分的公司可以回购股票，并在员工行权时使用这些股票。这样就避免了发行新股带来的利润稀释。微软以及其他高科技公司近年来都采用了这一办法。

回购的缺点

回购的缺点包括以下几方面：

1. 股东对股利和资本利得可能并非无所谓，股票价格会更受益于现金股利而不是股票回购。现金股利通常比回购可靠。

2. 卖出股票的股东可能没有完全了解回购的含义，或者他们可能没有关于公司现在和未来活动的所有相关信息。当管理层有充分的理由确信股票价格低于其内在价值时，情况更是如此。不过公司通常在着手提升股票价格之前公告回购计划，以避免潜在的股东诉讼。

3. 公司可能为回购股票支付了太高的价格，这对其他的股东不利。如果股票交易不活跃，当公司准备回购大量股票时，回购价格就有可能高于其内在价值，回购结束后，其价格将下跌。

股票回购的结论

总结了所有赞成和反对股票回购的观点后，我们怎么看待这个问题？我们的结论如下：

1. 因为资本利得在税费支出上有延迟，所以作为向股东分配利润的方式，回购在税费上比股利有优势。而且回购可以向想要现金的股东提供现金，同时允许不需要当前现金的股东推迟获得收入，所以这一优势更为明显。另外，股利更可靠，所以更适合那些需要稳定收入来源的股东。

2. 由于信号效应，公司不应该支付起伏波动的股利——那将降低投资者对公司的信心，并且会给权益成本和股票价格带来负面影响。但是，现金流与投资机会始终在变化，所以剩余股利模型中"合适"的股利也将不同。为了避开这一问题，公司可以把股利设定在较低水平并保持股利支付，然后偶尔采用股票回购分配额外现金。这样的安排可以向那些想获得现金的股东提供正常、可靠的股利以及额外现金流。

3. 当公司希望对资本结构进行大幅、快速的调整时，希望分配诸如出售某一部门所得到的一次性现金时，或者希望得到股份以便在员工股票期权计划中使用时，回购都很实用。

在本书前几版中，我们认为公司应该进行更多的回购，并支付比它们以前支付的更少的现金股利。近些年股票回购规模和频率的增加都说明公司的决策与我们的结论一致。

小结

当公司盈利时，必须考虑如何处理产生的现金。公司可以保留这些现金用来购买资产或偿付债务，也可以向股东进行分配。要记住，管理层留存的每一美元实际上都应该属于股东，股东可以将之投资于其他地方。因此，管理层只有在再投资获利高于股东从公司外部获得的利润时，才应该保留利润。高成长公司有很多好项目，会保留较多盈余，成熟公司有大量现金而缺少投资机会，将会有更慷慨的现金分配政策。

练习题

1. 股票分割

Gamma Medical 的股票价格为 90 美元。公司正在进行将 2 股分割成 3 股的股票分割。假定股票分割对权益市场价值没有影响，分割后的股票价格将是多少？

2. 股票分割

Strasburg Company 完成了 1 股分割成 5 股的股票分割，并为这些新股票发放了每股 0.75 美元的股利，比未分割前的上年股利增加了 9%。上年的每股股利是多少？

3. 剩余股利模型

Welch Company 在考虑三个独立的项目，每个项目都需要 5 百万美元的投资。预计内含报酬率（*IRR*）和资本成本如下：

H 项目（高风险）：资本成本 = 16%，*IRR*=20%

M 项目（中等风险）：资本成本 = 12%，*IRR*=10%

L 项目（低风险）：资本成本 = 8%，*IRR*=9%

项目的资本成本不同是因为各自的风险水平不同。公司的最优资本结构要求 50%的负债和 50%的权益。公司预计净利润为 7 287 500 美元。如果公司根据剩余股利模型确定股利，其股利支付率是多少？

答案

1. P_0=60 美元
2. D_0=3.44 美元
3. 股利支付率=31.39%

第 6 部分

营运资本管理、财务预测和国际财务管理

第 15 章

营运资本管理

15.1 营运资本的概念

“营运资本”一词起源于北方的小商贩，他把货物装上马车去贩卖。那些商品之所以叫做“营运资本”，是因为这是他实际卖出去或“周转”来产生利润的东西。马车和马是小贩的固定资产。马车和马通常归他所有，所以其资金来自“权益”资本。他的货物是赊来的（向供应商借来的）或向银行借钱买来的，这些贷款叫做营运资本借款，每次行程结束后，这些借款必须偿还，以便向债权人证明信用良好。这些小贩归还借款后，可以再借一笔，那些遵循这一程序的债权人可被视为在进行“合理的借贷活动”。显然，小贩每年的行程越多，营运资本周转越快，利润越高。

这一概念也可以用于现代企业。首先，我们需要明确下面的基本定义和概念：

1. **营运资本**（working capital），有时叫做毛营运资本，指经营中使用的流动资产。

2. **净营运资本**（net working capital），指的是流动资产减去所有的流动负债。

3. **净经营性营运资本**（net operating working capital），指的是流动资产减去无息流动负债（应付账款和应计项目）。

4. **现金周转期**（cash conversion cycle，CCC），指的是资金在营运资本上占用的时间，或从为营运资本支付现金到通过出售收回现金的时间。下一节将讨论。

15.2 现金周转期

所有公司都有一个“营运资本周转期”，即购入或生产货物，持有一段时间后出售并收回现金。这个过程和北方小商贩的行程相似，叫做现金周转期。

计算目标现金周转期

风尚公司（Great Fashions Inc.，GFI）刚推出一项业务：从中国的一家制造商买入女式高尔夫装备，然后通过高端高尔夫俱乐部的会员店出售。公司的商业计划宣称，准备每月初买入100 000美元的装备，并在60天后售完。公司可在40天内向供应商付款，公司的顾客可在60天内向公司付款。GFI预期每月销售额为100 000美元，这意味着在最初的几年仅能维持盈亏平衡。这项业务所需的资金全部来自银行，公司收到现金后就需要马上偿还借款。

可以用上面的信息计算GFI的现金周转期，包括下面三个时间周期：

1. **存货周转期**（inventory convension period）。GFI的存货周转期是60天，因为它需要60天时间卖出货物。

2. **平均收账期**（average collection period，ACP）。这指的是客户在购买商品后向公司付款的时间长度。ACP也可以叫做应收账款周转天数（day's sales outstanding，DSO）。GFI的商业计划中提出ACP为60天，相当于提供给客户60天信用期间。

3. **应付账款周转期**（payables deferral period）。这是 GFI 的供应商提供给它的付款期间，本例中为 40 天。

GFI 在第 1 天买入商品，预期在 60 天内售出商品形成应收账款。收回这些应收账款还需要 60 天，所以从买入货物到收回现金一共需要 120 天。但是 GFI 可以将自己的付款推迟 40 天。

我们可以把这三个期间联系在一起计算出计划的现金周转期，如公式（15—1）和图 15—1 所示。

存货周转期	＋	平均收账期	－	应付账款周转期	＝	现金周转期
60	＋	60	－	40	＝	80(天)

（15—1）

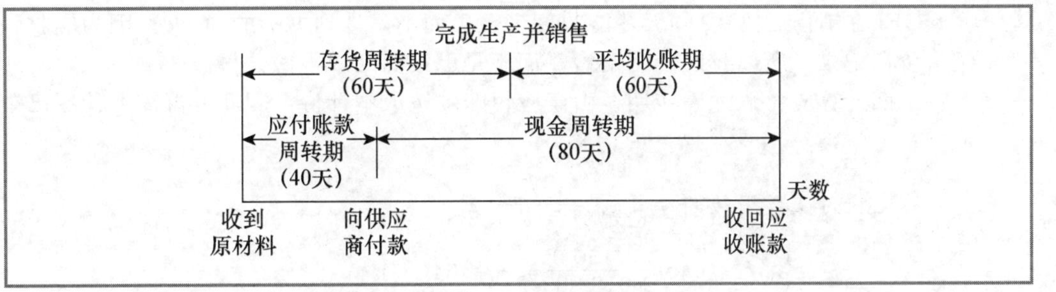

图 15—1 现金周转期

尽管 GFI 必须在 40 天后向供应商支付 100 000 美元，但它在 120 天（＝60＋60）内将无法收到现金。所以公司必须在第 40 天向银行借入 100 000 美元支付货款，而且直到第 120 天收回现金时才能偿还这些借款。在 120－40＝80 天（即现金周转期）内，公司将欠银行 100 000 美元，并需要支付利息。为了降低利息费用，现金周转期越短越好。

如果在不影响销售或增加营业成本的前提下，GFI 可以更快销售商品、更快收回应收账款或更晚支付应付账款，那么它的现金周转期会缩短，利息支出会减少，进而利润和股票价格会提高。

计算实际现金周转期

前面举例说明了现金周转期的概念，实务中我们会基于公司的财务报表来计算现金周转期。而且，由于现实世界更加复杂，比如存在运输延误、销售放缓、客户推迟付款等情况，因此实际现金周转期通常与理论预期不同。此外，像 GFI 这样的公司可能会在原有周期结束前就开始了新的循环，这也会使情况更加难以分辨。

为了说明实务中如何计算现金周转期，假定 GFI 的业务已经开展了几年，现在比较稳定——不断下单、销售、收款、付款。下面的数据来自其最近的财务报表：

年销售额	1 216 666 美元
已销商品成本	1 013 889 美元
存货	250 000 美元
应收账款	300 000 美元
应付账款	150 000 美元

我们从GFI的存货周转期开始说明其计算过程：

$$存货周转期=\frac{存货}{每天的已销商品成本} \tag{15—2}$$

$$=\frac{250\,000}{1\,013\,889/365}=90(天)$$

可见，GFI平均需要90天来销售商品，而非商业计划中预计的60天。需要注意，因为存货以成本计价，所以公式中的分母应该是已销商品成本，而不是销售额。

$$平均收账期=ACP(或\ DSO)=\frac{应收账款}{销售额/365} \tag{15—3}$$

$$=\frac{300\,000}{1\,216\,666/365}=90(天)$$

GFI在销售后需要90天才能收回现金，而不是计划书中的60天。因为应收账款以销售价格记录，所以我们使用销售额而不是已销商品成本做分母。

下面计算应付账款周转期，由于应付账款按成本计价，因此分母需要使用已销商品成本：

$$应付账款周转期=\frac{应付账款}{已销商品成本/365} \tag{15—4}$$

$$=\frac{150\,000}{1\,013\,889/365}=54(天)$$

GFI原来预期40天后可以向供应商付款，但实际上付款很慢，到第54天才能付款。

我们可以把这三个期间结合起来计算GFI的实际现金周转期：

$$现金周转期=90+90-54=126(天)$$

GFI实际的现金周转期为126天，与计划的80天截然不同。它用于销售商品的时间比计划的更长，客户也不会尽快付款，GFI自己给供应商付款的速度也比预期的要慢。最终的结果是实际现金周转期为126天，计划为80天。

如果计划的80天现金周转期是“合理”的，那么实际的126天就太长了。CFO应该促使销售和信贷人员加速销售和回款。此外，采购部应该努力使付款期间更长。如果GFI能在不影响销售和营业成本的前提下采取以上措施，就可以对利润和股票价格产生有利影响。

申玄汉和吕克·索能（Hyun-Han Shin and Luc Soenen）两位教授研究了2 900多家公司在20多年里的表现，发现缩短现金周转期可以提高利润，使股票价格表现更好。这说明良好的营运资本管理非常重要。

15.3 流动资产投资策略

现金周转期明确了公司营运资本政策的优点和缺点。在本节中，我们将解释流动资产持有量如何影响获利水平。首先，图15—2给出了三种基于不同流动资产规模的备选策略。最上面的线最陡峭，说明公司在一定销售水平上持有大量现金、有价证券和存货，而且此时公司的信用政策较为自由，所以产生大量应收账款。这是**宽松策略**（relaxed policy)。如果采用**紧缩策略**（restricted policy），持有的流动资产将达到最少。**适中策略**（moderate policy）则处于这两种极端之间。

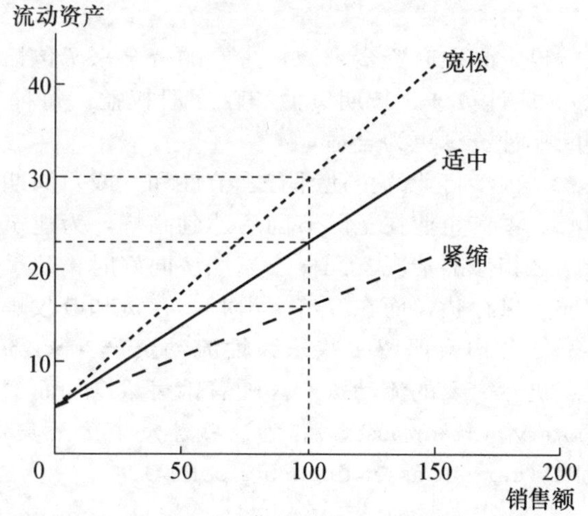

策略	每 100 美元的流动资产	流动资产周转率（销售收入/流动资产）(%)
宽松	30	3.3
适中	23	4.3
紧缩	16	6.3

图 15—2 流动资产投资策略（百万美元）

注：本图中销售额与流动资产是线性关系，实际上有可能是非线性关系。

我们可以使用杜邦公式来评估营运资本管理对 *ROE* 的影响。

$$ROE = \text{销售净利率} \times \text{总资产周转率} \times \text{权益乘数}$$
$$= \frac{\text{净利润}}{\text{销售额}} \times \frac{\text{销售额}}{\text{总资产}} \times \frac{\text{资产}}{\text{权益}}$$

紧缩策略意味着较低水平的资产，所以总资产周转率会较高，进而预期 *ROE* 会较高。但是因为短缺可能导致生产中断、客户不满，以及严重的长期问题，所以这种策略使公司不得不面对风险。宽松策略最大限度减少了经营问题，却使周转率降低，进而降低了 *ROE*。适中策略处于两个极端之间。最优策略应该是可以使股票内在价值最大化的策略。

需要注意，技术改进会使最优策略发生变化。比如，如果新技术使得制造商可以在 5 天内生产原来需要 10 天的产品，那么在产品存货可以减少一半。与之类似，沃尔玛和家得宝之类的零售商安装了新系统，所有商品都可以在收银处进行扫码。这一信息自动传送给记录每种商品存货的电脑，当存货下降到一定水平时，电脑会自动向供应商的电脑发出订单。这一过程使原来用于避免存货不足的“安全存货”降到最低，达到能够使利润最大化的最优水平。

15.4 流动资产融资策略

流动资产上的投资必须有资金来源，主要的资金来源包括银行借款、供应商的信用销售（应付账款）、应计负债、长期负债和普通股权益。每种来源都有优缺点，所以每家公司都必须判断哪种资源更为合适。

首先需要注意，很多行业的企业都有季节性和（或）周期性的波动。例如，建筑公司在夏季达到高峰，零售企业在圣诞节前后达到高峰，为建筑公司或零售企业提供产品的制造企业会有与之相似的情况。同样，当经济向好时，几乎所有公司的销售量都会增加，所以它们形成大量存货，而在经济下滑时，存货和应收账款都会下降。不过，流动资产很少降为零——公司会保留一些**永久性流动资产**（permanent current assets），这是在周期的最低点仍然需要的流动资产。随着销售量增加而增加的流动资产叫做**临时性流动资产**（temporary current assets）。为这些流动资产筹集资金的方式就称为公司的**流动资产融资策略**（current asset financing policy）。

期限匹配法或自我清算法

期限匹配法（maturity matching approach）或**自我清算法**（self-liquidating approach）要求按照图15—3中的a部分来匹配资产和负债的期限。所有的固定资产以及永久性流动资产都由长期资本来支持，暂时性流动资产则由短期负债来支持。预期在30天内销售的存货可以用30天内的银行借款来提供资金；使用寿命为5年的设备可以用5年期的贷款来融资；使用寿命为20年的建筑物可以用20年期的抵押债券来融资；依此类推。不过有两个因素会阻碍期限的完全匹配：(1) 资产的寿命存在不确定性。例如，公司用30天的银行贷款为存货提供资金，预期售出存货后用收到的现金偿还贷款。但是如果销售迟缓，将无法收到现金，也就无法在贷款到期时顺利偿还。(2) 必须使用一些没有到期日的普通股权益。不过，如果公司试图按照期限匹配资产和负债，就可以认为采用的是适中的流动资产融资策略。

激进的方法

图15—3中的b部分描绘了更激进的公司，这样的公司会用短期负债为部分永久性资产融资。b部分的标题中用了“相对”一词，这是因为激进的程度各有不同。例如，b部分中的虚线可以画在代表固定资产的线下方，意味着所有的流动资产（包括永久的和暂时的）以及部分固定资产都由短期信贷来支撑。这将非常激进，极不谨慎，公司很可能面对贷款展期的风险以及利率上涨的问题。不过，短期利率一般低于长期利率，有些公司愿意以牺牲安全为代价来获取高额利润。

采用激进策略是为了从收益曲线通常向上倾斜的事实中获利，即短期利率一般低于长期利率。但是，使用短期负债为长期资产融资的确风险很大。比如，假定公司借入1年期100万美元借款，使用这笔资金买入设备，该设备能够在10年内每年降低20万美元的人工成本。该设备带来的现金流入不足以在1年后偿还借款，所以该借款必须续借。如果公司遇到暂时的财务问题，债权人拒绝展期，就可能会带来破产风险。如果公司将期限配比，用10年期借款为该设备融资，那么贷款偿还会与现金流匹配得更好，不会出现展期问题。

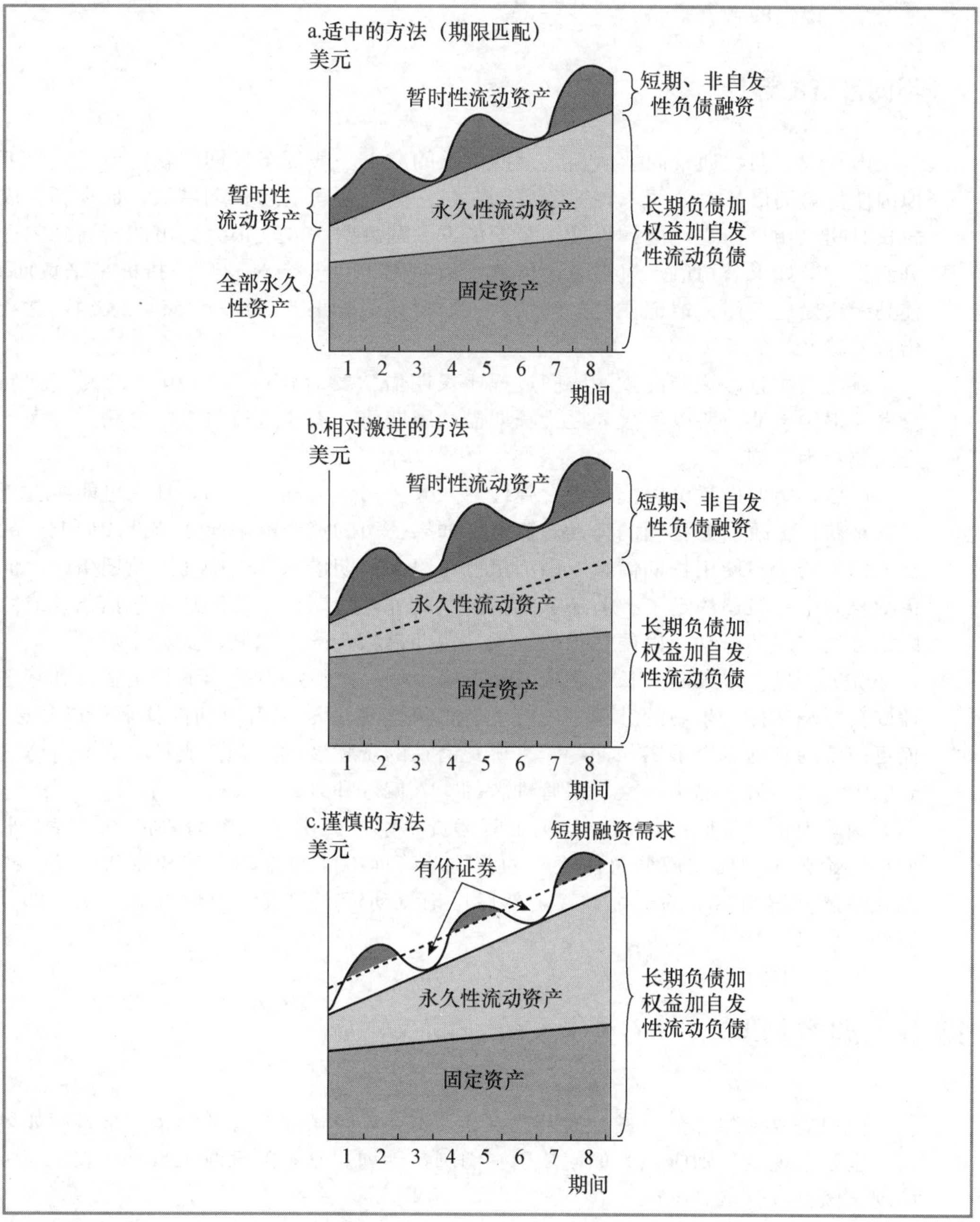

图 15—3 流动资产融资策略

谨慎的方法

在图 15—3 的 c 部分，虚线位于代表永久性流动资产的线的上方，意味着长期资本为所有的永久性流动资产和部分季节性需求提供资金。在这种情况下，公司仅在资金需求高峰期使用少量短期借款，不过也会用有价证券“储存流动性”以满足部分季节性需求。虚线上方的隆起代表短期融资，虚线下方的凹陷代表持有的短期证券。这是一种非常安全、谨慎的融资策略。

不同方法的选择

由于收益曲线通常向上倾斜，短期借款的成本一般低于长期借款。但是，以下两个原因使得短期借款对公司来说风险更高：（1）如果公司借入长期借款，那么利息成本在较长时间里相对稳定，但如果使用短期借款，利息费用波动很大，可能会高到完全吃掉利润。（2）如果公司借入过多短期借款，暂时的不景气会对其财务指标带来负面影响，使其无法偿还负债。请记住，如果借款人的财务状况很差，债权人不会续约，这会迫使借款人破产。

还需要注意，短期借款的协商过程比长期借款要短。在10～20年期的贷款期间内会发生很多事情，所以债权人在为长期借款展期前，需要进行更多财务测试，而且借款合同应更为详细。

最后，短期借款可以提供更多弹性。如果公司认为利率太高，那么可能会选择短期借款来获得更改债务合同的弹性。而且，如果公司的资金需求是季节性或周期性的，那么公司不会希望使用长期借款，因为虽然可以在长期借款合同中写入偿还条款，但长期借款合同中一般还约定了提前还款的罚金。此外，长期借款合同通常包括条款或协定来限制公司未来的行动，以便保护债权人，短期借款合同则限制较少。

综上所述，很难断言长期融资或短期融资哪一个更好。公司的特定条件和管理者的偏好会影响选择。乐观的、激进的管理者很可能更多地使用短期借款来获得利息好处，而更谨慎的管理者会采用长期融资来避免潜在的贷款展期问题。决策时需要考虑这里提到的因素，但最终的决策会反映管理者的个人偏好和判断。

到此为止，我们为公司如何确定营运资本策略提供了一个简要描述。接下来，我们将讨论公司如何在遵循总体策略的前提下管理不同的流动资产和流动负债。我们首先介绍怎样编制简单的现金预算，然后讨论流动资产和流动负债的每个主要部分如何管理。

15.5 现金预算

公司需要预测现金流量。如果需要额外资金，公司需要提前筹集资金，而如果公司会产生多余现金，则应该为如何使用它们制定计划。基本的预测工具是如表15—1所示的**现金预算**（cash budget）。

现金预算可以涵盖任何期间，但公司通常编制如表15—1所示的下一年度的每月现金预算，并且在每月月初编制每日现金预算。月度预算有利于长期的计划，每日预算则给出了更准确的实际现金流状况。

编制月度现金预算从每月的销售预测入手，而且需要预测何时回款。然后需要预测原料采购，以及原料、人工、租赁、新设备、税收和其他费用的支付。用预计收款减去预计开支就得到每月预期净现金结余（或短缺）。如果公司没有借入资金或进行投资，用期初现金余额加上或减去结余（或短缺）就得到当月月底的现金余额。

表 15—1　　**艾来德公司：2006 年现金预算**　　单位：百万美元

	A–F	G	H	I	J	K	L	M	N
6	输入数据								
7	销售当月可收回的款项	20%	假定保持不变						
8	销售后次月可收回的款项	70%	假定保持不变						
9	销售后第二个月可收回的款项	10%	等于10%减去坏账率						
10	坏账率	0%	可以改变输入值观察影响						
11	当月收款的现金折扣	2%	可以改变输入值观察影响						
12	采购：下个月销售额的一定比例	70%	可以改变输入值观察影响						
13	每月的租赁费用	15	可以改变输入值观察影响						
14	新厂房的建造成本（10月）	100	可以改变输入值观察影响						
15	目标现金余额	10	期初需要借入此金额						
16	销售额调整	0%	（相对于基本情况调增或调减一定比例）						
17									
18		5月	6月	7月	8月	9月	10月	11月	12月
19	销售收入（毛收入）	200	250	300	400	500	350	250	200
20	收款								
21	销售当月：0.2（销售额）（0.98）			59	78	98	69	49	39
22	销售次月：0.7（上月销售额）			175	210	280	350	245	175
23	销售后第二个月：0.1（两个月前销售额）			20	25	30	40	50	35
24	总收款			254	313	408	459	344	249
25	付款								
26	采购：下月销售额的70%		210	280	350	245	175	140	
27	原料付款：上月采购额			210	280	350	245	175	140
28	工资			30	40	50	40	30	30
29	租赁			15	15	15	15	15	15
30	其他费用			10	15	20	15	10	10
31	税费					30			20
32	厂房建造						100		
33	总付款			265	350	465	415	230	215
34	净现金流量								
35	当月现金净流量（NCF）：第24行减去第23行			(11)	(37)	(57)	44	114	34
36	累计NCF：当月NCF加上上月累计NCF			(11)	(48)	(105)	(61)	53	87
37	现金结余（或借款需求）								
38	目标现金余额			10	10	10	10	10	10
39	现金结余（或所需借款）：第36行减去第38行			(21)	(58)	(115)	(71)	43	77
40	所需借款的最高额度（以负数列示）			(115)					
41	可用于投资的最高额度			77					

注：a. 尽管预算期间为 7—12 月，但需要 5 月、6 月的数据来确定 7 月、8 月的收款和付款。

b. 公司可以每天借入和偿付贷款，所以 7 月借入的 21 百万美元很可能在必要的情况下逐日偿还完毕，10 月初的 115 百万美元借款可以每天偿还一部分，到月末时余额为 71 百万美元，在 11 月还清。

我们以艾来德公司为例来说明现金预算。为了简化，我们只进行 2006 年下半年的预测。艾来德公司主要向零售连锁店出售商品，2006 年预计销售额为 3 300 百万美元。如表 15—1 所示，销售额在夏天开始上升，9 月到达顶峰，然后在秋天开始下降。所有的销售条款都是 2/10，net30，即 10 天内付款可以获得 2%的现金折扣，如果不想得到现金折扣，那么最后的付款期限可以推迟为 30 天。但像其他大多数公司一样，艾来德公司发现有些客户会推迟付款。经验显示：20%的客户在采购的当月支付款项——这些客户将获得折扣，70%的客户在采购的次月支付款项，还有 10%则会推迟到采购后的第 2 个月才付款。

艾来德公司在食品、调料、防腐剂、包装物等方面的成本平均为销售收入的 70%。通常在公司预计出售产成品的上个月采购原料，但艾来德公司的供应商允许它推迟 30 天付款。7 月的销售预测为 300 百万美元，所以 6 月的采购应该是 210 百万美元，这笔款项必须在 7 月支付。

工资、租赁支出以及预计税收也要纳入现金预算，9 月 15 日到期的税收支出为 30

百万美元，12月15日到期的税收支出为20百万美元。另外，预算中还显示10月公司必须支付买入新厂房的100百万美元以及其他杂费。艾来德公司的**目标现金余额**（target cash balance）为10百万美元，它的计划是：如果出现现金短缺就借入款项来达到目标，如果出现现金结余就进行投资。

我们使用表15—1中的信息可以预测7—12月的月度现金余缺，以及艾来德公司为了保持每月的现金余额目标水平而需要借入或投资的金额。

预测时输入的数据——仅仅是假设，可能不正确——列示在第6行到第16行。第19行给出了5—12月的销售预测。5月和6月的销售额用来确定7月和8月的收款。第20行到第24行与收款有关。第21行说明发生在任一月份的销售都有20%在当月收回款项。这些客户可以得到现金折扣，所以该月的收款要扣掉2%。例如，7月的收款等于当月300百万美元销售额的20%减去2%的折扣，0.2×300－0.2×300×0.02＝58.8百万美元，约为59百万美元。第22行给出收回的上月销售收入。例如，7月应收回6月250百万美元销售收入的70%，即175百万美元。第23行给出了应收回的两个月前发生的销售收入。7月应收回的5月的销售收入为0.10×200＝20百万美元。每个月的回款加总后列示在第24行。所以，7月的回款包括7月销售额的20%（减去折扣）、6月销售额的70%和5月销售额的10%，总共为254百万美元。

原料成本等于下月销售额的70%，列示在第26行。7月预计销售额为300百万美元，所以6月的采购费用为0.7×300＝210百万美元。这笔钱需要在7月支付，列示在第27行。接下来，8月的销售额预计为400百万美元，艾来德公司7月的采购费用为0.7×400＝280百万美元，这笔钱需要在8月支付。其他支出列示在第28行到第32行，总支出列示在第33行。

我们在第35行给出了每月的净现金流量（*NCF*），等于第24行的总收款减去第33行的总付款。7月的*NCF*为－11百万美元，此后现金余额一直为负，直到10月才变为正数。

第36行列示了用月度现金流量计算的累计净现金流量，等于当月*NCF*加上上月累计*NCF*。由于7月没有月初累计*NCF*，因此7月的累计*NCF*就是该月的*NCF*，为－11百万美元。到8月，我们用该月的*NCF*（－37百万美元）加上累计至7月底的*NCF*（－11百万美元），得到8月底的累计*NCF*为－48百万美元。9月仍然是负的现金流量，所以累计*NCF*上升到－105百万美元。但是10月的*NCF*为正，所以累计数字下降到－61百万美元，并且在11月和12月继续下降。

艾来德公司的目标现金余额为10百万美元——它希望在所有时段都保持这一余额。我们假定它在分析的起点借入10百万美元，列示在第38行。由于7月的预计现金短缺为－11百万美元，而且它在月初借入了10百万美元，所以7月底艾来德公司的借款总计为21百万美元，列示在第39行。8月和9月产生了更多现金短缺，所以需要继续增加借款，9月底借款金额最高，为115百万美元。但10月产生了正现金流量，可以用来减少贷款，11月底贷款全部偿还完毕，而且公司还有多余资金用来投资。12月底，艾来德公司没有贷款且有77百万美元可用来投资。

第40行显示所需贷款的最高额度为115百万美元，第41行显示预计现金结余的最大值为77百万美元。艾来德公司的财务主管需要安排信用额度，以使公司最多可以借到115百万美元，当需要资金时在额度内不断增加借款，当现金流为正时陆续偿还。

财务主管在协商信用额度时可以向银行提供现金预算。债权人希望了解艾来德公司预计需要多少资金、何时需要、何时归还。债权人——以及艾来德公司的执行官们——

会就现金预算向财务主管提出疑问，他们希望了解：如果销售额高于或低于预测，预测的数字会受到什么影响，当客户的支付时间发生变化时，预测会受到什么影响，等等。核心问题是：预测的准确性如何，重大失误会带来什么影响。

如果每月的现金流入或流出并不均衡，那么实际所需的资金会与预计金额差异较大。例如，表 15—1 显示了每月最后一天的情况，我们发现预计最高贷款额度为 115 百万美元。但是，如果所有的支出必须在 1 日付款，而大部分回款发生在 30 日，那么艾来德公司将不得不在 9 月收到 408 百万美元现金流入之前支付 465 百万美元。此时，公司将需要借入约 500 百万美元，而不是表 15—1 中的 115 百万美元。日现金预算将揭示这一情况。

表 15—1 由电子表格编制，比较容易改变假设。因此，我们可以改变销售额、目标现金余额、客户付款时间等，检验现金流受到的影响。而且，通过现金预算还可以观察信用政策和存货管理的变化会带来什么影响。

15.6 现金和有价证券

大部分人使用“现金”一词时，指的是货币（纸币和硬币）加上银行活期存款。但是当公司财务主管使用该词时，通常指的是货币、银行存款以及安全且流动性好的有价证券，这些证券可以以可预计的价格快速出售变为银行存款。所以，在资产负债表上列示的“现金”通常包括短期证券，也叫“现金等价物”。

需要注意的是，公司的有价证券可以分为两类：(1) 经营性短期证券，主要用来提供流动性，根据需要买入及卖出来为经营活动提供资金，是经营性营运资本的组成部分。(2) 其他短期证券，指的是超出支持正常经营所需流动性的证券。像微软这样获利丰厚的公司通常持有远超出保持流动性所需的证券。这些证券最终会出售，所得现金用于如下情况：支付大笔一次性股利、回购股票、赎回负债、并购其他公司，或为重要的业务增加融资。这一分类不会在资产负债表中列示，但财务经理了解他们的证券中有多少用来满足经营需要，有多少用于其他目的。在我们对营运资本的讨论中，重点关注用来提供经营流动性的证券。

货币

零售商、赌场、旅馆、电影院以及其他一些企业持有大量货币，但随着信用卡、借记卡以及其他支付工具的普及，货币的重要性在下降。像麦当劳这样的公司需要足够多的货币来支持经营活动，但过多货币会增加资本成本，甚至引来窃贼。每家公司都要确定自己货币的最优水平，但即使对零售商来说，货币也只是其总现金的一小部分。

活期存款

活期（或支票）存款对大部分行业来说都比货币更重要。这些存款用来进行交易——支付人工和原料成本、买入固定资产、支付税费、偿还负债、支付股利等。但是商业活期存款一般没有利息，所以公司试图在确保按时支付供应商货款、取得商业折扣、获得廉价收购机会的前提下使其最小化。可以使用下面的办法来使活期存款的持有达到最优：

1. 为了提供流动性，持有有价证券而非活期存款。如果公司持有有价证券，就会减少对活期存款的需要。例如，如果突然来了一个计划外的大额账单需要立即支付，财务主管只需要给证券经纪人打个电话卖出部分证券，并在当天将所得资金存入公司的支票账户。证券可以获得利息而活期存款没有，所以持有证券来代替活期存款可以增加利润。

2. 利用短期借款。公司可以建立信用额度，当需要额外资金时，只需打个电话即可。不过需要注意，它们可能需要为这些约定付费，所以当决定通过借款而不是证券提供流动性时，应该考虑这些费用。

3. 更好地预测付款和收款。公司对现金流入和流出的预测越准确，它为满足计划外开支所需的资金越少。所以，提高流入和流出的预测水平可以减少持有流动性资产的需要，进而减少营运资本的需要量。提高现金预测水平的关键工具就是现金预算。

4. 缩短收款过程。公司可以采取措施加快现金回收的速度。例如，它们可以使用**锁箱**（lockboxes），这是一种由银行运营的邮箱。假定纽约的一家公司面向全国客户销售。如果它发出账单，要求客户向它在纽约的总部付款，那么发信、拆封、将支票存入银行、等待银行确认并结算支票都会浪费很多时间。为了加快这一过程，公司可以让客户将货款支付给客户所在地的邮箱，银行会每天多次从该箱中取走单据并开始收款程序。如果某公司每天的平均收款为100万美元，并且锁箱的使用可以将收到现金的时间从5天缩短到1天，那么公司可以收到400万美元的有效现金流入。这仅是一时的益处，随着业务增长，公司可以获得更多好处。

5. 使用信用卡、借记卡、电汇和直接存款。如果公司从信用销售转为接受信用卡或借记卡，它将提前收到现金，这样做的好处前文已经提到。与之类似，如果公司要求客户电汇，也会加速收款，增加自由现金流量，减少所需的现金持有量。

6. 使现金流同步。如果公司能够使现金流入和流出同步，就可以减少对现金余额的需求。例如，公用事业公司、石油公司、百货公司等一般使用“结算周期”，不同的客户付款日不同，每月的现金流入均匀。然后，公司可以确立自己的支付计划来与现金流入匹配。如果在你需要支出时正好能得到收入，则会减少你每月的余额，同理，现金流同步也会减少公司平均的现金余额。

银行有专业人士可以帮助公司优化现金管理程序。此类服务需要收费，但一个好的现金管理系统能带来优势，显然值得为之付出。

有价证券

为经营活动而持有的有价证券应与活期存款共同管理——对其中一个项目的管理需要另一个项目的配合。公司通常在得到现金时买入证券，在需要现金时卖出证券。微软是一个很好的例子。该公司至2004年底积累了超过600亿美元现金（绝大部分是有价证券）。它需要为了保证流动性持有一些证券，但持有更多的证券是由于公司在经营中产生了大量超过需要的现金。投资者要求管理层将这些“现金”用于能带来更大收益的方面，或者将它们作为股利支付给股东，股东可以自己进行投资。由于这一压力的影响，2004年秋天微软宣布一次性发放300亿美元股利，并安排了股票回购。微软持有的非经营性有价证券创造了纪录，还有很多公司有类似情况，并且会定期进行类似的自我评估。

考虑到持有有价证券的规模和重要性，如何管理它们显然对利润有重要影响。此时需要在风险与收益之间进行权衡——公司希望获得更多利润，但有价证券的主要目的是提供流动性，所以财务主管希望持有的证券能够以已知价格迅速卖出，这意味着高质量的短期工具。长期国债非常安全，但由于其价格在利率上升时下跌，所以不适合作为有价证券组合的一部分。同理，达美航空和其他高风险公司发行的短期证券也不适合，因为发行人出现问题时证券价格会下跌。短期国债、商业票据（将在 15.11 节介绍）、银行定期存单、货币市场基金都是比较合适的选择。

公司与银行的关系——特别是能在短期内借款的能力——会显著影响公司对存款和有价证券的需要。如果公司有一个可靠的信用额度，能够打个电话就得到资金，那么它就不需要太多流动性储备。

最后还需要注意，大公司会在全球范围内买入证券，选择那些调整风险后利率最高的产品。这种购买会使全球范围内的利率趋于接近——如果相同风险的证券在欧洲的利率高于美国，那么公司会买入欧洲证券，使其价格上涨、收益率下降，直至达到均衡状态。我们的确生活在全球经济中。

15.7 存 货

存货是所有企业经营中的基本部分，包括在途物资、原材料、在产品、产成品。最优存货水平取决于销售额，所以在确定目标存货前必须进行销售预测。而且，由于确定存货水平时的误差会导致错过销售机会或增加储存成本，因此存货管理非常重要。公司需要使用高性能的计算机系统来监管存货情况。

像百思买、沃尔玛、家得宝这样的零售商会使用电脑按照大小、形状、颜色等来跟踪每项存货，而且收银处收集的条形码信息会更新存货记录。当电脑显示存货已经降低到设定的水平时，电脑会给供应商的电脑发出指令，准确说明公司需要的存货。电脑还会报告存货周转的速度，如果某项存货周转太慢，它会在存货过期前建议降价来降低存货水平。像通用电气这样的制造企业也使用类似的系统来追踪存货，并在需要存货时发出订单。

存货管理很重要，但它更需要产品经理和营销人员而非财务经理的关注。不过财务经理与以下三方面的问题有关。第一，安装和维护追踪存货的系统的成本非常高，必须使用本书第 4 部分讨论的资本预算来确定选择哪个系统。第二，如果公司决定增加存货，财务经理必须为购入额外的存货筹集相应的资金。第三，财务经理有责任使用比率或其他指标将本公司与标杆公司对比，明确影响公司整体获利能力的因素。因此，CFO 必须对比本公司与其他标杆公司的存货周转率，来观察这一比率是否“合理”。

15.8 应收账款

虽然零售业务一般用现金支付，但像汽车、家电等贵重商品通常采用信用销售的方式。而且，大部分企业间的销售都是信用销售。在通常情形下，商品运走、存货减少、**应收账款**（account receivable）增加。然后，当客户支付款项时，公司就收到现金，应收账款减少。由于公司的信用政策是应收账款的首要决定因素，因此我们首先讨论信用政策。

信用政策

信用政策（credit policy）包括如下四个部分：

1. **信用期间**（credit period）指的是允许买方支付货款的时间长度。例如，信用期间可能是30天。客户偏好较长的信用期间，所以延长信用期间可以刺激销售。但是，信用期间的延长也会增加现金周转的时间，会在应收账款上占用更多资金，带来较高成本。而且，应收账款形成的时间越长，客户违约的可能性越大，结果会带来坏账。

2. **折扣**（discounts）是给予早付款客户的价格优惠。折扣说明了价格优惠的程度，以及客户必须在多长时间内付款才能得到折扣。例如，2%的折扣可能只给予在10天内付款的客户。提供折扣有两个好处。第一，折扣意味着价格降低，而低价可以刺激销售。第二，折扣可以促使一些客户尽早付款，进而缩短现金周转期。不过折扣意味着低价，所以除非销售量的增加可以抵消价格降低的影响，否则就会减少收入。想要做出关于折扣的理性决策，必须权衡其收益和成本。

3. **信用标准**（credit standard）指的是成为信用客户所需的财务实力。这里需要考虑的因素主要是客户的负债和利息保障倍数、信用记录（该客户过去是否按时付款，或拖欠债务）等指标。最主要的是，客户愿意并有能力按期付款的可能性有多大。如果标准定得太低，坏账损失会增加，但如果标准定得太高，公司会失去一些销售机会，进而减少利润。也就是说，必须在提高信用标准的成本与收益之间进行权衡。

4. **收账政策**（collection policy）指的是用来收回过期应收账款的或强硬或缓和的程序。有时公司在应收账款过期很长时间后仅仅发出一系列很有礼貌的信件，但有时公司会很快将过期应收账款交由收账公司代理。强硬的收账方法很有必要，但如果压力过大，可能会流失一些好客户。此时还是需要权衡不同收账政策的成本与收益。

公司一般会公告它们的**信用条款**（credit terms），包括信用期间和折扣政策。例如，艾来德公司会声明其信用条款为2/10，net30，也就是说如果10天内付款可以得到2%的折扣，即使放弃折扣也需要在30天内付款。信用标准和收账政策则更主观，一般不在公开的信用条款中列示。

制定和执行信用政策

信用政策的重要性基于以下三个原因：（1）对销售有重要影响；（3）影响到应收款上占用的资金数量；（3）影响坏账损失。鉴于其重要性，通常是由财务、营销、生产部门的总经理和副总经理构成的公司执行委员会最终决定信用政策。一旦政策制定出台，在财务主管领导下工作的信用经理必须执行并监督其效果。要管理信用部门，就要迅速、准确和及时地获得信息。包括邓白氏、艾贵发（Equifax）、环联（TransUnion）等在内的机构使用计算机互联网收集、存储并传递信用信息。典型的企业信用报告包括以下内容：

1. 资产负债表和利润表摘要。
2. 关键指标及其趋势。
3. 从公司供应商处获得的信息，比如公司会及时付款还是会拖延，最近是否无法支付某一款项。

4. 对公司经营情况的文字描述。

5. 对公司所有者背景的文字描述，包括之前可能存在的破产、诉讼、离婚协议问题等。

6. 评级总结，级别从 A 到 F，A 代表信用风险最低，F 代表很可能违约。

信用分数（credit score）通常从 0 到 10，基于统计分析给出，提供了一个潜在客户无法按期支付货款的可能性。10 最好，1 很差。借助电脑的分析可以做出更好的信用决策，但在进行最终的分析时，大部分信用决策需要依靠职业判断。

我们一直在强调信用销售带来的成本。但是，如果能够以信用方式销售，并给应收账款设定利息，那么实际上信用销售相对于现金销售带给企业的利润更多。特别是对那些耐用消费品（汽车、家电等）以及一些工业设备来说更是如此。所以，通用汽车旗下为汽车提供信贷的通用汽车金融服务（GMAC）部门获利丰厚，其他公司的信用部门也是如此。一些百科全书出版公司在现金销售上会产生损失，需要用信用销售中收取的利息来弥补。显然，这些公司更愿意进行信用销售。

尚未收回的应收账款的利息通常是 18%，即每月为 1.5%，$1.5\%\times12=18\%$。有效年利率为 $1.015^{12}-1.0=19.6\%$。除非坏账损失太大，否则形成应收账款并赚取超过 18%的收益无疑很合算。

在制定信用政策时还需要考虑法律因素。根据《罗宾逊-帕特曼法案》（Robinson-Patman Act），如果不是根据成本调整价格，那么对不同客户收取不同价款属于违法。与之类似，给某一位或某一类客户提供比其他客户更优惠的信用条款也是违法的，除非这种差异与成本有关。

监管应收账款

某一时点尚未收回的应收账款总额由信用销售额以及从销售到回款的平均时间长度决定。例如，假定 BLC 公司是一家木材制品批发商，每天产生信用销售额 1 000 美元，要求在 10 天内付款，没有坏账或延迟付款的客户。根据这些条件，它在应收账款上占用的资金为 10 000 美元：

$$\begin{aligned}\text{应收账款}&=\text{每天的信用销售额}\times\text{收款时间长度}\\&=1\,000\times10=10\,000(\text{美元})\end{aligned}\tag{15—5}$$

如果信用销售额或收款时间发生变动，那么应收账款也会变化。例如，如果销售额每天增加到 2 000 美元，则应收账款也会翻番，公司必须额外增加 10 000 美元来为这些应收账款融资。同理，如果收款时间延长到 20 天，也会使应收账款翻番，需要更多资金。

财务状况好的客户有时也会推迟付款。财务状况差的客户甚至可能无力支付，从而造成坏账。面对不同层次的客户，如果管理者不够谨慎，收款时间就会延长。所以，CFO 必须监督应收账款。下面介绍两个监督指标——应收账款周转天数和账龄表。

应收账款周转天数

假定电视机制造商超级设备公司（Super Sets Inc.）每年以每台 198 美元的价格销售 200 000 台电视机。所有的销售都是信用销售，条款是 2/10，net30，即如果 10 天内付款，客户可以得到 2%的折扣，否则客户需要在 30 天内支付全部无折扣的货款。70%的客户会在第 10 天付款并得到 2%的折扣，其他 30%的客户在第 30 天付款。

超级设备公司的应收账款周转天数（*DSO*）也叫平均收账期（*ACP*），是16天。

$$DSO=ACP=0.7\times10+0.3\times30=16(\text{天})$$

公司平均每日销售额（average daily sales，ADS）为108 493美元：

$$ADS=\frac{\text{销售量}\times\text{销售价格}}{365}=\frac{\text{年销售额}}{365} \qquad (15\text{—}6)$$

$$=\frac{200\,000\times198}{365}=\frac{39\,600\,000}{365}=108\,493(\text{美元})$$

假定超级设备公司的应收账款占销售额的比例稳定，那么它的应收账款将一直是1 735 888美元：

$$\text{应收账款}=ADS\times DSO$$

$$=108\,493\times16=1\,735\,888(\text{美元})$$

应收账款周转天数（或平均收账期）度量的是客户为信用销售付款的平均时间长度，可以用来与行业平均值对比。例如，如果所有的电视机制造商都以相同的信用条款销售产品，而且行业平均应收账款周转天数为25天，超级设备公司只有16天，可以判断这是因为超级设备公司取得折扣的客户较多，或者是因为公司的信用部门工作有效。最后需要注意，如果你知道了年销售额和应收账款余额，就可以计算应收账款周转天数：

$$\text{应收账款周转天数}=\frac{\text{应收账款}}{\text{年销售额}/365}=\frac{1\,735\,888}{108\,493}=16(\text{天})$$

也可以将应收账款周转天数与公司自己的信用条款对比。例如，假定超级设备公司的应收账款周转天数曾为35天，说明有些客户明显会在30天后付款。实际上，如果很多客户都在10天内付款以获得折扣，那么平均来看其他客户肯定会超过35天才付款。检查这种可能性的办法之一是使用账龄表，下面进行介绍。

账龄表

账龄表（aging schedule）将应收账款按照账龄分类。表15—2列出了2005年12月31日超级设备公司和另一家电视机制造商奇妙视觉公司（Wonder Vision）的账龄表的内容。两家公司的信用条款相同，应收账款总额也相等。但是，超级设备公司的账龄表显示，所有客户都按时付款——70%在第10天付款，30%在第30天付款。奇妙视觉公司的账龄表更典型，它的很多客户都不遵守信用条款——虽然信用条款要求30天内付款，但约27%的应收账款超过了30天。

表15—2　　账龄表

账龄（天）	超级设备公司		奇妙视觉公司	
	应收账款金额（美元）	占总应收账款比例（%）	应收账款金额（美元）	占总应收账款比例（%）
0～10（取得折扣的客户）	1 215 122	70	815 867	47
11～30（按期付款）	520 766	30	451 331	26
31～45（延迟付款）	0	0	260 383	15
46～60（付款更迟）	0	0	173 589	10
60以上（付款非常晚或形成坏账）	0	0	34 718	2
总应收账款	1 735 888	100	1 735 888	100

账龄表无法根据财务报表中的数据来编制，必须借助公司应收账款分类账。但是，运转良好的公司有电子化的应收账款记录，所以很容易确定每张票据的账龄，并自动按账龄分类得到账龄表。

管理者需要持续关注应收账款周转天数和账龄表，以便发现发展趋势，并与自身信用条款和行业内其他公司对比，观察实际的收款情况如何。如果应收账款周转天数开始增加，或者账龄表像奇妙视觉公司的情况那样显示有大量过期账款，就需要收紧信用政策。

15.9　应付账款（商业信用）

公司通常会以赊购的方式从其他公司取得商品并把这一债务记为应付账款。应付账款，或**商业信用**（trade credit），是短期负债中最大的单个科目，代表了公司平均流动负债的 40%。因为商业信用随着一般的企业交易自然形成，所以是自然产生的融资来源。例如，假定公司以 net30 的条件买入 1 000 美元货物，意味着它必须在发票日后的 30 天内付款。这就立即、自然地为公司提供了 30 天的 1 000 美元贷款。如果它每天都买入 1 000 美元货物，那么平均来看它就从供应商处得到 1 000 美元的 30 倍（即300 000 美元）的贷款。如果销售与采购翻番，应付账款也会翻番达到 600 000 美元。于是，公司就自然产生了另外 300 000 美元的融资。与之类似，如果信用条款从 30 天延长至 40 天，应付账款会从 30 000 美元增加到 40 000 美元。可见，销售增加和信用期间延长都会产生额外融资。

商业信用可能是免费的，也可能成本很高。如果销售方不提供折扣，那么使用这一贷款就是免费的，没有成本。但是如果有折扣，情况就变得复杂了。例如，假定 PCC 公司以 2/10，net30 的条款每天买入标价 100 美元的芯片 20 个。此时，因为如果在 10 天内付款可以以 98 美元的价格买入芯片，所以“真实”价格是 0.98×100＝98 美元。可见，100 美元的标价由两部分组成：

$$标价=98\ 美元的“真实”价格+2\ 美元的财务费用$$

如果 PCC 公司决定取得折扣，它会在第 10 天付款，应付账款为 19 600 美元：

$$\begin{aligned}应付账款_{取得折扣}&=10\times20\times98\\&=19\ 600(美元)\end{aligned}$$

如果公司决定推迟到第 30 天付款，那么商业信用将是 58 800 美元：

$$\begin{aligned}应付账款_{没有折扣}&=30\times20\times98\\&=58\ 800(美元)\end{aligned}$$

由于放弃折扣，PCC 公司可以得到额外的 39 200 美元商业信用，但这 39 200 美元的贷款成本很高，因为公司为了得到它必须放弃折扣。因此，PCC 公司必须回答如下问题：我们能否通过其他成本更低的渠道（比如银行）取得这 39 200 美元?

为了说明这种情况，假定 PCC 公司每年运营 365 天，每天以 98 美元的“真实”价格买入 20 个芯片。因此，公司总的采购额是 20×98×365＝715 400 美元。如果它不要折扣，那么这些芯片会花费 20×100×365＝730 000 美元，比原来多了 14 600 美元。这 14 600 美元就是额外的 39 200 美元贷款的年度成本。用 14 600 美元的成本除以 39 200

美元的额外贷款，就可以得到额外商业信用的名义年成本为37.2%：

$$商业信用的名义年成本=\frac{14\ 600}{39\ 200}=37.24\%$$

如果PCC公司可以从银行或其他渠道以低于37.24%的成本借到资金，它就应该取得折扣，只使用19 600美元的商业信用。

可以用下面的公式得到相同的结果：

$$商业信用的名义年成本=\frac{折扣率}{100-折扣率}\times\frac{365}{信用期限-折扣期限} \quad (15—7)$$

$$=\frac{2}{98}\times\frac{365}{20}=2.04\%\times18.25=37.24\%$$

第一项的分子“折扣率”是每一美元贷款的成本，分母“100－折扣率”表示了不获得折扣时可用的资金。所以，第一项2.04%就是每一期间商业信用的成本。第二项的分母是不要折扣时获得额外贷款的天数，所以整个第二项说明了该项成本每年会发生多少次，在本例中为18.25次。

根据这一背景，我们可以定义两种类型的商业信用：免费的和有成本的。

1. **免费的商业信用**（free trade credit）是不需要付出成本就能取得的商业信用，包括所有不需要放弃折扣就可以获得的商业信用。在PCC公司的例子中，它以2/10，net30的条款买入货物，在第一个10天里的商业信用（19 600美元）就是免费的。

2. **有成本的商业信用**（costly trade credit）指的是免费的商业信用之外的商业信用。对PCC公司来说，为了获得另外那20天的39 200美元，就需要放弃折扣，所以不是免费的。

公司应该使用免费部分，只有在它们无法从其他渠道获得更低成本的资金时才使用有成本的商业信用。

需要注意，可以通过延迟付款来降低商业信用的成本。如果PCC公司可以不在约定的30天付款，而是推迟到60天内付款，那么有效信用期间就变成60－10＝50天，放弃折扣的次数就降低到365/50＝7.3，名义成本就从37.2%降低到2.04%×7.3＝14.9%。

在产能过剩期间，公司可能故意**拖延付款**（stretching accounts payable）。不过，这会使它们面临与成为“延迟付款者”有关的各种问题。

假定按时付款，不同信用条款下放弃折扣而得到的额外商业信用的成本列示如下：

信用条款	放弃现金折扣时额外信贷的成本	
	名义成本（%）	有效成本（%）
1/10，net20	36.9	44.3
1/10，net30	18.4	20.1
2/10，net20	74.5	109.0
3/15，net45	37.6	44.9

根据这些数据，放弃折扣的成本非常高。另外，本章中除特别说明外，假定要么在取得折扣最后一天付款，要么在信用期间最后一天付款。如果信用条款是2/10，net30，那么在第9天或更早付款，以及在第29天或更早付款，都是愚蠢的。

15.10　银行贷款

本节介绍银行贷款的主要特征，这是短期融资的另一个重要来源。

本票

本票（promissory note）会详细说明银行贷款的条款。下面是大部分本票会包含的主要内容：

1. 金额。说明贷款金额。

2. 到期日。尽管银行也提供长期贷款，但其大量贷款仍是短期的——约有 2/3 的银行贷款在一年或一年内到期。长期贷款通常有特定的到期日，短期贷款则可能有也可能没有到期日。例如，一笔贷款可以在 30 天、90 天、6 个月或 1 年到期，也可以要求“见票即付”，这时只要借款人想继续使用资金并且银行同意，就可以一直借下去。银行给企业的贷款通常是 90 天的票据，所以贷款必须在 90 天时偿还或展期。通常公司希望贷款可以展期，但如果借款人的财务状况恶化，银行会拒绝展期，这可能导致破产。由于银行只有在借款人信用情况恶化时才要求偿还，因此一些“短期贷款”可以长期出借，其利率根据经济情况浮动。

3. 利率。利率可以固定也可以浮动。大笔贷款的利率通常与银行的基准利率、短期国债利率或伦敦同业拆借利率（London Inter Bank Offer Rate，LIBOR）挂钩。票据中还会说明计算利率时银行是按 360 天/年还是按 365 天/年。这里给出的利率是名义利率，有效年利率一般更高。

4. 只付利息与本息摊销。贷款可以只付利息，意味着在贷款期间只需要支付利息，当贷款到期时才偿还本金。贷款也可以本息摊销，指的是每个支付日都要偿还部分本金。本息摊销贷款也称分期偿还贷款。

5. 利息支付频率。如果本票以只付利息为基础，那么会说明支付利息的频率。利息一般按天计算、按月支付。

6. 贴现利率。大部分贷款在发放后要求支付利息，但银行也可以在贴现的基础上发放贷款，此时利率需要提前支付。在此类贷款中，借款人实际收到的资金低于贷款面值，这会增加有效成本。

7. 附加贷款。汽车贷款和其他消费者分期贷款通常在“附加”的基础上发放，意味着贷款期间的利息费用计算出来后加到贷款面值中。此时借款人签署的票据要求在贷款期间必须支付所收到的资金和所有利息。附加条款增加了贷款的有效成本。

8. 抵押。如果贷款得到设备、建筑物、应收账款或存货的担保，那么需要在票据中说明。在 15.13 节中将更详细地介绍贷款担保。

9. 限制性条款。票据中还可能特别说明借款人必须将流动比率、利息保障倍数等保持在一定水平，而且说明如果借款人没有达到这些要求会如何处理。违约条款通常允许债权人要求立即偿还全部贷款余额，或在违约情况消失前提高利率。

10. 贷款担保。如果借款人是一家小公司，银行会坚持要求大股东以个人名义为贷款担保。人们已经发现，陷入困境的公司股东往往从公司向相关方或他们自己拥有的其他机构转移资产，所以银行通过获得个人担保来保护自己。

信用额度

信用额度（line of credit）是银行和借款人之间的协定，说明了银行授予借款人的最大信用额度。例如，12月，银行贷款经理可能向公司的财务经理说明，借款人的财务状况没有恶化，银行认为企业“有资格”在明年得到80 000美元。如果在1月10日财务经理签了一张为期90天15 000美元的本票，那么可以视为从信用额度里“取出了”15 000美元。这15 000美元会存入公司的支票账户，在偿还之前，公司还可以借出另外65 000美元，总计80 000美元。这种信用额度是非正式的，没有约束力，下面将介绍正式的、有约束力的额度。

循环贷款协定

循环贷款协定（revolving credit agreement）是正式的信用额度。例如，2005年得克萨斯的一家石油公司与几家银行签订了1亿美元的循环贷款协定。银行承诺，如果公司有需要，可以在四年内向公司提供最高1亿美元的借款。公司则需要每年为协定中尚未使用的额度支付0.25%的费用，来为银行作出的承诺提供补偿。所以，如果公司在一年内没有使用该协定中的任何款项，那么它需要支付250 000美元的年费，一般每月支付20 833.33美元。如果公司在协定的第一天借出了50百万美元，剩余未使用的部分降低到50百万美元，年费将降低到125 000美元。当然，公司实际借到的资金仍然需要支付利息。此时，循环贷款的利率钉住银行的基准利率，等于基准利率减去0.5个百分点，所以贷款成本会随着利率变化而变动。

循环贷款协定与非正式的信用额度相似，但有一个重要区别：银行对循环贷款协定有法律义务，并收取承诺费。而在非正式的信用额度中，既没有法律义务，也没有费用。

银行贷款的成本

在某一时点，不同类型借款人的银行贷款成本不同，而对所有的借款人来说，在不同时间银行借款成本也不同。风险高的借款人的利率更高。由于取得银行贷款会产生固定费用，因此小额贷款的利率也会较高。如果公司的规模和财务实力可以使它具备“优等信贷”资格，它就可以以**基准利率**（prime rate）得到借款，这曾是银行收取的最低利率。其他贷款的利率一般根据基准利率有所上浮，但给一些规模很大、实力雄厚的客户提供的贷款利率也可能低于基准利率。所以，向小规模、风险高的借款人发放的贷款利率通常为“基准利率加上几个百分点”，而提供给像得克萨斯石油公司这样的大客户的贷款利率则是“基准利率减去几个百分点”。

随着经济状况和美国联邦储备政策的变化，银行利率也在不断变动。当经济走弱时，贷款需求不足，通货膨胀率较低，美联储有充足的资金可以提供。所以，所有类型的贷款利率都很低。与之相反，当经济繁荣时，贷款需求旺盛，美联储限制货币供应，结果利率提高。基准利率在20世纪80年代仅用了4个月就从11%上升到21%，在1994年则从6%上升到9%，这可以作为可能发生的各种波动的一个例证。2005年8月的基准利率是6.25%。

计算银行利息费用：常规利息或单利

银行根据不同的方法计算利息。例如，假定我们有一笔 10 000 美元的贷款，利率为当前的基准利率 6.25%，每年按 365 天计算。利息每月支付，本金则在银行想要结束贷款时“见票即付”。这样的贷款叫做**常规利息**（regular interest）或**单利**（simple interest）贷款。

我们首先用名义利率 6.25%除以 365 得到每天的利率。这个利率用小数而不是百分数表示。

$$\text{每日单利}=\frac{\text{名义利率}}{\text{每年天数}}$$
$$=0.062\,5/365=0.000\,171\,233$$

为了得到每月支付的利息，需要用日利率乘以贷款数量，然后乘以支付期间的天数。在本例中，日利息费用为 1.712 33 美元，1 月的总利息费用为 53.08 美元：

$$\text{月利息费用}=\text{日利率}\times\text{贷款金额}\times\text{每月天数}$$
$$=0.000\,171\,233\times 10\,000\times 31=53.08(\text{美元})$$

如果利息按季度支付，并且该季度有 90 天，那么利息将为 154.11 美元。年利息等于 0.000 171 233×10 000×365＝625 美元。

贷款的有效利率取决于利息支付的频率——支付越频繁，有效利率越高。如果利息每年支付一次，名义利率就是有效利率。但如果利息必须每月支付，那么有效利率等于 $(1+0.062\,5/12)^{12}-1=6.432\,2\%$。

计算银行利息费用：附加利息

银行和其他债权人经常在汽车贷款或其他类型的分期偿还贷款中使用**附加利息**（add-on interest）。“附加”一词意味着将利息计算出来并加到贷款总额中得出贷款面值。例如，假定你以附加利息条款借入 10 000 美元准备买车，名义利率为 6.25%，贷款需要在 12 个月内分期还清。根据 6.25%的附加利率，你要支付的总利息为 10 000×0.062 5＝625 美元。但因为该贷款要求每月分期偿还，所以你只能在第一个月使用全部的 10 000 美元，此后贷款余额持续下降，到最后一个月时，只有最初贷款金额的 1/12 尚在使用。这样，你付出了 625 美元后只使用了一半的贷款面值，平均的可用资金只有 5 000 美元。因此，我们可以计算出年利率约为 12.5%：

$$\text{年利率}_{\text{附加}}=\frac{\text{支付的利息}}{\text{收到的资金}/2} \qquad (15\text{—}8)$$
$$=\frac{625}{10\,000/2}=12.5\%$$

我们需要按如下步骤计算附加贷款的有效利率：

1. 需要偿还的总金额等于 10 000 美元的本金加上 625 美元的利息，即 10 625 美元。

2. 每月偿还 10 625/12＝885.42 美元。

3. 你为了在今天得到 10 000 美元，需要支付 12 期每期 885.42 美元的年金。10 000 美元是年金的现值，下面是时间轴：

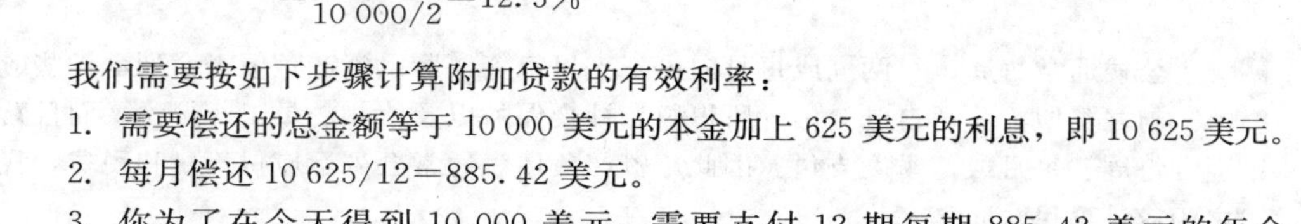

4. 使用财务计算器，输入 $N=12$，$PV=10\,000$，$PMT=-885.42$，$FV=0$，然后按下 I/YR 键得到 0.945 298%。

5. 这是月利率，根据法律规定，银行需要在所有“消费贷款”合同中用加粗字体给出年利率（APR），本例中的年利率为 11.34%。

$$
\begin{aligned}
APR &= \text{每年期间数} \times \text{每期间利率} \\
&= 12 \times 0.945\,298\% = 11.343\,576\% \approx 11.34\%
\end{aligned}
$$

在 20 世纪 70 年代一系列诚实信贷法案通过之前，大部分银行只是告诉借款人需要支付 6.25%的利率。不过现在，银行必须强调 APR 为 11.34%。

6. 计算有效年利率。将月利率 0.945 298%表示为小数（即 $r_d=0.009\,452\,98$）并代入下面的公式：

$$
\begin{aligned}
\text{有效年利率}_{\text{附加}} &= (1+r_d)^N - 1.0 \qquad (15\text{—}9) \\
&= (1+0.009\,452\,98)^{12} - 1.0 \\
&= 1.119\,5 - 1.0 = 11.95\%
\end{aligned}
$$

15.11 商业票据

商业票据（commercial paper）是实力雄厚的大公司开具的短期本票，主要销售给其他厂商、保险公司、养老基金、货币市场共同基金以及银行。商业票据的金额至少为 10 万美元。这种票据通常没有担保，但也会发行由信用卡债务和其他小额短期贷款作为保证的“资产担保票据”。发行在外的商业票据总额略高于银行发放的贷款，所以票据市场规模巨大并且非常重要。大部分商业票据由金融机构发行。这个市场被大型金融机构占据的可能原因之一是银行和其他金融机构更需要大规模金额不等的短期资金，而且它们往往具有最高的信用等级，很容易筹集到无须担保的债务资金。非金融公司在短期资金来源上对银行贷款的依赖程度更高。例如，在 2005 年第一季度，美联储报告称，非金融公司发行的商业票据总额略高于 1 150 亿美元——同一季度，它们未偿还的银行贷款超过 1 万亿美元。

15.12 应计项目（应计负债）

公司通常每周、每两周或每月向员工支付工资，所以资产负债表会列示一些应付薪酬。与之类似，公司自己会估计所得税、社会保障以及代扣的员工所得税，而且营业税通常每周、每月或每季度支付。因此，资产负债表通常会列示应付薪酬和税费，我们称之为**应计项目**（accruals）。

应计项目从公司的经营活动中自动产生，所以它们是**自发性资金**（spontaneous funds）。例如，如果销售额增加了 50%，应付薪酬和税费也会增加约 50%。因为不需要为应计项目支付利息，因此它们是“免费”的。但是，由于工资的支付时间由行业习惯确定，税费支付由法律确定，因此公司往往无法控制应计项目的数额。可见，公司可以使用所有能用的应计项目，却无法控制其额度。

商业信用也是可以用来支持增长的自发性资金来源，因为当公司成长时，采购会增加，进而会增加应付账款。但是，由于公司可以决定是否取得折扣，是否在一定限度内延迟支付，因此公司对应付账款的控制力更强。推迟支付工资和税费则没有那么大的自由度。

15.13 短期融资中担保的使用

贷款可以用特定资产提供担保，否则该贷款是无担保的。商业票据通常没有担保，但如果贷款需要担保或者提供担保可以降低利率，那么其他类型的贷款可以提供担保。因为与**担保贷款**（secured loan）有关的簿记成本通常较高，所以当其他条件相同时，最好不要在借款时使用担保。但是，公司可能会发现：只有当它们提供抵押品来保护债权人时才能获得贷款，为贷款提供担保可以降低借款利率。

股票和债券、土地和建筑物、设备、存货、应收账款都可以作为抵押品。但是，需要贷款的公司很少会持有股票和债券组合。与之类似，虽然土地、建筑物、设备也是很好的抵押品，但它们一般用来作为长期贷款的担保，而很少作为短期营运资本贷款的担保。因此，大部分需要担保的短期贷款使用应收账款和存货作为抵押品。

为了理解担保的使用，以芝加哥的一个电脑商人为例。他想要扩大店面，并进行更现代的装修。他需要 20 万美元借款。在查看了财务报表后，银行确认最多可以借给他 10 万美元无担保的贷款，利率为 10%。但是，公司有 30 万美元的应收账款可以作为抵押品，这样银行同意借出 20 万美元，并可以按照 6.25%的基准利率执行。管理贷款的手续费很高，但即便如此，担保贷款的成本还是比无担保的贷款要低。

如果一笔贷款的抵押品存放在债务人处，那么需要由该抵押品所在地的州政府秘书长填写名为 UCC-1 的表格（UCC 即《美国统一商法典》），并签署保证协议（也是《美国统一商法典》的一部分）来描述协议的状态。UCC-1 表使得借款人无法使用同一抵押品为不同债权人的贷款提供担保，保证协议中则说明了在什么情况下债权人可以取得抵押品。

小结

本章介绍了流动资产管理，包括现金、有价证券、存货和应收账款。流动资产非常重要，但存在与之相关的成本，所以如果公司可以在不影响销售的前提下减少流动资产，则可以增加利润。流动资产投资需要资金支持，资金来源可以是长期负债、普通股和短期信贷。公司通常使用商业信用和应计项目，也可能使用银行贷款或商业票据。

尽管流动资产及其融资过程可以像本章这样分析，但现实中要在公司总体融资计划的背景下做出决策。我们将在下一章介绍融资计划并继续讨论营运资本。

练习题

1. 应收账款投资

Lamar Lumber Company 每年销售额为 10 百万美元，均为信用销售，要求 30 天内付款，应收账款为 2 百万美元。公司的 *DSO* 是多少？如果所有客户均按时付款，*DSO* 是多少？如果公司能够采取措施使货款按时支付，可以释放多少资本？

2. 现金周转期

Zocco Corporation 的存货周转期为 75 天，平均收账期为 38 天，应付账款周转期为 30 天。

a. 现金周转期为多少天？

b. 如果公司的年度销售额为 3 421 875 美元，均为信用销售，公司在应收账款上的投资是多少？

c. 公司的存货每年周转几次？

3. 营运资本策略

Rentz Corporation 正在确定来年的最优流动资产水平。目前公司正在扩建，管理层据此预期销售额增加到约 2 百万美元。固定资产为 1 百万美元，公司准备保持 60%的负债率。公司的长短期负债利率均为 8%。公司有三个备选的流动资产水平：(1) 紧缩策略，流动资产只占预期销售额的 45%；(2) 适中策略，流动资产占预期销售额的 50%；(3) 宽松策略，流动资产占预期销售额的 60%。息税前利润为总销售额的 12%，联邦和州政府税率为 40%。

a. 每种流动资产水平下的预期净资产收益率是多少？

b. 我们假定预期销售额与流动资产政策无关，该假设成立吗？

c. 不同的策略对公司风险有什么影响？

答案

1. 73 天；30 天；1 178 082 美元

2. a. 83 天；b. 356 250 美元；c. 4.87 次

3. a. 紧缩策略下 *ROE*=11.75%，适中策略下 *ROE*=10.80%，宽松策略下 *ROE*=9.16%

第16章 财务计划和预测

- 16.1 战略计划
- 16.2 销售预测
- 16.3 外部资金需求的公式
- 16.4 预测财务报表
- 16.5 使用回归改善财务预测
- 16.6 在预测过程中使用单项指标

16.1 战略计划

财务计划应该基于表述清晰的战略计划制定，战略计划需要包含一系列要素。首先，战略计划应该从使命描述开始。例如，百事公司的使命描述中称其目标是“增加股东投资的价值”，而且要考虑其行为对客户和环境的影响。公司专注于为股东创造财富，这在美国和其他发达国家中都很常见。

战略计划的第二个关键要素是描述公司的经营范围，也就是公司计划经营的业务领域和地理区域。研究表明，相对于多元化的公司，投资者一般对专业化的公司估值更高。但是，如果公司能够像通用电气一样将多元化的业务成功整合以使它们互相补充，就可以产生协同效应，提升整个企业的价值。无论如何，公司经营范围的表述应该很好地传达企业的经营观念，并与公司的能力一致。

计划的第三个要素是公司的目标，描述了管理者希望实现的特定目的。大部分公司同时拥有定量和定性的目标。例如，公司的目标可能是销售增长率达到8%，债券评级保持为A或更好，净资产收益率在行业中的排名在前1/4，股东回报在标准普尔500指数公司中处于前1/4。通用电气最近的年报中就提出了这样一些目标，包括每年产生200亿美元的经营现金流用来发放股利、完成股票回购、投资推动企业增长等。通用电气的11个业务部门都有盈利目标和现金流目标，管理者薪酬就以实现这些目标为基础。如果管理者实现了目标，通用电气的股东当然会从中获益。

计划的第四个要素是一系列公司策略，这些策略说明了公司打算如何实现目标。例如，Nucor公司现在是美国市场价值最高的钢铁公司，它的策略是建造电熔炉，利用废料制造钢产品，而不是像其他公司那样利用铁矿石进行生产。当保守的钢铁公司走下坡路时，该公司的策略一度带来了股票价格的大幅上涨。西南航空公司（Southwest Airlines）的策略是使用不属于工会的员工，在大城市间提供一种高效率、低成本的服务。这与大部分航空公司的策略完全不同。当其他航空公司已经破产或在破产边缘挣扎时，西南航空发展迅猛。这些例子说明了好策略的重要性。

公司总计划的第五个要素是每个部门的详细经营方案。每个部门的管理者都会得到基于公司战略的详细的执行指导，来帮助该部门达到公司目标。经营方案可以覆盖任一时间长度，但大部分公司都使用5年计划。方案中非常详细地说明由谁为某项特定活动负责，每个任务应该在什么时间完成，销售和利润目标是多少，等等。

财务计划是公司总计划中的最后一个要素。每个部门都有单独的计划，随后这些计划将合并起来显示整个公司运行的预期结果。财务计划的核心是为每个部门和整个公司编制一系列预计财务报表，并根据这些报表计算指标。一般情况下，基准情境规划描述了如果所有预期假设都正确时会发生什么情况。但是，实际很少与计划完全一致，所以需要提供不同情境下的结果。例如，公司的基本假设可能是经济状况很好，但如果又遭遇一次类似“9·11”事件的恐怖袭击，或者石油的价格变为100美元一桶，就会彻底改变环境。因此，财务计划应该给管理者提供信息，说明当其他情况发生时公司会怎样。

预计财务报表还可以用来检验其他备选战略和经营计划的效果。像西南航空这样的公司可以用财务模型模拟不同经济条件下不同战略的结果。西南航空断定航油成本增加的可能性很大，这会给成本和利润带来严重的负面影响。基于这些预测，公司决定给航油成本进行套期保值（相当于提前买入燃料），并投资于最节省燃料的飞机。这些策略被证明非常正确，有效的财务计划和预测帮助管理者做出了正确决策。

16.2　销售预测

财务计划要求我们进行预测并分析一系列财务报表。我们从销售预测开始，首先回顾过去 5～10 年的销售情况并画图，图 16—1 给出了艾来德公司的情况。这些数据以第 3 章中艾来德公司的财务报表为基础。图下面的数据为过去 5 年的销售额，艾来德公司认为这些数据与计划最相关。

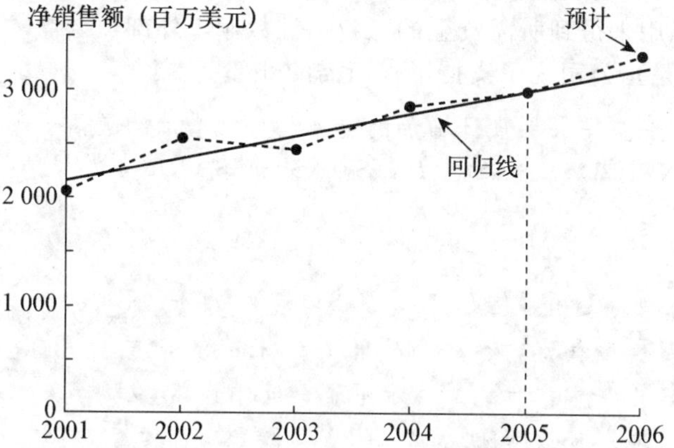

年份	销售额（百万美元）
2001	2 058
2002	2 534
2003	2 472
2004	2 850
2005	3 000
2006	3 300（预计）

图 16—1　艾来德公司 2006 年的销售预测

艾来德公司的业务在 2001—2005 年波动较大。2003 年，加利福尼亚水果产区的恶劣天气导致产量下降，使 2003 年的销售额低于 2002 年。2004 年的丰收则使销售额增加了 15%，对成熟的食品加工商来说，这一高增长率很不寻常。其 4 年的复合增长率为 9.88%。但是，考虑到推出新产品的计划、公司的生产和分销能力、竞争者的实力和新产品、定价策略、通货膨胀、营销活动、信用条款及其他方面的情况，管理层预期 2006 年增长率会达到 10%，销售额会从 3 000 百万美元增加到 3 300 百万美元。

公司的三个部门都要做出预测，包括总体预测和每种产品的单独预测。得出每种产品的销售预测后，需要加总并与部门整体预测进行对比。针对差异加以协调后，最终结果就是公司总体的销售预测，并分解到三个部门和不同产品。

如果销售预测失败，后果将很严重。首先，如果市场扩张超过艾来德公司的预期，公司将无法满足需求。客户会选择购买竞争者的产品，使公司失去市场份额。如果预测过于乐观，公司将出现过多厂房、设备和存货。这意味着低周转率、更高的折旧和储存成本，并需要核销变质存货。结果会造成低利润、低净资产收益率，股票价格下跌。如果艾来德公司的生产能力扩张来自负债资金，那么高额的利息费用会使公司的问题更复杂。

16.3 外部资金需求的公式

增加销售意味着需要更多资产，这些资产需要资金支持。公司业务计划所需的资金有可能可以取得，也有可能无法得到。因此，财务预测过程中的一个重要因素就是判断外部融资需求。预测资金需求最准确的方法就是编制详细的预计财务报表，但公式（16—1）可以用来得到所需资金的大致估计数额。**外部资金需求**（additional funds needed，AFN）是指公司为了支持增长所需的外部资本。

外部资金需求＝预计增加的资产－自动增加的负债－增加的留存收益（16—1）

$$AFN=(A^*/S_0)\Delta S-(L^*/S_0)\Delta S-MS_1(RR)$$

式中：

AFN＝外部资金需求。

A^*＝直接与销售有关的资产。如果销售增加，这些资产必须增加。A表示总资产，A^*表示销售增加时必须随之增加的资产。当公司以全部生产能力运营时，$A^*=A$。不过A^*通常不等于A，此时必须对公式进行修正。

S_0＝上年的销售额。

A^*/S_0＝必要资产占销售额的比例。表明每增加1美元销售额需要增加多少必要资产。对艾来德公司来说，根据第3章中公司的财务报表可知，$A^*/S_0=2\,000/3\,000=0.666\,7$，所以销售额每增加1美元，资产必须增加66.67美分。

L^*＝随销售额增加而自动增加的负债。此类负债包括应付账款和应计项目，但不包括银行贷款和债券。所以，L^*一般小于总负债。

L^*/S_0＝自发性负债占销售额的比例。表明销售额每增加1美元所自动产生的资金。对艾来德公司来说，$L^*/S_0=(60+140)/3\,000=0.066\,67$，所以，每增加1美元销售额会自动产生6.667美分的应付账款和应计项目资金。

S_1＝当年预测的总销售额。需要注意，S_0表示上年的销售额；S_1表示预测的销售额，艾来德公司的这一数字为3 300百万美元。

ΔS＝销售变动$=S_1-S_0=3\,300-3\,000=300$百万美元。

M＝利润率，或每1美元销售额的利润。艾来德公司的$M=117.5/3\,000=0.039\,17$，所以公司的每1美元销售额可以赚3.917美分。

RR＝留存收益率。表示上一年度净利润的留存比例。2005年艾来德公司赚到117.5百万美元，将其中的57.5百万美元用来发放股利，所以公司的留存收益是60百万美元。因此，$RR=60/117.5=0.510\,64$。

将艾来德公司的数字代入公式（16—1），我们发现公司所需的外部资金等于114百万美元：

$$AFN=\text{预计增加的资产}-\text{自动增加的负债}-\text{增加的留存收益}$$
$$=0.666\,7\times\Delta S-0.066\,67\times\Delta S-0.039\,17\times S_1\times0.510\,64$$

$=0.6667\times300-0.06667\times300-0.03917\times3300\times0.51064$

$=200-20-66$

$=114$（百万美元）

为了使销售额增加 300 百万美元，艾来德公司必须增加 200 百万美元资产，其中，20 百万美元来自应付款和应计项目的自动增加，66 百万美元来自留存收益，其余的 114 百万美元必须通过外部资源筹集。不过需要注意，*AFN* 公式假定 2006 年的主要指标与 2005 年相同。如果经济形势发生变化，进而财务指标变化，那么 *AFN* 预测的 114 百万美元就会出错。

外部资金需求的关键影响因素

需要注意，外部资金需求取决于五个关键要素：

- 销售增长率（ΔS）。当其他情况不变时，快速成长的公司需要增加大量资产。
- 资本密集度（A^*/S_0）。公式（16—1）中的 A^*/S_0 表示每一美元销售额所需的资产额度，叫做**资本密集度**（capital intensity ratio），对于资本需求有重要影响。资本密集度较高的公司在一定的销售水平上需要更多资产，所以对外部资金的需求更大。电力企业的发电厂和输电系统非常昂贵，所以资本密集度很高，而杂货店的存货周转率较高，所以所需的资产较少，资本密集度也很低。
- 自发性负债占销售额的比率（L^*/S_0）。公司如果能够从应付账款和应计项目中自动产生大量资金，那么会减少对外部资金的需求。
- 利润率（M）。利润率越高，可用于增加资产的净利润就越多，对外部资金的需求越小。
- 留存收益率（RR）。如果将较高比例的盈余留存，而不是发放股利，那么会产生更多的留存收益，从而减少外部资金。

根据 *AFN* 公式，我们预计艾来德公司在 2006 年需要筹集 114 百万美元外部资金来实施其业务计划。不过，任一关键要素的变动都可能会使 *AFN* 为负，也就是说会产生多余资金可用于投资。在艾来德公司的例子中，当销售增长率为 3.447%时，*AFN* 等于零，如果销售增长率更低，就会产生多余资金。其他因素的变动也会改变 *AFN*。

额外生产能力调整

AFN 公式假定 $A^*/S_0=2\,000/3\,000=0.6667$ 是一个常数。但是，A^* 包括了公司所有的资产，其中的 1 000 美元是固定资产。也就是说，0.666 7 中有 $1\,000/3\,000=0.3333$ 来自固定资产。为此，我们预计艾来德公司将需要 $0.6667\times\Delta S=0.6667\times300=200$ 百万美元的新资产，其中 100 百万美元将会是固定资产。

现在假定基期的固定资产存在多余的生产能力，艾来德公司 2005 年只使用了其固定资产生产能力的 96%。这意味着如果固定资产的生产能力全部得到使用，2005 年的销售额可以达到 3 125 百万美元，而不是实际的 3 000 百万美元：

$$\text{全部生产能力下的销售额}=\frac{\text{实际销售额}}{\text{得到使用的固定资产生产能力}}=\frac{3\,000}{0.96}$$

$$=3\,125\text{（百万美元）}$$

这说明艾来德公司的固定资产占销售收入的目标值应该是32%，而不是33.3%：

$$\text{固定资产占销售收入的目标值}=\frac{\text{实际固定资产}}{\text{全部生产能力下的销售额}}=\frac{1\,000}{3\,125}$$
$$=0.32=32\%$$

因此，即使固定资产没有增加，销售额也能增加到3 125百万美元，销售额增加到3 300百万美元只需要1 056百万美元的固定资产：

$$\text{所需固定资产}=\text{固定资产占销售收入的目标值}\times\text{预期销售额}$$
$$=0.32\times 3\,300=1\,056(\text{百万美元})$$

我们之前使用 *AFN* 预测时假定固定资产和销售收入的增长率相同，都是10%，所以固定资产从1 000百万美元增加到1 100百万美元，增加了100百万美元。现在，我们发现实际上只需要从1 000百万美元增加到1 056百万美元，即增加56百万美元，较之前减少了44百万美元。这使所需的外部资金减少了44百万美元，从114百万美元降低到70百万美元。

存货、现金或其他资产中也可能存在同样的情况。而且，由于公司没有充分使用供应商赋予的商业信用和应计项目，L^*/S_0 可能太低。综合以上原因，我们有必要在下一节突破 *AFN* 公式，进一步讨论财务报表预测。

16.4 预测财务报表

AFN 公式为预测的过程提供了一些有用的说明，但如前所述，该基本公式假定公司所有的关键指标都保持不变，这很难实现。因此，有必要预测公司的财务报表。我们的起点与 *AFN* 公式的假定相同——大部分资产和负债与销售额有相同的增长率，然后，对假设进行修正以便使预测更符合未来的情况。修正后的财务预测以及基于预测报表的指标有助于对比公司战略计划中提出的目标和预测结果。如果预测结果偏离了目标，那么应该修改目标或者调整计划来帮助经理实现目标。预测财务报表需要大量运算，可以使用计算器，但最好是使用Excel之类的电子表格。

最初的预测："一切正常"

与其他大部分公司一样，艾来德公司对财务报表的预测也是首先假定公司未来的情况与最近的历史情况非常相近。也就是说，资产和自发性负债的增长率与销售额的增长率相同，利润率保持不变，资本结构不会大幅变动，股利政策不会发生根本改变。然后，预测下一年度的销售额，并以预计的销售额为基础，预测未来的利润表和资产负债表。预测实际上需要（借助电脑）逐步进行。"第1轮"预测利润表和资产负债表，销售额与这些报表中大部分项目的关系保持不变。此时预测了资产和那些随着销售额增加而增加的自发性负债，但应付票据、长期负债、普通股的水平保持不变。在第1轮中，资产负债表中的留存收益等于上期留存收益加上根据第1轮利润表计算出的留用利润。一般情况下，第1轮的资产负债表并不平衡——预测的资产超过预测的负债和权益，这一差异就是初步预测的外部融资需求。

艾来德公司的预计利润表和资产负债表见表16—1和表16—2。第一列给出了2005

年的数据。第二列给出了第 1 轮预测的报表。需要注意，第 1 轮得到的资产负债表并不平衡，需要 108.7 百万美元的外部融资。第 1 轮的外部融资意味着应付票据、长期负债、普通股必须增加 108.7 百万美元，这会带来第 2 轮的资产负债表（这一内容此处没有列示），增加这些项目的金额。当第 2 轮中资产负债表里的负债增加时，会带来利息费用增加，这又会改变第 2 轮的利润表。因为利息费用增加，第 2 轮的净利润和留用利润减少，进而使外部融资需求增加，则报表又会发生变动。

表 16—1　　2005 年实际的和 2006 年预测的利润表　　单位：百万美元

	2005 年实际数	2006 年预测数		
		第 1 轮	第 4 轮	调整
销售额	3 000.0	3 300.0	3 300.0	3 300.0
除折旧外的成本	2 616.2	2 877.8	2 877.8	2 854.5
折旧	100.0	110.0	110.0	105.0
总营业成本	2 716.2	2 987.8	2 987.8	2 959.5
EBIT	283.8	312.2	312.2	340.5
减利息费用	88.0	88.0	94.3	86.2
税前利润（*EBT*）	195.8	224.2	217.9	254.3
税（40%）	78.3	89.7	87.2	101.7
净利润	117.5	134.5	130.7	152.6
普通股股利	57.5	63.3	63.3	63.3
留存收益增加	60.0	71.3	67.5	89.3

表 16—2　　2005 年实际的和 2006 年预测的资产负债表　　单位：百万美元

	2005 年实际数	2006 年预测数		
		第 1 轮	第 4 轮	调整
资产				
现金	10.0	11.0	11.0	75.0
应收账款	375.0	412.5	412.5	381.2
存货	615.0	676.5	676.5	578.2
流动资产合计	1 000.0	1 100.0	1 100.0	1 034.4
固定资产净值	1 000.0	1 100.0	1 100.0	1 056.0
资产总计	2 000.0	2 200.0	2 200.0	2 090.4
负债和权益				
应付账款	60.0	66.0	66.0	66.0
应付票据	110.0	110.0	117.9	91.1
应计项目	140.0	154.0	154.0	154.0
流动负债合计	310.0	330.0	337.9	311.1
长期债券	750.0	750.0	801.7	750.0
负债合计	1 060.0	1 080.0	1 139.6	1 061.1
普通股	130.0	130.0	182.9	130.0
留存收益	810.0	881.3	877.5	889.3
普通股权益合计	940.0	1 011.3	1 060.4	1 029.3
负债和权益合计	2 000.0	2 091.3	2 200.0	2 090.4
外部资金需求（*AFN*）		108.7	0.0	0.0
累计 *AFN*		108.7	112.50	−18.9

每一轮或每次重复后，外部融资需求的变动都在减少，到第4轮，资产负债表终于在保留一位小数的情况下达到平衡。这里我们只给出了第1轮和第4轮的报表。表16—1和表16—2的最后一列还给出了"调整"后的结果，我们稍后讨论。

表16—3根据预测的财务报表计算了一系列指标。艾来德公司2005年的*ROE*低于行业平均值（15%），因为假定经营状况没有明显变化，所以第4轮的*ROE*也低于该平均值。（预测的*ROE*之所以略低于2005年的数字，是因为负债率在预测中有小幅下降。）管理者可以根据这些指标去判断为什么艾来德公司的表现低于行业平均水平。他们立即发现公司的存货周转率仅是行业平均水平的一半，这意味着艾来德公司在其销售水平下的存货是平均水平的两倍。与之类似，艾来德公司的*DSO*明显高于平均水平，说明应收账款上占用了过多资金。存货和应收账款上的这些额外投资带来了持有成本，使营业成本占销售收入的比重很高，从而减少了利润额、降低了利润率，这显然会冲击*ROE*。

表16—3　　2005年实际的和2006年预测的指标及自由现金流量

	A	B	C	D	E	F
128				第4轮	调整	行业
129			2005年	2006年	2006年	平均值
130	流动比率		3.2	3.3	3.3	4.2
131	存货周转率		4.9	4.9	5.7	9.0
132	应收账款周转天数（DSO）		45.6	45.6	42.2	36.0
133	总资产周转率		1.5	1.5	1.6	1.8
134	资产负债率		53.0%	51.8%	50.8%	40.0%
135	资产权益比率（权益乘数）		2.13	2.07	2.03	1.67
136	利息保障倍数（TIE）		3.23	3.31	3.95	6.0
137	销售成本率		90.5%	90.5%	89.7%	87.0%
138	销售净利率		3.9%	4.0%	4.6%	5.0%
139	总资产收益率		5.9%	5.9%	7.3%	9.0%
140	净资产收益率（ROE）		12.5%	12.3%	14.8%	15.0%
141						
142				总资产		
143			销售净利率	周转率	权益乘数	ROE
144	2005年的杜邦公式		= 3.92%	1.50	2.13	12.50%
145	第4轮的杜邦公式		= 3.96%	1.50	2.07	12.33%
146	调整后的杜邦公式		= 4.62%	1.58	2.03	14.82%
147	行业平均值		= 5.00%	1.80	1.67	15.03%
148						
149				第4轮	调整	
150			2005年	2006年	2006年	
151	自由现金流量		(109.7美元)	7.3美元	313.9美元	

表16—3中下半部分的杜邦公式说明：在当前的经营计划下，艾来德公司的利润率非常低，资产周转率也低于平均水平。另外，艾来德公司的权益乘数高于平均水平，这提高了*ROE*，但必须以高负债率和利息费用为代价。当我们把这三个因素放在一起时，就得到非常低的*ROE*。

艾来德公司的管理者检查了2005年的实际结果和2006年的预测情况，注意到公司业绩一直低于行业平均水平。他们还发现，未经调整的2006年预测要求112.5百万美元外部资金，大部分需要通过负债筹集。但是，考虑到公司的高负债率和低*TIE*，债权人能否给艾来德公司提供资金，以及资金的成本高低还都是问题。在进行检查后，管理层制定了提高2006年业绩的经营计划。根据该计划得到的结果列示在表格中的"调整”那一列。该计划要求提高存货周转率，降低 *DSO*，降低营业成本占收入的比重。在表 16—3 中，他们还发现艾来德公司 2005 年的自由现金流量为负，在当前条件下这一关键数字将只有 7.3 百万美元。但是，根据调整后的预测，自由现金流会上升到 313.9 百万美元，主要来自存货、应收账款、固定资产的减少以及净利润的增加。自由现金流可以用来建立现金账户，减少长期负债，为增加销售额所需的资产提供资金。

最重要的是：如果管理层真的能够实现这些调整，将会带来更高的利润和现金流，*ROE* 将达到 14.8%，接近行业平均水平。这些结果肯定会推高公司的股票价格，这恰好是管理层的最终目标。

16.5　使用回归改善财务预测

在财务报表预测中，我们假定不同的资产都以相同的比率随着销售额的增加而增加。但是实际情况并非如此。我们讨论 *AFN* 公式时曾提到，可能会存在多余的生产能力，所以资产的增加速度会慢于销售额的增加。与之类似，如果存在规模经济，资产也不会像销售额增加得那么快。即使公司的计划没有重大变化（例如信用政策变动或存货管理程序变动），也可能会有其他因素来打破销售额和特定资产之间的同步关系。我们可以使用统计回归的方法来研究这些情况，以便改善财务预测。

为了说明在预测中如何使用回归分析，我们来看一下图 16—2，其中给出了艾来德公司过去五年的销售额、存货和应收账款等数据，以及存货和应收账款相对于销售额的散点图。可以通过计算器或电子表格得到预测的回归方程。例如，存货和销售额的预计关系如下：

存货＝－35.7＋0.186×销售额

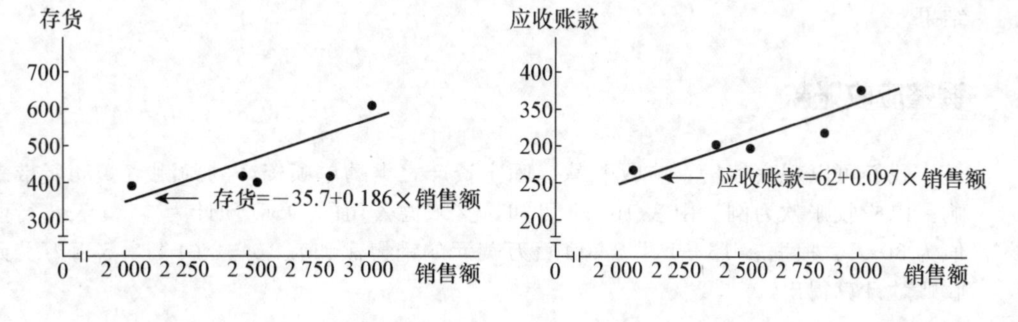

年份	销售额	存货	应收账款
2001	2 058	387	268
2002	2 534	398	297
2003	2 472	409	304
2004	2 850	415	315
2005	3 000	615	375

图 16—2　艾来德公司的回归模型（百万美元）

图中的点并不是完全落在回归直线上，说明存货的变动还受到销售额之外的其他因素变动的影响。实际上，存货和销售额之间的相关系数只有 0.71，意味着这两个变量之间只有一般的线性关系。不过，回归分析足以帮助我们考虑修改存货的目标水平。

我们可以使用回归方程估计一个“更好”的 2006 年存货水平。因为 2006 年的销售额预计为 3 300 百万美元，所以 2006 年的存货应该是 578 百万美元：

$$存货=-35.7+0.186\times 3\,300=578(百万美元)$$

这比我们根据预测财务报表在第 4 轮得到的估计额少 99 百万美元。这种差异是由于预测财务报表时假定存货占销售额的比重保持不变，而在回归方法中预计这一比重会下降。还要注意，尽管图中显示了线性关系，但如果我们觉得非线性模型更合适，那么也可以使用非线性回归模型。

在分析了回归结果后，艾来德公司的管理者决定，需要假定一个较低的应收账款周转天数（*DSO*）和一个较高的存货周转率，重新预测 *AFN*。管理层承认这些项目在 2005 年高于行业平均值，所以之前表 16—2 中的 2006 年预测值过高。使用简单线性回归预测应收账款和存货时，2006 年的水平将反映过去五年间这些项目与销售额的平均关系，并能反映变量值的变化趋势。与之相反，预测财务报表的方法假定 2005 年（不乐观）的关系将在 2006 年保持不变。这些关于 *DSO* 和存货周转率的新假设会有利于修正预测报表中的结果。

16.6 在预测过程中使用单项指标

到目前为止，我们假定经营没有重大变化且报表中的大部分项目随销售额增加而增加，并据此观察了如何预测财务报表，如何根据预测的报表计算指标，以及如何调整初始预测从而根据其结果得到改进的指标。在此基础上，可以改变一系列项目，观察综合结果。

调整应收账款

我们可以观察存货、应收账款、固定资产之类的单项资产的预测值变动所带来的影响。以应收账款为例。由表 16—3 可知，艾来德公司的 *DSO* 预计为 45.6 天，行业平均值为 36 天。根据表 16—1 中 3 300 百万美元的销售额和表 16—2 中 412.5 百万美元的应收账款计算得出：

$$DSO=\frac{应收账款}{销售额/365}=\frac{412.5}{3\,300/365}=\frac{412.5}{9.04}=45.63(天)$$

我们可以根据这一公式推导出应收账款：

$$应收账款=9.04\times 45.63=412.5(百万美元)$$

现在，我们可以根据这个公式计算当艾来德公司改变信用管理从而使 *DSO* 达到行业平均值 36 天时，其应收账款将是多少：

$$调整后的应收账款=9.04\times 36.0=325.4(百万美元)$$

可见，通过改进信用管理，艾来德公司可以一次性增加自由现金流量 412.5－

325.4＝87.1 百万美元，并且在以后年度也会帮助改善自由现金流。CFO 可以使用此类分析来帮助信贷经理改变运营策略。

调整存货

存货也可以进行类似分析。表 16—3 中，艾来德公司第 4 轮预测的存货周转率为 4.9 次，而行业平均值为 9.0 次。表 16—2 中，艾来德公司预测在 3 300 百万美元基础上的存货为 676.5 百万美元。根据这些数据可以分析，如果艾来德公司能够降低存货使指标达到行业平均值，会出现什么状况。

$$存货周转率＝销售额/存货＝3\ 300/676.5＝4.878$$

我们可以根据这个公式求出艾来德公司的存货余额：

$$存货＝3\ 300/4.878＝676.5（百万美元）$$

将行业平均存货周转率 9.0 代入公式替换 4.878，可以计算出目标存货为 366.7 百万美元。这说明艾来德公司有潜力给自由现金流量一次性增加 676.5－366.7＝309.8 百万美元，并且随着公司的增长继续增加。CFO 可以据此与公司的存货经理进行讨论。

其他“专项研究”

当公司建立了预测财务报表的模型后，就可以进行各种“如果……那么……”的研究。例如，艾来德公司可以使用模型来估计股利政策变动对报表和必要的 AFN 的影响。实际上，AFN 公式本身也可以进行调整以得到关于股利政策影响的“快速”估计。比如根据 16.3 节中对 AFN 的讨论，艾来德公司的留存收益率为 0.510 64，将这一数字代入 AFN 公式，会得到 AFN 为 114 百万美元：

$$\begin{aligned}AFN &= 0.666\ 7\times\Delta S-0.066\ 67\times\Delta S-0.039\ 17\times S_1\times 0.510\ 64\\ &= 0.666\ 7\times 300-0.066\ 67\times 300-0.039\ 17\times 3\ 300\times 0.510\ 64\\ &= 200-20-66\\ &= 114（百万美元）\end{aligned}$$

留存收益率约为 0.51，意味着股利支付大概是 1.0－0.51＝0.49 或 49%。假定不考虑我们提到的那些改动，即艾来德公司真的必须筹集 114 百万美元用来实施业务计划。那么，如果 CFO 认为筹集这些资金存在问题，他就会建议执行官考虑降低股利支付率，比如降低到 25%，可以使 RR＝75%。根据新 RR，AFN 将下降 31 百万美元，为 83 百万美元。当然，我们在股利那一章讲过，降低股利会产生一些问题，但为了使公司内在价值最大、长期股价最高，这样做十分必要。

小结

本章介绍了预测财务报表的方法，这是财务预测的核心部分。投资者和公司都可以使用预测方法为公司股票估值，评价项目收益，并估计资本结构、股利政策、营运资本政策的变化如何影响股东价值。

本章内容十分重要的原因在于：第一，如果预测的经营结果并不理想，管理者需要重新规划，为下一年度制定更为合理的目标。第二，满足销售预测所需的资金有可能无法获得。如果能够提前了解这一情况并缩减项目规模，显然好于因资金难以为继而迫使业务停止。第三，如果能够筹集到所需资金，需要事先做好计划匹配资金需求和取得资金的时间。

练习题

1. 回归和存货

Jasper Furnishings 销售额为 300 百万美元。公司预计今年销售额将增加 12%。公司的 CFO 使用简单线性回归预测公司某一预计销售额水平下的存货金额。根据近期历史情况，存货和销售额（单位：百万美元）之间的关系估计如下：

存货＝25＋0.125×销售额

根据以上资料，你估计公司今年年底的存货余额是多少？存货周转率是多少？

2. 长期融资需求

2005 年底，Ambrose Inc. 的总资产为 1.2 百万美元，应付账款 375 000 美元。2005 年的销售额为 2.5 百万美元，预计 2006 年将增长 25%。总资产和应付账款占销售额的比例保持不变，也就是说它们的增长速度与销售额相同。公司除了应付账款外没有其他流动负债。2005 年普通股为 425 000 美元，留存收益为 295 000 美元。公司准备发行 75 000 美元新股票。公司的销售净利率为 6%，留存收益率为 60%。

a. Ambrose 公司 2005 年的总负债是多少？

b. 2006 年所需的新的长期负债融资是多少？（提示：*AFN*－新股票＝新的长期负债）

3. 多余生产能力

Edney Manufacturing Company 的销售额为 20 亿美元，固定资产为 6 亿美元。当前使用了公司固定资产生产能力的 80%。

a. 如果公司投入全部生产能力，销售额将达到多少？

b. 公司确定的固定资产占销售额比重的目标是多少？

c. 如果公司的销售额增长 30%，为了达到固定资产占销售额的目标值，公司需要增加多少固定资产？

答案

1. 67 百万美元，5.01
2. a. 480 000 美元；b. 18 750 美元
3. a. 25 亿美元；b. 24%；c. 24 百万美元

第 17 章

国际财务管理

17.1 跨国公司或全球化公司

跨国公司（multinational corporation）或**全球化公司**（global corporation）指的是在多国开展业务的公司。过去20年里，一种新型的与以往完全不同的国际商业活动得到发展，这极大增强了世界范围内的经济和政治的依存度。如今，跨国公司不仅从国外采购或向外销售货物，而且开始直接投资于一体化运营，涵盖原材料开采、制造以及世界范围内的分销。跨国企业网络已控制了世界技术、营销、生产领域大部分的资源且仍在增长。

美国公司和外国公司走向"全球化"主要有七个原因：

1. 追求生产效率。由于国内市场竞争不断加剧，其他市场的需求日益增加，公司会重新评估在哪里生产产品最好。考虑到生产过程的性质、掌握必要技术的工人的可得性，以及运输设施的完备性，在高成本国家运营的公司有很强的动机向低成本区域转移。例如，通用电气在墨西哥、韩国和新加坡设有生产和组装工厂，日本的制造商也已经开始把部分生产向环太平洋和美洲的低成本国家转移。宝马公司在德国的生产成本很高，所以在美国和其他国家建立了组装厂。这些例子说明，公司保持竞争优势的策略是将生产能力转移到可以以最低到岸成本满足主要市场需求的地方，在那里进行生产和运输。

2. 避免政治、贸易和监管障碍。政府有时会对进口商品和服务施以关税、配额和其他限制措施。这样做主要是为了增加收入，保护本地工业，实现各种政治和经济政策目标。为了避免这些障碍，公司通常在海外建厂。例如，日本汽车公司将生产转移到美国的最主要原因就是绕过美国的进口配额。现在，本田、日产、丰田、马自达和三菱等公司都在美国组装汽车。由于20世纪70年代印度实行发展战略，在国内与进口产品展开竞争，所以这些日本公司也直接在印度设厂生产。推动美国制药商史克（SmithKline）和英国必成（Beecham）合并的主要动力是，它们希望避免在其最大的市场（西欧和美国）遇到许可和监管障碍。葛兰素史克（2000年葛兰素威康和史克必成合并而成）现在在欧洲和美国都将自己归为本土企业。

3. 开拓市场。当公司所在的本土市场走向成熟，竞争越来越激烈时，国外市场的成长机会就会更好。根据弗农（Vernon）的产品生命周期理论，公司首先在本土市场生产，可以更好地开发产品并满足本地消费者。这会引来竞争者，不过随着本土市场的快速扩展，新顾客可以带来期望的销售增长。但是随着本土市场走向成熟，需求增长放缓，竞争形势会变得更加严峻。同时，将产品的需求向国外发展为在国外进行生产创造了条件，既可以满足国外需求，又可以降低生产和运输成本，使公司保持竞争力。所以，像IBM、可口可乐、麦当劳这样的本土公司积极向海外市场扩展，而像索尼和东芝这样的外国公司占据了美国的电子消费品市场。此外，随着生产越来越复杂，研发成本越来越高，很有必要扩大销售来补偿管理费用，所以占有更大规模的市场至关重要。

4. 寻求原材料和新技术。对工业社会来说，许多非常重要的原材料都分散在世界各处，所以不管在这些地方经营多么具有挑战性，公司都必须去发现这些原材料的地方。例如，石油资源主要集中在阿拉斯加的北海岸、西伯利亚、中东的沙漠地带，这些地方都具有独特的挑战性。这也是包括埃克森美孚在内的很多美国石油公司在世界各地拥有重要生产设施的原因，它们必须确保公司可以获得主要业务经营所需的基本资源。由于埃克森美孚涉足炼油、运输，以及石油产品生产领域，所以这类投资可以叫做**纵向一体化投资**（vertically integrated investment），也就是公司进行的投资可以确保以稳定的价格获得原料供应。

5. 保护公司工艺流程和产品的秘密。公司通常拥有特定的无形资产，比如商标、技术和营销诀窍、管理专家、出众的研发能力。但遗憾的是，无形资产的产权通常很难得到保护，在国外市场更是如此。公司有时直接投资海外，而不是授权国外的当地公司生产，就是为了保护生产流程、分销体系或产品本身的秘密。一旦公司的配方或生产流程暴露给其他当地公司，它们会很容易地开发类似产品或流程，进而冲击公司的销售。例如，为了保护公司的配方，可口可乐公司在国外市场设立灌装工厂和销售网络，但从美国进口制造产品必需的浓缩物或糖浆。20 世纪 60 年代，可口可乐公司受到来自印度政府的极大压力，印度政府要求公司披露配方，否则就不能继续在印度经营。可口可乐公司宁可从印度撤离也没有公开配方，直到投资环境改善后才重新进入该市场。

6. 分散化经营。通过在世界范围内建立生产设施和市场，公司可以减小某个国家经济下滑的负面影响。例如，通用汽车欧洲分公司的销售业绩非常可观，这减弱了近来美国经济萧条、汽车销售萎缩的冲击。又如，石油公司可以通过增加墨西哥和世界其他地区的生产来应对委内瑞拉石油生产的中断。一般来看，由于不同国家的经济和政治变动并不密切相关，因此实现投入和产出在地理上的分散化往往有效。与个人投资者从股票投资组合中获益的道理相同，进行海外投资的公司也可以从分散业务中获益。但是，由于个人股东可以自己进行国际化投资，因此公司仅仅为了分散化经营的目的而进行国外投资意义不大。不过，在那些对持有外国股权有限制或没有跨国公司的国家，公司的分散化经营是有意义的，因为这些公司可以帮助自己无法进行多元化投资的股东做些事情。

7. 留住客户。如果公司到海外进行生产或销售，就需要在这些新地点投入原料和服务。如果它能从一家供应商获得所需的全部原料，并且该供应商也在公司其他国家的经营网点开展业务，那么这种关系的处理就非常简单，公司可能获得规模经济和其他协同效应。所以，从原料或服务供应的角度看，满足海外客户来保持业务发展非常有意义。虽然花旗、摩根大通等美国大型银行很快就建立了全球网络并发展了新的客户关系，但其实它们一开始向国外扩展是为了给老客户提供银行服务。在会计、法律、广告公司和其他类似的服务提供商的发展历程中也出现了类似情况。

在过去的 10～15 年间，外国公司在美国的投资以及美国公司在外国的投资都在不断增加。图 17—1 表明了这种趋势，这种趋势非常重要，因为它说明作为美国政策特色的独立、自立等传统原则已经开始动摇。人们认为，那些开展广泛海外业务的美国公司借助它们的经济力量对世界范围内的东道国施加了重要的经济和政治影响，同时，美国也担心外国公司努力改变美国政策。这些发展说明企业和国家间的互相影响与依存程度正在增强，美国也不能独善其身。

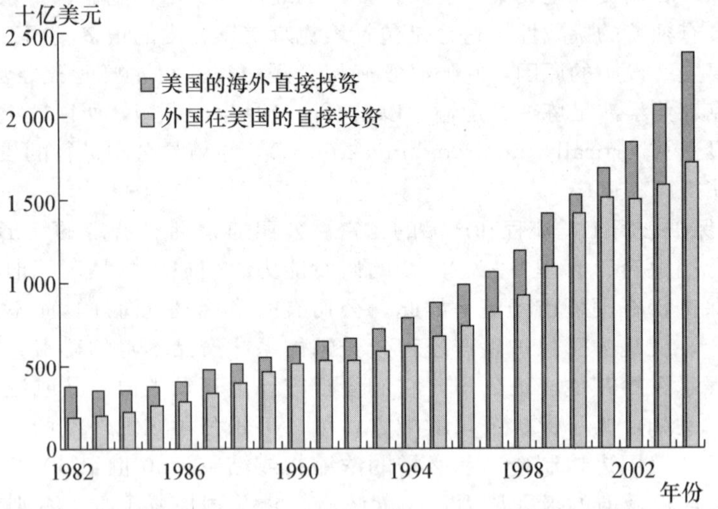

图 17—1 1982—2004 年现行成本基础上的直接投资情况

资料来源：Elena L. Nguyen，"The International Investment Position of the United States at Yearend 2002"，*Survey of Current Business*，July 2003，pp. 12-21. Patricia E. Abaroa，"The International Investment Position of the United States at Yearend 2003"，*Survey of Current Business*，July 2004，pp. 30-39. and Bureau of Economic Analysis，"U. S. Net International Investment Position at Yearend 2004"，*BEA News*，June 30，2005.

17.2 国际和国内财务管理

理论上讲，前 16 章所讨论的概念和程序既适用于国内业务，也适用于国际业务。但是，当公司开展全球经营时需要考虑一些额外的因素。下面说明了其中五个要素：

1. 不同的货币单位。跨国公司中，不同部门的现金流可能以不同货币标价，在所有的财务分析中必须考虑汇率。

2. 政治风险。国家可以随意限制公司资源的转移和使用，随时改变监管和税收法律。在极端情况下，它们甚至可以征用国界内的资产。因此，政治风险可能表现为从微妙到极端的不同形式。当然，仅在一个国家经营的公司也会面临政治风险，但对跨国公司来说，更重要的是不仅存在政治风险，而且各国的政治风险均不相同，这必须在财务分析中详细说明。

3. 经济和法律影响。每个国家都有自己的经济和法律体系，当公司试图协调和控制其世界范围内的业务时，这些差异会带来严重问题。例如，由于交易的发生地点不同，国家间的税法差异会使某一经济交易产生截然不同的税后结果。与之类似，东道国的法律差异（例如英国普通法和法国民法的差异），使从简单记录企业交易到发挥法律在解决矛盾中的作用等方面都变得更复杂。这些差异会限制跨国公司在利用资源方面的灵活性，并会使公司某个部门的必要程序在其他部门可能违法。这些差异还会使在一个国家培养的高管人员很难快速派往另一个国家。

4. 政府角色。美国建立的大部分财务模型都假定存在竞争市场，市场参与者决定交易条款。政府通过建立基本制度参与其中，但除了税收之外，其他作用很小。所以，市场提供了成功的基本标准，也给出了如何保持竞争性的最好答案。对美国和西欧来说，这一观点合理且正确，但并没有准确描述世界其他地方的情况。尽管市场不完备导致决策程序更加复杂，但因为它可以成为竞争者进入的障碍，所以也可以在一定程度上使克服这些困难的公司获得利益。一般来看，公司竞争遵循的原则、必须采取或避免的活动、不同交易的条款等不是在市场中决定的，而是需要东道国政府和跨国企业直接协商。这从本质上来说是一个政治过程，必须这样做。因此，必须修正传统的财务模型，在决策中考虑政治因素和其他非经济因素。这些协议的最终结果可以为公司提供额外的获利机会。

5. 语言和文化差异。在所有的业务交易中，沟通能力都至关重要。从这方面来看，美国公民一般没有优势，因为他们通常只精通英语，而欧洲和日本的企业员工能掌握包括英语在内的几种语言，所以他们在美国市场的经营比美国公司在他们国家的经营要容易得多。与此同时，即使在地理上邻近的地区，不同国家也有独特的文化习俗，这都会影响企业的价值观和行为方式。跨国公司发现国与国之间在很多方面都存在显著差异，例如，在确定恰当的公司目标、面对风险的态度、决策过程、业绩评价和薪酬体系设计、与员工互动、终止亏损业务的能力等方面。

这五个要素使财务管理变得更复杂，也增大了跨国公司面对的风险。但是，高回报和其他因素的存在仍然使公司愿意接受并学习如何管理这些风险。

17.3 国际货币体系

每个国家都有货币体系和货币管理机构。美联储是美国的货币管理机构，它的任务是在推动经济发展的同时降低通货膨胀，提高国民生活水平。如果国家间可以进行交易，必须有一套系统能够实现国家间的支付。**国际货币体系**（international monetary system）就是这样一个确定汇率的系统。因为汇率是不同国家货币供求关系的函数，所以国际货币体系也是国际贸易和资本流动的蓝图。国际货币体系将国际货币、资金、资本、房地产、商品和资产市场连接成一个由机构和工具构成的网络，这一网络由政府间的协议加以约束，受到每个国家特定政治和经济目标的驱动。

国际货币术语

讨论国际货币体系时，需要介绍一些重要的概念和术语：

1. **汇率**（exchange rate）是一国货币对另一国货币的价格。例如，2005 年 7 月 25 日，星期一，1 美元可以兑换 0.572 4 英镑、0.828 6 欧元、1.218 6 加拿大元或 8.109 7 元人民币。

2. 即期汇率是一单位外国货币“当前”或一段极短时间内的交易价格。上文提到 1 美元兑换 0.572 4 英镑就是 2005 年 7 月 25 日收盘时的即期汇率。

3. 远期汇率是一单位外国货币未来某一特定日期的交易价格。如果今天是 2005 年 7 月 25 日，我们想知道 2006 年 1 月 25 日美元可以换到多少英镑，查询六个月的远期汇率可知 1 美元兑换 0.574 0 英镑。需要注意，2005 年 7 月 25 日的远期汇率合约可以锁定这一汇率，但 2006 年 1 月 25 日前这一货币兑换不会发生。1 月 25 日的即期汇率可能并不是 0.574 0 英镑，这样远期交易就会产生利润或损失。

4. 货币的固定汇率是由政府制定的汇率平价，并允许在既定汇率水平附近小幅波动（或根本就不能波动）。例如，伯利兹城为伯利兹元确定的固定汇率是1美元兑换2伯利兹元（BZD），过去几年一直保持这一固定汇率。

5. 浮动或可变汇率不由政府决定，而是由市场的供求关系决定货币的价格。美元和欧元都是自由浮动汇率的货币。不过需要注意，虽然汇率本身就是浮动的，但中央银行仍不时干预市场以推动汇率上下波动。

6. 货币的法定贬值或法定升值指的是固定汇率货币的平价降低或升高。这种决策通常由政府做出，并且一般并不事先预告。例如，2005年7月21日，中国政府突然宣布人民币对美元升值2.1%。虽然大家普遍认为人民币严重低估，但这一升值还是让人们非常惊讶，因为1美元兑换8.272 1元人民币这一固定汇率已经持续了近10年。

7. 货币的贬值与升值指的是浮动汇率货币的汇率降低或提高。这些变动来自市场的力量而不是政府的力量。

8. 软货币指的是预计将对大部分货币贬值的货币，或者是政府通过公开市场买入以人为保持不正常的高固定汇率的货币。硬货币指的是预计将对大部分货币升值的货币，或者是政府人为使其保持不正常的低固定汇率的货币。人民币的法定升值说明它是硬货币。

当前的汇率制度

我们可以把汇率制度分成两大基本类别：浮动汇率制和固定汇率制。在这两大制度下，又可以根据它们对基本制度的遵循程度进行细分。首先，浮动汇率制又可以分为：

1. 自由浮动制。此时汇率由货币的供求关系决定。在**自由浮动制**（freely-floating regime）下，政府偶尔会干预市场，通过买入或卖出货币来稳定浮动程度，但它们不会改变汇率的绝对水平。这种政策是汇率制度中的一种极端。例如，澳大利亚、巴西和菲律宾允许汇率自由浮动。

2. 管理浮动制。这种制度下政府会较多地通过调整货币的供求关系来干预汇率水平。如果政府采用**管理浮动制**（managed-floating regime），那么将不太可能披露其目标汇率水平，因为一旦披露，会使投机者很容易获利。例如，哥伦比亚、以色列和波兰都采用管理浮动制来管理各自货币的汇率水平。

大部分发达国家要么采用自由浮动制，要么采用管理浮动制。一些发展中国家也这样做，不过它们并不愿意这样，通常是市场迫使它们不得不放弃固定汇率。

固定汇率制包括以下几种：

1. 没有本地货币。最极端的情况是一国没有自己的本地货币。该国要么使用其他国家的货币作为法律结算手段（例如巴拿马运河区、厄瓜多尔、特克斯和凯科斯群岛），要么与其他国家共享一种货币（比如欧盟）。在这种安排下，当地政府放弃了经济管理权。

2. 货币局制。这一制度与第一种不同，此时国家有自己的货币，但与某一外国货币建立固定汇率。这要求国家对国内的货币加以限制，除非其外汇储备足以满足兑换。这叫做**货币局制**（currency board arrangement）。阿根廷在2002年1月的危机发生之前执行货币局制，之后不得不将比索贬值，导致无法偿还政府债务。

3. 钉住汇率制。在**钉住汇率制**（fixed peg arrangement）下，国家将本国货币以一固定汇率锁定或“钉住”某一外国货币或一篮子货币。这种政策只允许货币围绕目标水平小幅波动，如果波动超出特定限制（一般是目标汇率的±1%），国家就会进行干预，迫使汇率回到限度内。以中国为例，人民币不再单独钉住美元而是钉住一篮子货币。中国政府一直为构成一篮子货币所包括的币种保密，但美元应该是最重要的一种。2005 年 7 月，中国政府将人民币对美元的波动限制在每天±0.3%的范围内。我们不清楚该汇率是否每天波动，以及波动幅度到底有多大。其他的例子还包括不丹的努尔特鲁姆，它钉住的是印度卢比；马尔维纳群岛镑钉住的是英镑；巴巴多斯元钉住的是美元。

还有其他的分类，并且不时会有新的类别出现。世界上大部分国家采用某种程度的固定汇率制。所以，尽管最重要的货币（以交易量来衡量）允许浮动，并且国际货币体系通常为浮动制，但其实大部分货币汇率是以各种形式固定的。

17.4 外汇行情

可以在《华尔街日报》和其他出版物、网站上查到外汇行情。汇率以两种不同的方式进行标注。表 17—1 摘自《华尔街日报》，第 1 列的报价是“等值美元”，第 2 列是“每一美元兑换”。例如，1 加拿大元值（或者可以换到）0.820 6 美元，或 1 美元可以换到 1.218 6 加拿大元。

表 17—1　　2005 年 7 月 25 日的汇率样本

	直接标价法： 买入一单位外国货币所需的美元	间接标价法： 每一美元可换得的外国货币
巴西雷亚尔	0.402 5	2.484 5
英国英镑	1.747 1	0.572 4
加拿大元	0.820 6	1.218 6
丹麦克朗	0.161 8	6.180 5
欧元	1.206 9	0.828 6
匈牙利福林	0.004 918	203.33
以色列谢克尔	0.220 7	4.531 0
日元	0.008 974	111.43
墨西哥比索	0.093 1	10.740 0
南非兰特	0.150 7	6.635 7
瑞典克朗	0.128 1	7.806 4
瑞士法郎	0.772 5	1.294 5
委内瑞拉玻利瓦尔	0.000 466	2 145.92

注：第 2 列等于 1 除以第 1 列。存在一些四舍五入的尾差。
资料来源：Adapted from *The Wall Street Journal*, July 26, 2005, p. C12.

需要注意，如果外汇市场的主要货币处于均衡状态，那么两种报价必须像下面给出的加拿大元这样互为倒数。

加拿大元：1/1.218 6＝0.820 6

1/0.820 6＝1.218 6

套算汇率

表17—1中给出的所有汇率都与美元相关。但是，假定一位德国经理到东京出差，所需的汇率就不是1美元兑换多少欧元或日元——他想知道的是可以用欧元换来多少日元。这就是**套算汇率**（cross rate）。套算汇率可以用表17—1中的第2列数据来计算：

	即期汇率
欧元	0.828 6欧元/1美元
日元	111.43日元/1美元

因为报价的分母相同——都是1美元，所以我们可以使用第二列中的标价计算这两种（或其他）货币间的套算利率。对这位德国人来说，套算汇率等于：

$$欧元/日元的汇率=\frac{欧元/美元}{日元/美元}$$

当我们去掉美元符号后，剩下的就是1日元等于多少欧元。

$$0.828\,6欧元/111.43日元=0.007\,436欧元/日元$$

反过来，我们还可以计算1欧元能换到多少日元：

$$日元/欧元的汇率=\frac{日元/美元}{欧元/美元}$$

$$111.43日元/0.828\,6欧元=134.48日元/欧元$$

这两个套算汇率互为倒数。

《华尔街日报》一类的金融刊物和彭博资讯、雅虎之类的网站都会提供主要货币的套算汇率表。表17—2是《华尔街日报》2005年7月26日的数据。需要注意，当你计算套算汇率时，由于每个报价都会有保留小数位数的问题，因此计算结果也会有尾差。货币交易商会将报价保留12位小数。

表17—2　主要货币的套算汇率

	美元	欧元	英镑	瑞士法郎	比索	日元	加拿大元
加拿大	1.218 6	1.470 8	2.129 1	0.941 4	0.113 47	0.010 94	—
日本	111.43	134.49	194.68	86.082	10.376	—	91.442
墨西哥	10.740 0	12.962 1	18.764	8.296 6	—	0.096 38	8.813 2
瑞士	1.294 5	1.562 3	2.261 6	—	0.120 53	0.011 62	1.062 3
英国	0.572 40	0.690 8	—	0.442 2	0.053 29	0.005 14	0.469 69
欧盟	0.828 60	—	1.447 6	0.640 07	0.077 15	0.007 44	0.679 92
美国	—	1.206 9	1.747 1	0.772 50	0.093 11	0.008 97	0.820 60

资料来源：Adapted from "Key Currency Cross Rates", *The Wall Street Journal*, July 26, 2005, p. C12.

为了通过电子媒介使世界范围内的货币交易更便利，银行间的外汇市场采用了一套欧式报价法（表17—1的第2列）的系统，只有一些货币例外。这些例外——欧元、英镑、澳大利亚元和新西兰元——采用美式报价法（第1列）。在这种情况下，全球的交易商在他们的电脑屏幕上看到的都是相似的报价，他们（和他们的电脑）就可以很容易地对比不同市场的汇率，如果存在汇率差异就可以套利。

银行间外汇报价

表 17—1 和表 17—2 中给出的《华尔街日报》的报价有很多用途。但有一些用途需要用到更多的术语和惯例。标明两种货币间的汇率有两种方法，即**美式报价法**（American terms）或**欧式报价法**（European terms）。我们需要确定其中的一种货币作为“本地”货币，另一种作为“外国”货币。这种设定是人为的。确定每一单位外国货币的本地货币价格叫做**直接标价法**（direct quotation）。所以，对于将美国看做“本地”的人来说，美式报价法就是直接报价法。而确定每一单位本地货币的外国货币价格叫做**间接标价法**（indirect quotation）。欧式报价法对美国人来说就是间接报价法。如果视角变了，“本地”货币不是美元，那么直接和间接标价的方向也随之改变。本章后续部分除特别说明外，假定美元是“本地”货币。

17.5　外汇交易

进口商、出口商、旅游者和政府在外汇市场进行买卖货币的交易。例如，当一个美国的商人从日本进口汽车时，很可能需要用日元支付。进口商在外汇市场买入日元（通过其银行），就像人们在纽约股票交易所买入普通股股票或在芝加哥商品交易所（Chicago Mercantile Exchange）买入猪肉那样。但是，外汇市场没有股票和商品交易所那样有组织的交易场所，而是由纽约、伦敦、东京和其他金融中心的经纪人和银行构成交易网络。绝大部分的买卖指令通过电脑和电话完成。

即期汇率和远期汇率

表 17—1 和表 17—2 中给出的汇率就是**即期汇率**（spot rate），指的是支付货币“当时”的汇率，或在实务操作中不超过交易日两天的汇率。对世界上的主要货币来说，还可以将买入（或卖出）的货币在商定的未来某一日期支付，通常是在协议签订之后的 30 天、90 天或 180 天支付。这时的汇率叫做**远期汇率**（forward exchange rate）。

例如，假定一家美国公司必须在 30 天内向一家日本公司支付 5 亿日元，即期汇率是 1 美元兑 111.43 日元。除非即期汇率发生变化，这家美国公司需要在 30 天内支付给日本公司 448.7 万美元现金等价物（5 亿日元除以 111.43 日元）。但如果即期汇率降低到 1 美元兑 100 日元，美国公司必须支付 500 万美元的现金等价物。这家美国公司的财务主管可以通过签订 30 天的远期交易合约规避这一风险。这一合约约定在 30 天内以 1 美元兑 111.09 日元的价格向美国公司支付日元。在财务主管签订远期合约时，没有现金支付发生，不过公司需要提供一些避免违约的抵押品。公司可以使用带息票据作为抵押品，成本并不高。远期合约的交易对方必须在 30 天内将日元支付给美国公司，美国公司必须按照事先约定的 1 美元兑 111.09 日元的价格买入 5 亿日元。因此，不管即期汇率如何变动，美国公司的财务主管都可以锁定支付的现金等价物为 450.1 万美元。

表17—3中列出了一些常见交易货币的即期汇率以及30天、90天、180天的远期汇率。如果我们可以以一美元在远期获得比即期更多的外币，则称远期货币**贴水**（discount）。相反，如果我们以一美元在远期获得的外币少于即期市场，远期货币的价值就比即期货币的价值更高，则称远期货币**升水**（premium）。因为一美元可以买入的加拿大元、日元和瑞士法郎在远期比即期要少，可以说远期加拿大元、日元和瑞士法郎都是升水。另外，一美元可以在远期买入更多英镑，所以远期英镑属于贴水。

表17—3　部分即期汇率和远期汇率（每一美元兑换的外币数量）

	即期汇率	远期汇率			远期汇率升水或贴水
		30天	90天	180天	
英镑	0.5724	0.5730	0.5737	0.5740	贴水
加拿大元	1.2186	1.2177	1.2158	1.2120	升水
日元	111.43	111.09	110.41	109.28	升水
瑞士法郎	1.2945	1.2913	1.2850	1.2740	升水

注：a. 这是由纽约的一些银行提供的代表性报价样本。其他货币以及其他时间长度的远期汇率可以协商确定。

b. 如果未来兑换一美元需要支付更多外币，说明外币远期市场价值低于当前价值，也就是说远期汇率相对即期汇率贴水。同理，如果未来兑换一美元需要支付更少外币，说明外币的远期市场价值高于当前价值，也就是说远期汇率相对即期汇率升水。

资料来源：Adapted from *The Wall Street Journal*，July 26，2005，p. C12.

17.6　利率平价

市场力量决定了一种货币是远期升水还是贴水，即期汇率和远期汇率的一般关系叫做“利率平价”。

如果投资者的证券投资在所有国家都可以得到相同的调整风险后收益，就存在**利率平价**（interest rate parity）。这一理论认为，如果你在本国之外的其他国家投资，会受到投资本身的收益和汇率变动两方面的影响。也就是说，如果你投资计价所用的货币相对本国货币增值，那么你的整体收益就会比投资本身的收益要高。同理，如果你收到的外国货币贬值了，那么你的整体收益就会降低。

即期汇率、远期汇率和利率间的关系叫做利率平价，可以用下面的公式表示：

$$\frac{\text{远期汇率}}{\text{即期汇率}}=\frac{(1+r_h)}{(1+r_f)}$$

式中，远期汇率和即期汇率都用一单位外币兑换的本国货币表示，r_h 和 r_f 分别表示本国和外国的利率。如果这一关系不成立，货币交易商就会买入或卖出货币——也就是说存在套利——直到关系成立。

为了说明利率平价，假定一位美国投资者可以买入无违约风险的90天期日本债券，名义利率为4%。因为90天是360天的1/4，所以90天的利率 $r_f=4\%/4=1\%$。假定即期汇率为1日元兑0.008974美元，也就是说你可以用0.008974美元换到1日元，或用1美元换到111.43日元。最后，假定90天的远期汇率为0.009057，说明你从现在开始的90天后，可以用1日元换到0.009057美元，或用1美元换到110.41日元。

美国投资者可以收到以日元标价的4%的年利率，但如果他想要在美国消费，这些日元就必须兑换成美元。因此，这一投资的美元回报取决于接下来三个月的汇率变化。

但是，投资者可以通过在远期市场卖出外币来锁定美元收益。例如，投资者可以：

- 在即期市场将 1 000 美元兑换成 111 430 日元。
- 将 111 430 日元投资于 90 天期的日本债券，年利率为 4%，或者季度利率为 1%，所以 90 天后他可以得到 111 430×1.01=112 544.30 日元。
- 今天约定：从现在开始的 90 天后，可以以 1 美元兑 110.41 日元的远期汇率卖出这 112 544.30 日元，或者说换到 1 019.33 美元。

这一为期 90 天的投资收益为 19.33/1 000=1.933%，名义收益率为 4×1.933%=7.73%。本例中，预期 7.73%的收益中 4%来自债券本身，3.73%来自市场相信日元相对美元会升值。通过锁定远期汇率，投资者避免了汇率波动的风险。而且，由于假定日元债券无违约风险，因此投资者确定可以得到 7.73%的美元收益。

利率平价意味着美国的一项与日元债券风险相同的投资也应该得到 7.73%的年收益。解出利率平价公式中的 r_h，我们就可以发现美国的预期年利率是 7.73%。

利率平价说明了为什么某一特定货币会存在远期升水或贴水。需要注意，只要本国利率高于外国利率，就会出现外国货币的远期升水。如果本国利率低于外国利率，则出现贴水。如果这些条件不成立，套利行为会很快迫使利率回到平价状态。

17.7　购买力平价

我们已经比较详细地讨论了汇率以及即期汇率和远期汇率的关系。但是，我们还没有回答一个基本问题：什么决定了每个国家即期汇率的水平？尽管汇率的多重影响因素难以预测，特别是很难逐日预测，但从长期来看，市场的力量会在考虑汇率变化后保证相似的货物在不同国家以相似的价格出售。这一关系就叫做“购买力平价”。

购买力平价（purchasing power parity，PPP）有时指的是同价原则，意味着汇率调整后同一商品在不同国家的售价相同。例如，如果一双网球鞋在美国卖 150 美元，在英国卖 100 英镑，*PPP* 就意味着汇率是 1 英镑兑换 1.5 美元。假定没有交易或运输成本，消费者可以在英国花 100 英镑购买这双鞋，也可以将 100 英镑兑换成 150 美元后在美国以相同的有效成本买到相同的鞋。购买力平价的公式如下：

$$P_h = P_f \times \text{即期汇率}$$

或

$$\text{即期汇率} = \frac{P_h}{P_f}$$

式中，P_h=本国的商品价格（150 美元，假定美国是本土国）。

P_f=外国的商品价格（100 英镑）。

需要注意，即期汇率表示为一单位外国货币可以兑换到的本国货币数量（1 英镑兑换 1.5 美元）。

PPP 假定市场力量会消除同一商品在不同国家的价格差异。例如，如果这双鞋在美国卖 140 美元，进口商/出口商可以在美国以 140 美元的价格买入，在英国以 100 英镑的价格卖出，然后在外汇市场将 100 英镑换成 150 美元，每双鞋可以赚 10 美元。最后，这一交易会增加美国对这种鞋的需求，提高 P_h，增加英国的供给并降低 P_f，并且增加外汇市场对美元的需求从而降低即期汇率。这些情况会改变 *PPP*。

需要注意，*PPP* 假定没有运输和交易成本或进口限制，实际上这些因素都会限制国家之间的商品输送。这些假定通常并不成立，所以 *PPP* 总是被打破。在实证检验 *PPP* 是否成立时，还会存在一种复杂情况，就是不同国家的产品经常是不一样的，一般总会存在质量上的实际差异或认知差异，这会使不同国家的产品价格不同。

不过，利率平价和购买力平价的概念对参与国际活动的人来说仍然十分重要。公司和投资者必须考虑利率、通货膨胀、汇率的变化，他们也总是试图通过套期保值来规避这些因素波动带来的风险。当考虑未来的情况时，平价关系非常有用。

17.8 通货膨胀率、利率和汇率

相对通货膨胀率（外国通货膨胀率与本国的对比）对国际财务决策具有很多意义。显然，相对通货膨胀率将会极大地影响本国和外国的生产成本。同样重要的是，通货膨胀对于相对利率和汇率具有重要影响。这些因素都会影响跨国公司为海外投资进行的融资决策，也会影响海外投资的获利水平。

通货膨胀率高于美国的国家，其货币从长期来看将相对于美元贬值。这样的国家包括墨西哥和所有南美国家。另外，加拿大、瑞士、日本等国的通货膨胀率低于美国，所以它们的货币会相对于美元升值。实际上，平均来看，外国货币贬值或升值的幅度会近似等于其通货膨胀率高于或低于美国的程度。

相对通货膨胀率还会影响利率。某一国家的利率很大程度上由其通货膨胀率决定，因此，当前通货膨胀率高于美国的国家的利率也较高，通货膨胀率较低的国家的利率也较低。

对跨国公司来说，从低利率国家借款比较有利，但这并不总是一个好的策略。比如，假定由于瑞士的通货膨胀率低于美国，因此利率也低于美国。一家美国的跨国公司可以通过在瑞士借款而减少利息支出。但是，相对通货膨胀率说明瑞士法郎未来很可能升值，从而导致瑞士借款的年度利息和本金以美元计价的成本上升。这样，低利率的好处被货币升值的损失抵消。同理，跨国公司也没有必要避免在巴西这样的国家借款，这类国家虽然利率很高，但其货币未来贬值会降低借款的成本。

17.9 国际货币和资本市场

美国公民在国际市场投资的方式之一是购买美国跨国企业的股票，这些企业直接投资于国外市场。另一个途径是购买外国证券——股票、债券或外国公司发行的货币市场工具。这些证券投资叫做投资组合，不同于美国公司对有形资产的直接投资。

第二次世界大战后到20世纪60年代，美国资本市场在世界上举足轻重。不过今天，美国证券的价值只代表了所有证券价值的1/4。因此，公司的管理者和投资者都需要了解国际市场。这些市场通常比国内能够提供更好的筹资和投资机会。

国际信贷市场

国际市场中有三种主要的信贷市场，这些市场在很多方面都与美国市场相似。浮动利率的银行借款叫做**欧洲信贷**（eurocredits），利率与 LIBOR 的标准利率挂钩，LIBOR

是伦敦同业拆借利率的首字母缩写，是在伦敦经营的实力雄厚的大银行对大笔存款给出的利率。2005 年 7 月，三个月的 LIBOR 利率是 3.6%。欧洲信贷有固定到期日，一般不能提前偿还。欧洲信贷最早的例子是**欧洲美元**（eurodollar）存款，指的是存在美国之外的美元。现在，大部分主要的交易货币都有欧洲信贷。

欧洲债券市场是中长期固定和浮动利率债务的国际市场。欧洲债券市场的历史与欧洲美元市场几乎一样长，它是欧洲美元市场的扩展。**欧洲债券**（eurobond）是由跨国银行联合发行的国际债券，债券标价货币归属的国家与投资者所在的国家不能相同。这样，美元标价的欧洲债券不能在美国销售，英镑标价的欧洲债券不能在英国出售，日元标价的欧洲债券则不能在日本出售。这是一种真正的国际债务工具，通常以无记名方式发行，意味着购买人无须记名；为了得到利息，持票人必须剪下息票出示给指定的付款银行。大部分欧洲债券不需要标准普尔或穆迪等评级机构进行信用评级，不过越来越多的债券已经开始评级。欧洲债券的利率可以固定也可以浮动，取决于发行人的偏好，期限一般为中长期。

另一种国际债券是**外国债券**（foreign bond）。外国债券在标价货币所在国发行，由同一国家的投资银行承销。外国债券唯一与外国有关的是借款人的国籍。例如，加拿大的公司为了筹集资金用于其美国的业务，可以在纽约发行美元标价的外国债券。在美国发行的外国债券有时叫做“扬基债券”。与之类似，“斗牛犬”指的是在伦敦发行的外国债券，“武士债券”指的是在东京发行的外国债券。外国债券的利率可以固定也可以浮动，期限与存在竞争关系的本土债券相同。

国际股票市场

出于各种原因，新发行的股票会在国际市场出售。例如，一家非美国公司在美国发行股票，可能是因为它能比在本国筹集到更多资本。一家美国公司选择国外市场，可能是因为它想出现在那个国家的资本市场以便配合在那里的业务经营。大型跨国公司有时也会在几个国家同时发行新股票。例如，加拿大铝业（Alcan Aluminum）是一家加拿大公司，近来在加拿大、欧洲、美国同时发行新股票，在每个市场都聘请了不同的承销商。

除了新股票，大型跨国公司已经发行在外的股票也不断在国际证券交易所上市。例如，可口可乐公司的股票同时在美国的 6 个股票交易所、瑞士的 4 个股票交易所、德国的法兰克福股票交易所交易。约有 500 只外国股票在美国上市——其中之一是荷兰皇家石油（Royal Dutch Petroleum），它在 NYSE 上市。美国的投资者也可以通过**美国存托凭证**（American Depository Receipts，ADRs）投资于外国公司，这种凭证代表了对存在信托机构的国外股票的所有权。目前有 1 700 多个 ADRs 在美国市场交易，大部分在场外市场。但是越来越多的 ADRs 在纽约股票交易所上市，如英国航空公司（British Airways）、本田公司、菲亚特集团。

17.10 国际资本预算

到目前为止，我们讨论了跨国公司经营的一般环境。在本章的后续部分，我们会观察国际化因素如何影响关键的企业决策，并从资本预算开始。尽管资本预算分析的基本原理同时适用于国外和国内业务，但还是有一些重要的区别。第一，海外投资的现金流量估计更加复杂。大部分跨国公司在它们开展业务的每个海外国家设立独立的子公司，对母公司来说，相关现金流量是子公司支付给母公司的股利和使用费。第二，这些现金流量必须转化成母公司的货币，所以还必须承担汇率风险。例如，假定通用汽车的德国子公司在 2005 年产生利润 1 亿欧元，但这一利润对于通用汽车的价值取决于美元兑欧元的汇率——1 亿欧元可以买到多少美元。

股利和使用费通常需要向外国政府和本国政府同时交税。而且，外国政府可能会限制**汇回**（repatriation）母公司的现金数额。例如，一些政府对子公司可以向母公司支付的现金股利设置上限，表示为公司净值的某一百分比。这些限制有时是为了阻止大规模的现金流动，以避免对汇率产生影响，不过一般是为了迫使跨国公司将利润再投资于国外。

不论东道国阻止利润汇回的动机是什么，结果都使母公司无法使用这些留在外国的资金向股东支付股利或进行投资。所以，从母公司的角度看，国外投资分析中的相关现金流量是预期子公司实际能够汇回母公司的现金。使用适当折现率折现后可以得到这些现金流的现值，然后将这一现值与母公司所需的投资对比，得出项目的 *NPV*。

除了现金流量分析的复杂性之外，由于国外项目的风险可能更高或更低，因此资本成本也可能与国内同类项目不同。更高的风险主要来自两方面——汇率风险和政治风险。更低的风险则主要来自国际化分散投资。

汇率风险（exchange rate risk）与基本现金流量以母公司本土国货币计量时的价值有关。外币现金流量汇回国内时必须以预期的未来的汇率转换成美元。分析时应该明确汇率变动带来的影响，在此基础上，汇率风险报酬应该加到本国资本成本中来反映这一风险。有时可以通过套期保值规避汇率波动的风险，但无法完全避免，特别是一些长期项目。如果使用了套期工具，其成本必须从项目的现金流中扣除。

政治风险（political risk）指的是东道国政府可能采取的行动，这些行动会降低公司的投资价值。极端情况可能是侵占了子公司的资产并且不予赔偿，也可能是一些没这么严重但会降低母公司对海外子公司的投资价值的行动，如高税率、货币汇回的严格控制以及价格管制。在一贯友好且稳定的国家，例如英国或瑞士，侵占资产的风险很小。但是在拉丁美洲、非洲、中东和东欧，这一风险可能会很高。过去发生的侵占涉及 ITT 和阿那康德铜业（Anaconda Coper）在智利的资产，海湾石油在玻利维亚的资产，西方石油（Occidental Petroleum）在利比亚的资产，还有许多公司在伊拉克、伊朗、古巴的资产。

公司可以通过一些步骤降低侵占的潜在损失：（1）用当地资本为子公司融资；（2）进行结构调整，使得子公司只有在作为整个公司一部分时才有价值；（3）向类似海外个人投资公司（Overseas Private Investment Corporation，OPIC）这样的机构为侵占所产生的损失投保。在最后一种情况下，保险费必须加到项目的成本中。

有些机构为国家风险，或与在特定国家投资有关的风险进行评级。这些评级基于该国的社会、政治、经济环境，或者统称为**商业环境**（business climate）。

令人惊讶的是，很多此类研究认为美国不是国家风险最低的地方。这很重要，因为虽然美国人经常假设美国的债券没有国家风险，但其他人并不认同。外国投资者关心美国政策变化（比如税收、美联储政策）会如何影响他们的投资。如果这些关于美国国家风险的想法达到了影响投资者持有美国证券意愿的程度，就会对美国利率产生影响。

17.11　国际资本结构

不同国家的公司的资本结构差异很大。例如，经济合作与发展组织（Economic Co-operation and Development，OECD）近来报告称，平均来看，日本公司的资产负债率为 85%（资产以账面价值计量），德国公司为 64%，美国公司为 55%。但解读这些数字时有一个问题是，不同国家在以下方面采用的会计惯例不同：（1）资产以历史成本还是重置成本计量；（2）租赁资产的处理；（3）养老金的处理；（4）研发成本资本化还是费用化。这些区别使比较资本结构变得非常困难。

芝加哥大学的拉古拉迈·拉詹和路易吉·津加莱斯（Raghuram Rajan and Luigi Zingales）做了一项研究，试图控制会计处理中的这些区别。在他们的研究中使用的企业数量少于 OECD，但给出了更完整的资产负债表数据分解。他们认为，会计处理中的差异很大程度上导致了国家间的资本结构差异。

表 17—4 总结了他们的结论。有很多方法度量资本结构，一种方法是总负债除以总资产的平均比率——这与 OECD 采用的方法类似，见第 1 列。根据这一指标，德国公司和日本公司的杠杆比美国公司要高。但如果你观察一下第 2 列会发现，这里用付息债务除以总资产度量资本结构，此时德国公司的杠杆小于美国公司和日本公司。这是什么原因呢？拉詹和津加莱斯认为，大部分差异是由于德国公司考虑了养老金负债。德国公司通常将全部养老金负债（及其占用的资产）列示在资产负债表中，而其他国家的公司（包括美国公司）一般只在资产负债表中记录“净”养老金资产和负债。为了说明这一差异的重要性，假定一家公司有 10 百万美元的负债（不包括养老金负债）和 20 百万美元的资产（不包括养老金资产）。假定公司还有 10 百万美元的养老金负债，全部由 10 百万美元的养老金资产支持。因此，净养老金负债为零。如果这家公司在美国，它报告的总负债除以总资产的比率为 50%（10 百万美元/20 百万美元）。与之相反，如果这家公司在德国，养老金资产和负债都要在资产负债表中列示。公司会有 20 百万美元的负债和 30 百万美元的资产，总负债除以总资产等于 67%（20 百万美元/30 百万美元）。付息债务应该是短期债务和长期债务之和，不包括养老金负债在内的其他负债。所以，付息债务除以总资产可以作为不同国家公司杠杆的一个可比的指标。

拉詹和津加莱斯还进行了其他各种调整来控制会计处理上的差异。这些调整列示在第 3、第 4 列。总的来看，与美国、法国、意大利、日本的公司相比，德国公司和英国公司的杠杆更低，加拿大公司的杠杆更高。最后一列给出了不同国家的公司的利息保障倍数指标，也支持这一结论。回顾一下第 4 章的 *TIE* 指标，等于息税前利润除以利息费用。这一指标说明公司有多少现金可以用来支付利息费用。一般情况下，杠杆更高的公司的利息保障倍数更小。数据表明：英国和德国的这一指标最高，加拿大最低。

表 17—4　　各国资本结构均值（以账面价值计量）

国家	总负债除以总资产（未调整会计差异）	付息债务除以总资产（未调整会计差异）	总负债除以总资产（已调整会计差异）	付息债务除以总资产（已调整会计差异）	利息保障倍数（*TIE*）
	(1)	(2)	(3)	(4)	(5)
加拿大	56%	32%	48%	32%	1.55
法国	71%	25%	69%	18%	2.64
德国	73%	16%	50%	11%	3.20

续前表

国家	总负债除以总资产（未调整会计差异）	付息债务除以总资产（未调整会计差异）	总负债除以总资产（已调整会计差异）	付息债务除以总资产（已调整会计差异）	利息保障倍数（*TIE*）
.	(1)	(2)	(3)	(4)	(5)
意大利	70%	27%	68%	21%	1.81
日本	69%	35%	62%	21%	2.46
英国	54%	18%	47%	10%	4.79
美国	58%	27%	52%	25%	2.41
均值	64%	26%	57%	20%	2.69
标准差	8%	7%	10%	8%	1.07

资料来源：Raghuram Rajan and Luigi Zingales，"What Do We Know about Capital Structure? Some Evidence from International Data"，*Journal of Finance*，Vol. 50，no. 5 (December 1995)，pp. 1421-1460. Used with Permission.

17.12 国际营运资本管理

现金管理

跨国公司现金管理的目标与单纯国内经营的公司相似：（1）加速收款、推迟付款，使净现金浮游量最大；（2）尽快将现金从不需要的部门转移到需要的部门；（3）使暂时性现金余额的调整风险后税后收益最大。跨国公司使用与国内公司相同的程序来实现这些目标，但由于距离更远，邮件延迟更严重，因此锁箱系统和电子资金转账就显得更重要。

尽管跨国公司和国内公司的目标相同、程序相似，但跨国公司的任务更加复杂。在前文讨论政治风险时曾提及，外国政府经常会限制资金转移出境，所以尽管 IBM 按几个按钮就能将资金从盐湖城分部转移到开设在纽约的银行集中管理账户，但想对其布宜诺斯艾利斯分部进行相似的转移就变得非常复杂。布宜诺斯艾利斯的资金以比索（阿根廷的货币）标价，所以在转移之前必须将比索兑换成美元。如果阿根廷的美元不足，或者阿根廷政府希望储备美元购买战略物资，那么兑换和转移就受到限制。即使阿根廷不缺美元，如果这些资金属于利润或折旧而不是为了购买原料和设备，政府也可能限制资金外流，因为很多国家（特别是那些欠发达国家）都希望利润可以在本国再投资以刺激经济增长。

如果已经确定了可以转移的资金，下一项任务就是将这些资金配置到能赚取最高收益的地方。国内公司倾向于考虑国内证券，而跨国公司会考虑全球范围内的投资机会。大部分跨国公司使用一家或多家全球性银行集中管理账户，这些银行位于伦敦、纽约、东京、苏黎世或新加坡等金融中心，它们的员工在这些城市与国际银行家合作，了解并且能够利用全球范围内的最优利率。

信用管理

与财务管理中的其他方面一样，跨国公司的信用管理与单纯的国内公司类似，但更复杂。首先，在全球范围内进行信用销售的风险更高，因为除了一般的违约风险，跨国公司还必须考虑销售时和应收账款回收时的汇率波动。例如，如果 IBM 向日本顾客出售了 90 百万日元的货物，当时的汇率是 90 日元兑换 1 美元，IBM 将收到 90 000 000/90=1 000 000 美元。但是，如果销售电脑时的条款是 6 个月付款，而且日元贬值了，1 美元可以兑换 112.5 日元，那么 IBM 在到期时将只能收回 90 000 000/112.5=800 000 美元。套期保值可以减少此类风险，但需要成本。

对跨国公司来说，其信用销售比国内公司更重要，这主要源于两个原因。第一，美国贸易的对象大部分是欠发达的国家，信用销售是进行交易的必要条件。第二，也是第一点的结果之一，发达国家的经济健康有赖于出口，而信用销售可以帮助它们的制造业企业在全球竞争。例如在日本，主要的制造业企业都与从事国际贸易的大型"贸易公司"和商业银行有直接的股权关系。此外，作为政府代表，国际贸易和工业部（Ministry of International Trade and Industry，MITI）帮助日本企业确认潜在的出口市场，也帮助潜在客户从日本公司购买商品办理信贷。日本巨大的贸易顺差支撑了出口所需的融资，帮助其保持了有利的贸易差额。美国曾试图反对国会出资的进出口银行（Export-Import Bank），但美国有巨大的逆差待支付，这说明近年来它确实不如其他国家做得好。

众所周知，韩国和泰国等国家对美国和其他跨国银行有大量债务，这种情况说明信用政策（这种情况下是银行的信用政策）可能误入歧途。如果一个主权国家违约，银行不能像处理公司客户违约那样主张这个国家的资产，所以银行的这些贷款问题很严重。还需要注意，尽管银行对外国政府的贷款引人注目，它们提供给那些政府的贷款极不稳定，但很多美国跨国公司也因为向那些国家的企业客户提供信用而陷入困境。

提供跨国信用存在风险，但并不是说提供跨国信用是坏事。恰恰相反，跨国业务的潜在收益大大高于风险，至少对那些拥有必要专家的公司（和银行）来说是这样的。

存货管理

与财务管理中的其他方面一样，跨国公司的存货管理与单纯的国内公司类似，但更复杂。首先，存货的所在地非常重要。例如，埃克森美孚应该在哪里存放原油和炼油制品？公司在全球都有冶炼厂和营销中心，也可以在一些战略要地集中存放，当需要时再进行运输。这一策略可以使所需存货数量最小，从而在存货上的投资最少。不过，必须考虑从集中存放地将货物运送给世界各地的使用者时可能会有延迟。每个使用者所在地和战略储备中心都必须保持日常储存和安全储备。如果出现类似于伊拉克占领科威特并随后进行贸易禁运的情况，会使问题更复杂，该事件使世界原油供应减少了 25%。

汇率也会影响存货政策。如果丹麦克朗预计将对美元升值，在丹麦经营的美国公司将考虑在克朗升值前增加当地存货，如果预计克朗贬值则反向操作。

另一个必须考虑的因素是进出口配额或关税。例如，苹果公司曾从日本供应商那里廉价购买内存条。随后美国内存条生产商指责日本公司以低于成本的价格在美国市场倾销，它们努力迫使日本公司提高价格。苹果公司因此增加了内存条存货。随着电脑销量下降，苹果公司积压了大量被淘汰的内存条。苹果公司的利润受到影响，股票价格下降，再次说明存货管理的重要性。如前文所述，特定国家的另一种风险是侵占的威胁。如果这种威胁很严重，存货持有就应该尽可能少，只在需要时才买入货物。同理，如果经营活动与提炼原材料（比如原油或铝土）有关，加工厂就应该安排在国外而不是靠近生产地点。

税收对跨国存货管理有两方面的影响。一方面，各国通常对包括存货在内的资产征收财产税，此时税基是某一特定日期（例如1月1日或3月1日）的资产。另一方面，这些规则使得跨国公司可以通过下面的做法获得好处：（1）通过安排生产使存货在估价日较低；（2）如果在某地区各国的估价日不同，那么在年度内的不同时间在不同国家安排安全存货储备。

最后，跨国公司会考虑海上存储的可能性。原油、化工、粮食以及其他从事必须储存在大型集装箱中的大宗商品经营的公司，通常可以以不高于——如果考虑土地成本，也可能低于——陆上设施的成本买入此类集装箱。装入货物后，这些集装箱可以储存或可以快速锚泊在一些战略要地的海域。这避免了被侵占的危险，使财产税问题最小，而且使货物可以快速运输到最需要或价格最高的区域。

这一讨论仅考虑了跨国公司存货管理的皮毛——实际的情况比纯粹的国内公司要复杂得多。但是，复杂程度越高，优秀业绩带来的回报也就更高，所以如果你希望为了高回报而挑战自己，就考虑国际舞台吧。

小结

过去的20年里，全球经济一体化程度不断提高，越来越多的公司从海外业务中获利丰厚。前16章中的很多概念都适用于跨国公司。不过，与仅在本土经营的公司相比，跨国公司面临更多的机会和更大的风险。本章说明了影响全球市场的很多重要趋势，还分析了国际与国内财务管理的重要区别。

练习题

1. 套算利率

某货币交易商发现，即期市场中1美元可以兑换4.082 8以色列谢克尔，或111.23日元。日元和谢克尔之间的汇率是多少？也就是说，你用1谢克尔可以换到多少日元？

2. 购买力平价

美国的一台电视机价格为500美元。同样的电视机在欧洲的价格为725欧元。如果购买力平价成立，欧元兑美元的即期汇率是多少？

3. 利率平价

假定利率平价成立。即期市场和90天远期市场中1日元都可兑换0.008 6美元。日本90天无风险证券的收益率为4.6%。美国90天无风险证券的收益率是多少？

答案

1. 1谢克尔兑换24.243 6日元
2. 1欧元=0.689 66美元或1美元=1.45欧元
3. 美国90天无风险证券的收益率=4.6%

Fundamentals of Financial Management，12e
Eugene F. Brigham and Joel F. Houston

Cengage Learning Asia Pte. Ltd.
5 Shenton Way，#01-01 UIC Building，Singapore 068808

北京市版权局著作权合同登记号　图字：01-2013-4238

图书在版编目（CIP）数据

财务管理/布里格姆，休斯敦著；佟岩译. —北京：中国人民大学出版社，2014.4
（工商管理经典译丛. 会计与财务系列）
ISBN 978-7-300-19223-9

Ⅰ.①财… Ⅱ.①布…②休…③佟… Ⅲ.①财务管理 Ⅳ.①F275

中国版本图书馆 CIP 数据核字（2014）第 080827 号

工商管理经典译丛·会计与财务系列
财务管理（第 12 版）
尤金·布里格姆
乔尔·休斯敦 著
佟 岩 译
Caiwu Guanli

出版发行	中国人民大学出版社		
社 址	北京中关村大街 31 号	**邮政编码**	100080
电 话	010－62511242（总编室）		010－62511770（质管部）
	010－82501766（邮购部）		010－62514148（门市部）
	010－62515195（发行公司）		010－62515275（盗版举报）
网 址	http://www.crup.com.cn		
	http://www.ttrnet.com(人大教研网)		
经 销	新华书店		
印 刷	涿州市星河印刷有限公司		
规 格	185 mm×260 mm 16 开本	**版 次**	2014 年 5 月第 1 版
印 张	22.25 插页 1	**印 次**	2018 年 3 月第 2 次印刷
字 数	540 000	**定 价**	45.00 元

CENGAGE
Learning™

Supplements Request Form（教辅材料申请表）

Lecturer's Details（教师信息）			
Name： （姓名）		Title： （职务）	
Department： （系科）		School/University： （学院/大学）	
Official E-mail： （学校邮箱）		Lecturer's Address/ Post Code： （教师通讯地址/ 邮编）	
Tel： （电话）			
Mobile： （手机）			

Adoption Details（教材信息）　原版□　翻译版□　影印版 □			
Title：（英文书名） Edition：（版次） Author：（作者）			
Local Puber： （中国出版社）			
Enrolment： （学生人数）		Semester： （学期起止日期时间）	

Contact Person & Phone/E-Mail/Subject：
（系科/学院教学负责人电话/邮件/研究方向）
（我公司要求在此处标明系科/学院教学负责人电话/传真及电话和传真号码并在此加盖公章。）

教材购买由 我□　我作为委员会的一部分□　其他人□［姓名：　　］ 决定。

Please fax or post the complete form to（请将此表格传真至）：

CENGAGE LEARNING BEIJING
ATTN：Higher Education Division
TEL：(86) 10—82862096/95/97
FAX：(86) 10—82862089
ADD：北京市海淀区科学院南路 2 号
融科资讯中心 C 座南楼 12 层 1201 室　100080

Note：Thomson Learning has changed its name to CENGAGE Learning.

教师教学服务说明

中国人民大学出版社工商管理分社以出版经典、高品质的工商管理、财务会计、统计、市场营销、人力资源管理、运营管理、物流管理、旅游管理等领域的各层次教材为宗旨。

为了更好地为一线教师服务，近年来工商管理分社着力建设了一批数字化、立体化的网络教学资源。教师可以通过以下方式获得免费下载教学资源的权限：

在“人大经管图书在线”（www.rdjg.com.cn）注册，下载“教师服务登记表”，或直接填写下面的“教师服务登记表”，加盖院系公章，然后邮寄或传真给我们。我们收到表格后将在一个工作日内为您开通相关资源的下载权限。

如您需要帮助，请随时与我们联络：

中国人民大学出版社工商管理分社

联系电话：010－62515735，62515749，82501704

传　　真：010－62515732，62514775　　　　电子邮箱：rdcbsjg@crup.com.cn

通讯地址：北京市海淀区中关村大街甲59号文化大厦1501室（100872）

教师服务登记表

姓名		□先生　□女士	职　　称		
座机/手机			电子邮箱		
通讯地址			邮　　编		
任教学校			所在院系		
所授课程	课程名称	现用教材名称	出版社	对象（本科生/研究生/MBA/其他）	学生人数
需要哪本教材的配套资源					
人大经管图书在线用户名					
院/系领导（签字）： 院/系办公室盖章					